Report on the Development
of New Urbanization
in Shaanxi Province

陕西省新型城镇化和人居环境研究院年度报告项目
陕西省新型城镇化和人居环境软科学研究基地年度成果
陕西省高校新型智库（A类）年度成果

陕西省新型城镇化发展报告（2019）

推动新型城镇化高质量发展

陕西省新型城镇化和人居环境研究院 / 著

陕西新华出版传媒集团
陕 西 人 民 出 版 社

图书在版编目（CIP）数据

陕西省新型城镇化发展报告 . 2019 / 陕西省新型城镇化和人居环境研究院著 . —西安：陕西人民出版社，2020. 1

ISBN 978-7-224-13410-0

Ⅰ . ①陕… Ⅱ . ①陕… Ⅲ . ①城市化—研究报告—陕西—2019 Ⅳ . ① F299. 274. 1

中国版本图书馆 CIP 数据核字（2020）第 007512 号

陕西省新型城镇化发展报告（2019）

作　　者　陕西省新型城镇化和人居环境研究院

单　　位　西安建筑科技大学

（地址：西安市雁塔路中段 13 号　邮编：710055　电话：029-82202437）

出版发行　陕西新华出版传媒集团　陕西人民出版社

（西安北大街 147 号　邮编：710003）

设计排版　开朗文化

印　　刷　陕西金和印务有限公司

开　　本　787 毫米 ×1092 毫米　1/16

印　　张　27.5

插　　页　2

字　　数　420 千字

版　　次　2020 年 1 月第 1 版

印　　次　2020 年 1 月第 1 次印刷

书　　号　ISBN 978-7-224-13410-0

定　　价　89.00 元

如有印装质量问题，请与本社联系调换。电话：029-87205094

《陕西省新型城镇化发展报告（2019）》编委会

主　　任：张晓光　陕西省发展和改革委员会党组书记、主任
　　　　　韩一兵　陕西省住房和城乡建设厅党组书记、厅长
　　　　　苏三庆　西安建筑科技大学党委书记
　　　　　　　　　陕西省新型城镇化和人居环境研究院院长

副主任：李雄斌　陕西省发展和改革委员会副主任
　　　　　刘　浩　陕西省住房和城乡建设厅副厅长
　　　　　王树声　西安建筑科技大学副校长
　　　　　　　　　陕西省新型城镇化和人居环境研究院常务副院长

成　　员：徐田江　陕西省发展和改革委员会发展战略和规划处副处长（主持工作）
　　　　　蒋　卫　陕西省住房和城乡建设厅城市建设处处长
　　　　　王宏宇　陕西省住房和城乡建设厅村镇建设处处长
　　　　　范晓鹏　陕西省新型城镇化和人居环境研究院副院长
　　　　　魏　群　陕西省发展和改革委员会发展战略和规划处副处长
　　　　　陈　彪　陕西省发展和改革委员会发展战略和规划处干部

著作团队：

负责人：王树声　范晓鹏

成　　员：郄海潮　庞鹏飞　王庆军　陈章政　陈　姣　邹宜彤
　　　　　徐　冉　李政大　郑晓伟　冯红霞　袁　丹　李　涛
　　　　　张晓荣　张　军　杨　辉　李从容　赵　璐

序

从《陕西省新型城镇化发展报告（2017）》起，这已是陕西省新型城镇化和人居环境研究院的第三本《发展报告》了。三年来，研究院不断拓展研究广度和深度，努力提高研究质量和水平，目前该报告已发展成为系统反映陕西城镇化和城乡建设全局工作的年度系列丛书，覆盖了区域发展、空间布局、人居环境、文化传承、机制创新等诸多研究领域，逐渐成为政府部门制定城镇化发展政策、专家学者开展城镇化理论研究和社会各界关注了解陕西城镇化发展进程的重要参考用书。

这三年，也是研究院从零起步，积极开拓、锐意进取，逐渐成长为在城镇化和城乡建设领域具有重要影响力的高端智库的三年。三年来，除了围绕新型城镇化领域的前瞻性、重大性、战略性问题积极申请各类基金项目、主动开展调查研究外，研究院还承担了国家部委、省直部门及部分地方政府委托的一系列重大课题研究和规划编制工作，研究成果得到了政府及业界的充分认可。2019年以来，研究院先后获批陕西省软科学研究基地和陕西省高校新型智库（A类），向国内一流的专业智库又迈进了一步。

在发展壮大过程中，研究院在培养和整合人才资源、提升研究质量水平等方面不断探索创新。在编著今年这本《发展报告》时，研究院就通过建立西安建筑科技大学新型城镇化专项研究基金的办法，围绕城镇化工作主题主线，面向全校公开征集委托专项课题，集聚各学科智慧，有效地提高了《发展报告》的“含金量”，也促进了学校多学科的融合创新发展。

本年度的《发展报告》除了从区域协调发展、大西安都市圈、人居环境建设等方面开展专题研究外，还收录了研究院过去一年完成的部分重大研究成果，比如面向2035的陕西省新型城镇化发展战略研究、陕西省沿黄生态城镇带、沿汉江生态城镇带发展研究等等。总体上，这本书立足我国城镇化由快速扩张向质量提升转型这一定位，对陕西新型城镇化高质量发展的内涵与要求、机遇与短板、思路与任务、方向与路径等作了有益的探索研究。希望本书能够为所有关心陕西城镇化建设的同道学人及各界朋友提供有益参考借鉴。

最后，感谢陕西省发展改革委、省住房城乡建设厅及其他相关部门和地方政府的鼎力支持和帮助，感谢参与此书研究编写的科研工作者的辛劳、奉献和智慧。同时，也希望研究院能够再接再厉，持续提升《陕西省新型城镇化发展报告》的品牌效应，潜心研究、发奋有为，拿出更多有分量的研究成果，助力陕西新型城镇化高质量发展。

西安建筑科技大学校长 刘晓君

2020 年 1 月

前言

城镇化是现代化的必由之路，是新时代全面建设社会主义现代化国家的重要实践。在今后较长的一段时期，城镇化依然是我国最大的内需潜力和发展动能所在。党的十八大以来，以习近平为总书记的党中央对新型城镇化的发展内涵、重点任务作出了一系列重大判断和安排部署。2019 年 8 月中央财经委员会第五次会议上，习近平总书记提出要增强中心城市和城市群等经济发展优势区域的经济和人口承载能力，增强其他地区在保障粮食安全、生态安全、边疆安全等方面的功能，形成优势互补、高质量发展的区域经济布局。2019 年 12 月中央经济工作会议提出，要加快落实区域发展战略，完善区域政策和空间布局，发挥各地比较优势，构建全国高质量发展的新动力源；要落实长江经济带共抓大保护措施，推动黄河流域生态保护和高质量发展。这一系列重要讲话和重大部署为我们在新时期推进新型城镇化建设指明了方向。

2018 年，陕西常住人口城镇化率已达到 58.13%，正处在城镇化中期向后期迈进的过渡阶段，与全国基本一致，总体上处在从快速扩张向速度稳定与质量提升并重的关键时期。在这个阶段，农业人口红利逐渐消失，资源环境瓶颈逐步收紧，人民群众对生活品质的要求日益提高，“重城轻乡”“重物轻人”“重经济轻环境、社会、文化”“重速度轻质量”的传统粗放式城镇化模式已难以为继。在这个节点上，有必要对照高质量城镇化的内涵与要求，找准陕西城镇化的比较优势和发展短板，明确陕西实现高质量城镇化的路径和方向。

本书基于陕西城镇化从高速度向高质量转型发展的基本判断，围绕区域协调发展、大西安都市圈、人居环境建设等重点领域，开展深入系统研究，共形成两个总报告和十三个专题研究。

两个总报告分别是《陕西省推进新型城镇化年度进展分析》和《陕西省

面向 2035 新型城镇化战略研究》。其中，《陕西省推进新型城镇化年度进展分析》分析了《陕西省新型城镇化规划（2014—2020 年）》主要指标的完成情况，从人口市民化、城镇空间布局、城市高质量建设和城乡融合发展等四个角度，系统总结了 2018 年以来陕西城镇化建设的措施和成效，并分地区进行研究点评，查找陕西城镇化建设中的短板和症结，提出相应的政策建议。《陕西省面向 2035 新型城镇化战略研究》，是陕西省“十四五”规划前期重大课题研究项目，该研究结合当前国家和陕西城镇化高质量发展的内涵要求和阶段特征，提出陕西推进城镇化高质量发展的价值导向和总体目标，以及下一阶段陕西城镇化发展的基本思路和重点任务。

十三个专题研究分为 4 个篇章。

第一篇章为区域协调发展篇，共有 3 个专题报告。本篇章选取陕西沿黄城镇带和沿汉江城镇带为研究对象，通过对区域经济社会、生态环境、资源禀赋等的系统分析，探索形成符合区域发展实际的协同发展模式。同时，基于对信令数据的分析研究，从人口流动的视角，重新分析了陕西城镇体系结构，为陕西优化城镇空间布局和城镇体系提供科学依据。

第二篇章为大西安都市圈篇，共有 4 个专题报告。本篇章以建设具有国际影响力的现代化都市圈为目标，通过比较研究西安与其他国家中心城市优势及短板，梳理总结都市圈的发展规律，从优化都市圈空间形态、搭建立体交通网络、促进产业协同发展等角度，开展专题研究，提出促进大西安都圈发展的政策建议。

第三篇章为人居环境建设篇，共有 3 个专题报告。本篇章以改善城乡人居环境为主题，结合历史文化村镇保护、乡村建设规划、城乡垃圾治理等热点问题，开展专题研究，提出提升陕西城乡人居环境的有效途径。

第四篇章为典型案例研究篇，共有 3 个专题报告。本篇章分别围绕西咸新区低碳发展、安康紫阳县生态城镇化路径以及咸阳泾阳县互助养老管理机制等，开展深入研究，分析典型做法，凝练宝贵经验，为其他区域开展相关工作提供有益借鉴。

本书是在陕西省发展改革委员会、省住房城乡建设厅的关心指导和西安建筑科技大学的支持保障下完成的。在研究编写过程中，也得到了陕西省教育厅、省科技厅以及省推进新型城镇化联席会议成员单位的大力支持，同时，在编写总报告和开展专题研究时，还得到了各市县在典型案例、研究数据等基础素材方面的大力支持，在此一并表示感谢。希望《发展报告》能够成为各界沟通交流的平台和深化研究的文献基础，也欢迎各界有识之士积极参与新型城镇化工作，提供各方意见和各地经验，共同推动陕西新型城镇化高质量发展。

《陕西省新型城镇化发展报告（2019）》编委会

2020 年 1 月

目录

01

总报告
General Report

02
区域协调发展
Coordinated Regional Development

03
大西安都市圈
Xi'an Metropolitan Area

04

人居环境建设

Human Settlements Construction

05
典型案例研究
Typical Case Study

01

总报告

General Report

01
总报告
General Report

陕西省推进新型城镇化建设年度进展分析

城镇化是现代化的必由之路，也是乡村振兴和区域协调发展的有力支撑。2019 年是新中国成立 70 周年，是全面建成小康社会关键之年，是我国城镇化向纵深推进、城乡融合发展体制机制初步建立的重要一年。在这个时间节点，本报告对陕西新型城镇化年度工作的进展、成绩、问题进行系统梳理，分地区点评，并为未来一个时期推进城镇化高质量发展提出思路和建议。

一、主要指标完成情况

《陕西省新型城镇化规划（2014—2020 年）》设定的 17 项主要指标中，陕西多项指标达到或者超出预期发展目标（见表 1）。表明在落实《国家新型城镇化规划（2014—2020 年）》的中后期阶段，部分指标经过短暂停滞、调整适应后，陕西城镇化建设迎来高质量发展的新阶段。

超七成指标基本能够完成规划期末目标。17 项主要指标中，有 9 项已经提前完成 2020 年规划期末设定目标；8 项在推进的指标中，4 项按当前进度能在规划期末完成目标。其中，农业转移人口落户城镇累计总数由 2017 年的 774 万人增加到 2018 年的 858.24 万人，全年净增加 84.24 万人，这表明在一系列强有力政策支撑下，陕西人口市民化步伐不断加快。

未完成指标在进一步调整过程中稳步优化。其中绿色建筑占比较上年增加 3.27 个百分点，常住人口和户籍人口城镇化率分别较上年增加 1.24 和 1.06 个百分点，虽与规划目标仍有较大差距，但任务推进速度不断加快。

城镇人均建设用地规模单项指标持续预警。该项指标 2020 年的规划目标是 ≤ 100m²，2018 年该项指标仍高达 138.8m²，未来两年年均下降 20m² 方能达到预期目标，表明陕西在土地集约利用方面的工作仍需加大改进力度。

表 1 《陕西省新型城镇化（2014—2020 年）》主要指标完成情况对照表

序号	指标	2020 年目标	2018 年实际	2017 年实际
1	常住人口城镇化率（%）	62	58.13	56.79
2	户籍登记城镇化率（%）	52	47.14	46.08
3	农业转移转化人口落户城镇数（万人）	1000	858.24	774
4	农民工随迁子女平等接受义务教育比例（%）	≥ 99	100	100
5	城镇失业人员、农民工、新成长劳动力免费接受基本职业技能培训覆盖率（%）	≥ 95	—	93
6	城镇基本养老保险常住人口覆盖率（%）	≥ 90	≥ 90	≥ 90
7	城镇基本医疗保险常住人口覆盖率（%）	98	≥ 98	98.5
8	城镇保障性住房常住人口覆盖率（%）	≥ 23	23	23
9	城镇公共供水普及率（%）	90	89.25	88.65
10	城镇燃气普及率（%）	88	96.74	89.31
11	污水集中处理率（%）	90	93.22	91.56
12	垃圾无害化处理率（%）	95	99.07	96.44
13	城市家庭宽带接入能力（Mbps）	≥ 50	≥ 50	≥ 50
14	城镇人均建设用地规模（平方米）	≤ 100	138.8	143.2
15	绿色建筑占新建建筑比重（%）	50	38	34.73
16	城市建成区绿化覆盖率（%）	40	38.79	39.88
17	地级以上城市空气质量达到国家标准的比例（%）	60	66.5	65.3

从指标大类分别看，城镇化水平类（序号 1—3）指标完成情况不太理想，突出体现在户籍人口城镇化率低，主要原因在于农业转移人口市民化水平较低。公共服务类（序号 4—8）和基础设施类（序号 9—13）指标中，大部分已提前完成规划任务，少量指标也即将完成，表明城镇基础公共设施和公共服务基本实现制度性全覆盖。环境资源类（序号 14—17）指标完成规划预期难度较大，其中城市建成区绿化覆盖率较 2017 年不增反减，城镇人均建设用地规模居高不下，绿色建筑占新建建筑比重仍然较低，表明陕西要牢固树立绿色可持续发展理念，推动城镇化集约节约发展。

二、工作进展情况

（一）坚持以人为本，持续推进农业转移人口市民化

1. 户籍改革持续深化

2018 年，陕西在进一步放宽落户条件的基础上，紧扣人才落户和流程简化等重点领域，持续深化户籍制度改革（见表 2）。

表 2 2018 年陕西省户籍改革政策一览表

放宽落户条件方面	1. 渭南市实行 18 周岁以上人员持身份证（户口簿）便可在市区落户。 2. 除西安、渭南的其他市实行租房即可落户政策。
吸引人才落户方面	1.2018 年 3 月，西安市推出“全国在校大学生凭两证（个人身份证、学生证）即可完成在线落户大西安”的落户政策。 2.2018 年 4 月，西安市推出以“户籍新政助力打造青年创业之城”为主题的青年创业落户新举措，即在西安市市区依法注册登记的股份有限公司、有限责任公司，企业法人代表年龄在 35 周岁以下（含 35 周岁）可申请本人和年龄在 35 周岁以下（含 35 周岁）的企业员工落户，并在网上开设青年创业落户绿色通道。
简化落户流程方面	1.2018 年 4 月，省公安厅出台《陕西省公安厅优化营商环境 24 条措施》，其中涉及户籍制度改革内容包括以下三条：一是在全省每个社区、居民小区均可设立集体户，为有意在陕落户的无自主产权住房人员提供落户条件；二是省内户籍迁移实行“一站式”办理，不再开具《迁移证》《准迁证》，业务均在迁入地派出所受理；三是将公民申领居住证办理时限缩短为 2 个工作日。 2.2018 年 2 月，西安市推出“掌上户籍室”，群众用手机登录“西安市公安局掌上户籍室”即可申请办理西安户口；2019 年，推出户籍业务“全城通办”，群众可就近在西安市公安局任何一个派出所办理规定的五类 39 项业务。

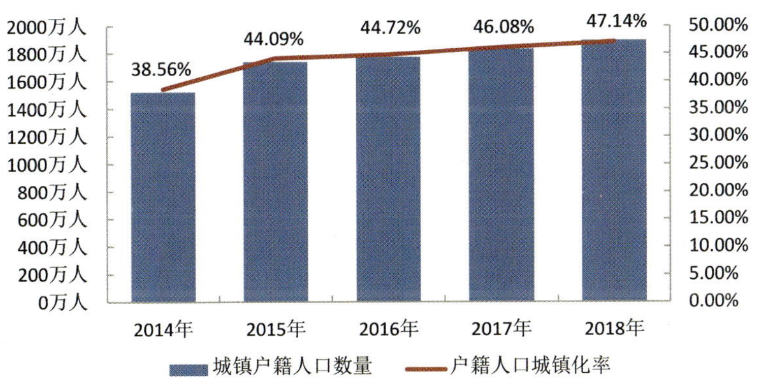

图 1 2014—2018 年陕西省城镇户籍人口变化趋势图

随着陕西户籍改革政策的持续深化，全省城镇户籍人口数量和户籍人口城镇化率呈逐年稳步上升态势（见图 1）。尤其西安市推行“户籍新政”以来，大幅降低落户门槛、简化落户流程、提升服务质量。截至 2019 年 5 月底，西安市自“户籍新政”以来，共迁入 119 万余人，西安市域范围户籍人口已突破 1000 万，其中落户大中专以上学历人员 63.65 万人（博士研究生 2341 人、硕士研究生 4.51 万人、本科 35.91 万人、大专 22.99 万人）。

通过对近三年各市城镇人口的数据分析，发现人口向中心城市聚集现象更加凸显，西安市城镇人口规模迅速攀升，其区域人口虹吸效应越发明显，比邻西安的城市中，除渭南市，其他城市城镇人口数量徘徊不前，甚至出现持续小幅下降

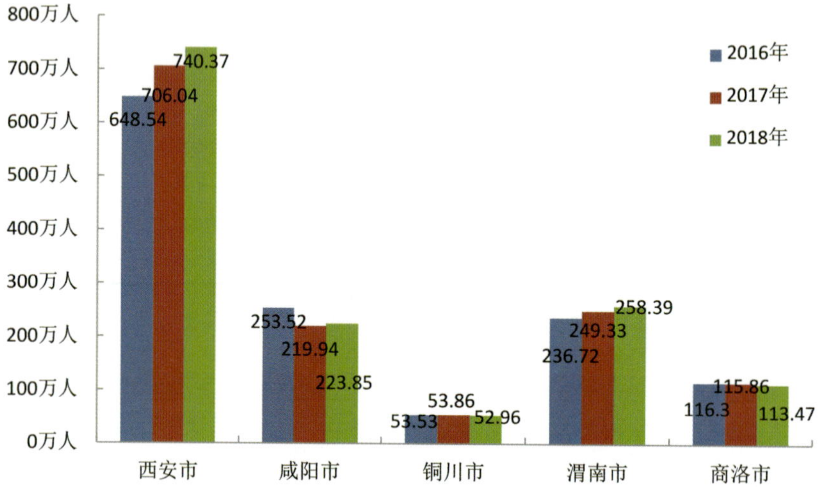

图 2　西安市及周边城市近三年城镇人口数量对比分析图

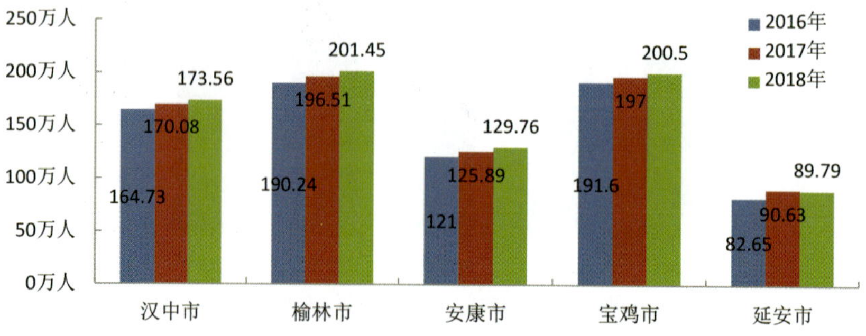

图 3　陕西省其他城市近三年城镇人口数量对比分析图

的趋势，而与西安距离较远的其他城市，城镇人口数量逐年稳步上升（见图2、图3）。

2. 城市常住人口基本公共服务均等化水平不断提升

科学推进随迁子女共享城市教育资源。2018年，陕西出资12.65亿元支持县城以上城区新建、改扩建中小学校，扩大教育资源供给，年度筹资规模较上一年增长9.59%，实现三连增。坚持“以流入地政府和全日制公办学校为主”的原则，推动流入地公办义务教育学校对符合条件的随迁子女开放，避免随迁子女过度集中在少数学校。科学预测随迁子女分布和变化趋势，按照小学就近入学、初中相对集中的原则，进一步调整优化中小学布局，合理新建扩建义务教育学校。健全以居住证为主要依据的随迁子女义务教育入学政策，不断简化入学流程。

住房保障和供应体系不断完善。近年来，陕西加快建立符合省情的多主体供给、多渠道保障、租购并举的住房制度，初步构建了以公共租赁住房、共有产权住房、棚改回迁安置住房、社会租赁住房、商品住房为支撑的住房保障和供应体系。2018年，全省保障性安居工程完成投资562.3亿元，争取中央资金87.14亿元，列入国家计划的政府投资公租房已分配70.5万套，分配率97.33%，全国排名第五，棚改开工20.281万套，开工进度居全国第二，发放租赁补贴8.143万户，居全国第七。

异地务工人员职业培训和返乡创业支持力度不断加大。持续开展以“促进转移就业、支持返乡创业、助力增收脱贫”为主题的“春风行动”，2018年“春

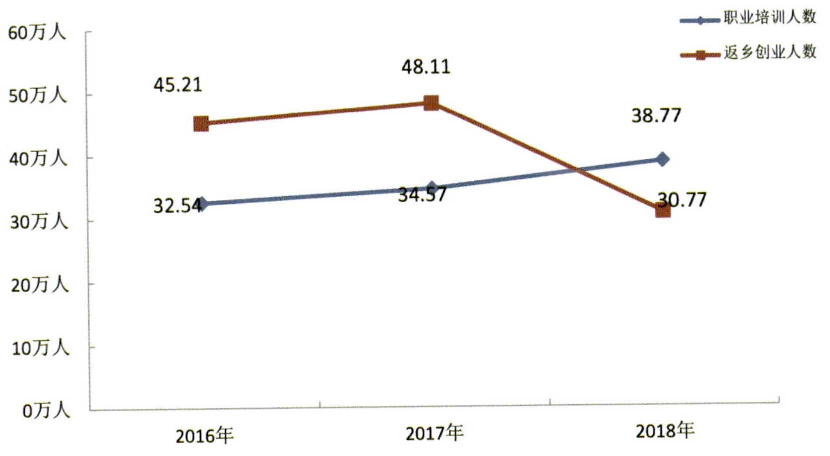

图4 2016—2018年职业培训和返乡创业人数

风行动”中，全省共举办各类招聘会627场，提供岗位近56万个。加大返乡创业示范园区建设，全省已认定18个陕西省返乡创业示范园区。2016—2018年，参与培训的农民工人数稳步增加（见图4），但返乡创业人数有所波动，说明城市对农村人口的吸引力较大，同时乡村创业环境尚有待加强。

社会保障覆盖面不断扩大。2018年，持续完善社保政策，城乡居民基础养老金、企业退休人员基本养老金每人每月分别增加23元、48元。失业保险和工伤保险待遇标准均有所提高，截至2019年6月，农民工参加城镇职工基本养老保险、失业保险、工伤保险人数分别达到147.23万人、32.64万人、128.67万人，城镇12.5万和农村57.6万低保对象实现应保尽保，社会保障覆盖面不断扩大。进一步提高最低工资标准，一类全日制最低工资标准由1480元提升到1800元。

医疗卫生保障水平不断提升。实施统一的城乡居民医保政策，各市补助标准由400元提高至不低于490元。全省基本公共卫生服务经费人均补助标准从40元提高至69元。进一步完善城乡居民大病保险制度，保险起付线不高于1万元。出台了《关于为建档立卡农村贫困人口建立补充医疗保障制度的实施意见》，对于农村贫困人口的住院医疗费用，经城乡居民基本医保（新农合）、大病保险、医疗救助报销后，剩余的个人自付费用可通过补充医疗保障给予报销。省内外异地就医直接结算网持续扩大，省内覆盖507家医疗机构，跨省覆盖31个省份，异地就医信息化系统进一步完善，参保的异地务工人员只需按照就医所在地医保报销政策缴纳自付费用即可出院。

流动人口服务管理日趋完善。各市（区）成立了由公安、教育、人社等部门组成的流动人口服务管理工作领导小组。鼓励流动人口参与社区民主政治建设、社区自治和公益性活动。依托社区服务站对涉及流动人口切身利益的劳动就业、公共卫生、住房保障、计划生育、法律援助、优抚救助等社区服务，实行一厅式办公、一站式服务。在推进社区“网格化”管理服务工作中，发挥社区服务网络信息平台作用，建立社区流动人口信息数据库，实现社区服务全覆盖。加强“智慧安防小区”建设，结合“智慧安防小区”建设、“二维码智慧门牌”等工作，将辖区流动人口信息采集、出租房屋信息登记作为重点工作，加强对流动人口的动态管理，截至目前，全省共建设智慧安防小区145个。大力推进“和谐社区·幸福家园”创建工作，全省创建“和谐社区·幸福家园”小区218个。

（二）以关中平原城市群建设为主体，推动形成大中小城市和小城镇协调发展的城镇格局

1.《关中平原城市群发展规划》稳步实施

2018 年 2 月，国家发展改革委和住房城乡建设部联合印发《关中平原城市群发展规划》（见图 5），标志着关中平原城市群的发展上升为国家战略，明确了西安国家中心城市定位。为了推动《规划》尽快落地实施，陕西出台了《关中平原城市群发展规划实施方案》，建立了推动落实《关中平原城市群发展规划》领导小组，制定落实规划的重点项目清单，发布了《关中宣言》（见表 3）。

表 3　落实《关中平原城市群发展规划》相关工作一览表

1. **编制出台了《陕西省〈关中平原城市群发展规划〉实施方案》。**将《规划》中构建城市群空间格局、建设创新引领的现代产业体系、推进基础设施互联互通、生态共建环境共治、携手扩大对外开放等重点工作细化为 42 条具体举措。
2. **建立了陕西省推动落实《关中平原城市群发展规划》领导小组。**组长由常务副省长担任，有关部门和市（区）政府主要负责同志为成员，领导小组办公室设在省发展改革委，2018 年 7 月召开了第一次领导小组会议，研究城市群实施方案编制情况，会后印发了《2018 年关中平原城市群工作要点》。
3. **制定落实规划的重点项目清单。**围绕交通、产业、资源环境等领域，梳理近期建设项目 7 大类 152 个（新型城镇化发展、创新引领现代产业培育、现代服务业发展、基础设施能力提升、生态环境、文化传承创新、民生改善与服务共享）；远期建设项目 72 个。
4. **发布《关中宣言》。**在第三届丝绸之路国际博览会“新型城镇化高峰论坛”上，邀请城市群范围内 3 省 12 市 2 区的政府领导共同签署《关中宣言》，提出要加强区域合作、创新产业发展、共促科教融合、基础设施联通、生态环境共治、“一带一路”共建等，推进以各种形式增强横向联合，实现共同发展。

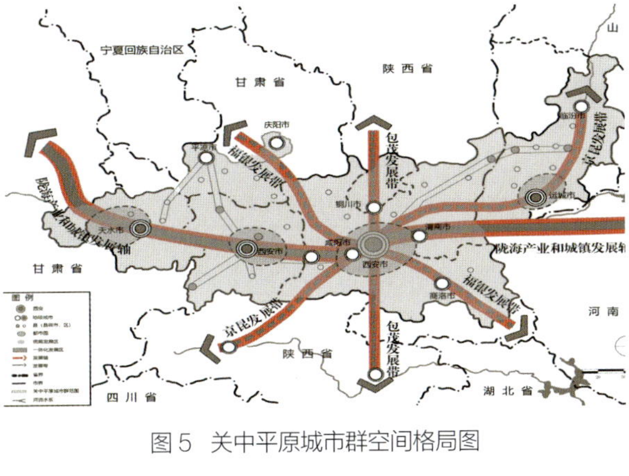

图 5　关中平原城市群空间格局图

2. 大西安空间格局不断优化

2018 年 7 月，西安市出台了《关于加快国家中心城市建设 推动高质量发展的决定》，提出了“三中心二高地一枢纽”六维支撑体系（见表 4）。

表 4 “三中心二高地一枢纽”六维支撑体系

西部经济中心：以科创大走廊、文化产业大走廊、工业大走廊和对外开放通道建设为重点，全力打造“3+1”万亿级产业，培育 6 个千亿级战略性新兴产业集群，着力提升西安经济实力。
对外交往中心：充分利用欧亚论坛、丝绸之路国际博览会等交流平台，加强对内对外双向开放，全面提升国际交往便利度和交流合作紧密度，打造国家重要的对外展示形象城市和对外交往门户城市。
丝路科创中心：系统推进全面创新改革试验，加快国家自主创新示范区、西咸新区国家创新城市发展方式试验区建设，实施“创新能力倍增计划”，健全以科技大市场为核心的科技创新、交流、孵化服务体系。
丝路文化高地：充分发挥历史文化、盛世文化、丝路文化、红色文化、秦岭文化资源优势，加快构建中华文化国际交流展示平台，办好丝绸之路国际电影节、艺术节等文化盛会，推进文化与旅游融合发展，建设传承中华文化基因、彰显华夏文明的典范。
内陆开放高地：充分发挥自由贸易试验区、西安国际陆港、空港、海关特殊监管区、口岸等平台功能，深化投资管理、贸易服务、金融开放等领域改革，营造高效便利法治的国际化营商环境。
国家综合交通枢纽：加强西安与国内外城市互联互通，建设西安国家门户机场，完善国际铁路港和国际公路港，持续推进高铁和高速公路建设，进一步完善西安“米”字型国家高铁网和高速公路网，打造国际物流中转枢纽，进入全球主要交通枢纽城市行列。

2019 年 1 月，西安市人民政府印发了《西安国家中心城市建设实施方案》，通过深化西咸新区管理体制，合理调整行政区划，明确大西安都市圈边界，实施“北跨、南控、西进、东拓、中优”空间战略，打造大西安“三轴三带三廊一通道多中心多组团”的空间格局（见表 5、图 6）。

表 5 大西安“三轴三带三廊一通道多中心多组团”空间格局一览表

三轴：建设延伸纵贯西安钟楼南北方向，以未央路、南北大街和长安路为轴线的“古都文化传承轴”；建设以沣河、渭河交汇处为原点，以高新区、昆明池、沣镐遗址、沣东科技统筹区、沣西大数据产业园为轴线的“科技引领创新轴”；建设以曲江新区、浐灞生态区、国际港务区为轴线的“国际文化交流轴”。
三带：建设秦岭北麓、渭河文化生态旅游带和北山生态带，打造西安“绿色增长极”。
三廊：以高新区为引领、“高新区＋航天基地＋沣西新城＋大学城＋科研院所”为依托的科创大走廊；以经开区为引领、“经开区＋渭北高陵组团＋渭北临潼组团＋航空基地＋泾河新城＋富阎板块”为依托的工业大走廊；以曲江新区为引领、“楼观道文化展示区＋曲江新区＋白鹿原＋临潼景区”为依托的文化大走廊。
一通道：建设以“国际港务区＋空港新城＋秦汉新城＋浐灞生态区”为依托的对外开放通道。

多中心：西部西咸新区建设大西安新中心、中间依托中心城区建设大西安核心区、东部建设现代服务新中心。

多组团：指“1155”，其中第一个“1”，是指东部新城、高新科学城、新能源汽车城、软件新城、沣西丝路创新城、渭北工业城、长安大学城、高铁新城、洪庆新城、富阎航空城等 10 个新城;第二个“1”，是指纺织城创意片区、军民融合创新谷片区、临潼旅游度假片区、三学街片区、七贤庄片区、临空产业园片区、幸福林带片区、小雁塔片区、西轴线中央商务区、徐家湾片区等 10 大片区;第一个“5”，是指 50 个左右特色小镇;第二个“5”，是指 50 个左右各类综合体。

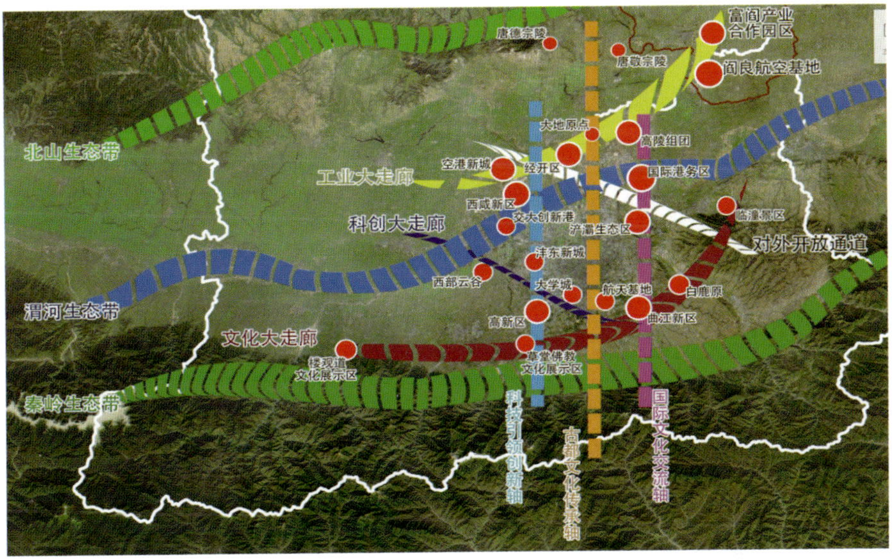

图 6　大西安“三轴三带三廊一通道多中心多组团”空间格局图

西咸、富阎一体化稳步推进。西安和咸阳之间的 15 个互联互通道路项目建成通车，西安北至机场城际轻轨竣工验收，纵贯西咸新区新中心新轴线的地铁 16 号线顺利获批，即将开工。西咸新区规划了全长 20 公里的大西安新轴线，位于新轴线上的中央商务区地上、地下空间综合利用开发工程全面启动建设，累计开工面积超过 500 万平方米，已建成 104 万平方米。渭南市把富阎产业合作园区（面积 60 平方公里，其中富平辖区约 35 平方公里、阎良辖区 25 平方公里）中的富平板块整体交给西安市管理。西安市出台了《关于支持富阎一体化发展的实施方案》，提出通过加快基础设施互联互通、共建富阎产业合作园区、推动军民融合和先进制造业发展等措施，将富阎板块打造成陕西省军民融合发展创新示范区、重要的先进制造业基地、新型城镇化示范区和都市农业和文化旅游基地。

3. 陕南陕北区域协同发展体系日趋完善

支持榆林市融入呼包鄂榆城市群。配合国家编制了《呼包鄂榆城市群发展规划》，并印发了《陕西省〈呼包鄂榆城市群发展规划〉实施方案》，提出支持榆林建设世界一流高端能源化工基地和黄土高原生态文明示范区。

加快落实《陕西省沿黄生态城镇带规划》。为确保沿黄规划落地生根，配套编制了《陕西省沿黄生态城镇带特色小镇建设方案》及《陕西省沿黄生态城镇带近期建设三年行动计划》，并优先安排沿黄县城专项建设资金，加快沿黄县城基础设施建设，继续抓好原有沿黄“两镇”建设，加快培育沿黄特色小镇，打造公路观光旅游服务区，在沿黄地区打造美丽宜居示范村，加快改善沿黄生态环境。榆林市安排1亿元专项资金，实施“八大工程”，加快沿黄公路“三改二”和通黄路建设，支持县市区发展首位产业，提升神木、靖边、绥德三个副中心城市辐射带动能力。

推动陕南三市区域协同发展。2019年，陕西编制出台了《沿汉江生态城镇带发展规划（2019—2025年）》，提出将陕西沿汉江地区打造成国家战略水资源保障区、生态型城镇建设示范区、长江流域绿色发展先行区、国际山水人文旅游目的地和全省协同发展试验区。

4. 小（城）镇建设持续推动

以“两镇”为抓手的小城镇建设稳步推进。为激发“两镇”建设积极性，重启“两镇”淘汰递补机制，重点示范镇和文化旅游名镇各淘汰3个镇，并遴选神木市大保当镇、泾河新城崇文镇等6个镇进行递补（见表6、图7）。2018年，35个省级重点示范镇完成投资118.34亿元，占年度任务的147.93%；31个文化旅游名镇完成投资43.61亿元，占年度任务的145.37%。文化旅游名镇旅游年吸引游客2875.77万人次，旅游综合收入达142.23亿元，直接带动贫困人口就业2.6万余人，吸引回乡创业人员3.1万人。实施“两镇”建设以来，35个重点示范镇累计建设道路367.02公里，垃圾、污水处理场71个，文体中心（广场）59个，医院敬老院54个，小学、幼儿园、初中全覆盖，11个镇建成高中，镇平均垃圾处理率92.3%，污水处理率82.3%，绿化率35.34%；31个文化旅游名镇建成传统街区29条，4A级景区达到13个，3A级景区达到18个。

表6　2018年陕西省“双镇”建设名单

重点示范镇	宝塔区河庄坪镇、眉县汤塔镇、杨凌区五泉镇、黄陵县店头镇、延川县永坪镇、凤翔县柳林镇、长武县亭口镇、扶风县法门镇、城固县柳林镇、阎良区关门街办、萱田县汤塔镇、南郑区大河坎镇、彬州市新民镇、石泉县池河镇、凤县凤州镇、长安区溧镇街办、临潼区零口街办、丹凤县竹林关镇、兴平市西吴街办、子长县杨家园则镇、蒲城县孙镇、洛川县交口河镇、眉县常兴镇华州区瓜城镇、潼关县秦东镇、杨凌区裸谷镇、王益区黄堡镇、周至县哑柏镇、志丹县旦八镇、汉台区武乡镇、富平县淡村镇、礼泉县烟霞镇、神木市大保当镇、泾河新城崇文镇、陈仓区周原镇
文化旅名镇（街）	宁强县青木川镇、山阳县漫川关镇、延川县文安驿镇、绥德县名州街区、丹凤县棣花镇、石泉县城关街区、印台区陈炉镇、武功县武功镇、岐山县凤鸣街区、旬阳县蜀河镇、勉县武侯镇、大荔县朝邑镇、洋县华阳镇、耀州区照金镇、西乡县骆家坝镇、子长县安定镇、镇安县云盖寺镇、白河县城关街区、留坝县留侯镇、凤县双石镇街区、佳县佳芦镇、柞水县凤凰镇、横山县渡罗镇、蓝田县玉山镇、凤翔县城关街区、旬邑县马栏镇、鄠邑区祖庵镇、吴起县铁边城镇、平利县长安镇、宝塔区南泥湾镇、华州区高塘镇

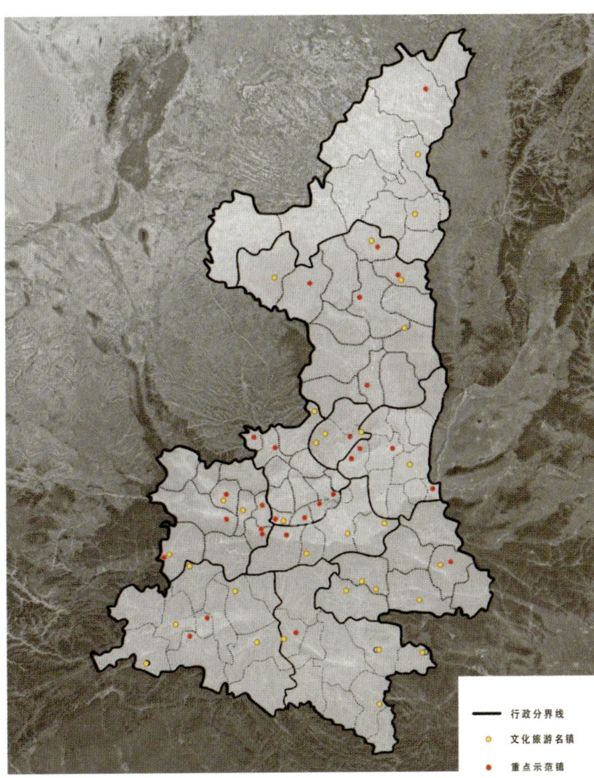

图7　陕西省“双镇”分布图

特色小镇建设日趋规范。结合陕西近年来特色小镇的发展实际，出台了《关于规范推进全省特色小镇和特色小城镇建设的意见》，提出特色小城镇建设要坚持科学发展，防止简单复制、债务风险、房地产化、资源浪费和破坏生态。并重新梳理陕西特色小镇清单，整改淘汰不符合特色小镇理念的不实小镇。

（三）聚焦高质量发展，打造宜居宜业、富有特色、充满活力的现代城市

1. 推动产城融合发展

城市植入双创功能和空间，促进产城融合升级。深入实施创新驱动发展战略，加快构建完善的创新创业孵化体系，营造良好的创新创业生态环境。截至2018年年底，全省省级以上众创空间达到198家（其中国家备案72家）、科技企业孵化器达到83家（其中国家级31家），孵化面积超过500万平方米。

专栏1　西安高新区“双创”工作典型经验

西安高新区打响“双创”生态攻坚战，紧紧围绕“政、产、学、研、用、金、介、才”八大双创生态核心要素，推动高新区双创生态的整体优化提升。

推动配套升级，持续催生经济“新动力”。重点推进创业咖啡街区建设，目前已完成创业咖啡街区拓展区安吉巷创意文化商业街、嘉会巷时尚快闪+网红店商业街、高新一路科技创新街、光德路科技主题商业街四条特色街区等改造和配套提升工作，实现拓展区域2平方公里。

强化平台赋能，激活科创资源“培养皿”。为进一步构建全体系创新生态，激活创新资源、强化平台赋能、推动大众创业，西安高新区加大了平台搭建力度。目前，军民融合创新谷概念规划，已确定项目概念规划，完成项目概念规划的升级。欧美同学会科创小镇已完成小镇规划方案的编制。中科院国家授时中心大科学装置项目已完成方案设计任务书初稿编制。陕西半导体先导技术创新中心已完成注册，增材制造国家创新中心、膜分离技术研究院、交叉信息核心技术研究院已投入运营。同时，按照“资源共享、优势互补、市场机制、协同创新”的原则，西安高新区和光机所已形成“科研机构+平台机构+投资与产业化公司”

一体化发展方案。

积极推动工业园区向城市综合功能区转型。印发了《加快县域工业集中区和产业园区建设行动计划》，提出开展产城融合促进行动，鼓励有条件的工业集中区开展“多规合一”试点，突出交通先行，提升高速公路出入口与产业集聚区的接驳能力，完善水利、能源、社会事业、市政和环境等一批重大基础设施体系，布局住宅、学校、医院、银行、商业娱乐等生活配套设施，提升产城融合发展的承载力。

居住社区注入产业功能，强化就业支撑。陕南各市将避灾生态移民搬迁和就业创业、承接东部产业转移等进行有机“捆绑”，大力引进劳动密集型企业兴办“社区工厂”，引导贫困群众实现就地就近就业。

专栏 2 安康平利县打造“社区工厂”的典型经验

理清思路 精准谋业。抓住东南沿海地区劳动密集型产业向西转移的历史机遇，针对全县移民搬迁集中安置社区一楼门面房大量闲置的现状，确定了“依托社区办工厂、办好工厂促就业”的总体思路，对 100 户以上的集中安置区配套建设“社区工厂”，制定了“一城十镇百社区百工厂”的发展规划，为实现搬迁人口就地就近就业创造条件。

优化环境 招商置业。采取简政放权、规范中介服务、营造公平环境等方式，推动形成重商亲商、安商富商的投资高地和政策洼地。目前，先后成功引进了香港嘉鸿手套、江苏凯灵汽车零部件、广东泽健电子等龙头企业入驻工业园区和移民搬迁社区；累计 11 个镇 25 个社区共布点建厂 47 家，吸纳搬迁群众就业 3000 余人，人均月工资 2000 元以上。

政策激励 支持创业。先后出台《进一步推进全民创业促就业的实施意见》《扶持社区工厂发展工作办法》等支持大众创业、万众创新的政策文件，设立全民就业创业基金 1000 万元、小微企业扶持基金 300 万元、社区工厂奖励基金 150 万元。对土地紧缺的社区，由政府就近租赁门面房作为厂房，业主免费使用三年；对租用民房办厂的，全额补贴房租三年。在资金周转上，结合“两权”抵押试点，县上多方筹措2000万元专项资金用于贷款贴息，累计向“社区工厂”发放贷款1.05亿元。在技术培训上，把“社区工厂”工人岗前培训和技能提升培训纳入全县职业培训计划，年培训3000人以上。在奖补扶持上，对“社区工厂”扩大生产、自主产品开发实行以奖代补，鼓励其做大做优做强。

2. 提高城市基础设施支撑能力

全省交通网络日趋完善。积极推进公路、铁路、机场、地铁等重点交通基础设施建设，截至2018年年底，全省高速铁路通车规模达到856公里，高速公路通车里程达到5475公里，西安咸阳机场年旅客吞吐量超过4460万人次，位居全国机场第七位，全省综合交通基础设施网络日趋完善（见表7）。

表7　2018年陕西省交通基础设施建设情况

铁路建设	**高速铁路**：银川至西安高铁建设顺利推进，西安至十堰、西安至安康、延安至榆林高铁前期工作加快推进。 **城际铁路**：西安北站至机场城际铁路建成通车，西安至法门寺等4条城际铁路控制性工程有序推进。 **普速铁路**：顺利建成投运阳安铁路大岭铺至安康东直通线、浩吉铁路（原蒙华铁路）等。 **城市地铁**：西安地铁4号线正式开通运营，运营总里程达127公里。5号、6号、9号等在建线路稳步推进，地铁第三期建设规划正式获批，包括1号线三期、2号线二期、8号线、10号线一期、14号线、15号线一期和16号线一期。
公路建设	**高速公路**：2018年，高速公路建设规模突破1600公里，22个续建项目全面展开，吴起至定边、陕甘界至陇县、柞水至山阳、宝鸡过境凉泉至苟家岭和潘家湾至凉泉等5个项目196公里建成通车，全省高速公路通车里程达到5475公里。 **干线公路**：2018年，干线公路建设规模突破2500公里，建成通车或主体完工32个项目1000公里。
枢纽建设	**航空枢纽**：全力推进西安咸阳国际机场三期建设前期工作，延安南泥湾机场建成投运。 **客运枢纽**：加快运输站场建设，咸阳高客等综合客运枢纽主体完工。 **物流枢纽**：延安城北、陕西商山等多式联运型物流园区开工建设。稳步推进亚行贷款交通物流港项目前期工作。

城市基础设施建设加快推进。全面贯彻绿色发展理念，积极推进重大市政基础设施建设。陕西省新型城镇化发展基金首期10亿元全部投放完毕，撬动银行信贷资金64.7亿元，为城镇化建设提供了资金保障。西安、延安2个省级试点城市地下综合管廊在建和竣工项目共66个，总长度86.82公里。西咸新区国家级海绵试点城市完成投资24.92亿元；宝鸡、铜川2个省级试点城市海绵城

市建设累计完成投资 26.66 亿元。扎实推进西安、延安、宝鸡“城市修补、生态修复”和西安、延安城市设计国家级试点。城市污水处理率、生活垃圾处理率、燃气普及率、绿色建筑占比等稳步上升，但城市建成区绿化覆盖率、人均公园绿地面积却有下降趋势，说明城市和人口的快速扩张，导致城市绿化压力较大（见图 8）。

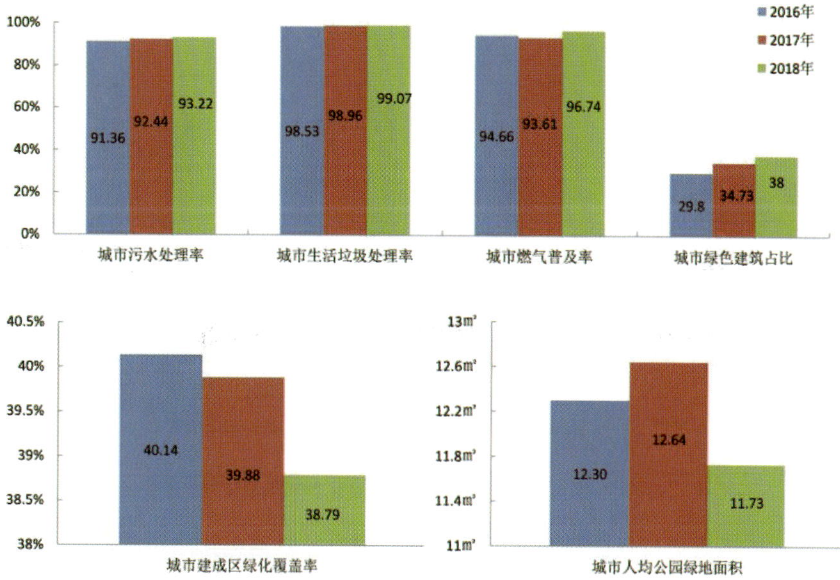

图 8　2016—2018 年陕西城市基础设施对比分析图

3. 加大城市生态环境整治

秦岭生态保护不断强化。深刻汲取秦岭北麓西安境内违建别墅问题教训，着力解决乱搭乱建、乱砍滥伐、乱采乱挖、乱排乱放、乱捕乱猎等“五乱”问题。编制完成了《陕西省生态保护红线划定方案》，划定秦岭区域生态保护红线面积为 2.23 万平方公里，占全省生态保护红线面积的 44.3%。印发《关于进一步加强秦岭生态环境保护严格环境影响评价准入的通知》，严把建设项目环境准入关口。

空气质量总体趋好。以治理“散煤”和高污染高排放柴油货车为重点，推进城乡居民取暖电能替代和“煤改气”工程，建立健全最严格的机动车全防全控环境监管制度，在关中地区率先供应符合国六标准的车用汽柴油。开展清洁柴油车、清洁柴油机、清洁运输、清洁油品等行动。积极开展联防联控，配合生态环境部制订《汾渭平原 2018—2019 年秋冬季大气污染综合治理攻坚行动方案》，印发《汾渭平原“黑加油站点”联合治理专项行动工作方案》，提出联合山西、河南共同开展“黑加油站”治理专项行动。2018 年，各市（区）优良天数比例在 43.0% ～ 90.7% 之间，平均优良率为 66.5%，平均超标天数比例为 33.5%，同上年相比，空气质量整体趋好（见图 9）。

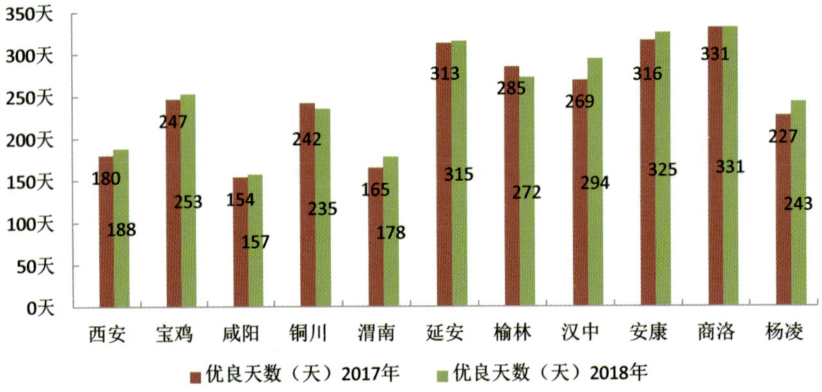

图 9　2017—2018 年各市（区）优良天数对比分析图

水环境质量持续改善。按照“一河一策”的防治思路，积极推进流域水污染的精细化管理。对国考断面问题突出的延河、北洛河、无定河等入河排污口进行重点整治，出台《陕西省城市黑臭水体治理攻坚战实施方案》，全省 26 个

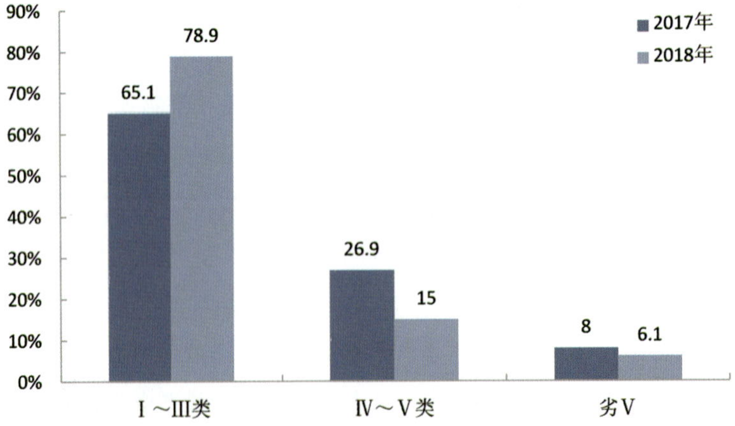

图 10　2017—2018 年全省河流水质类别比例对比图

黑臭水体中，整治达到初见成效标准的已有 24 个。扎实推进水源地保护区划定、设标立界、矢量图绘制等工作，已完成了 153 个县级以上集中式饮用水水源地保护区划定工作，完成率达 95%。深化流域补偿考核制度，渭河流域共收缴省级水污染补偿资金 4.8 亿元。2018 年，全省河流水质总体良好，同比上年的轻度污染有所改善（见图 10）。

4. 加强文化保护传承

以历史文化名城名镇名村及历史文化街区保护为抓手，加强地域文化保护。2018 年，省住建厅会同省文物局开展陕西省国家历史文化名城名镇名村保护自查。2019 年 4 月，制定印发了《2019 年全省历史文化名城名镇名村保护工作实施方案》，提出加快建立历史文化名城、名镇、名村和街区“体检、评估”制度，启动历史文化街区“综合环境提升”工程等举措。2019 年 8 月，批准公布了陕西第一批历史文化名镇名村街区，截至目前，陕西国家级历史文化名城名镇名村分别有 6 个、7 个和 3 个，省级分别有 11 个、13 个和 11 个（见表 8）。

表 8　陕西国家级和省级历史文化名城名镇名村一览表

国家级	历史文化名城	西安市、咸阳市、延安市、榆林市、汉中市、韩城市
	历史文化名镇	铜川市印台区陈炉镇、汉中市宁强县青木川镇、商洛市柞水县凤凰镇、神木市高家堡镇、安康市旬阳县蜀河镇、安康市石泉县熨斗镇、渭南市澄城县尧头镇
	历史文化名村	韩城市西庄镇党家村、榆林市米脂县杨家沟镇杨家沟村、咸阳市三原县新兴镇柏社村
省级	历史文化名城	延安市黄陵县、宝鸡市凤翔县、咸阳市乾县、咸阳市三原县、渭南市蒲城县、渭南市华阴市、汉中市城固县、汉中市勉县、榆林市府谷县、榆林市神木市、榆林市佳县
	历史文化名镇	榆林佳县木头峪镇、延安宝塔区甘谷驿镇、延安富县直罗镇、延安洛川县永乡镇、延安洛川县旧县镇、延安子长县安定镇、渭南富平美原镇、渭南富平曹村镇、渭南富平宫里镇、渭南潼关县秦东镇、铜川耀州区孙塬镇、商洛山阳县高坝店镇、商洛山阳县漫川关镇
	历史文化名村	榆林佳县王家砭镇打火店村、榆林府谷县新民镇新民村、延安洛川县永乡镇阿寺村、延安洛川县土基镇鄜城村、延安洛川县旧县镇桐堤村、延安洛川县朱牛乡贠家塬村、延安延川县文安驿镇梁家河村、渭南潼关县桐峪镇善车口村、铜川耀州区锦阳路街办水峪村、铜川耀州区小丘镇移村、铜川印台区陈炉镇立地坡村

以博物馆建设为载体，积极推动文化传承。推动社区博物馆建设，截至目前，全省已有44家社区博物馆。2018年，西安市出台了《西安博物馆之城总体建设方案》，提出通过打造曲江“博物馆之城”核心示范区、建设一批博物馆小镇、发展一批文博创意产业等途径，将西安打造成一座“随时可闻、随地可见、随机可讲”的“天然的历史博物馆”。2019年，全国首座以全面展示考古工作和考古学科发展为主题的陕西考古博物馆正式开工建设。

5. 推动城市精细化管理

加大智慧城市建设力度。出台了《关于加快推进全省新型智慧城市建设的指导意见》，印发了《陕西省新型智慧城市评价办法》，持续跟踪推进《新型智慧城市建设指南》等四项地方标准制定，并积极推广“咸阳模式”（见以下专栏），2018年咸阳市大数据精准扶贫案例被授予“2018 数字中国示范案例”称号。

专栏3 咸阳智慧城市建设典型经验

激发数据活力，助力全市脱贫攻坚。汇聚全市贫困户、贫困村地理位置、贫困户全景VR等公共基础设施数据，实现贫困村基础信息全收集；整合市财政、人社、公安、住建等31个部门和企事业单位127项业务572TB的部门数据，为实现数据综合比对、精准分析、科学决策奠定数据基础。

建设四级平台，推进铁腕治污降霾。建成“纵向到底、横向到边”的市、县、镇、村四级环境保护网格化管理信息平台，完成部分县市区空气质量检测、视频监控、洒水车轨迹、秸秆禁烧视频点位数据的协调接入和部署应用，启动微信端环保监督系统、短信模块、随手拍模块功能使用。

打通医疗数据，方便群众看病就医。在全市2700多个村卫生室布设了基层his系统，实现了网上挂号、影像共享、联合会诊，并运用大数据手段，有效解决了大处方、过度医疗等问题，做到医疗卫生体系全过程、动态化、实时监管。

建设时间银行，创新健康养老模式。成立了咸阳市智慧健康养老“时间银行”，目前已正式被工信部、民政部、卫计委联合确定为国家级智慧健康养老试点示范基地。

实时推送信息，实现交通智能疏导。利用交警卡口信息、监控信息、运营商基站统计信息，对全市各道路车流量进行实时监控、智能化调度指挥，实现网上监管、职能调度、拥堵预警。完成智慧出行公交电子站牌建设，在全市所有公交车上安装了 GPS，每辆公交车的位置信息实时上传到全市统一的大数据交换共享中心，并推送到公交电子站牌和手机 APP 上。

着眼防灾减灾，建设智慧气象应用平台。依托智慧咸阳地理信息系统和部门共享信息，以实况监测网格化和精细化格点预报为支撑，围绕“洪涝、冰雹、内涝、雾霾、冻害、雷电、地灾”等灾害，完成民政、应急、水利、防汛、国土、水文、农业、扶贫、气象等部门防灾减灾救灾数据资源横向整合，打造咸阳自然灾害监测预警指挥平台。

积极探索智慧社区建设。2018 年陕西省民政厅出资 1500 万元，用于 100 个智慧社区建设，总结提炼出诸多智慧社区创新治理典型经验。

专栏 4　智慧社区建设典型案例

宝鸡市高新区以微治理搭建微平台、催生微协商、征集微心愿、确定微项目、招引微组织、开展微服务为主题，探索出了具有宝鸡特色的“社区＋居民议事会＋邻里议事会（庭院协商）”“社区＋智慧云柜”“社区＋志愿服务积分兑换”“社区＋慈善超市”等特色鲜明的“微治理”模式，较好地解决了服务群众最后一公里问题。

铜川市王益区按照“创新手段、高效联动”的宗旨，通过“拆前台 搭后台 建平台”，打造“智慧”社区新品牌，居民提供便捷、高效、智慧化、信息化的服务体验。

全面推进“雪亮工程”。截至 2019 年 6 月，全省共安装视频监控摄像机 82.7 万余台，其中覆盖重点公共区域的一类视频监控点 5 万多个，覆盖重点行业、领域内涉及社会治安的重要部位、易发案部位的二类视频监控点 36.4 万多个，覆盖一般企事业单位、商户、居民社区或者住宅小区的三类视频监控点 41 万多个。建成“环陕、环市、环县”卡口系统 1492 个，市级联网平台、共享平台、综合应用平台与省级平台对接数量均达 11 个，实现与其他政府部门共享的省级共享平台 6 个。

（四）注重城乡融合，加快推进乡村振兴

1. 促进城乡要素合理配置

用活增减挂钩政策，土地流转收益不断提高。全面改革增减挂钩运作模式，明确在陕西增减挂钩实行“先垦后用”模式，即“先拆旧复垦，后建新流转”，统筹解决好脱贫攻坚与增减挂钩周转指标归还问题。2018 年，流转增减挂钩指标 46 宗 2.07 万亩收益 58.9 亿元，是 2017 年度的 11.8 倍，不仅为城市建设提供了用地保障，也为全省脱贫攻坚注入强劲发展动力。

丰富乡村金融产品，三农建设资金保障有力。积极开展农业保险，2018年以来，新增奶山羊、猕猴桃两个省级补贴保险品种，新增制种、农房两个险种，截至目前，全省政策性农业保险险种达到21个，中央财政补贴险种11个，省级财政补贴保险品种10个。与金融企业开展战略合作，农业银行陕西省分行推出“金穗陕果贷”系列产品，三年为果业种植、经销、仓储、加工各环节提供综合金融服务贷款45亿元。邮储银行陕西省分行研发推出“果仓贷”“果品贷”“收购贷”“甜瓜贷”等特色信贷产品以及“银行+公司+基地+农户”模式。

培养科技“特派员”，助力脱贫攻坚实现全覆盖。出台《陕西省科技特派员管理办法》，完善“互联网 + 科技特派员”平台，选派 278 名省级科技特派员组建 18 个产业技术服务团，与 22 个贫困县签订 39 份帮扶协议，开展服务 600 余次，培训人数超过 3000 人，实现陕西省贫困村科技特派员科技服务全覆盖，参与挂牌服务科技特派员 3826 人。

2. 促进城乡基本公共服务普惠共享

“全面改薄”推动城乡教育日趋公平。结合中小幼学校布局调整工作和易地扶贫搬迁工作，加强乡村小规模学校和乡镇寄宿制学校“两类学校”建设，全面改善贫困地区义务教育薄弱学校基本办学条件。深化“学区制管理改革”，建立了“一长多校”和“名师 + 学校”等良性机制，实施“精准”帮扶，不断扩大城市优质教育资源向乡村地区辐射。2018 年投入中省补助资金 31.72 亿元，支持 940 所薄弱学校建设，切实改善了贫困地区义务教育薄弱学校基本办学条件。

“医共体”推进基层医疗服务能力逐步提升。印发《加快推进县域医疗共同体建设的通知》，截至目前，全省已建成县域医共体 50 个，24 个县承担国家试点任务，省际省内共 111 家三级医院帮扶 101 家贫困县县级医院，共新建临床专科 248 个，开展新业务 1391 项，培训人员 18.5 万人次，远程会诊 3.5 万例。组织 28 个省市公共卫生机构对口帮扶 11 个深度贫困县。2018 年投入中省补助资金 6.4 亿元，用于村卫生室和基层医疗卫生机构建设，下达全民健康保障工程中央基建资金 10.42 亿元，用于支持县级医院建设。全省 78 家县区综合医院达到二级甲等医院标准，超过半数的县区县域内就诊率达到 90%。

“医养结合”促进城乡养老事业创新发展。2018 年，设立医养结合专项资金 500 万元，确定省级医养结合示范基地 9 个，省第二人民医院整体转型为省老年病医院，打造省级医养结合培训基地。省内大型医院与基层医疗机构、医养结合服务机构通过医疗养老联合体等方式，建立远程医疗、急诊病人转院、术后康复巡诊、预约就诊等协作关系。大力发展智慧健康养老平台，鼓励社区、企业发展智能化的健康养老产品和服务。

3. 加快补齐乡村基础设施建设短板

农村基础设施提档升级。大力推进通村通组沥青（水泥）路、农村安全饮水巩固提升全覆盖和自然村通动力电“三提升”工程，农村基础设施建设加快（见表 9）。

表 9　2018 年陕西省乡村基础设施建设情况一览表

农村公路	农村公路总里程达到 15.5 万公里，等级公路比重超过 90%，实现了 100% 乡镇和 100% 建制村通沥青（水泥）路，村庄道路硬化率达到 98.37%。
水利设施	引汉济渭调水工程、东庄水利枢纽工程、渭河生态区建设等重大水利工程建设全面提速，建成农村饮水工程近 6000 处，农村自来水普及率达 96.28%，解决和改善了近 500 万人的饮水安全问题。
电网升级	紧盯农村电网升级改造“两年攻坚战”任务目标，加快农村电网改造升级，电力入户率达 100%，自然村通动力电率达 98.84%。
数字乡村	启动实施了电信普遍服务试点工作，前三批农村电信普遍服务试点项目已建成，11316 个行政村实现光纤全覆盖，城乡“数字鸿沟”逐渐缩小。建立贫困地区电商服务体系，实现了电子商务进农村综合示范项目在全省 56 个贫困县（区）的全覆盖。

农村人居环境明显改善。制定了《陕西省农村人居环境整治三年（2018—2020年）行动方案》，提出以农村垃圾、污水治理、厕所革命和村容村貌提升为主攻方向，加快改善全省农村人居环境。2018年，行政村生活垃圾和生活污水得到有效治理，村庄林木覆盖率达到33.78%，创建了1447个美丽宜居示范村。出台《陕西省农村无害化户厕建设技术规范》，各市（区）切块下达中央财政奖补资金4.1亿元，支持户用无害化卫生厕所改造、改厕公共配套设施及后期管护机制完善。加快推广《陕西省农房设计图集》，狠抓美丽宜居示范村创建工作，全省农村人居环境明显改善。

专栏5 农村人居环境提升典型经验

污水处理：延安市推广污水处理新工艺。延安市推广微动力处理工艺、MBR膜生物反应处理工艺、FCR食物链反应器处理工艺、A2/O处理工艺等多种污水处理方式，建成镇级污水处理设施58个，在建35个，建成村级污水处理设施84个，在建19个。宝鸡眉县打造县镇村三级生活污水处理体系。眉县按照生活污水“县城动力处理、镇村湿地处理”的思路，完善县镇村三级生活污水处理体系，5个镇配套建设了生活污水处理厂，71个村建设了以人工湿地、氧化塘为主的生活污水处理设施，实现了农村生活污水就地收集、就地处理、就地达标排放。

农村生产废弃物回收利用：秸秆肥料化利用“铜川模式”。充分应用以秸秆为主的农业有机废弃物的仿生化处理技术成果，激活、富集土壤微生物组，积极开展秸秆生产碳基水溶有机肥，既解决了规模聚集下的有机废弃物污染治理难题，又为耕地质量快速提升、农业面源污染治理探索出一条可持续的发展模式。岐山“2+x”模式。通过政策引领和项目带动，以秸秆处理能力提升为突破口采取“2+x”（即以秸秆肥料化、饲料化利用为主，多种秸秆利用为辅）的模式，形成县域内秸秆完全处理，收储体系全面覆盖，秸秆高效利用，产业化初具规模的良好秸秆利用体系。

4. 大力推进乡村经济多元化发展

现代农业园区建设成效明显。2018年全省批准创建了11个省级现代农业产业园，省级财政安排了 1.1 亿元补助资金，园区内包含 13 个主导产业，拥有设施果蔬、羊乳、红提、茶叶、花椒等一批省内外知名品牌。园区实施多种新型经营主体相互融合、现代生产要素高度聚集，探索创新驱动发展新模式，吸引了社会资本 10.6 亿元到产业园投资兴业，100 余家各类农民合作社和龙头企业入驻园区。2019 年，延安市洛川县现代农业产业园入选我国首批国家级现代农业产业园（见表 10）。

表 10　陕西省现代农业产业园区一览表

国家级	延安市洛川县现代农业产业园
省　级	渭南市白水县现代农业产业园、西安市高陵区现代农业产业园、西安市阎良区现代农业产业园、咸阳市泾阳县现代农业产业园、韩城市现代农业产业园、咸阳市乾县现代农业产业园、商洛市洛南县现代农业产业园、安康市平利县现代农业产业园、汉中市宁强县现代农业产业园、渭南市合阳县现代农业产业园、榆林市靖边县现代农业产业园

家庭农场发展迅速。以家庭农场发展为重点，以“规模适度、生产集约、管理先进、效益明显”为提升标准，积极营造加快培育家庭农场环境氛围。2019 年上半年，统筹安排家庭农场专项资金 9000 万元，支持 12 个市（区）900 个家庭农场适度扩大经营规模和提升运营能力，截至 2019 年 8 月底，陕西纳入农业部门家庭农场名录的家庭农场有 16653 家，家庭农场已成为陕西现代农业发展的新生力量。

农业产业化联合体创建稳步推进。培育壮大产业化经营主体，把农户镶嵌到产业链中，形成市场主体与农户利益多元联结形式，提升市场竞争力，带动农民增收，促进三产融合发展。2018 年，出台了《关于促进农业产业化联合体发展的实施意见》，并新增认定了 28 家省级产业化示范联合体。

专栏 6　村民变身“股东 + 产业工人”，平罗村的设施农业之路

平罗村位于黄河之滨的大荔县，曾因河水泛滥、土地盐碱化制约当地经济发展。2011 年起，平罗村采取土地整体承包的方式，将土地承包给陕西大荔尊天农业有限公司，由公司投资建设大荔尊天现代农业园区，因地制宜种植冬枣

等耐盐碱产品。园区在发展过程中，按照“整村推进、三年流转、分期实施、农户自愿”的原则，集中连片流转土地2400亩，形成了600亩日光温室示范园、800亩大棚冬枣示范园，实现了园区集约化生产、规模化经营。同时招收村民就地转化为产业工人进行种植，保证村民在获得流转土地租金收益的同时还能赚取打工收入，实现产业发展和就业增收双赢。2018年，为进一步提高经济效益，园区改变生产经营模式，实行“公司＋农户＋园区＋市场”的运行模式，将166座大棚温室承包给农户，使农户变股东，公司负责农资供应、技术培训、品牌建设和产品销售，农户负责劳务和实施维护，各司其职，收入按比例分成。目前已经建好186座大棚冬枣、136座温室冬枣和10座温室瓜果采摘棚、600亩花卉观赏和繁育基地，辐射带动周边镇村发展标准化设施瓜果菜种植1.5万亩，大荔冬枣、高石脆瓜等多个农产品获得国家地理标志保护农产品认证。在推动现代设施农业快速发展的同时，平罗村依托“南园北水中心村”的资源优势，在盐碱地上建起了秋千园、湿地观光等特色乡村旅游，被农业部命名为“中国最美休闲乡村”，平罗农业公园被评为国家AAA级景区。

三、地市评价

（一）西安市

西安是我国继北京、上海之后，第三个从国家层面确定的以建设国际化大都市为目标的城市，是国务院批复建设的国家中心城市。同时，西安还承担着系统推进全面创新改革试验、国家自主创新示范区等20余项国家级试点和示范任务，在诸多领域具有先行先试优势。过去的一年，西安市抢抓国家中心城市、国际化大都市和“一带一路”建设机遇，经济社会实现长足发展：GDP达到8349.86亿元，时隔38年重回全国城市20强；常住人口达到1000.37万人，“西引力”持续增强。截至2018年年底，在西安投资或设立分支机构的世界500强企业215家，累计引进中国500强企业293家、中国民营500强企业220家，荣登联合国“2018全球最具发展潜力新兴城市”榜单。

2018年是西安市新型城镇化工作由“增量”向“提质”转变取得明显成效的一年。为提升城市品质，西安市从软硬件两个方面精准发力：针对人均公园

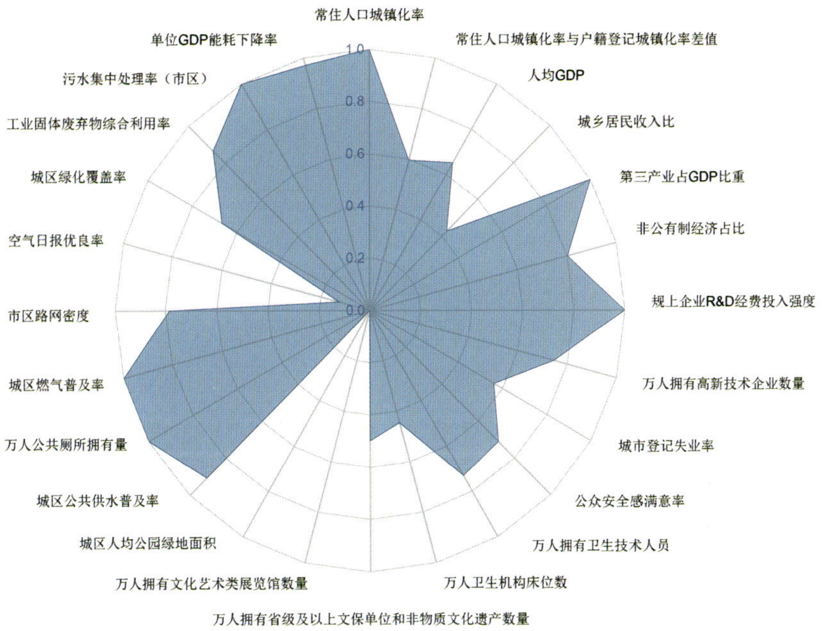

图 11　西安市新型城镇化评估主要指标风频图

绿地面积不足的硬件短板，全市全年建成绿地广场 62 个，城区新增绿地面积 647 万平方米，完成造林面积 3.56 万亩；全市建成区绿化覆盖率达到 41.1%，森林覆盖率达到 48.03%。同时，为进一步提升城市品牌影响力，西安市出台《建设“书香之城”实施方案》，通过硬件配套设施建设和全民阅读品牌的打造，推动全民阅读持续化、常态化发展。2018 年新开实体书店 1100 家，书店总量从全国第 14 位跃升至第 5 位，荣获“2018 中国书店之都”称号。

自 2017 年 2 月由西安市正式代管以来，西咸新区高举创新城市发展方式旗帜，全力建设现代化大西安新中心。2018 年居民人均可支配收入增长 8.4%，实现城镇新增就业近 2 万人，累计建成保障房 14 万套，建成各类学校 50 所，建设三甲医院 6 所，实现新区所有镇街和建制村 100% 通公交车，城乡面貌焕然一新。西咸新区先后建设了西工大无人机产业基地、国家统筹科技资源示范基地、全国首个硬科技小镇等重大科技创新平台，建成众创载体 49 个，引进各类研发转化机构 30 家、创新创业团队 1000 多个。与此同时，西咸新区大力实施乡村振兴战略，全区唯一的贫困村已顺利脱贫。农村人居环境持续改善，累计创建绿色家园示范村 100 个。现代特色农业亮点纷呈，打造了金叶茯茶等一批知名农业品牌。

（二）铜川市

铜川市是国家卫生城市、节能减排财政政策综合示范市、中国特色魅力城市，近年来，按照省党代会对铜川“建成西部传统产业转型升级示范城市”的全新定位，大力发展“三个经济”，全面建设高端装备制造、环保陶瓷、生物医药、文化旅游、数字经济和航天科技等产业集群，新产业、新业态蓬勃发展，实现“多点开花”，产业高端化、集群化发展雏形初步形成。

2018 年，铜川市在推进新型城镇化工作中亮点纷呈：近 10 个汽车零部件产业项目加快推进，“陕西制造 铜川配套”战略得到有效实施；“铜川一号”卫星成功发射，中国（铜川）商业航天城等项目组团式推进；铜川大数据学院挂牌招生，摩贝、世纪华耀等 18 家数字企业入驻，数字经济产业园、京东数字经济产业园

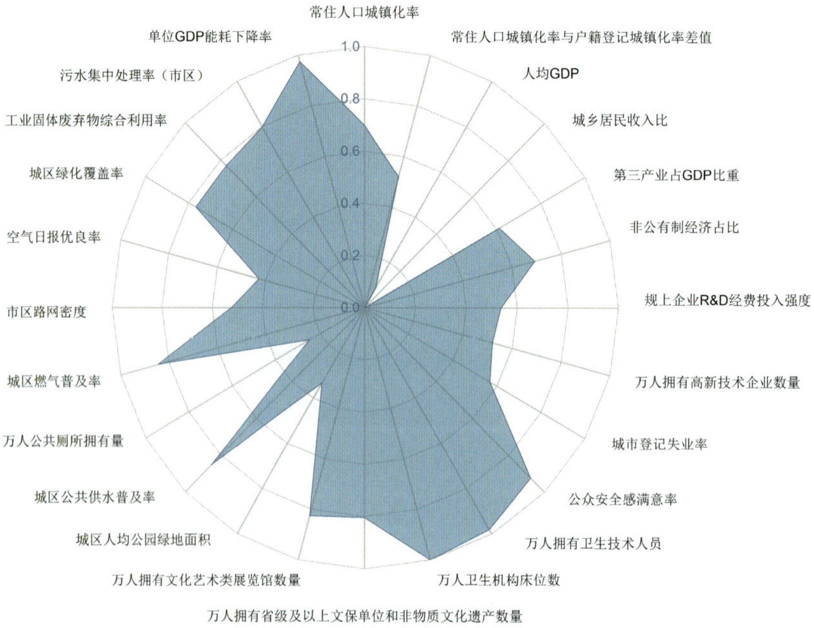

图 12 铜川市新型城镇化评估主要指标风频图

加快建设;成功举办全省首个扶贫产品交易会,打通了产业扶贫的“最后一公里”;城市宜居水平稳居全省前三,连续两年入选中国最具幸福感城市。横向比较来看,铜川市年度新型城镇化指标仍存在不少短板:户籍人口城镇化率和常住人口城镇化率相差 15.51 个百分点,远高于全省平均水平,户籍制度改革亟需深入推进;城乡居民收入比高达到 3.23,位居全省 11 个市(区)首位,农村居民人均可支配收入位居全省倒数第二位,提振经济、提高农民收入任重道远。

(三)宝鸡市

宝鸡市作为关中平原城市群规划的副中心城市,近两年来积极融入“一带一路”大格局,在国家区域战略中的地位愈加突出。2018 年,筹备建设宝鸡机场和以陆港新城、空港新城、综合保税区、会展中心四个功能组团为核心的宝鸡港务区取得突破性进展,中国石油装备跨国采购会、钛产业博览会等国际性展会常态化举办,中欧国际货运宝鸡专列顺利开通,宝鸡企业在 10 多个国家设立基地,与 156 个国家和地区建立贸易往来,有进出口业务备案企业 1148 户。

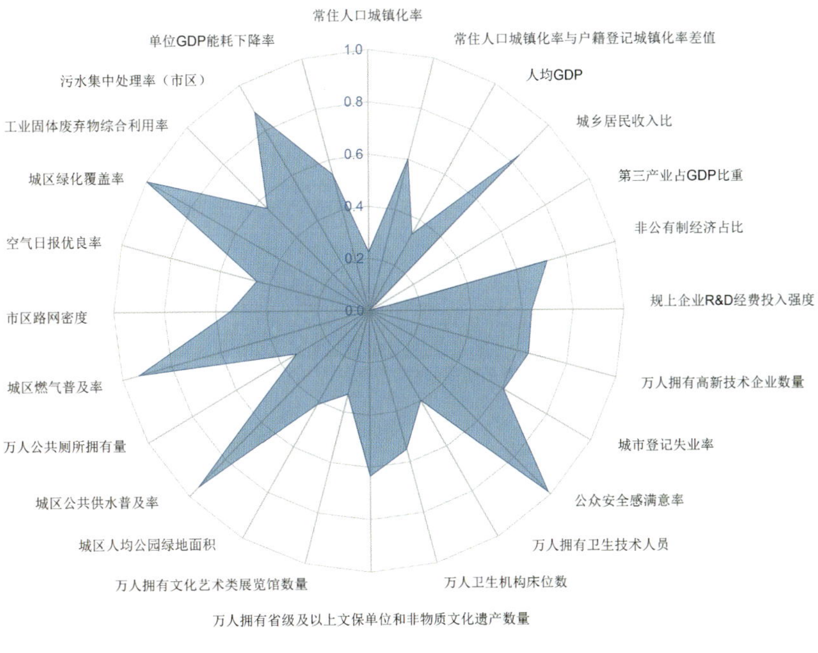

图 13 宝鸡市新型城镇化评估主要指标风频图

战略地位不断提升的同时，宝鸡狠抓城镇化建设。截至 2018 年年底，建成全国重点镇和特色小城镇 17 个，城镇化率达到 53.17%。实施城市品质提升十大行动，打造“10 分钟商业圈”“15 分钟就医圈”，城市承载力显著提升。推进全域旅游，建成 5A 级景区 2 个，渭河“百里画廊”成为生态宝鸡的亮丽名片，秦岭生态环境得到有效保护，“6511”治霾模式全国推广。成为全国首个建成国家园林城市群的地级城市，荣获全国文明城市、国家环保模范城市和中国美丽乡村建设示范地区等荣誉称号。宝鸡不断完善公共服务体系，在西北地区率先实现全国义务教育发展基本均衡县、省级“双高双普”县全覆盖，城市公立医院改革受到国务院表彰，96.5% 的城乡居民参加了医疗保险，社会治安满意度连续 8 年位居全省前列。

（四）咸阳市

咸阳是全国文明城市、国家级历史文化名城、国家卫生城市、国家园林城市、全国绿化模范城市和中国十大智慧城市，逐步形成了以电子、医药、食品、纺织、

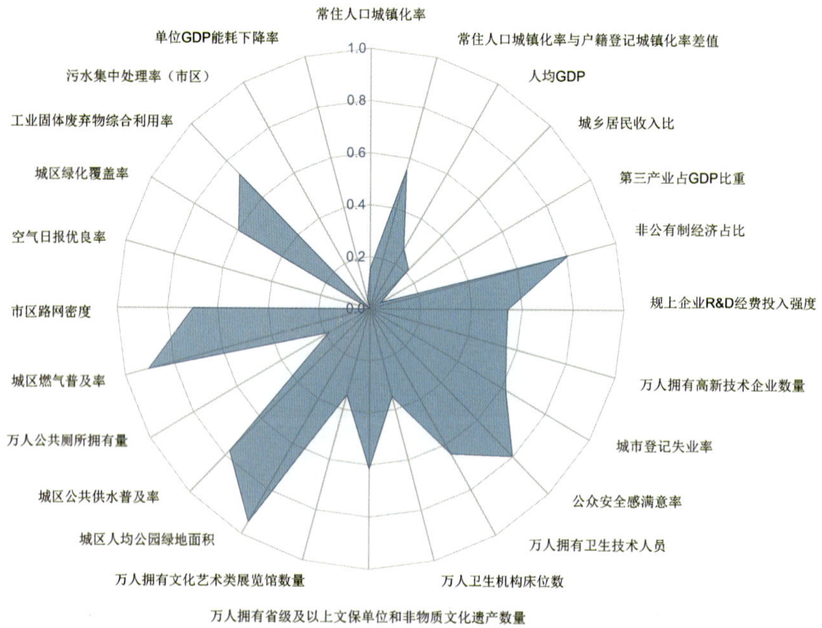

图 14　咸阳市新型城镇化评估主要指标风频图

建材、能化、装备制造等七大优势产业为支撑，电子显示、高端能化、汽车制造 3 个千亿级产业集群为主导，CEC8.6 代液晶面板及基板玻璃生产线、冠捷电视、新能源汽车、正泰智能电气、法士特智能制造、浩泽净水、天基互联星座、孙思邈药业、伊利高端乳品生产等重点项目为龙头的现代产业体系，规模以上工业总产值近 3000 亿元。

近年来，咸阳市坚决落实省委省政府关于推进西咸一体化决策部署，顺利完成了 15 个街镇托管移交和渭河南城 12.6 平方公里行政和社会管理职能承接工作；城市建成区面积扩大到 90.6 平方公里，城镇化率达到 51.27%；每年投资 100 亿元左右办好 30 件惠民便民实事，在全国率先推行老旧小区加装电梯；在全省率先实施基层医疗机构“先看病后付费”，智慧医疗走在全国前列，民生投入占财政总支出的比例稳定在 80% 以上。同时，大力实施“3+X”农业特色产业工程，积极推进乾县奶山羊全产业链示范县和武功、泾阳、三原、淳化等 4 个优质羊乳生产基地县建设，目前全市奶山羊存栏量约占全省 1/3、全国 1/5，2018 年农业增加值接近 300 亿元。对比分析来看，咸阳市年度新型城镇化指标仍存在明显短板：空气日报优良率和市区污水集中处理率位居全省末位，水资源保护和大气污染治理压力持续存在；第三产业占比和单位 GDP 能耗下降率分别位居全省倒数第二、倒数第三位，产业结构调整和节能减排方面的工作亟需加强。

（五）渭南市

渭南市是全国创业先进城市、中国特色魅力城市，近年来深度融入“一带一路”建设，西渭融合、富阎一体化步伐加快，黄河金三角区域合作不断深化，基本形成了以精细化工、装备制造、食品医药、新能源新材料、航空为代表的五大产业，形成了独具特色的现代工业体系，是全国最大的钼精粉生产和出口基地，黄金产量居全国第三，发电量、钢产量和化肥产量均居全省前列。

2018 年，渭南市在推进新型城镇化工作方面成效明显。基本公共服务方面，大力实施“千校达标”工程，新建改扩建校舍 130 万平方米，累计创建标准化学校 810 所，基本实现了全市学校标准化。农村环境综合整治方面，编制出台

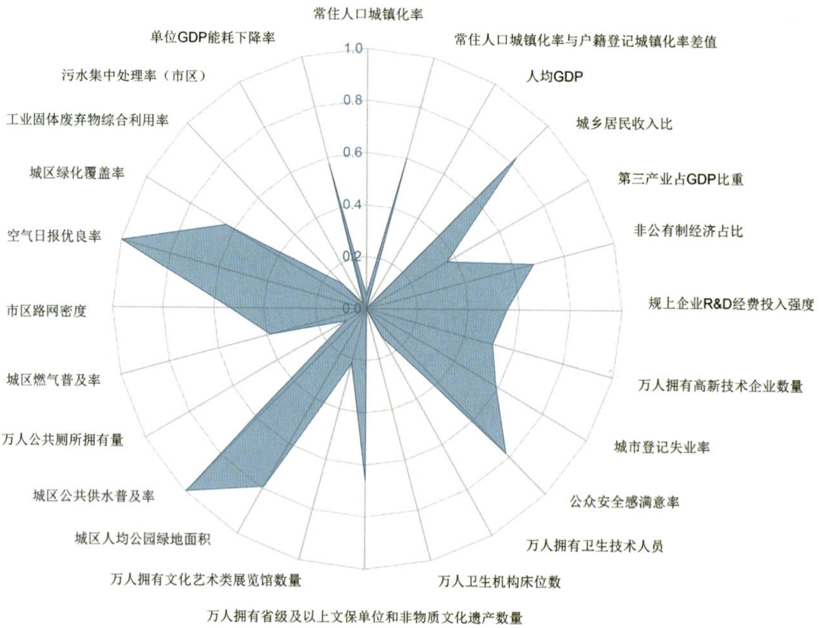

图 15 渭南市新型城镇化评估主要指标风频图

了《乡村空间布局建设规划》，持续开展，创建省级美丽宜居示范村 197 个，20 个村入选国家首批“绿色村庄”，数量位居全省第一。特色旅游方面，形成了以华山、少华山和洽川为主的自然景观旅游，以韩城历史文化名城、蒲城唐桥陵、史圣司马迁、字圣仓颉等为主的历史文化旅游，以渭华起义为主的红色旅游和遍布各地的休闲、观光、农家乐旅游，2018 年共接待中外游客 7200 万人次，实现旅游收入 570 亿元。对比分析 2018 年年度新型城镇化指标发现，渭南市人均 GDP 仅为 33009 元，万人卫生机构床位数 58.71 张，与全省平均水平存在较大差距，经济发展和医疗资源配置方面的短板仍需尽快补齐。

（六）延安市

延安市是天下第一陵——中华民族始祖黄帝陵寝黄帝陵所在地，是民族圣地、中国革命圣地，国务院首批公布的国家历史文化名城，承担着全国青少年校园足球改革、全国城市医疗联合体建设等多项国家级试验试点建设，特别是自 2017 年被住建部列入生态修复、城市修补“双修”试点城市以来，延安市逐

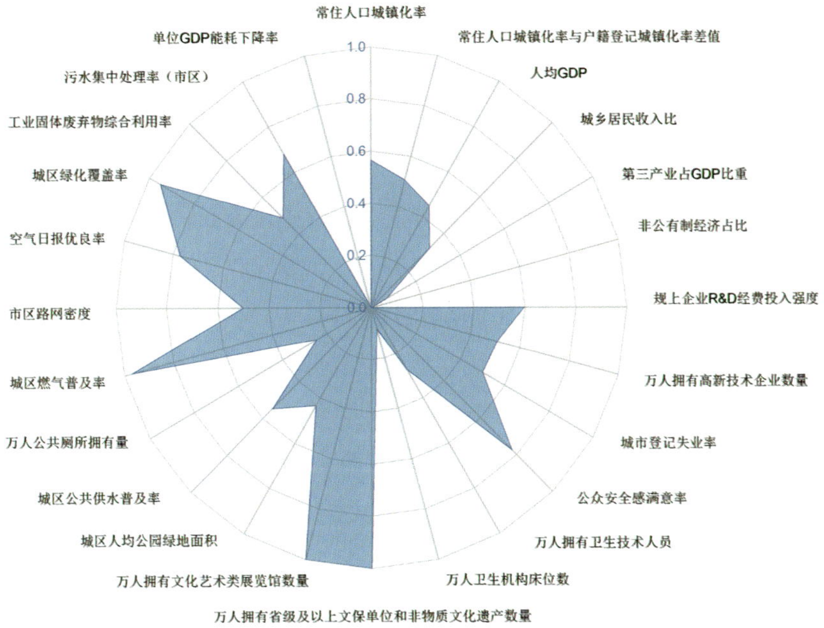

图 16　延安市新型城镇化评估主要指标风频图

步实现 10 多万山体居民下山，城市生态不断得到恢复，荣获“2018 中国美丽山水城市”称号。近年来延安着力推进陕北高端能源化工基地、国家现代农业示范区建设和全域旅游示范市创建，加快产业转型升级，大力培育增长新动能；坚持园区承载、项目带动、集约发展，“三区九园”工业框架基本形成，144 个现代农业示范园区、8 个农产品加工园区、6 大文化旅游产业园区、17 个现代商贸物流园区加快建设，17 个县域工业集中区入园企业达到 481 户，2018 年实现营业收入 489 亿元。

截至 2018 年年底，延安市共完成退耕还林面积 1077.47 万亩，森林覆盖率由 33.5% 提高到 52.5%，植被覆盖度由 46% 提高到 81.3%，成为“全国退耕还林第一市”。全市 1784 个行政村全部建成清洁村，50% 的行政村建成生态村，25% 的行政村建成美丽宜居示范村，农村人居环境整治工作受到国务院通报表彰。同时，延安市新型城镇化工作还存在一些不足，非公经济占比、城市登记失业率、单位 GDP 能耗等指标排位靠后，特别是户籍人口城镇化率低于常住人口城镇化率高达 23.96 个百分点，农村转移人口在城镇落户工作有待加强。

（七）汉中市

汉中地处关天、成渝、江汉三大经济圈之间，拥有西成高铁、汉中机场、汉中海关等通道和平台优势，同时作为我国“三线”建设时期的重要工业基地，产业门类齐全，发展潜力巨大。2018 年 1 月，汉中市委五届五次全会明确建设区域中心城市的发展定位，明晰“四向融入、全域开放”的发展战略，进入全方位增强城市承载集聚、辐射带动功能的新阶段。

推进新型城镇化工作中，汉中将城市扩能与乡村振兴协同推进，不断释放区域发展的活力。以“一江两岸”生态建设为统领，持续推进旧城、城中村改造，不断完善公共配套设施，积极打造兴汉新区世界级汉文化名片、航空新城，深入实施乡村振兴“八大行动”，3 镇 12 村试点扎实推进，9 个镇跻身省级名镇，100 个美丽乡村示范村、10 条风景线和 5 个特色板块魅力彰显。近年来，汉中秉承生态优先的理念，不断提升区域生态环境质量。2018 年，全市空气质量优良天数 331 天，成为全省唯一十项指标全面变优的市。汉江、嘉陵江出境水质

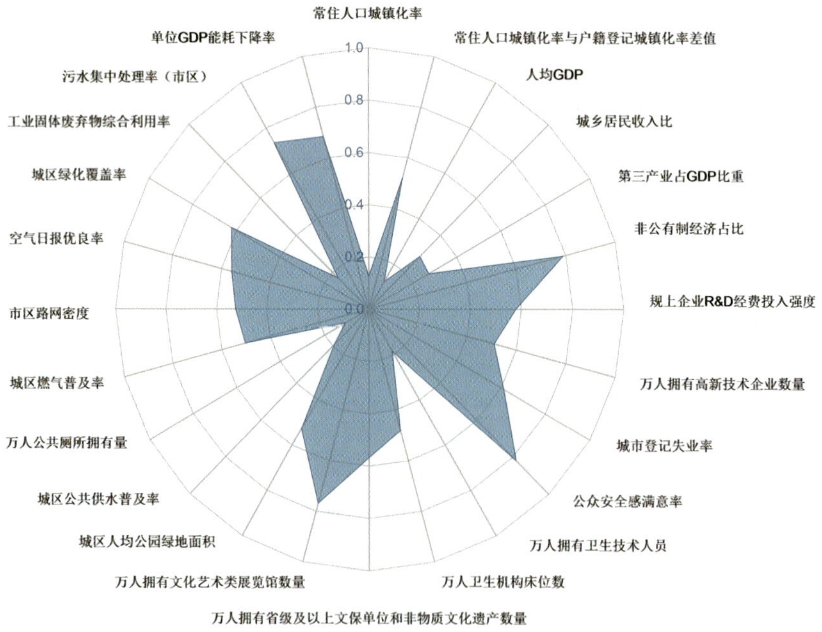

图 17　汉中市新型城镇化评估主要指标风频图

稳定达到Ⅱ类标准，水环境质量居全省前三。汉中建成8个国家级、3个省级自然保护区，森林覆盖率59.1%。

（八）榆林市

榆林作为国家级高端能源化工基地，2018年原煤、原油、天然气产量分别占全国总产量的12.4%、5.6%、10.3%，煤制烯烃、煤制甲醇、金属镁、兰炭产量分别占全国总产量的7.3%、4.8%、48%、86.3%，在国家能源安全格局中具有重要的地位。

近年来，榆林加快“资源型城市”向“创新型城市”的转变，统筹推进可持续的城镇化。通过深入实施高端化发展战略，加快推进总投资超2000亿元的重大转化项目，落地建设一大批填补产业空白的精细化工项目。立足打造最好的政务服务、最佳的营商环境，榆林市全面激活市场主体活力。2018年，榆林市新登记设立各类市场主体42996户，同比增长20%。同时建成国家和省级科技创新平台7个，科技对经济增长贡献率达40%。资源转型的同时，榆林市民生

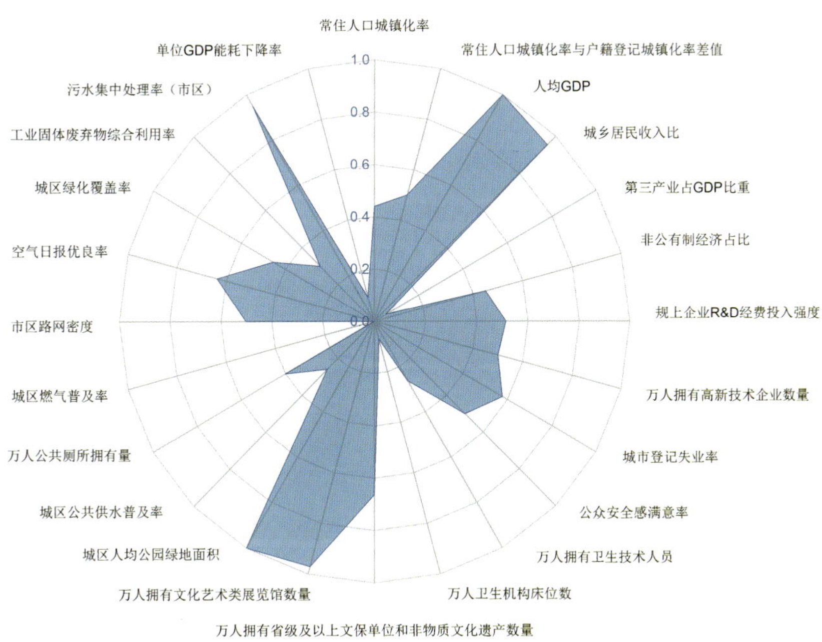

图18 榆林市新型城镇化评估主要指标风频图

事业再上新台阶。2018 年广播、电视综合覆盖率分别达 98.1%、98.4%。义务教育巩固率达 99.9%。普惠医疗卫生格局全面形成，人均预期寿命 76.5 岁，人均 GDP、城乡居民收入比、城区人均公园绿地面积等多项指标位居全省前列。在户籍制度改革方面，榆林市 2018 年户籍人口城镇化率仅为 22.8%，远低于常住人口城镇化率 36.14 个百分点，是年度新型城镇化工作的明显短板。

（九）安康市

安康市位于陕西省最南端，属秦巴生物多样性生态功能区、南水北调中线工程重要水源涵养区、国家秦巴山集中连片特困地区和川陕革命老区。近年来，安康市以重点突破之功收推动全局之效，先后承接 26 个中央、省上确定的改革创新试点，相继获得国家主体功能区建设试点示范市、全国发展改革试点城市、国家政策性金融扶贫试验示范市、国家首批医养结合试点市等多个“国字号”荣誉。主要经济指标增速持续保持全省第一方阵，经济创新力和竞争力持续增强，其中国内生产总值增速连续四年位居全省第一。

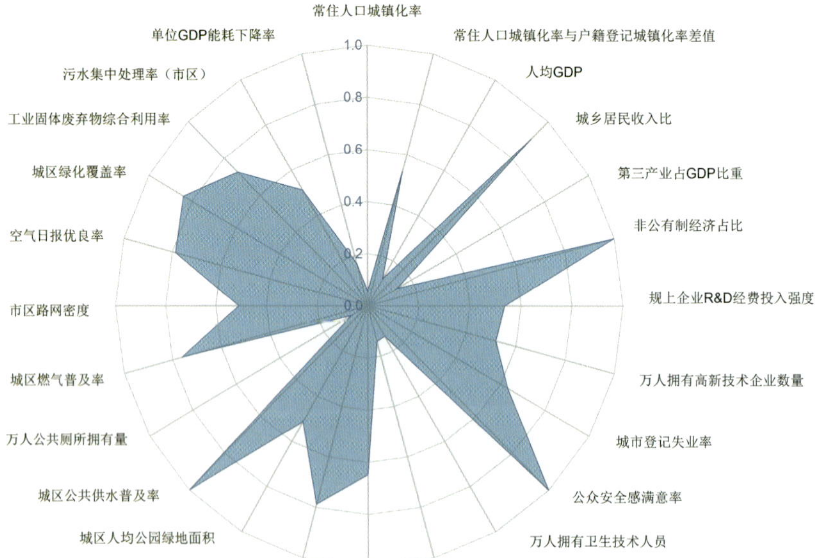

图 19 安康市新型城镇化评估主要指标风频图

推进新型城镇化工作方面，安康市高标准规划建设新安康门户区，聚力打造“三个经济”主要承载区、核心发展区和创新引领区，不断优化生产力布局；注重从技术、人才等高级生产要素上培育竞争优势，建成全国唯一的富硒食品开发国家地方联合工程实验室，全市非公经济增加值占 GDP 比重连续五年位列全省第一，2018 年安康高新区在 147 个国家高新区中综合排名晋升至第 69 位。同时，安康市坚持新增财力和财政支出“两个 80%”用于办好民生实事，成功创建省级教育强县 5 个、省“双高双普”县 8 个、国家义务教育发展基本均衡县 9 个，率先在全省实现县域医共体和镇村一体化建设、市县镇三级远程会诊系统运用全覆盖。社会治理方面，打造“中国建行援建・安康智慧治理”服务平台。连续三年公众安全感位居全省第一，连续五年获评全省综治优秀市，连续六年获评信访工作优秀市，被全国扫黑办确定为全省唯一的扫黑除恶重点培育市。

（十）商洛市

商洛市作为全国唯一全境皆位于秦岭腹地的市，全市森林覆盖率达到 67%，

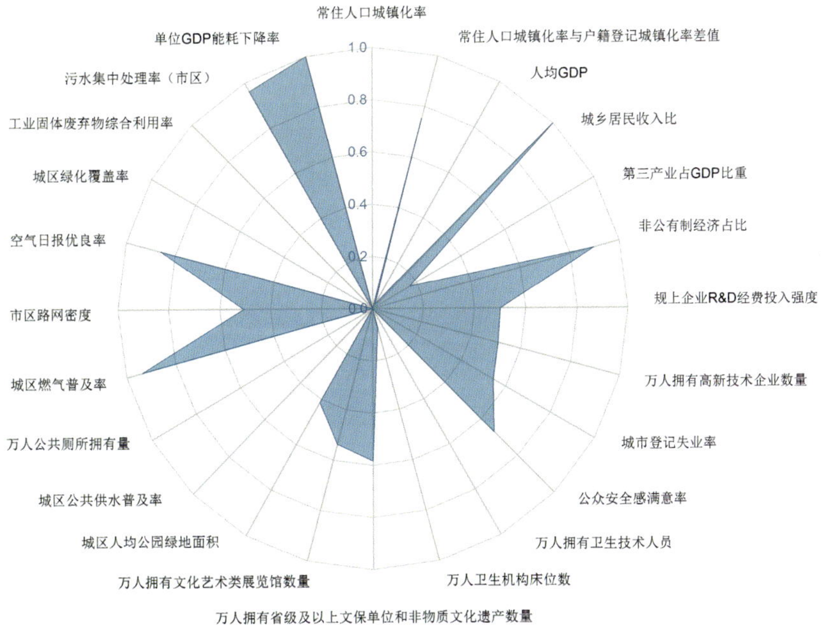

图 20　商洛市新型城镇化评估主要指标风频图

空气质量优良天数达到 331 天，年平均气温 12.9℃，被誉为“中国气候康养之都”。近年来，商洛市以绿色发展为引领，采用“城镇景区化、产业绿色化、田园景观化”的发展模式，把发展特色全域旅游产业作为重要推动力，有效破解“八山一水一分田”空间资源瓶颈。

围绕“秦岭休闲之都、丝路产业新城”定位，商洛市坚持城、镇、村、景一体发展，走秦岭山区特色城镇化发展新路子：首先，因地制宜规划建设以商州城区为主体，以洛南、丹凤两县县城为两翼的“一体两翼”中心城市，中心城市建成区面积达到 61.63 平方公里，人口达到 64.4 万，不断完善中心城市功能，辐射带动能力显著提升。其次，积极打造“网格化”“串珠式”小城镇群，加快县城扩容提质步伐，建成秦岭特色小镇 14 个，国家美丽宜居示范小镇、省级文化旅游名镇 4 个。再次，依托现有山水脉络，以田园综合体为带动，精心打造了云镇、后湾等 52 个风格迥异的美丽乡村，朱家湾、前店子、太子坪、江山等 4 个村入选中国最美休闲乡村。通过对比分析，商洛市 2018 年年度新型城镇化指标还存在较多不足，常住人口城镇化率、规上企业 R&D 经费投入强度、万人拥有卫生技术员、万人公共厕所拥有量、城区公共供水普及率、工业固体废弃物综合利用率等多项指标排位靠后，推进新型城镇化高质量发展仍有巨大空间。

（十一）杨凌示范区

杨凌示范区是我国著名的“农科城”，区内驻有西北农林科技大学、杨凌职业技术学院和陕西省杂交油菜研究中心等教学科研单位，拥有 70 多个省部级以上科研平台（其中国家级科研平台 9 个）、近 7000 名农业科教人才，形成了农林水领域五大学科群。新中国成立以来，为国家培养各类人才 30 万名以上，其中有 19 人成长为两院院士。截至 2018 年，累计获省部级以上科技奖励 411 项，审定动植物新品种 677 个，近 5 年新增科技成果和专利申报 5000 余件，万人发明专利拥有量位居全省第一、全国前列。“杨凌农科”品牌价值达 818.58 亿元，位居全国区域农业品牌榜首。

杨凌示范区新型城镇化综合水平连续三年位居全省前列，2018 年年度指标中，常住人口城镇化率与户籍登记城镇化率差值、万人拥有高新技术企业数量、城市登记失业率、万人拥有卫生技术人员、市区路网密度、工业固体废弃物综

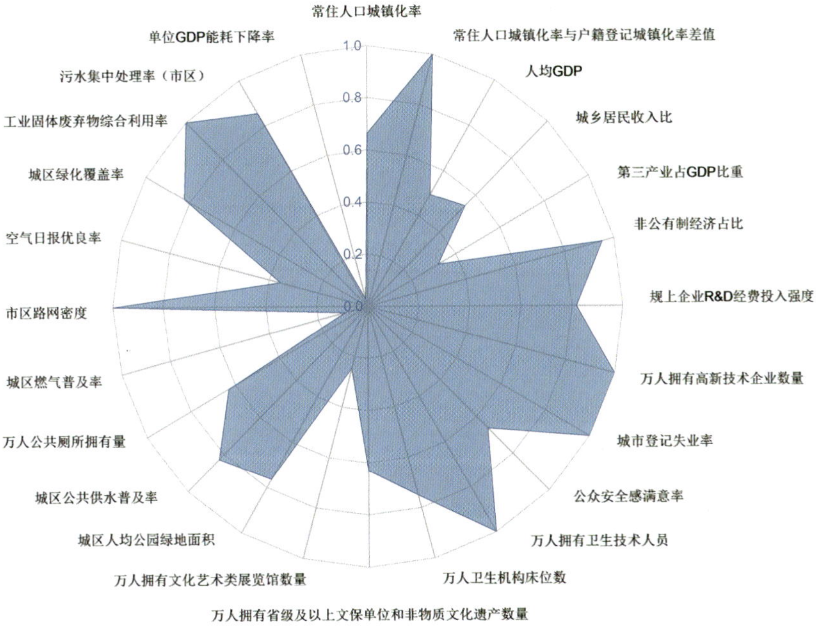

图 21　杨凌示范区新型城镇化评估主要指标风频图

合利用率等多项指标位居全省首位。社会民生事业全面进步。引进陕西师范大学附中等一批优质教育资源，城乡教育进一步均衡发展。示范区医院晋级三级综合性医院，与西安八大医院建立深度合作关系。杨凌国际马拉松赛及网球、自行车、汽车越野等群众性赛事蓬勃发展。2018 年 10 月，国务院出台《关于进一步支持杨凌农业高新技术产业示范区发展若干政策的批复》，示范区按照意见精神提出了“十大攻坚行动计划”，围绕种业、智能设施农业、生物医药等八大产业，加快杨凌大学科技园、智慧农业谷和先正达种业育种技术中心等重点项目建设，全面打造特色现代农业产业与人力资本聚集区。

四、突出矛盾与问题

（一）城镇农业转移人口落户意愿不高

截至 2018 年年底，陕西省户籍人口城镇化率为 47.14%，低于常住人口城镇化率 10.99 个百分点，陕西“两率”差距呈逐年扩大趋势（见图 22），仍有大量异地务工人员处于“候鸟式迁徙”状态，城市基础设施与公共服务供应紧张与农村凋敝、宅基地长期闲置的现象并存。

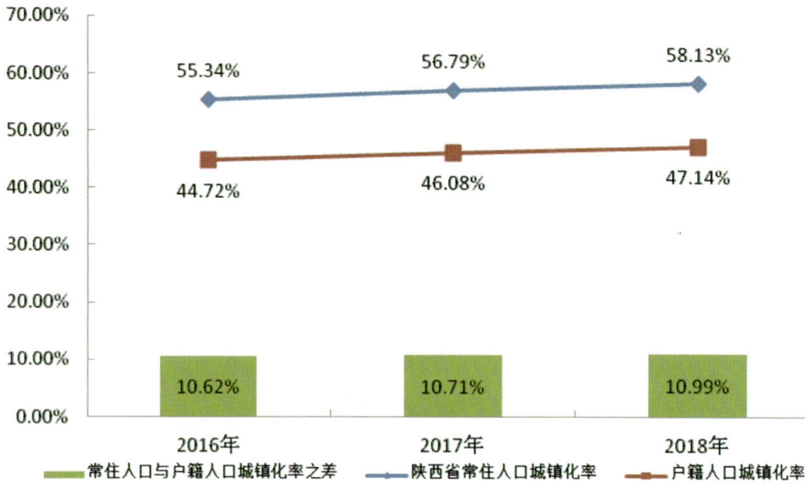

图 22　陕西省常住人口与户籍人口城镇化率对比分析图

城镇农业转移人口落户意愿不高依然是陕西户籍制度改革面临的突出问题，究其原因，主要凸显在以下几个方面。一是随着城乡二元体制的逐步弱化，城市户口特别是中小城市户口的“含金量”有所下降，异地务工人员凭居住证即可享受到越来越多的城市公共服务，同时在农村产权改革还未完全到位情况下，农村户籍对农民在农村的权益仍然具有很高的保障作用，导致异地务工人员落户城市的积极性不高。二是生活成本过高，影响农民工落户的主动性。随着城市生活成本不断攀升，购房、教育、养老等支出巨大，转移人口更愿意选择在城市挣钱，回家有地有房作为保障的两便生活方式。三是落户供需不匹配，影响农民工落户的接纳性。西安前一阶段的户籍新政重点群体是各类人才及高校毕业生，对于中专、高职类学历及农民工群体落户仍然有一定门槛，农民工落户城镇期望与人才需求难以匹配。

（二）跨省域区域合作亟须加强

随着全球经济一体化的不断深入，城市群（带）已成为区域参与全国乃至全球竞争的主战场，城市群（带）的协同发展能力直接决定了城市群（带）的整体发展水平。近年来国家先后发布了《关中平原城市群发展规划》《呼包鄂榆城市群发展规划》和《汉江生态经济带发展规划》，涉及陕西的关中、陕北、陕南三大区域以及山西、甘肃、内蒙古、河南和湖北等周边省份。各省及相关地市先后出台了落实规划的实施方案，也一定程度上形成了联席会议等合作机制，但从实际推进情况来看，跨省域的实质性合作并不十分理想。

关中平原城市群包含陕西、山西和甘肃三省，以陕西西安为核心。自《关中平原城市群发展规划》发布以来，陕西通过成立领导小组、出台实施方案、建立项目库等方式，积极推进《规划》落地实施，但主要聚焦陕西关中地区。山西与陕西在区域条件、资源禀赋、经济基础、人口基数等方面均十分接近，本就存在一定的竞争关系，同陕西的合作意愿并不强烈。甘肃省经济社会发展实力相对较弱，推动跨省合作带动自身发展的意愿十分强烈，2019 年 8 月，甘肃出台了《关于支持天水陇南对接融入成渝经济区的意见》，提出以南向开放为重点，主动对接融入成渝经济区，10 月 19 日，天水市便在成都成功签约项目 8 个，天水市的地理位置、历史渊源和生活习俗自古便与陕西关中接近，但目前与成渝的合作却后来居上。

汉江生态经济带涉及湖北、河南、陕西三省，呼包鄂榆城市群涉及内蒙古和陕西两省，自《呼包鄂榆城市群发展规划》和《汉江生态经济带发展规划》发布以来，各省区先后制订了落实规划的实施方案，从产业协同、生态共建、交通互联、公共服务共享等方面提出合作方案，但截至目前尚未形成可落地实施的实质性跨省域合作项目。

究其原因，由于跨省区合作的市场机制发育不充分，长期存在的地方经济市场分割和产业结构同质化，使相邻区域竞争大于合作。同时，地方政府对于区域合作的“主配角”十分看重，更倾向于谋求在区域合作中的主导地位，“非主导方”在开展跨省域合作中多持观望态度。

（三）城镇格局体系有待进一步优化

根据我国城市规模划分的最新标准，可将城市分为五类七档，截至 2018 年年底，陕西共有特大城市 1 座，Ⅱ型大城市 1 座，中等城市 4 座，Ⅰ型小城市 7 座，Ⅱ型小城市 74 座（见表 11）。

表 11 陕西省城市等级情况一览表

规模		数量	城市名称
超大城市	城区常住人口 1000 万以上	0	
特大城市	城区常住人口 500 万至 1000 万	1	西安市
大城市	Ⅰ型大城市（300 万以上 500 万以下）	0	
	Ⅱ型大城市（100 万以上 300 万以下）	1	咸阳市
中等城市	城区常住人口 50 万至 100 万	4	宝鸡市、渭南市、汉中市、榆林市
小城市	Ⅰ型小城市（20 万以上 50 万以下）	7	铜川市、延安市、安康市、商洛市、兴平市、神木市、榆林市靖边县
	Ⅱ型小城市（20 万以下）	74	杨凌区，西安市蓝田县、周至县，铜川市宜君县，宝鸡市凤翔县、岐山县等 9 个，咸阳市三原县、乾县等 9 个，渭南市潼关县、大荔县等 9 个，延安市延长县、延川县等 11 个，汉中市城固县、洋县等 9 个，榆林市府谷县、定边县等 8 个，安康市汉阴县、石泉县等 9 个，商洛市洛南县、丹凤县等 6 个

大西安辐射带动作用有待提升。2018 年，西安市 GDP 为 8349.86 亿元，位居全国第 20 位，作为国家中心城市，其在同等级城市中经济实力偏弱。从经济实力角度看，西安市经济外向度不高，民营经济发展不充分，营商环境仍需提升，优势龙头企业偏少，产业集聚度不高，战略性新兴产业占比较小，三产融合不足，科教、文化等资源优势转化为经济优势不充分。从承载能力角度看，西安市市政道路、综合管廊等基础设施建设进度缓慢，教育、医疗等基本公共服务供给不足，城市管理和宜居宜业水平有待提升，对中高端人才吸引力不够。从辐射周边角度看，城际轨道交通建设相对滞后，中心城市产业外溢效应不明显，辐射带动周边地区发展较为有限。

中小城市聚集承载能力不足。咸阳市是刚刚迈入百万级人口的Ⅱ型大城市，其他地级市均为中小城市，普遍存在发展动能支撑不足、投资后劲不够、大项目和工业项目偏少等问题。县城作为县域经济的“龙头”，是城乡统筹发展的关键节点，截至 2018 年，陕西县级市均为小城市，除榆林靖边县是Ⅰ型小城市外，其他均为Ⅱ型小城市，说明中小城市的承载能力较弱，对人口的吸附能力有限。从聚集效应角度看，2018 年陕西 77 个县（市）生产总值为 10738.27 万亿元，对全省 GDP 的贡献不足一半，仅为安徽 61 个县（市）生产总值的 76%。县均生产总值 139.46 亿元，仅为安徽的 60.2%。陕西县域服务业占比 31.8%，比全省平均水平低了 11 个百分点，非公经济增加值占比 48.4%，比全省平均水平低了 5.8 个百分点。城镇化率 46.7%，比全省平均水平低了 11.4 个百分点。从吸纳就业角度看，由于产业规划和城市建设不同步，陕西县域城镇化不同程度上存在着“产”“城”不协调问题，2018 年陕西 753.8 万农民工中，未在本区县内（包含本乡镇）从业的农民工有 415.2 万人，占总人数的 55%，说明陕西县城的就业承载能力不足。

（四）城市品质有待进一步提升

近年来，陕西对城市基础设施和公共服务领域的加快建设满足了城市居民的基本要求，但与东部相对发达地区城市相比，陕西的城市基础保障能力尚有很大提升空间，诸多“城市病”尚未得到有效解决。

城市“城中村”问题较为突出。目前各市区仍留存有诸多“城中村”,“城中村”内基础设施建设滞后，道路狭窄、建筑凌乱，严重影响城市市容市貌。公共安全隐患多，刑事犯罪率高，已成为社会治安薄弱地区。缺乏产业支撑，村民缺乏稳定就业，隐藏了诸多社会不稳定因素。

城市拥堵和停车问题越发明显。足够的路网密度是保证城市交通顺畅的前提保障，但 2018 年陕西省城市建成区的路网密度仅为 4.81 公里 / 平方公里，在各省（市）中排在第 25 位,较全国平均水平低 1.5 公里,城市拥堵问题越发明显。同时，近年来陕西各市汽车保有量逐年增长，尤其西安作为全国 8 个汽车保有量超过 300 万级的城市之一，城市的车位配比严重不足，给市民的日常出行带来诸多不便。

城市内涝尚未有效解决。2018 年，陕西大力推动城市排水管道建设，城市建成区排水管道密度从 2017 年的 3.24km/km^2 提升至 2018 年的 6.86km/km^2，但仍较全国平均水平少 3.12 公里，近年来基本每年雨季陕西各城市均会出现不同程度的城市内涝现象，给居民生命财产安全造成伤害和损失。

城市建设文化特色缺失。在连锁商业模式开发影响下，城市建设“千城一面”问题突出，对地方文化特色考虑不足，城市可识别性淡化。大规模的“旧城改造”“危旧房改造”普遍摊开，不少地方对历史建筑及特色文化保护不够，导致一些历史城镇、街区和建筑遭到破坏。城市设计开展不够，城市建筑的密度、高度、色彩、灯光缺乏整体统筹，各类广告牌泛滥，建筑过高过密，阻隔了城市视线通廊，造成城市通透感较差。

公共服务资源分布不均。全省最好的教育资源高度集中在西安市，对其他市县的优质师资和生源形成强烈的掠夺效应，与之相关的天价“择校费”“学区房”“陪读村”普遍存在，各类非法的“补习班”屡禁不止，给人民群众造成极大负担。与优质教育资源高度集中类似，全省医疗卫生资源配置也极不均衡，分级医疗体系还未充分发挥作用，“一号难求”的“看病难”和“天价医疗”的“看病贵”等问题，仍未得到有效解决。

（五）土地资源约束日益严重

低效用地现象依然存在。近年来，陕西新城新区建设和园区开发依然存在粗放无序、用地效益不高的现象。目前，陕西省人均城镇建设用地已达138.77m²，仍远高于《国家新型城镇化规划（2014—2020）》提出的100m²以内的要求。从三大区域角度看，陕北的用地效率最低，分别高于关中和陕南14m²和4m²，从各市（区）角度看，渭南市的城镇化率在关中地区最低，但人均城镇建设用地在全省中最高（见图23）。

产城融合发展不够紧密。近年来，陕西城市建设进度不断加快，建成区面

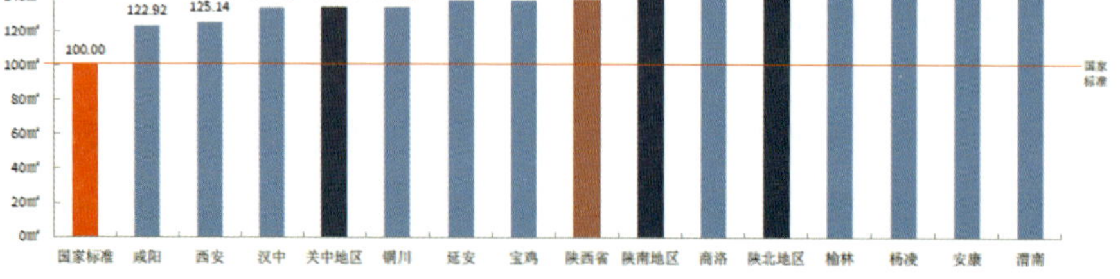

图23 2018年陕西省三大区域和地市人均城镇建设用地情况

积不断扩大，但相应的产业配套跟进不足，导致城市的人口吸附能力慢于建成区的扩张速度，城镇建设“摊大饼”问题依然存在。截至2018年年底，陕西城市建成区面积已达1345.98km²，城市城区总人口1186.52万人（含暂住人口）。但从2011—2018年陕西城市城区人口和建成区面积的数据来看，建成区面积的年平均增长率高于城区人口增长率近2个百分点，虽然“户籍新政”促使2018年城区人口出现高速增长，但陕西城市人口增长速度整体上是滞后于城市建成区的增长速度，“土地城镇化”快于“人口城镇化”的问题不同程度存在（见图24、图25）。

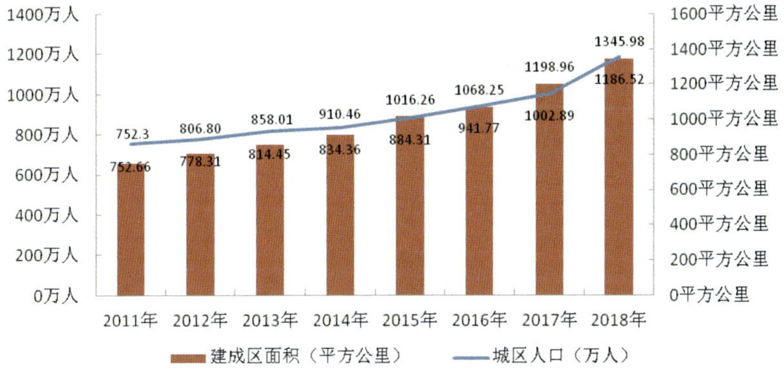

图24　2011—2018年陕西省城市城区人口和建成区面积变化趋势图

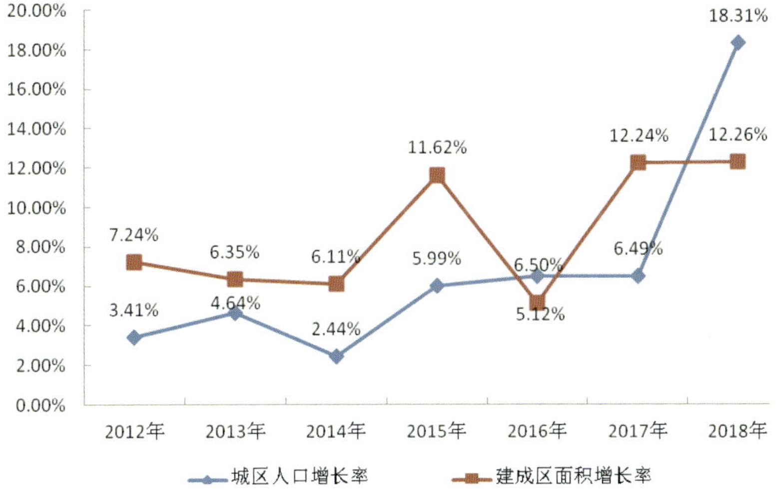

图25　2012—2018年城市城区人口和建成区面积增长率变化趋势图

（六）城乡差距依然较大

城乡居民人均可支配收入呈扩大趋势。2018 年，全省农村居民人均可支配收入 11213 元，与城镇居民人均可支配收入比，相差 22106 元，较 2017 年扩大了 1560 元，与全国平均水平比，相差 3404 元。全省 55 个县（市）农村居民人均可支配收入达不到全省平均水平，33 个县（市）不到 1 万元。

农村基础设施建设与全国相比仍有较大差距。尽管陕西对农村公共领域的投入不断增加，但公共产品的数量和质量与全国平均水平相比仍明显不足。2018 年，陕西建制镇供水普及率、燃气普及率、污水集中处理率、建成区绿化覆盖率、生活垃圾无害化处理率分别低于全国平均水平 1.78、28.69、20.44、8.44、46.81 个百分点，人均道路面积低于全国平均水平 2.46㎡，实现生活污水集中处理、拥有生活垃圾收集点的行政村比例也均低于全国平均水平（见图 26）。

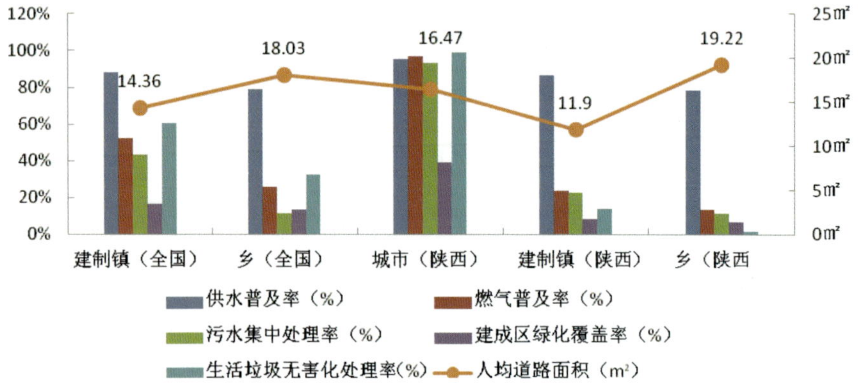

图 26　2018 年全国和城乡基础设施建设情况对比分析图

五、政策建议

（一）以提升常住人口公共服务水平为重点，稳步推动农业转移人口市民化

目前，陕西省建制镇和小城市落户限制已全面放开，市辖区（西安市市辖区除外）落户门槛大幅降低，西安市宽松人口落户新政稳步推进，陕西省农业转移

人口市民化的工作重心已由户籍制度改革，转向提升常住人口公共服务水平。

推进以居住证为载体享有城镇基本公共服务。继续提高居住证发放量和含金量，确保有意愿未落户的常住人口都能够持有居住证，逐步将社会保障、医疗卫生、子女就学、法律援助、城市公共服务等内容纳入居住证服务管理范畴，不断缩小居住证持有人与户籍人口之间的公共服务差距。进一步创新人口管理方式，依托社区构筑流动人口服务管理网络，加强外来务工人员信息采集及基本公共服务、社会救济的落实。

提升农业转移人口享有基本公共服务水平。囿于目前政府的财力限制，基本公共服务水平提升需要有重点、分步骤地提高。首先应该着重提高群众反映强烈的教育等领域服务水平，特别是保证随迁子女就学，应将随迁子女与城市学生统一管理、统一编班、统一教学、统一安排活动，公平对待、一视同仁。逐渐把符合条件的农业转移人口纳入城镇住房保障体系和住房公积金覆盖范围，推动农民工参加城镇职工社会保险。从根本上要进一步完善农业转移人口市民化奖补机制，切实增强流入地政府财政保障能力。

进一步提高户籍的自由畅通流动水平。全面放开城市落户限制，逐步剥离附加在户口上的劳动就业、教育培训、住房待遇、生活福利以及社会保障权益等功能。逐步推广西安市社区设立集体户、实行户籍迁移“一站式”办理、压缩申领居住证办理时限以及“掌上户籍室”等行之有效的办法，切实提高户籍的自由畅通流动水平。

（二）以落实国家区域发展战略为抓手，积极推动省际协同合作

加快推进《关中平原城市群发展规划》落地实施。与长三角、珠三角城市群相比，关中平原城市群经济体量小、发展相对落后，各城市间竞争普遍大于合作，要想落实城市群的区域合作，一是需强化跨省间的区域合作沟通效率，依托关中平原城市群发展规划领导小组，加强与山西、甘肃两省对接，健全协同发展机制，加强与国家汇报衔接，争取国家层面建立联席会议制度。二是需在利益共赢点上求突破，以陇海产业和城镇发展轴建设为重点，引导陕西关中地区与甘肃、山西两省的优势产业互补和产业有序转移，实现陇海沿线产业合理布局和关键生产环节紧密联系，有效提升区域产业协同发展能力和综合竞争

力。联合山西、甘肃两省，围绕交通、资源环境、信息、市场、公共服务、产业等重点合作领域，择优筛选建立城市群重大项目库，联合争取一批重大项目纳入国家规划。

积极融入呼包鄂榆城市群。联合建立呼包鄂榆四市协同发展联席会议机制，共同制定四市规划发展、生态保护、交通设施、公共服务、产业协作等重点领域合作的实施方案和行动计划等。以包西高铁、国际机场、黄河引水等重大基础项目为先导，加快实现区域内交通、能源、水利、信息等基础设施互联互通，全方位提升支撑保障能力。强化产业分工协作，榆林要与其他三市联手打造高端能化、装备制造、新能源、绿色农畜产品等优势产业集群，合力推动全域旅游、商贸流通、现代金融等现代服务业发展。统筹山水林田湖草系统治理，创建毛乌素沙地综合治理示范区，加强黄河生态区保护，推动采煤沉陷区、火烧区等区域生态修复和环境整治，合力建成西北地区生态文明合作共建区。榆林要积极参与中蒙俄经济走廊建设，加强与呼和浩特出口加工区、鄂尔多斯综保区、包头满都拉口岸、巴彦淖尔甘其毛都口岸对接合作，创建榆林航空口岸，争取包头中欧班列向榆林延伸，共同打造呼包鄂榆陆港群，共建向北向西开放战略新支点。

大力推动汉江生态经济带联动发展。汉江生态经济带最先由湖北提出并主导，同时河南和陕西都有参与，因此汉江生态经济带的区域协同应上升为省级层面，陕西可与湖北以及国家层面统筹对接。同时坚持生态优先、绿色发展，把大保护、大治理放在首要位置，共同推进上下游、左右岸、干支流的协同发展模式，联合开发沿汉江的历史人文游、自然生态游、乡村民俗游等特色复合型旅游产品和精品旅游线路，合力推动沿汉江公路建设，探索建立汉江上下游生态补偿机制，积极参与沿江产业分工，拓展与沿江城市的产业互嵌，并立足资源禀赋，突出优势和特色，增强自主创新能力，发展壮大循环产业，积极融入汉江生态经济带的产业分工体系。加强沿江省市产业分工协作，推动汉江生态经济带区域产业规模升级，共同构建特色化的产业集群。

重点打造西郑产城融合发展带。全国 9 大国家中心城市中，西安与郑州实力相当、空间相邻、资源互补，具有良好的跨区域合作基础。从空间距离角度看，陕西与河南比邻，西安与郑州相距 500 余公里，高铁直达仅需不到 2 个小时。

从人口支撑角度看，截至 2018 年年底，虽然西安和郑州常住人口数量分别达到 1000.37 万和 1013.6 万人，看似差距不大，但河南是人口大省，拥有近 1 亿人口，是陕西人口的 2.5 倍，郑州的人口支撑潜力优势要比西安更加明显。从民营经济角度看，相比郑州大约 70% 的民营企业数量，西安大部分规模以上企业均以国有企业为主，民营企业相对匮乏。从科教资源角度看，西安作为全国重要的科研、教育基地，拥有 8 所"双一流"大学，68 所普通高校和 3000 多家科研机构，在校大学生近 100 万人，科教资源丰富，而郑州在该方面一直是短板，缺乏本土的科研支撑。从产业基础看，西安与郑州之间存在诸多工业基础良好的节点性城市，洛阳、三门峡是重要工业城市，巩义、偃师是河南省辖县级市，义马、灵宝、华县等均是重要工业节点县。所以两市在人口、产业和科教等诸多领域都有较大合作空间，但两个城市尚未形成密切的合作关系。建议陕西与河南以西郑合作为抓手，共同打造西郑产城融合发展带，围绕彼此的比较优势和相对短板开展深度合作。

（三）以城市群和都市圈建设为主体，进一步优化城镇体系格局

加快打造大西安都市圈。紧扣西安国家中心城市战略定位，加强西安与关中地区的联动协同，向北加快包西高铁及相关城际铁路建设，重点支持西铜一体化发展，打造渭北工业大走廊和大西安产业转移核心承接区。向南切实加强秦岭生态环境保护和修复，加快推进西武高铁建设，重点提升商洛的城市综合承载力和管理服务水平，打造"大西安都市圈后花园"。向西全方位推进西咸一体化发展，引导西安主城区科教、医疗等公共服务资源向西咸新区转移，联通咸阳主城区和杨凌示范区，提高人口经济聚集能力，支持宝鸡建成关中平原城市群副中心城市。向东加快推动西渭协同发展，推动西安科技、资金、人才等资源向渭南辐射，加快西安至临潼、富平等轨道交通建设。提升兴平、华阴、彬州等城市基础设施和公共服务发展水平，增强人口聚集能力。积极推进行政区划调整，加快蒲城、三原、凤翔等具备条件的县有序设市，增加中小城市数量。

重点建设陕北陕南区域性节点城市。陕北地区城市要坚持资源转化、产业转型和发展方式转变的路径，积极落实《沿黄生态城镇带规划》，形成结构功能互补、产城融合发展新格局。榆林要加快补齐民生短板，加快榆林榆阳机场二

期扩建，积极推动延榆高铁建设，打造大交通体系和国际物流中心，积极融入呼包鄂榆城市群，努力将榆林建设成为陕、甘、宁、内蒙古、晋五省交界处最具影响力城市。延安要高质量建设延安新区，依托新型城镇化综合试点和城市“双修”、城市设计试点，推进中心城市减脂增肌，深入挖掘革命旧址红色资源，传承红色文化，进一步将延安打造成为红色革命圣地。陕南地区要深度融入汉江生态经济带，不断提升主城区服务辐射功能，提升汉中、安康中心城区带动作用，强化产业和人口聚集能力，加强区域分工协作，优化滨水生态空间，形成具有较强辐射带动能力的现代化中心城区。

积极推动县城分类发展。根据县城的资源禀赋、地理环境、交通条件、产业基础、文化特色、民风民俗等因素，严格按照重点培育、鼓励发展、控制疏解三种类型，对县城的发展方向、功能分区、重点项目建设及公用设施进行科学定位。其中重点培育的县城可按照市域副中心目标，拉大城市发展骨架，重点充实产业区和新就业人口用地，完善交通、物流及市政工程系统，突出发展。鼓励发展的县城要以提质扩容为目标，重点对城中村、城边村、棚户区进行改造，完善产业园区和县城统筹规划，突出品质。控制疏解的县城可以采用安康紫阳的“飞地”模式，对县城原址划定禁建区，划定山体、河岸红线保护规划，明确制定退建增绿修复方案，疏导人口合理转移，在市域有条件的地域内划定产业园区，发展产业。同时积极补齐县城基础设施建设短板，加快县城供水管网建设改造，降低漏损率，加快老城区雨污管道分流改造，提高污水处理率，选择部分有条件县城，开展海绵城市、综合管廊建设试点，并与县城防涝、中水回用相结合。完善公共服务设施，加快构建以社区为中心的便民超市、医疗服务、养老服务、家庭服务等公共服务设施。开展县城环境整治专项行动，全面综合治理县城脏、乱、差现象。积极引入市场机制，以政府购买服务方式，推行环卫、绿化、路灯、路面管护等市场化改革，加强县城精细化管理，加快县城数字化管理平台建设，实现县城管理规范化、信息化、人性化。

（四）以提升市民获得感和幸福度为目标，全面提高城市品质和品位

大力促进产城融合发展。统筹城镇与产业园区基础设施和公共服务设施规划建设，完善生活功能配套和创新创业服务配套建设，实现产业园区与城镇的

功能契合、空间融合、交通衔接，推动其从单一生产型向生产、服务、消费“多点支撑”的综合性城区转型。关中地区科教资源丰富，要充分整合分布在各市区的企业、高校、院所等创新资源，逐步推广西安高新区“双创”工作典型经验，通过存量空间的更新改造，在城市内部地区更新植入双创功能和空间，实现城市功能与新兴产业的高效融合。陕北地区要注重理念转变，推动工业园区和城镇基础设施一体建设、协调发展，完善园区水利、能源、社会事业、市政和环境等基础设施建设，鼓励有条件的工业园区集中区布局住宅、学校、银行、商业娱乐等生活配套设施，不断提升园区承载能力。陕南地区土地资源紧缺，城区人口相对密集，在大力发展本地富硒食品、生物制药等特色产业的同时，积极承接东中部劳动密集型产业，大力推广“社区工厂”模式，在居住社区注入产业功能，完善社区各种配套设施，吸引居住人口聚集就业。

保护传承城市文化风貌。有序推进城市修补和有机更新，解决老城区环境品质下降、空间秩序混乱、历史文化遗产损毁等问题，促进建筑物、街道立面、天际线、色彩和环境协调优美。通过维护加固老建筑、改造利用旧厂房、完善基础设施等措施，恢复老城区功能和活力。对传统风貌保持较好的地区、历史文化街区、历史建筑、文物古迹等，依次提升该类地区及其周边地区的风貌指引及规划控制的严格程度，保证周边城镇建设改造与传统的历史肌理相互协调。街区布局顺应传统城镇肌理，新建筑高度和形态应与历史建筑相协调。统一引导街区风格，凸显街区实体自身特色，鼓励把各地域独特的传统文化融入街区实体中，从而丰富街区界面形象，形成明显的地域特征。

推进城市集约低碳发展。严控建设用地总规模，推动存量建设用地盘活利用，加快棚户区改造和“空心村”治理，推进低效用地再开发及工矿废弃地、废弃宅基地整理复垦。鼓励既有建筑节能化改造，落实城镇新建建筑强制性节能标准，提升新建建筑中绿色建筑的比重。发挥好宝鸡、铜川、西咸新区等海绵城市试点作用，全面推进城市地下综合管廊和海绵城市建设。加快铜川资源型城市转型升级，推动各类开发区和工业园区向高效低碳的生态示范区转型。全面推进产业链绿色清洁生产，研究制定生态设计指引，积极引导制造企业推进原材料、能源、水资源等循环利用，培育绿色消费理念，促进生产生活系统循环连接，提升全省循环经济发展水平。

提升城市精细化管理水平。积极推广咸阳智慧城市建设典型经验，利用物联网、云计算、决策分析优化等信息技术，系统整合城市运行的各类数据资源，实现人、物、城市功能系统之间无缝连接与协同联动，对民生、环保、公共安全、城市服务等多种城市需求做出智能响应，形成安全、便捷、高效的城市形态。持续推广西安“烟头革命”“车让人”等经验，积极开展机动车广告整治，加快架空线缆落地步伐，强化道路路牌、门牌的规范设置，持续有效解决城市乱象。完善地铁换乘站的经济服务功能，加强“地铁+物业”人性化设计与综合开发运营，逐步统一公共交通移动支付接口标准，推动不同运输方式间客票一体联乘和不同城市间一卡互通，推广应用电子化客票。

促进城市公共服务共建共享。通过搭建共享平台、组建联合体等方式，积极推动西安的优质公共服务资源向全省延伸。在教育领域，以深化大学区管理体制改革为重点，健全城乡间、校际教育资源合作配置和交流机制，组建跨行政区教育联合体。推动西安与其他市（区）的高等学校开展联合办学，深化课程互选、学分互认、教师互聘等方面的合作，支持高校跨区域共建共用院校科研实验室职业技能鉴定中心和实训基地。在医疗卫生领域，建立区域卫生服务平台，深化跨区域医疗联合体建设，发展远程医疗，建立健全跨区域医疗服务标准互认与异地门诊即时结算合作机制，积极推进居民健康卡与社会保障卡等公共服务卡的集成应用。

补齐城市基础设施短板。在2018年城市市政公用设施15项指标中，陕西与全国平均水平相比，除了生活垃圾无害化处理率，其他指标均低于全国平均水平，其中公共供水普及率、建成区供水管道密度、建成区路网密度、建成区排水管道密度、建成区绿化覆盖率等五项指标与全国平均水平差距较大，陕西省应紧扣城市基础设施的突出短板，加大财政投入力度，整体推进城市建设质量。

（五）以健全城乡融合机制为抓手，带动乡村全面振兴

促进城乡产业融合。优化城乡产业布局，以农业产业化和农村土地流转为着力点，强化各类产业的城乡联动，培育产业链，促进产业集群发展。发挥市场配置资源作用，引导农村生产要素合理向城市产业流动。发挥特色小（城）镇城乡要素融合的载体作用，打造集聚特色产业的创新创业生态圈。推动城乡

要素跨界配置和产业有机融合，以农业产业为基础，加快发展现代产业园区、农产品精深加工、“线上+线下”、农村休闲旅游养老等模式，推进产业链的纵向延伸和横向整合，促进产业链相加、价值链相乘、供应链相通，着力构建农业与二、三产业交叉融合的现代产业体系。优化资本下乡环境，成立城乡产业融合发展基金，鼓励有条件的农业企业资本市场融资，拓宽产业融合资金渠道。完善融资贷款和配套设施建设补助等政策，鼓励工商资本投资适合产业化规模化集约化经营的农业领域。

加快城乡设施互联互通。立足小城镇连接城乡的桥梁纽带定位，按照统一规划、适度超前、统筹兼顾、确保重点的要求，加大小城镇基础设施投入，完善与城乡融合发展目标相适应的路网、水网、电网，加强供气、供热、通信等基础设施建设，形成适应人口就地就近集聚、功能完备高效的小城镇基础设施体系。推动城镇设施向农村延伸，完善连接镇村的基础设施、生产设施和公共服务设施，扩大镇村连接范围，促进城乡基础设施互联互通，确保更多村庄享有城镇设施网络。三是改善农村人居环境，全面建立分类投放、分类收集、分类运输、分类处理的城乡生活垃圾处理系统，实现生活垃圾综合利用和无害化处理，加强农村畜禽养殖废弃物资源化利用和生活垃圾污染防治等，开展农村庭院环境整治，全面推行“改水、改厕、改厨、改圈”，治理乱搭乱建、乱摆乱放，做到村庄风貌整洁、协调美观。

推进城乡基本公共服务均等化。推进城乡教育均等化，全面加强乡村小规模学校和乡镇寄宿制学校建设，提高农村幼儿园建设管理水平，推动教育机构集团化，建立教师在城乡学校间的交流和轮岗制度。推进优质医疗卫生资源向基层延伸，持续改善乡镇卫生院、农村社区和村庄卫生室硬件设施和技术水准，建立灵活的转诊机制，探索推广城市医院托管乡镇卫生院、乡镇卫生院托管村卫生所的医疗卫生体制改革，促进城乡医疗卫生人才交流、设备共享、技术互动。提高农村养老文化水平，积极发展农村地区医养结合，打造农村区域性养老服务中心，组织开展互助服务和居家关爱服务，加快农村幸福院、社区日间照料中心建设。大力实施文化惠民工程，完善县、乡、村三级文化设施网络，加快建设基层综合性文化服务中心。

创新城乡融合体制机制。建立健全城乡统一市场，培育壮大城乡经济网络和市场体系，发挥城市对周边农村经济发展的辐射带动作用，加深城乡经济渗透融合度，促进城乡间商品、资金、劳动力和信息技术合理有序流动。加快农村土地制度改革，探索农村承包土地的经营权依法向金融机构融资担保、入股从事农业产业化经营。加快农村宅基地“三权分置”探索，鼓励农村集体经济组织及其成员盘活利用闲置宅基地和闲置房屋。在符合规划和尊重农民意愿前提下，允许县级政府优化村庄用地布局，有效利用乡村零星分散存量建设用地。探索对增量宅基地实行集约有奖、对存量宅基地实行退出有偿。统筹城乡金融资源配置，加强乡村信用环境建设，优化农村金融环境，推动农村信用社和农商行回归本源、向农村延伸设置。推动农村金融组织创新，发展村镇银行等面向“三农”的中小型金融机构。激励城市人才下乡，制定财政、金融、社会保障等激励政策，吸引各类城市人才返乡下乡创业，鼓励原籍普通高校和职业院校毕业生、外出农民工及经商人员回乡创业兴业，充分发挥创业带动就业的倍增效应，提高农村地区非农就业水平。

陕西省面向 2035 新型城镇化战略研究 [1]

以人为核心高质量推进新型城镇化建设，是经济高质量发展的重要支撑，也是当前和今后一个时期我国新型城镇化建设的根本指针。在过去 40 年，我国城镇化保持了高速发展的势头，城镇化率从 1978 年的 17.9% 提高到 2018 年的 59.58%，取得了举世瞩目的成就。进入新时代，我国城镇化正由“上半场”转向“下半场”，重点任务由解决“快不快”的问题，转向质量“高不高”、城乡居民“满意不满意”等问题。为了实现这一战略转型，党的十八大、十九大、中央城镇化工作会议提出要着力提高城镇化发展质量，走绿色、集约、高效、低碳、创新、智能的新型城镇化发展道路。当前，陕西城镇化正处在由中期快速成长阶段向后期质量提升阶段转型的关键时期，有必要对照高质量城镇化的内涵与要求，找准陕西城镇化的基础优势和发展短板，明确高质量城镇化的路径和方向。本研究基于 2035 年我国城镇化进入成熟期这一基本判断，着眼“十四五”时期城镇化转型发展的时代趋势，提出陕西省城镇化未来五年乃至十五年的总体目标、发展思路及重点任务。

一、新时期高质量城镇化的时代背景、阶段特征与内涵要求

（一）中国城镇化转型发展的时代背景

改革开放 40 年来，我国城镇常住人口由 1978 年 1.72 亿提高到 2018 年的 8.31 亿，城镇化率提高了 40 多个百分点，年均提高 1 个百分点左右，城镇常住人口增加了 6.4 亿多人，每年平均有 1000 多万农村劳动力转移到城镇，完成了由农

(1) 本研究为陕西省“十四五”规划前期重大课题研究项目，项目编号：SJ-2019-000046-4。

业人口为主体向城镇人口为主体的历史性转变，走过了发达国家上百年才完成的城镇化进程，取得了举世瞩目的成就。

伴随着城镇化的高速发展，累积的矛盾和问题也日益凸显。一是城镇化“重物轻人”。一些地方把物质形态的工程建设作为城镇化的主要内容，导致土地城镇化快于人口城镇化，产业集聚与人口集聚不同步，不少新城新区基础设施、公共服务和政策配套不完善，影响了城镇人口的持续集聚和生活质量。二是对人这一城镇化主体的关注不够。很多长期在城镇工作生活的农业转移人口难以享受到同本地市民相同的权益，形成大量城市常住“流动人口”和农村留守儿童、老人，“候鸟式”人群的被动性存在严重影响了人民群众的幸福感。三是忽视生态环境和传统文化保护。不少地方存在“一切服从项目”的误区，空气、土壤、河流、湖泊等受到污染，对具有重要文化价值的历史建筑、传统街区和文物遗产保护不力，破坏性建设现象不同程度普遍存在。四是社会资源配置效率不高，城乡协调发展有待加强。大量人口长期流动于城乡之间，城市公共资源紧张的同时，农村地区住房、基础设施和公共服务设施实际利用率不高，影响全社会资源配置效率。

与此同时，城镇化发展的外部条件和内在动力正在发生深刻变化，面临着三个“难以为继”：一是随着农民生活水平的提高，依靠农村剩余劳动力廉价供给推动城镇化快速发展的模式越来越难以为继；二是随着资源环境瓶颈制约日益加剧，依靠粗放式消耗土地等资源推动城镇化快速发展的模式越来越难以为继；三是随着人民群众对美好生活需求的提升，依靠非均等化的公共服务压低成本推动城镇化快速发展的模式越来越难以为继。

正是在这样的背景下，2013 年，党的十八届三中全会和中央城镇化工作会议均明确提出走中国特色新型城镇化道路。2014 年，《国家新型城镇化规划（2014—2020 年）》正式颁布实施，这是新时代下国家准确研判城镇化发展的新趋势新特点，妥善应对城镇化面临风险挑战的重大举措。按照《国家新型城镇化规划》的要求，新型城镇化有以下四个方面的重点：一是突出了人的城镇化，明确提出要全面提高城镇化质量，加快转变城镇化发展方式，以人的城镇化为核心，有序推进农业转移人口市民化。二是突出了城市群的发展，提出要以城市群为主体形态，推动大中小城市和小城镇协调发展。三是突出了生态文明的理念，提出要以综合承载能力为支撑，提升城市可持续发展水平。四是突出了创新驱动的理念，提出要以体制机制创新为保障，通过改革释放城镇化发展潜力，走以人为本、四化同步、优化布局、生态文明、文化传承的中国特色新型城镇化道路，促进经济转型升级和社会和谐进步，为全面建成小康社会、加快推进社会主义现代化、实现中华民族伟大复兴的中国梦奠定坚实基础。2017 年，党的十九大作出了我国经济已由高速增长阶段转向高质量发展阶段的重大判断。城镇化是迈向高质量发展的必由之路，实现高质量的发展对城镇化提出新的更高要求。

（二）当前中国城镇化的发展阶段与转型特征

城镇化发展速度及质量提升与其所处的发展阶段密切相关。国内学界中广为引用的“诺瑟姆曲线”[(1)]，把一个国家和地区的城镇人口占总人口比重的变化过程概括为一条稍被拉平的 S 形曲线，并把城市化过程分成三个阶段：

初始阶段：城市化水平达到 10% 就表明城市化进程开始启动，该阶段城市人口占区域总人口的比重低于 25%，第一产业和乡村人口在经济社会结构中占很

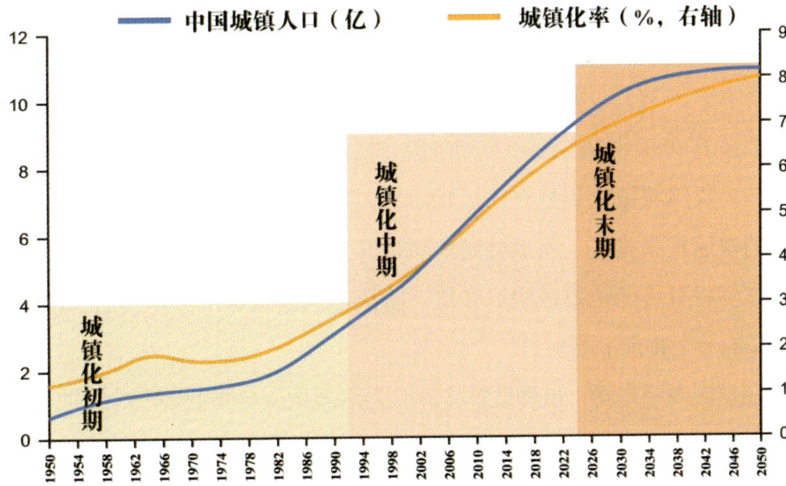

图 1　基于诺瑟姆曲线的中国城镇化阶段研判

(1) 实际上“S”型城市增长曲线并非诺瑟姆首创，且缺乏严谨的理论分析和实证说明，但已被国内学者作为一项基础理论广为引用，事实上成为划分城镇化发展阶段的一种手段。本文仅以此作为城镇化发展理论研究综述的一个参考。

大比重，人口增长模式处于“高出生率，高死亡率”的阶段，因此城市发展水平低、速度缓慢、经历的时间长，区域处于传统农业社会状态。

加速阶段：城市人口占区域总人口的 30% 以上，工业化加快推进人口开始大量进入城市，第二产业成为国民经济的主导，第三产业比重上升，技术进步使人口增长模式转变为“高出生率，低死亡率”，城市人口快速增加，城市规模扩大，数量增多，城市人口占区域总人口的比重达到 60% ～ 70%，但可能会出现地区劳动力过剩、交通拥挤、住房紧张、环境恶化等问题。交通便利后，许多人和企业会开始迁往郊区，出现了郊区城市化现象。

稳定阶段：城市人口占区域总人口的 60% 以上后，经济发展以第三产业和高科技产业为主导，人口增长模式向“低出生率、低死亡率”转变，城市人口增长速度趋缓甚至出现停滞，城市人口增长处于稳定的发展时期，城乡差别越来越小，区域空间一体化，并有可能出现逆城市化现象。

由于我国城镇化和工业化的体量与速度都与欧美等发达国家和地区有很大差异，诺瑟姆曲线并不能恰当地反映我国城镇化的规律，特别是城镇化进入中后期阶段，不同区域、大中小城市城镇化的差异性很大。我国著名城市地理学者方创琳教授在充分考虑城镇化与工业化的同步对应关系的前提下，将城镇化的三阶段论修正为新型城镇化高质量发展的四阶段论：即城市化起步阶段（城市化水平小于 30%）、中期阶段（城市化水平介于 30%～ 60%）、后期阶段（城市化水平介于 60%～ 80%）和终期阶段（城市化水平介于 80%～ 100%）。

当前，我国城镇化正处在中后期阶段。在这个阶段，经济发展态势不再支持城市的快速扩张模式，粗放外延的城市开发建设模式不可持续，若一味追求城镇化速度将有可能诱发风险。在这一阶段，我国城镇化总体局面上出现以下几个明显的转型特征：

1. 在发展内涵方面，从速度扩张转变为速度稳定与质量提升并重

过去一段时间里，我国城镇化经历了一个以速度扩张、数量增长为主的发展时期。但近十多年来我国人口增长率已经相对稳定平缓，加之我国劳动力供给总量增长幅度在逐年下降，可以判断，未来全国性、大规模的高速城镇化已不可能再延续，我国城镇化已经进入了一个速度相对稳定放缓的区间。与此同时，过去快速城镇化留下的后遗症也日益显露出来。一方面，部分城市人口过

度增长与城市承载能力严重失衡，不仅导致了交通拥堵、环境污染等“城市病”问题，也给城市带来了巨大的就业压力和财政负担。另一方面，大量农村人口通过“候鸟型”的流动模式，实现了职业转换和地域转移，但其收入与贡献相比仍然存在差距，与城镇职工相比，农民工的收入与经济贡献比仍然总体偏低。同时，大量城市流动人口社会身份模糊，存在着“迁而不转”的现象，不仅容易导致贫富差距的扩大与城市贫民窟的出现，也带来了农村留守人员“老无所依”“幼无所养”和二代人口“边缘化”的社会隐患。可以说，现阶段的人口城镇化在很大程度上仍然不够成熟和稳定，必须加快城镇化转型，从速度扩张为主转向速度稳定与质量提升并重，从物的城镇化转向人的城镇化。

2. 在城镇格局方面，从侧重规模扩张扩大增量转变为优化存量

与工业化的中后期阶段相适应，未来较长一段时期，我国大多数城市仍将保持一定程度的规模扩张，但将更侧重于“精明增长”，不同区域、不同等级的城镇化模式将出现更明显的分化，城镇化的侧重点也出现显著差别。

在超大特大城市方面，侧重于功能疏解与品质提升。以北上广深为代表的一线超大城市，普遍已进入到存量发展阶段，亟须借助产业升级提升城市竞争力、增强辐射功能、带动区域发展，城市规划管理的重点转向突出功能疏解和品牌提升。如北京从2015年起，全面疏解非首都功能，原则上除“政治中心、文化中心、国际交往中心、科技创新中心”四项首都功能外，其他功能都将弱化甚至全部迁出，加快制造生产环节退出中心城区，连片拆违带动人口调控，全市消除地下空间散租，实现空间腾退、“留白增绿”、改善环境、消除隐患、补齐短板、提升功能，打造精品街区、胡同等和谐宜居示范区；与此同时，加快北京城市副中心建设，作为非首都功能集中承接地，进一步推动京津冀协同发展。可以看出，功能疏解、品质提升已成为当前超大特大城市发展的重要关注点，也是供给侧结构性改革的重要体现。

在大中型城市方面，侧重于生态修复、城市修补。随着城镇化的逐步放缓，二、三线城市的人口增长逐渐进入瓶颈，城市抢人大战愈发激烈。越来越多的城市意识到，谁能吸引人才，谁就拥有未来，而吸引人才的关键要素是地区的生活质量和城市的魅力。围绕“让人民群众在城市生活得更方便、更舒心、更美好”的目标，大中型城市开始改变原有大工业、大新城的扩张模式，从粗放扩张走

向精明调整，不断改善城市公共服务质量，改进市政基础设施条件，倡导城市修补、生态修复，发掘、保护、传承城市历史文化，使城市更加宜居、更具活力、更有特色。国家住房和城乡建设部2017年专门出台了《关于加强生态修复城市修补工作的指导意见》，指出生态修复城市修补是治理“城市病”、改善人居环境的重要行动，是推动供给侧结构性改革、补足城市短板的客观需要，是城市转变发展方式的重要标志。未来城市建设将以改善生态环境质量、补足城市基础设施短板、提高公共服务水平为重点，治理“城市病”，提升城市治理能力，打造和谐宜居、富有活力、各具特色的现代化城市。

在中小城市方面，注重分类发展适度瘦身强体。随着城镇化率不断提高，人口从乡村流向城镇，从小城市流向大中型城市，从欠发达地区流向发达地区，这是必然的也是被大多数学者所认可的规律。在这个过程中，大多数城市实现了发展壮大，但也有不少城市出现了人口流失、产业衰退、城市空间和公共设施闲置等问题。2007—2016年间，我国有84座城市出现了“收缩”，这些城市都经历了连续三年或者三年以上的常住人口减少，这一现象在东北地区尤为明显。国家发改委2019年3月发布的《2019年新型城镇化建设重点任务》中，首次使用了“收缩型城市”概念，并明确要求收缩型中小城市要瘦身强体，转变惯性的增量规划思维，严控增量、盘活存量。对于这些收缩型城市，在城市规划上要收缩，不要铺摊子，要善于做小、做精、做出质量，做精准化、精细化、精致化城镇规划；在产业上要收缩，抓新、抓轻、抓小、抓绿，向高质量的产业体系发展转型；在基础设施建设上要收缩，要讲究“规模经济”，算清楚投入产出效益账，不能追求老工业区、西部地区、偏远山区都实现电网改造、水利工程、高速公路、通信等大型基础设施全覆盖。

3. 在城镇建设方面，从粗放式大拆大建转变为更注重保护山水人文格局

留得住青山绿水，记得住乡愁，是中国城镇化的理想，也是每一个都市人的人居梦想。随着生态文明时代的到来，休闲需求不断兴起，生态空间的价值将得到进一步重视。未来城镇化发展将更加突出生态文明引领，要求城市建设留下显山露水、透绿见蓝的更优质空间，为人的多样化需求提供更优质的服务。同时，城市建设也要保护老的品牌、老的记忆，要建设有历史温度、有美好记忆的城市，而不是一个“推倒重建”的全新城市。未来城镇化发展，生态环境

保护和人文环境建设必然放在优先位置，并成为城市发展优势。从宏观规划到微观设计，都将进一步“结合自然”：

——以资源承载力确定城市容量和城市定位，保护地形特征形成绿芯和生态廊道，结合土地适宜性与天然河流确定开发布局、城市竖向设计和雨洪蓄滞区；

——低影响开发理念的广泛渗入，通过海绵城市、弹性城市、韧性城市等的规划和建设，最大限度地提升城市对大自然气候变化的适应能力，最大限度地降低城市建设对大自然的改造和破坏，利用自然手段化解城市内涝、工程性缺水、面源污染等传统城市中极易出现的问题，使城市发展能够有机融入大自然变化中；

——公园城市将成为发展主流，绿水青山的生态价值、诗意栖居的美学价值、以文化人的人文价值、绿色低碳的经济价值和简约健康的生活价值将在城市经营中进一步彰显；

——注重人文城市建设，历史文化是一个民族最深的乡愁，高质量城市建设必须保存城市的文化记忆，使宝贵的历史文化能够留下来、活起来，并凝聚成城市的独特气质。

4. 在发展动力方面，从土地财政驱动转变为经济发展和改革创新并重

过去一段时间，我国城镇化的快速发展一定程度上依赖于地方政府的土地财政驱动。分税制改革之后，粗放式土地经营给各地政府带来了巨额级差地租，成为一些地方政府推进城镇化建设的重要目的。“低价征地、市场高价卖地”的土地财政，支撑着地方财政的运转和城市建成区面积的扩张。但目前拆迁成本越来越高，政府在市场拍卖土地中获得的中间差价越来越小，城市可供出售的土地也在大幅减少，土地财政模式已走到尾声。而与土地财政驱动相比，制度创新对我国城镇化发展的支持作用则长期不足。改革开放以来，以政府力量主导的自上而下的城镇化制度创新逐渐向以市场力量为主导的自下而上的城镇化制度创新转变，为人口迁移、非农产业发展提供了广阔空间，但影响城镇化发展的关键性制度约束仍然存在。例如，土地制度藩篱仍未从根本上得以突破，农民没有成为农地的主人和平等的市场主体，在土地交易中还没有完全的自由定价能力。此外，影响城镇化发展的配套制度也还不完善；例如，从行政管理制度来看，不同规模和级别的城市存在着发展权不平等的问题，各类资源流向

会偏向于高行政等级城市，而高行政等级城市也会利用行政权力优势来集中资源，这往往使得大量城镇间流动人口的城际转移，同农村转移人口一样，也难以享受与所就业和生活城市的本地居民同等的公共服务。因此，现阶段，适应高水平城镇化发展需要，以改革促发展，实现城镇化发展动力从经济驱动为主向经济发展和改革创新并重转型，将是我国城镇化发展的一个重要特征。

5. 在要素流动方面，从由乡到城的单向流动转变为双向流动城乡融合发展

改革开放 40 多年来，我国城市和农村经济社会面貌都发生了翻天覆地的变化，城乡关系不断调整，城乡一体化进程不断加快。但从现实来看，土地、人才、技术、资金等要素仍然更多地呈现向城市的“单向”流动，农村仍然更多地强调城市发展的带动和辐射，城乡发展不平衡、乡村内在潜力难以充分发挥仍是现实问题。从世界历史看，经历过城镇化的国家也往往经历过城乡二元化的发展阶段。在这个阶段，从农村转移出来的劳动力成为城市的新移民，进而成为新市民。但这还只是城乡间要素的单向流动，城市不能仅仅成为一个巨大的要素黑洞。资金、技术、人才等要素在流入城市后，还要能反向流回乡村，否则乡村就会因要素流出、资源短缺而无法持续发展。推进高质量的新型城镇化，需要拓宽城市资源流向农村的通道，让资金、技术、人才等要素再汇聚到农村，推动城乡融合发展。

党的十九大报告提出了乡村振兴战略，强调“要坚持农业农村优先发展”，明确指出，要“建立健全城乡融合发展体制机制和政策体系，加快推进农业农村现代化”。这一战略的提出标志着我国城乡融合发展思路的变化，即由过去乡村对城市的被动依赖转变为更加依靠乡村自身内生动力，通过创新城乡融合发展思路，畅通城乡要素双向流动通道，为乡村振兴提供核心发展动能，最终实现城乡融合发展。

6. 在社会治理方面，从城乡二元社会分化转变为共建共享包容发展

当前城镇化进程中，城市外来人口“流入易、融入难”问题普遍存在。外来流动人口不断涌入并成为城市人口增长的主体，为城市发展注入新的活力。《中国流动人口发展报告 2017》最新数据显示，2016 年我国流动人口规模为 2.45 亿人。但大量外来务工人员与城市本地居民难以融合，城市形成新的二元结构。与年长一代进城务工人员倾向于叶落归根不同，年轻一代外来务工者的城市融入愿

望更加强烈，更加希望能够在城市扎根。但由先赋性身份不平等造成的权利不平等是农民工“市民化”面临的最大问题之一，农民工在城市的权利得不到保障，可能催生其逐渐觉醒的政治诉求，从而给城市稳定带来隐患。未来城镇化工作中，加快农民工市民化，打造包容性城市，推动农民工身份市民化与权利均等化，是城市社会稳定的重要保障。因此，应将城乡户籍制度改革与教育、医疗、卫生、社会保障等同步推进，最大限度消除农民工市民化的身份障碍。鼓励农民工参与到城市社会事务治理中来。城市中的各种公共组织和社会团体应向农民工开放，按照自愿的原则接纳他们成为其中的一分子。同时农民工应该享有与城市职工平等的表达建议权；探索依法建立维护农民工权利的行业组织、工会组织；探索农民工参与城市社区选举。

（三）新时期高质量城镇化的内涵要求

从根本上讲，高质量城镇化与新型城镇化的内涵是一致的，都是为了改变传统城镇化“重速度轻质量”“重城轻乡”“重物轻人”“重经济轻环境、社会、文化”等问题，回归人的城镇化这一本质。从概念上讲，高质量城镇化是以人为本，以新型工业化为动力，以统筹兼顾为原则，推动城市现代化、城市集群化、城市生态化，全面提升城镇化质量和水平，走科学发展、集约高效、功能完善、环境友好、社会和谐、个性鲜明、城乡一体、大中小城市和小城镇协调发展的城镇化建设道路。《国家新型城镇化规划（2014—2020年）》对这一道路的内涵作了明确阐述，即“以人为本，公平共享；四化同步，统筹城乡；优化布局，集约高效；生态文明，绿色低碳；文化传承，彰显特色。”这些内涵或原则对于在新的历史时期指导城镇化高质量发展依然适用。站在新的历史起点上，高质量城镇化尤其要关注以下几点：

以人的发展为核心。无论是城镇建设还是新型农村社区建设，都应以人的发展为核心，努力为人提供更好的生态、生活、生产环境，为城市和乡村居民、为本地和外来人口提供相对公平、和谐共处的发展空间。因此高质量城镇化强调城乡基本公共服务的均等化、农民工的市民化、现代农民的培育、城乡一体化的社会保障体系等内容，通过促进人的发展，实现城乡和社会经济的发展。

可持续发展与人地和谐是前提。高质量城镇化归根结底是为了让整个人类发展得更健康、更持久，因此，在城镇建设中首先保护的是生态环境与安全格局、耕地与粮食安全，通过空间的优化实现人与自然更为和谐的发展。

突出城乡融合发展。城市与乡村本身就是一个不可分割、相互补充的人地系统，城镇的发展离不开乡村对其生态安全与粮食的保障，离不开乡村提供的源源不断的人口以及生产材料，离不开乡村提供的休闲旅游场所。同样，乡村地区也离不开城市提供的消费市场、技术与服务支持等。两者只有相互促进、相互融合，才能共同构建一个人地和谐的人类聚居场所。

重视对历史文化的保护与合理利用。历史文化是一个地域的灵魂，高质量城镇化必须对历史文化提出合理的保护与利用策略，通过保护历史文化物质与非物质遗产，延续历史文化风貌与特色，避免在城镇化进程中造成城镇与乡村的“千城一面”“千村一面”。

注重灵活性和多元化。除传统的工业化推动城镇化外，要根据大中小和不同类型的城镇和乡村的实际需要，通过农业现代化、旅游特色化、服务现代化等协同推动城镇化发展。尤其是通过农业现代化和旅游特色化等推进广大农村地区的经济发展和生活与生产方式的转变，改变城强乡弱的发展格局，形成城乡一体与互补的发展状态。通过相应政策的引导、集体经济的自治等充分调动市场与集体的力量，形成与政府相互补充的多元发展主体，共同参与和推进城镇化进程。

二、陕西省城镇化发展基本特征

（一）城镇化发展速度较快，但发展水平和质量仍然偏低

自《陕西省新型城镇化规划（2014—2020 年）》实施以来，陕西省通过降低人口市民化门槛、搭建流动人口居住证制度、提升基本公共服务保障能力等途径，积极推进城镇化水平和质量稳步提高。2011—2018 年间，全省常住人口城镇化率增长了 10.83 个百分点，年均增长 1.55 个百分点，高于全国同期 1.19% 的平均增幅（见图 2）。

但城镇化发展整体水平仍然偏低，2018 年陕西省常住人口城镇化率为 58.13%，在全国 31 个省市中排在第 16 名，低于全国常住人口城镇化率 1.45 个

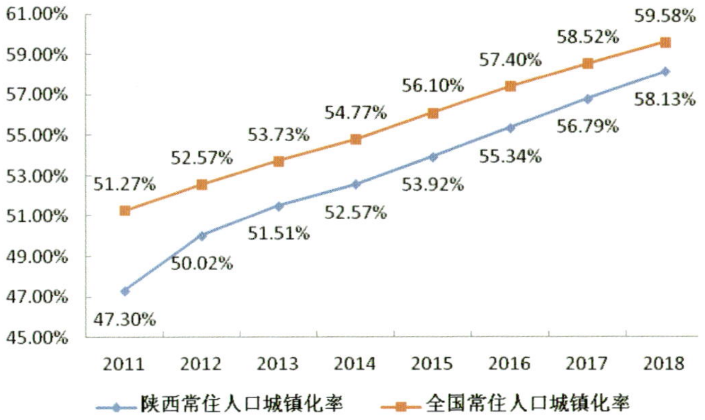

图 2　2011—2018 年陕西和全国常住人口城镇化率变化趋势图

百分点。同时，囿于城市生活成本不断攀升和农民工就业能力较低等诸多因素，城镇农业转移人口仍多处于“候鸟式迁徙”状态，落户意愿不高。虽然 2015 年陕西取消了农业与非农户口，统一登记为居民户口，户籍人口城镇化率出现一次较大攀升，较上年提升了 5.53 个百分点，但整体上陕西的“两率”差距仍呈逐年扩大趋势（见图 3）。

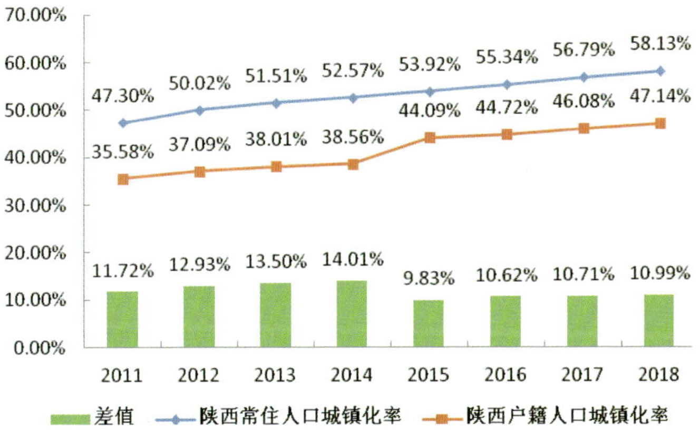

图 3　2011—2018 年陕西省常住和户籍人口城镇化率对比分析图

（二）城镇空间格局不断优化，但发展不协调不充分问题明显

近年来，陕西先后出台了陕西省《关中平原城市群发展规划实施方案》《呼

包鄂榆城市群发展规划实施方案》《沿黄生态城镇带规划》和《沿汉江生态城镇带发展规划》，加快推动了关中平原城市群建设，有效促进了榆林市融入呼包鄂榆城市群和陕南三市的协同发展，优化了沿黄流域和沿汉江流域的城镇布局。同时，为尽快实现西安国家中心城市建设的战略目标，西安市提出了建设西部经济中心、对外交往中心、丝路科创中心、丝路文化高地、内陆开放高地和国家综合交通枢纽的六维支撑体系，实施了“北跨、南控、西进、东拓、中优”的空间战略，努力打造大西安“三轴三带三廊一通道多中心多组团”的空间格局（见图 4）。西咸、富阎一体化稳步推进，西咸新区正式由西安代管，富阎产业合作园区中的富平板块整体移交西安。2014 年以来，户县、高陵、华县、安塞、横山和南郑等县成功撤县设区，神木和彬县成功撤县设市，城市等级体系和发展质量进一步优化。

随着户籍制度改革的持续深化，城市人口聚集能力稳步提升，截至目前，西安市常住人口已破千万，城区人口近 600 万，是西北地区唯一的特大城市，咸阳市区人口破百万，成功晋级为Ⅱ型大城市，宝鸡、渭南、汉中和榆林成为城区人口超过 50 万的中等城市，以兴平、神木、韩城等为代表的小城市发展迅速。

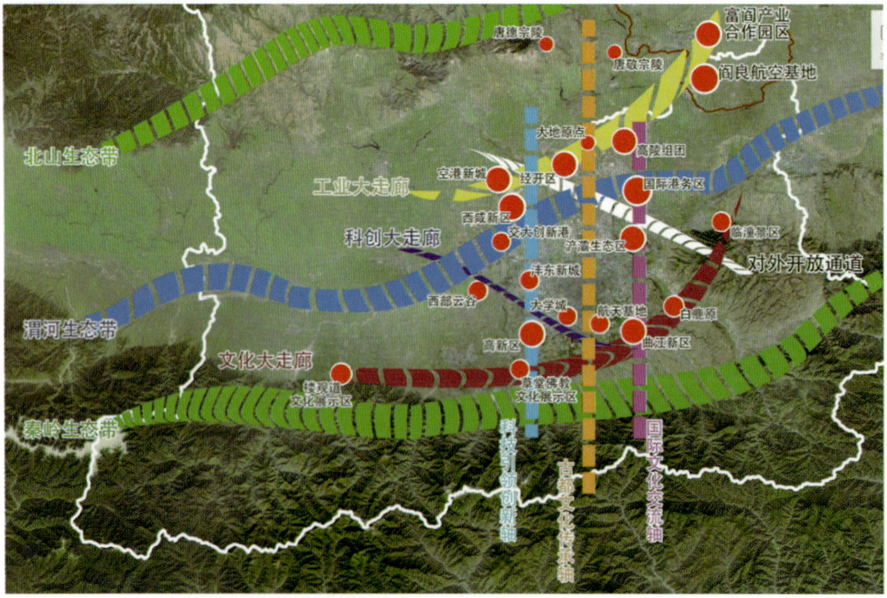

图 4　大西安“三轴三带三廊一通道多中心多组团”空间格局图

全省以大西安为核心，以主要交通干线和河流为骨架，以区域节点性城市为支撑的城镇空间格局不断优化。

但陕西区域发展不协调不充分问题依然突出。西安辐射带动作用有待提升。一方面，西安的整体实力较弱，辐射带动周边地区发展较为有限。2018 年，西安市 GDP 为 8349.86 亿元，位居全国第 20 位，作为国家中心城市，其在同等级城市中经济实力偏弱，经济外向度不高，民营经济发展不充分，优势龙头企业偏少，产业集聚度不高，战略性新兴产业占比较小，科教、文化等资源优势转化为经济优势不足，城际轨道交通建设相对滞后，中心城市产业外溢效应不明显。另一方面，西安的虹吸效应日益凸显，西安市“户籍新政”实施以来，落户门槛一再降低，吸引了省内其他各市人口向西安聚集，尤其以关中其他市区人口居多，比邻西安的咸阳、铜川和商洛市，近年来城镇人口数量徘徊不前，甚至出现持续小幅下降趋势。

区域产业活力不足导致对城镇化发展支撑不够。从陕西三大区域角度看，2018 年陕南人均 GDP 为 40428 元，分别比关中、陕北低 21983 元和 54822 元，陕南经济社会发展相对落后，致使城镇化建设也落后于其他地区，陕南城镇化率为 48.97%，分别比关中、陕北低 11.88 和 11.31 个百分点。从市域角度看，发展不协调的问题也比较明显，比如榆林市北六县（榆阳区、横山区、神木市、府谷县、定边县和靖边县）资源储藏丰富，经济发展较为发达，南六县（绥德县、米脂县、佳县、吴堡县、清涧县和子洲县）主要以农业经济为主，经济相对落后。2018 年，北六县经济总量达 3495 亿元，财政收入总量为 201 亿元，分别是南六县总量的 10 倍和 27 倍，经济发展的巨大差异导致城镇建设的差距也在不断拉大，2018 年，北六县常住人口城镇化率基本已超过 70%，而南六县则全部低于全省平均水平 10 个百分点左右。

（三）城市基础设施保障能力稳步提升，但城市病问题依然突出

陕西省紧扣市民群众重点关心的市政设施和公共服务问题，不断加大投入力度，加快完善城市功能。2017 年，陕西设立了规模 200 亿元的新型城镇化发展基金，截至目前，首期 10 亿元全部投放完毕，撬动银行信贷资金 64.7 亿元，为陕西城镇化建设提供了有力的资金保障，陕西城市供水普及率、燃气普及率、

每万人拥有卫生技术人员数等指标稳步提升（见图5）。

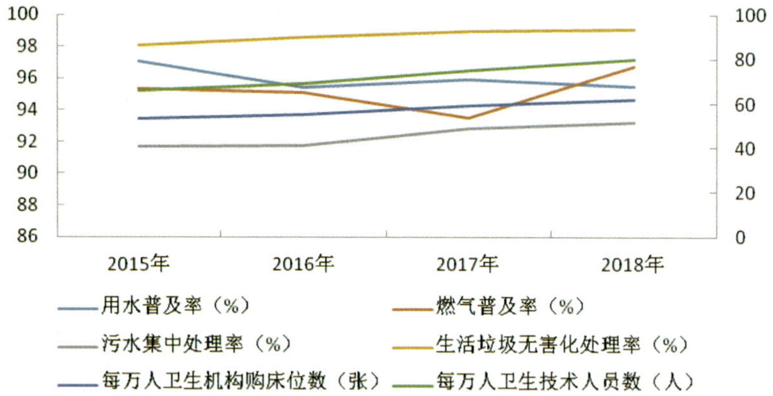

图5 2015—2018年陕西省城市基础设施建设和公共服务情况

但与东部相对发达地区城市相比，陕西的城市基础保障能力尚有很大提升空间，诸多“城市病”尚未得到有效解决。职住分离较为严重，根据百度地图公布的《2018年度城市交通报告》，西安市民每日单程平均通勤距离为8.5公里左右，通勤时长在我国15个新一线城市中仅低于沈阳市。交通路网尚需加密，城市建成区的路网密度仅为4.81km/km^2，在各省（市）中排在倒数第七位，低于全国平均水平1.5公里，城市道路建设急需加快推进。城市拥堵问题突出，西安是全国八个汽车保有量超过300万级的城市之一，根据《2018年度城市交通报告》，西安的城市拥堵情况仅次于北京、上海、重庆三个直辖市，远高于同为中西部城市的成都和郑州。城市排水管道建设滞后，2018年陕西城市建成区排水管道密度为6.87km/km^2，较全国平均水平少3.12公里，近年来，基本每年雨季陕西各城市均会出现城市内涝现象，给市民带来诸多不便。教育医疗资源不均衡，以西工大附中、西安高新一中等“五大名校”为代表的全省最好的教育资源高度集中在西安市，导致“陪读村”大量存在，天价“学区房”“择校费”以及屡禁不止的“补习班”给人民群众造成极大经济负担和生活困扰。与此类似，优质医疗卫生资源也在西安几个三甲医院高度集中，分级诊疗制度尚未充分发挥效应，“看病难”“看病贵”等社会难题尚未得到有效缓解。

（四）历史文化保护体系逐步完善，但文化内涵建设亟待增强

陕西省历史文化资源丰富，拥有国家级历史文化名城6座、历史文化名镇7座、历史文化名村3座和省级历史文化名城11座、历史文化名镇13座、历史文化名村11座（见表1）。近年来，通过编制保护规划、出台保护措施、成立管理机构以及自查评估等方式，各类历史文化资源得到较好保护。陕西省先后出台了《全省历史文化名城名镇名村保护工作实施方案》和《关于进一步加强历史文化街区划定保护管理工作的通知》，并在2019年对全省历史文化名城名镇名村保护工作进行了调研评估，批准公布了陕西第一批历史文化名镇名村街区。6个国家历史文化名城正积极修编规划期限至2035年的保护规划，西安市出台了《西安市历史文化名城保护条例》等规章制度，汉中、榆林等市成立了名城处（办）、古城办、名城保护委员会等管理机构，以历史文化名城名镇名村为载体的地域文化保护体系基本确立。

表1 陕西省国家级和省级历史文化名城名镇名村一览表

国家级	历史文化名城	西安市、咸阳市、延安市、榆林市、汉中市、韩城市
	历史文化名镇	铜川市印台区陈炉镇、汉中市宁强县青木川镇、商洛市柞水县凤凰镇、神木市高家堡镇、安康市旬阳县蜀河镇、安康市石泉县熨斗镇、渭南市澄城县尧头镇
	历史文化名村	韩城市西庄镇党家村、榆林市米脂县杨家沟镇杨家沟村、咸阳市三原县新兴镇柏社村
省级	历史文化名城	延安市黄陵县、宝鸡市凤翔县、咸阳市乾县、咸阳市三原县、渭南市蒲城县、渭南市华阴市、汉中市城固县、汉中市勉县、榆林市府谷县、榆林市神木市、榆林市佳县
	历史文化名镇	榆林佳县木头峪镇、延安宝塔区甘谷驿镇、延安富县直罗镇、延安洛川县永乡镇、延安洛川县旧县镇、延安子长县安定镇、渭南富平美原镇、渭南富平曹村镇、渭南富平宫里镇、渭南潼关县秦东镇、铜川耀州区孙塬镇、商洛山阳县高坝店镇、商洛山阳县漫川关镇
	历史文化名村	榆林佳县王家砭镇打火店村、榆林府谷县新民镇新民村、延安洛川县永乡镇阿寺村、延安洛川县土基镇鄜城村、延安洛川县旧县镇桐堤村、延安洛川县朱牛乡贠家塬村、延安延川县文安驿镇梁家河村、渭南潼关县桐峪镇善车口村、铜川耀州区锦阳路街办水峪村、铜川耀州区小丘镇移村、铜川印台区陈炉镇立地坡村

但在城乡建设过程中，城市文脉受损和“千城一面”的问题仍没有得到根本解决。城市建设普遍缺乏地方特色，大规模的“旧城改造”“危旧房改造”普

遍摊开，有些地方忽视了对历史文化资源的保护，导致一些历史城镇、街区和建筑遭到不同程度的破坏。乡村建设在风貌打造中相互模仿、样式雷同、形体乏味、品位较低，对乡村所处的地域文化和历史脉络认识不足、挖掘不够。

（五）生态环境改善较为明显，但绿色发展仍然任重道远

陕西省牢固树立“绿水青山就是金山银山”的发展理念，以蓝天、碧水、净土、青山四场保卫战为重点，统筹实施山水林田湖草一体化治理，生态环境质量日趋向好。把铁腕治霾作为环境保护的“头号工程”，出台了《陕西省铁腕治霾打赢蓝天保卫战三年行动方案》，坚持减煤、控车、抑尘、治源、禁燃、增绿六措并举，强化燃煤锅炉、施工工地、渣土运输、道路扬尘、露天焚烧等污染管控以及清洁化改造，各市区优良天数绝对值整体呈现逐年递增态势（见图 6）。以“保好水、治差水”为重点，从重点流域、水源地、黑臭水体、排污口整治等四个方面综合施策，强化源头管控严控项目审批，完成了陕南 23 家重点监控重金属污染物排放企业的污染源综合治理，累计关闭污染企业 240 余家，停建和整顿不符合环保要求的建设项目 30 余个，7 个重点行业的污染当量数占比由 2007 年的 93% 减少至 2018 年的 63%，在全国率先开展省际生态补偿。截至 2018 年年底，陕西省 50 个国家“水十条”考核断面（点位）中，Ⅰ至Ⅲ类水质断面 40 个，达到 80%（国家考核要求 68%）；劣Ⅴ类 1 个，占 2%（国家考核要求 6%）。长江流域的汉江、丹江、嘉陵江水质优，实现了“保通水”向“保

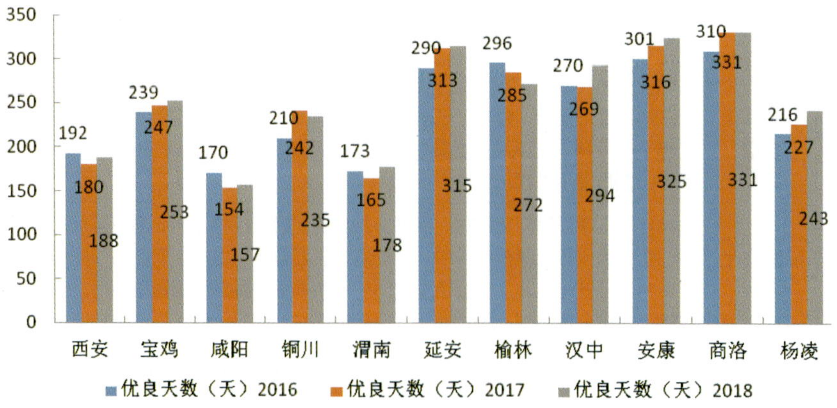

图 6 2016—2018 年陕西各市（区）优良天数情况

供水”转变，切实保障了南水北调中线优良水质及70%的入库水量。积极开展青山保卫战行动，颁布实施了《陕西省秦岭生态环境保护条例》等规章制度，启动生态保护红线划定工作，划定秦岭区域生态保护红线面积2.23万平方公里，基本建成土壤污染防治体系，创建2个国家级生态区和31个国家级生态（文明）示范县（区）。

但关中、陕南和陕北各自的区域环境制约依然较为突出。关中地区的空气质量近年来虽有所好转，但与其他地区相比，整体排名仍较为靠后，西安、咸阳、渭南三市在2018年全国空气质量排名中分别处于倒数第12位、第9位和第20位，严重影响当地居民的生活幸福感。陕北地区位于黄土高原，本就水资源匮乏，属于严重贫水地区，且由于取水各自为政，高耗水的能源化工产业高速发展，加剧了水资源的过度利用，同时当地水污染也较为严重，截至目前，红碱淖仍然处于重度污染状态，陕北的水资源承载力已接近极限。陕南地区是“南水北调”中线工程水源地和重点生态功能区，但同时也是秦巴山区连片特困地区，在倾力保证大局前提下，陕南生态保护与经济发展之间的矛盾依然突出。

（六）城乡融合发展步伐提速，但乡村基础设施建设欠账较多

近年来，陕西围绕“巩固、增强、提升、畅通”不断深化农业供给侧结构性改革，加快完善农村基础设施建设，深化农村各项改革，城乡一体化建设稳步推进。截至2018年年底，城乡土地流转增减挂钩指标累计完成59宗8.25万亩收益69.5亿元，全省政策性农业保险险种达21个，选派278名省级科技特派员组建18个产业技术服务团，开展服务600余次，实现陕西省贫困村科技特派员科技服务全覆盖。建成县域医共体50个，组织28个省市公共卫生机构对口帮扶11个深度贫困县。农村公路总里程达到15.5万公里，农村自来水普及率和自然村通动力电率分别达96.28%和98.84%，建成1002个新型农村示范社区，纳入农业部门家庭农场名录的家庭农场有16653家，认定了28家省级产业化示范联合体。城乡人均可支配收入比从2010年的3.43缩小到2018年的2.97。

陕西地处西部，气候条件较差，农田有效灌溉面积占比远低于全国，特别是一些深度贫困地区的道路、供水、供气成本高，施工困难大，导致乡村基础设施建设欠账较多，乡镇供水普及率、燃气普及率、人均道路面积、污水集中

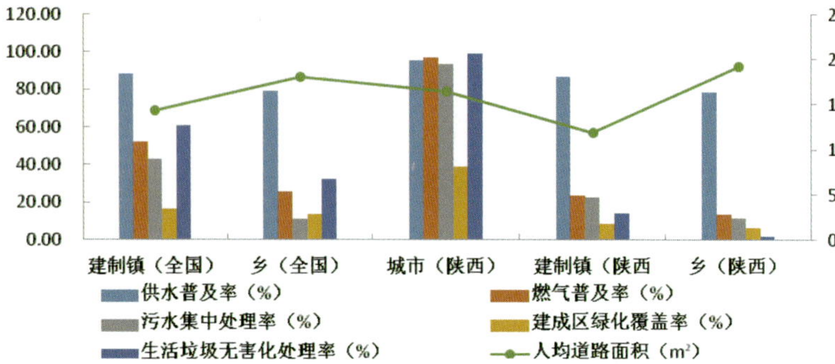

图 7　2018 年全国和城乡基础设施建设情况对比分析图

处理率、建成区绿化覆盖率、生活垃圾无害化处理率等指标与城市差距很大，同时大部分指标也远低于全国平均水平（见图 7）。

三、陕西省城镇化的发展阶段以及未来人口和城镇体系研判

（一）发展阶段

特定时期的城镇化发展阶段必须与经济发展阶段同步一致。当前，陕西省城镇化率接近 60%，根据我国新型城镇化高质量发展的四阶段性规律，正处在城镇化中期向后期迈进的关键节点上，总体上处于从快速扩张向速度稳定与质量提升并重的关键时期。但由于陕西区域发展差异性较大，城镇化发展的基础也

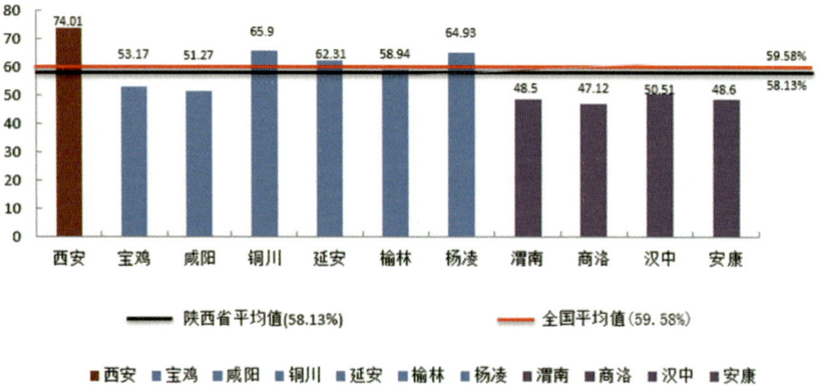

图 8　2018 年陕西省各市（区）城镇化发展水平梯队图

不尽相同，因此不能一概而论地设定城镇化的速度和策略。本研究根据各市区城镇化的不同发展水平，将陕西各市（区）分为三个梯队（见图8）。

第一梯队为西安市，2018年底城镇化率为74.01%，处于扩大增量空间和优化存量空间并重的成长成熟阶段。当前阶段要以建设国家中心城市为目标，加快西咸新区新中心新轴线建设，推进老城区更新改造，将知识经济作为城市的主要发展动力，创造一切条件吸引和培育人才，推动城市功能多元化，加快建设高效便捷的城市基础设施，积极促进城乡进一步融合发展，充分发挥大西安建设在全省城镇化进程中的核心引领和辐射带动作用。

第二梯队包括榆林、延安、宝鸡、咸阳、铜川和杨凌示范区等六个市（区），城镇化率基本处在50%～66%这个区间，均处于稳步提升阶段。该阶段工业化仍是城镇化的主要发展动力，要统筹兼顾工业化和城镇化的协同发展。陕北的延安和榆林市应加快推进创新驱动转型升级，提高能源化工产业发展水平，增强科技对产业发展的支撑能力，提升城市文化内涵和精细化管理水平，补齐城市基础设施短板，不断提升城市的综合承载能力。关中四市（区）应进一步增强工业化对城镇化的支撑力度，切实提高城市的产业支撑能力，同时注重与西安市的协同发展，积极参与关中平原城市群建设。咸阳市应主动融入大西安，强化与西安市的产业协同和交通互联，加快大西安（咸阳）文体功能区建设，加快西咸同城化步伐，同时积极实施西进战略，支持彬长旬建设成为重要的区域次中心。铜川市应积极承接西安先进制造业，加快资源型城市转型升级，打造渭北区域性中心城市。宝鸡市应加快推进关中平原城市群副中心城市建设，大力发展装备制造业，努力打造国家历史文化名城，进一步增强城市吸引力、承载力和竞争力，争取尽早跻身大城市行列。杨凌示范区应充分依托西北农林科技大学等农科高校院所的优质科研资源，坚持产城融合发展，努力打造特色鲜明、城乡融合、生态优美的“农科新城”。

第三梯队包括渭南、商洛、汉中和安康四市，城镇化率均低于51%，正处在城镇化快速发展阶段。由于工业发展基础的薄弱、区域主体功能的差异，不一定完全要走工业化带动城镇化的路子，而要探索农业现代化支撑城镇化、旅游发展带动城镇化等多元城镇化路径。渭南市应突出城乡统筹，加快人口集中、产业集聚、功能集成、要素集约，大力发展商品农业、现代农业，提高劳动生产率，加快农业大市向农业强市的转型升级。陕南三市作为“南水北调”中线工程水源地和重点生态功能区，应坚持绿色化引领、集群式推进、特色化发展，培育壮大特色现代农业，大力发展生态旅游业，推动工业产业向环境友好、资源集约、产出高效的方向转变，推动城市集约内涵式发展。

（二）未来人口研判

1. 全省人口规模和城镇化发展态势研判

截至 2018 年年底，陕西常住人口为 3864.40 万人，较 2008 年增长了 146 万人（见图 9），其中 2008—2014 年间，增长相对平稳，每年增加 10 万人左右。从 2015 年起，受放开二胎政策影响，人口增长划出一个较陡的增长曲线，从 2015—2018 年单年人口增长依次为 18 万、20 万、22 万、29 万，其中 2018 年人口大幅增长与西安市放宽人口落户政策有关。2020 年以后受育龄妇女数量减少及人口老龄化带来的影响，人口总量增速又将趋缓。为确定全省常住人口总量，我们采用综合增长率法、时间趋势外推法、分类预测法三种方法对全省人口规模进行预测，并结合全国人口发展的整体趋势、近年的政策导向等影响因素，对预测结果进行修正和调整，最终预测全省人口规模：到 2025 年总人口规模在 3940 万至 4020 万之间，取均值 3980 万；到 2035 年，人口总数在达到峰值后略微回落，预计在 3950 万至 4050 万间，取均值 4000 万。

2018 年，陕西常住人口城镇化率为 58.13%，城镇人口数量为 2246 万人，较

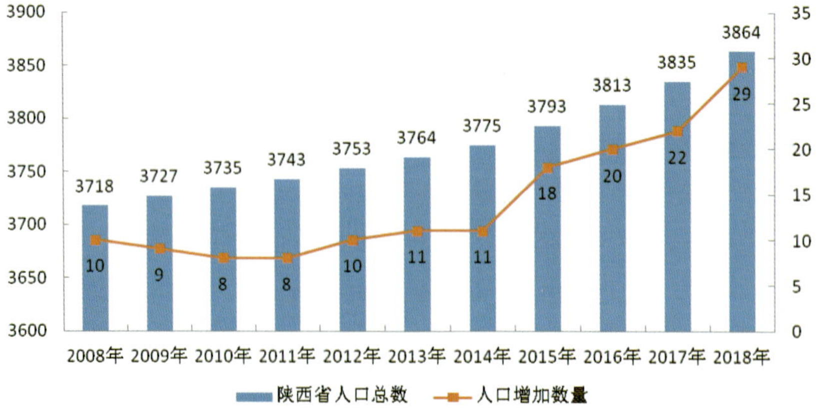

图 9　2008—2018 年陕西省人口总数变化趋势图

2008 年分别增长了 16.03 个百分点和 681 万人（见图 10）。其中，2008—2012 年，城镇化率年均增长近 2 个百分点，城镇人口年均增加 78 万人，2013—2018 年，城镇化率增幅有所放缓，年均增长 1.36 个百分点，城镇人口年均增加 63 万人。根据方创琳教授提出的城镇化发展四段论，可知陕西即将进入城镇化发展后期阶段，发展速度将逐步放缓，根据目前的数据，可预测 2025 年，陕西常住人口城镇化率为 66%，城镇人口数量为 2626 万人，2035 年，陕西常住人口城镇化率为 73%，城镇人口数量为 2920 万人。

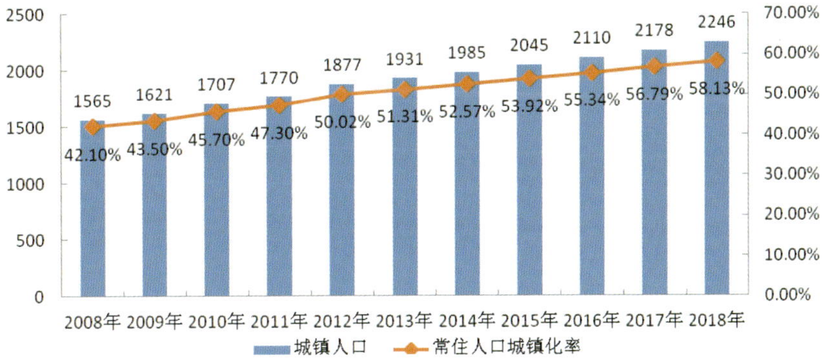

图 10　2008—2018 年陕西省城镇人口和常住人口城镇化率变化趋势图

2. 陕西三大区域人口规模和城镇化发展态势研判

截至 2018 年底，关中、陕北、陕南常住人口分别为 2448.15 万、567.72 万、848.52 万（见图 11），全省超过 60% 的人口集聚在关中地区，陕北地区则不足 15%。和经济水平、地理环境相适应，三大片区的人口分布和变化趋势差异十分显著。

2008—2018 年，关中地区人口总量的年均增速为 3.8‰，陕北地区为 3.5‰，

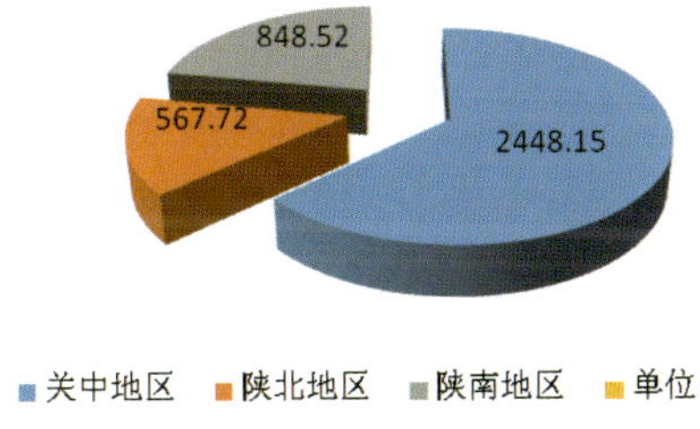

图 11　2018 年陕西三大区域人口分布图

而陕南地区人口总量年均增速为 -0.9‰（图 12）。分阶段来看，2008—2010 年，陕北出现了一个人口增长小高峰，这可能与同期陕北能源经济空前繁荣吸引了大量外来人口有关，而关中地区和陕南地区常住人口总数则出现了负增长，主要原因在于大量务工人口外出打工。陕南尤其明显，2010 年常住人口比上年减少近 20 万，这一颓势到 2012 年后才有所缓和，但人口总量再未回到 2008 年前的峰值。2012 年后，关中地区人口增速则是一路企稳走高，这可能与东部劳动密集型产业向内陆地区转移带来的外出务工人口回流有关。2014—2018 年，关中地区人口总量年均增速提升到 5.2‰，特别是 2018 年人口猛增 30 万，增速超过 10‰。

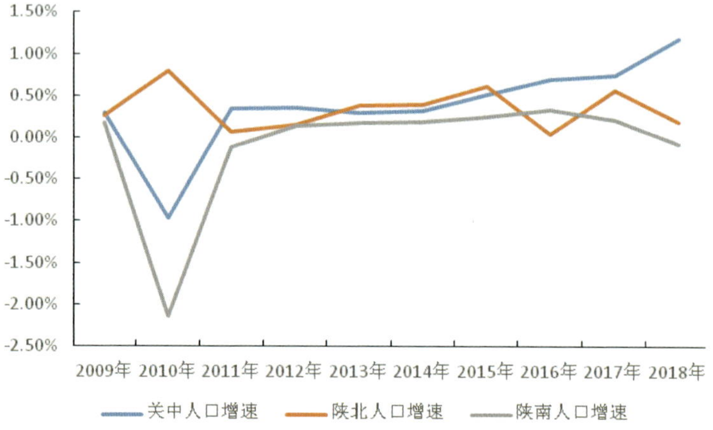

图 12　2008—2018 年陕西省三大区域人口总数年均增速变化趋势图

从城镇化率看，关中地区的城镇化水平最高、陕北次之、陕南明显滞后。2000 年，关中地区城镇化率为 36.52%、陕北为 22.67%、陕南为 20.45%，陕北与陕南的差距并不明显。到 2010 年，关中城镇化率提升到 49.53%、陕北大幅提升到 47.78%，仅比关中低了 1.75 个百分点，而陕南的城镇化水平仅为 33.58%。2015 年，关中城镇化率提升至 57.13%，陕北增长幅度减小，但仍提升至 54.17%，陕南地区城镇化率仅为 42.08%。2018 年，关中城镇化率增幅减缓，提升至 60.85%，而陕北地区增幅提高，城镇化率跨越至 60.28%，仅比关中地区低 0.57 个百分点，陕南城镇化率增加至 48.97%，仍远低于关中和陕北地区。

以 2008—2018 年的人口统计数据为基础，分析三大区域新增城镇人口占全省新增城镇人口总量比重的变化情况，参考以大西安都市圈为核心的关中地区城市群对城镇人口集聚力进一步增强、陕北对城镇人口的高吸引力开始回落、陕南人口适度疏解迁移等因素，预测未来一段时间内三大区域新增城镇人口比重的变化趋势并划分全省城镇人口。截至 2018 年，关中地区城镇人口总量为 1489.66 万、陕北 342.23 万、陕南 415.48 万。预测 2019—2025 年间全省将产生约 380 万新增城镇人口，其中关中 230 万、陕北 75 万、陕南 75 万，即到 2025 年关中城镇人口将达到 1720 万人、陕北 420 万人、陕南 485 万人；预测 2025—2035 年全省会产生约 300 万新增城镇人口，其中关中 170 万、陕北 60 万、陕南 70 万，即到 2035 年关中城镇人口将达到 1890 万人、陕北 480 万人、陕南 550 万人。

（三）城镇体系研判

根据 2014 年我国最新的城市规模划分标准，截至 2018 年年底，陕西省共有 1 个特大城市、1 个Ⅱ型大城市，4 个中等城市，7 个Ⅰ型小城市和 74 个Ⅱ型小城市。（见表 2）

表 2　2018 年陕西省城市规模情况一览表

规模		数量	城市名称及城区人口数量（万人）
特大城市	城区常住人口 500 万至 1000 万	1	西安市（586.61）
大城市	Ⅱ型大城市（100 万以上 300 万以下）	1	咸阳市（102.31）
中等城市	城区常住人口 50 万至 100 万	4	宝鸡市（89.32）、渭南市（55.16）、汉中市（56.95）、榆林市（63.11）
小城市	Ⅰ型小城市（20 万以上 50 万以下）	7	铜川市（41.33）、延安市（41.67）、安康市（35.07）、商洛市（26.25）、兴平市（22.58）、神木市（21.8）、靖边县（20.72）
	Ⅱ型小城市（20 万以下）	74	杨凌区（15.49）、韩城市（17.32）、彬州市（11.41）、勉县（16.78）、富平县（16.35）、府谷县（15.46）、三原县（14.54）、城固县（14.5）、洛南县（14.34）、蒲城县（13.72）、澄城县（12.22）、乾县（11.8）、大荔县（10.61）、凤翔县（9.81）、蓝田县（8.23）、周至县（8.02）、岐山县（5.6）等 74 个县城

注：城区人口包含暂住人口

根据全省各市（县区）城区人口规模现状分析，可预测全省城镇等级体系：到 2025 年，在全省形成 1 个特大城市、1 个大城市、5 个中等城市、8 个 I 型小城市、若干个 II 型小城市的城镇体系。到 2035 年，在全省形成 1 个超大城市、4 个大城市、3 个中等城市、21 个 I 型小城市、若干个 II 型小城市的城镇体系（见表 3）。

表 3　2025 年和 2035 年陕西省城镇规模等级体系规划

<table>
<tr><th colspan="2">等级</th><th colspan="2">2025 年</th><th colspan="2">2035 年</th></tr>
<tr><td colspan="2">超大城市 >1000 万</td><td>0</td><td>—</td><td>1</td><td>大西安</td></tr>
<tr><td colspan="2">特大城市 500 万至 1000 万</td><td>1</td><td>大西安</td><td>0</td><td>—</td></tr>
<tr><td rowspan="2">大城市</td><td>I 型
300 万至 500 万</td><td>0</td><td>—</td><td>0</td><td>—</td></tr>
<tr><td>II 型
100 万至 300 万</td><td>1</td><td>宝鸡</td><td>4</td><td>宝鸡、渭南、汉中、榆林</td></tr>
<tr><td colspan="2">中等城市 50 万至 100 万</td><td>5</td><td>渭南、汉中、榆林、铜川、延安</td><td>3</td><td>铜川、延安、安康</td></tr>
<tr><td rowspan="2">小城市</td><td>I 型
20 万至 50 万</td><td>9</td><td>安康、商洛、杨凌、兴平、韩城、神木、富平、靖边、勉县</td><td>21</td><td>商洛、杨凌、兴平、韩城、神木、彬州、富平、靖边、勉县、三原、乾县、大荔、澄城、蒲城、城固、府谷、洛南、岐山、凤翔、周至、蓝田</td></tr>
<tr><td>II 型 <20 万</td><td colspan="4">其他县城和大柳塔、蔡家坡等镇级小城市</td></tr>
</table>

注：大西安包含西安市、咸阳市主城区以及西咸新区

根据各市（县区）的人口规模、发展定位、经济活力以及与区域中心的距离等因素，可构建“全省中心城市—区域中心城市—地区中心城市—地区次中心城市—县城及重点小城镇”的五级城镇体系（见表 4）。

表 4　2035 年陕西省城镇等级结构规划

等级	城市
全省中心城市	大西安
区域中心城市	榆林、宝鸡、渭南、汉中
地区中心城市	延安、铜川、安康、商洛
地区次中心城市	杨凌、韩城、彬州、岐山、绥德、神木、靖边、黄陵、勉县、城固、汉阴
县城及重点小城镇	其他县城及大柳塔、蔡家坡等镇级小城市

四、陕西省推进城镇化高质量发展的价值导向和总体目标

（一）价值导向

——人本包容。以包容共享理念，推动农业转移人口市民化，加快卫生、教育、住房、医保、社保、文化、养老等公共服务体系建设，实现城镇基本公共服务常住人口全覆盖，促进城市常住外来人口更好融入当地城市生活，使全体居民共享城镇化发展成果。

——产城融合。坚持产业与城市融合发展，以城市为基础，承载产业空间和发展产业经济，以产业为保障，驱动城市更新和完善服务配套，实现产业与城市功能融合、空间整合，达到“以产促城、以城兴产、产城融合”的协同发展格局。

——绿色健康。坚持绿色发展理念，推进城镇绿色低碳发展，开展城镇水生态修复治理，整治城镇黑臭水体，推进城镇污水处理提质增效，推进生活垃圾分类立法，建立城镇绿色发展指标体系，推动环境友好型城镇化。

——高效集约。建立有效的节约型城乡建设推进实施机制，合理控制城市开发边界，实现精明增长，推广绿色建筑与建筑节能，出台资源循环利用基地建设实施方案，推动节水节地节能节材的资源节约型城镇化。

——智慧创新。发挥创新引领作用，促进技术高质量创新，建设创新型城市、智慧型城市，全面提升城乡发展智能化、智慧化水平。

——文化繁荣。用人文理念引领城镇建设，传承历史文脉，提升文化内涵，彰显城市特色，建设有历史记忆、地域特色、民族特点的美丽城镇，以文化繁荣推动城镇化进程。

——治理现代。坚持以法治化、社会化、智能化、专业化为导向，加快推动城市综合治理体系现代化，构建起政府与社会多元共治格局，实现城市治理各环节的无缝隙衔接、全领域覆盖，全方位、全天候、准确及时快速应对处理城市治理中的难题，切实增强广大人民群众的获得感、幸福感、安全感。

（二）总体目标

——城镇化水平和质量稳步提升。城镇化继续保持高于全国平均水平的增

长速度，农业转移人口市民化进程加快，到2025年，全省城镇化水平达到66%左右，到2035年达到73%左右，城镇化进入成熟期。城乡发展差距和居民生活水平差距显著缩小，城乡有序流动的人口迁徙制度基本建立，城乡统一建设用地市场全面形成，城乡普惠金融服务体系全面建成，乡村治理体系更加完善，农业农村现代化基本实现。

——城镇化格局进一步优化。以西安国家中心建设为引领，大西安都市圈为核心，关中平原城市群为主体，以沿黄生态城镇带和沿汉江生态城镇带为两带，以陇海铁路和连霍高速沿线为横轴，以包茂高速沿线为纵轴，以宝鸡、榆林、汉中、渭南为四极的“一圈一群，两带两轴，四极多点”的城镇群格局日益成熟。

——城乡公共服务实现均等化。城乡一体、无缝衔接的住房保障、基本养老、基本医疗和最低生活保障制度全面建立，保障范围和保障标准进一步扩面提质。城乡义务教育均等化水平显著提升，医疗联合体、远程医疗等医疗卫生服务体系进一步完善，城乡居民上学、看病难题得到有效化解。

——城市环境生态宜居。城市基础设施更加完善，各类公共交通实现无缝衔接，绿色交通体系基本建成。生态环境明显改善，关中大地园林化、陕北高原大绿化、陕南山地森林化基本实现。大气污染治理取得明显进展，城市空气质量逐步好转，饮水安全得到保障。自然景观和文化特色得到有效保护，城市建设集约化、城市发展个性化、城市管理人性化，居民生活环境更加宜居舒适。

——城镇化体制机制不断完善。城乡一体、自由流动的户籍制度完全建立，城乡统一建设用地市场全面形成，城乡普惠金融服务体系全面建成，基本公共服务均等化基本实现，乡村治理体系更加完善。

为进一步明确陕西城镇化高质量发展的目标，课题组结合高质量城镇化的内涵特征，从以人为本、经济质量、生活品质、集约低碳、城乡融合、环境宜居等六个维度，具体选择了18项指标，形成了陕西城镇化高质量发展的指标体系（见表5）。

1. 以人为本

城镇化的核心特征是农村人口向城镇转移并融入城市生活，与城市居民共同享受城市公共服务。因此，在研究中选取了常住人口城镇化率、户籍人口城镇化率、农民工参加城镇职工基本养老保险比例这三项指标来反映城镇化进程中的人口转移及享受享受城市公共服务情况。

2. 经济质量

城镇化进程中产生的集聚效应会吸附城市周边的生产要素，促进城镇经济快速发展。城镇化进程中的经济发展主要体现为经济发展水平和非农产业占比的提升，以及创新驱动型经济的提升。其中，经济发展水平一般用人均GDP来考量；非农产业占比一般用第二、第三产业增加值占GDP的比重来衡量；创新驱动用研究与试验发展经费支出占地区生产总值比重来表示。

3. 生活品质

生活方式转变是城镇化的重要特征之一。由于陕西城市基本完成了用水、用气的全覆盖，因此着眼未来本研究选择将县城的燃气普及率作为城市生活品质提升的一项重要指标；国内外的研究显示，交通工具的变革，特别是轿车的出现，不仅是区域城镇化的重要动力，更是人民出行便捷化的重要载体，一般用每万人拥有的轿车数量来表示；与农村生活方式的一个重要区别就是城镇居民在生活中更注重精神文化需求的满足，精神文化的消费水平一般用教育及文化娱乐支出占城镇居民消费支出的比重来衡量。

4. 集约低碳

推动城镇集约低碳发展是高质量城镇化主要目标之一。本研究选用城市人均建设用地、建成区排水管道密度、绿色建筑占新建筑比例这3个指标来描述。其中建成区排水管道密度是排水管道长度与建成区面积之间的比值，它综合反映了一个城市建成区内排涝能力和污水收集覆盖的程度，是反映城市空间优化的重要指标之一，也是我国海绵城市建设的重要评估指标之一。

5. 城乡融合

城乡融合是新型城镇化的基本特征之一。在研究中主要从城乡之间的收入差距、基础设施建设、公共服务均等化这三个维度考察陕西城镇化进程中的城乡融合情况。在收入方面，用城镇居民家庭人均可支配收入与农村居民家庭人均可支配收人之间的比值来表示；在基础设施建设方面，用乡人均道路面积来表示；在公共服务均等化维度，本研究认为乡村的集中供水普及率是一项关系乡村居民日常生活的一项重要指标。

6. 环境宜居

环境宜居是新型城镇化的核心内容之一。本研究中，环境宜居主要通过建成区绿化覆盖率、优良空气天数占比以及水质情况这三项指标来反映。

表 5 陕西省高质量城镇化发展指标体系

序号	维度	指标	2018 年基数	2025 年目标	2035 年目标
1	以人为本	常住人口城镇化率（%）	58.13	66	73
2		户籍人口城镇化率（%）	47.14	58	65
3		农民工参加城镇职工基本养老保险比例（%）	13.40	15	18
4	经济质量	人均 GDP（元）	63477	110000	200000
5		第二、第三产业增加值占 GDP 比重（%）	92.51	94	95
6		R&D 支出占 GDP 比重（%）	2.1	3	4
7	生活品质	县城燃气普及率（%）	84.39	90	95
8		万人拥有汽车数量（辆）	1449	2000	2500
9		教育及文化娱乐支出占城镇居民消费支出比重（%）	12.43	15	20
10	集约低碳	城镇人均建设用地规模（m^2）	138.8	125	100
11		万元生产总值能耗（万吨标准煤）	0.528	0.5	0.4
12		绿色建筑占新建建筑比重（%）	38	55	65
13	城乡融合	城乡居民人均可支配收入比	2.97	2.5	2
14		乡供水普及率（%）	78.66	90	100
15		乡人均道路面积（平方米）	19.22	20	25
16	环境宜居	建成区绿化覆盖率（%）	26.58	30	35
17		Ⅰ～Ⅲ类水质断面占比（%）	78.9	85	95
18		优良天数占比（%）	66.5	75	90

五、陕西推进新型城镇化高质量发展的基本思路和重点任务

（一）基本思路

以习近平新时代中国特色社会主义思想为指导，全面贯彻党的十九大和十九届二中、三中、四中全会精神，认真贯彻习近平总书记来陕视察追赶超越定位和“五个扎实”要求，坚持生态优先、绿色发展，充分发挥历史文化优势，

突出抓好区域协同这个关键环节，以人的城镇化为核心，提高农业转移人口市民化水平;以城市群（带）为主体形态，培育大西安都市圈，建设关中平原城市群，培育区域特色城镇带，促进大中小城市和小城镇协调发展；以城市治理服务现代化为要求，提升城市生活品质；以体制机制创新为保障，不断释放城镇化发展潜力，全面提高城镇化质量，为全面开启陕西建设社会主义现代化强省新征程，为到2035年与全国同步“基本实现社会主义现代化”目标奠定坚实基础。

（二）重点任务

1. 以人的城镇化为核心，全面提升农业转移人口市民化水平

与东部经济发达省份相比，陕西城市体量不大，城市的人口吸附力也不强。陕西在提高城镇化水平方面的政策重点，是在放宽户籍政策的基础上，进一步提升城镇的基本公共服务水平，切实增强城市的凝聚力和吸附力，提升“新市民”的城市融入能力,将城市里的“暂住人口”转化为共建共享城市文明的“常住人口”。

细化落户举措，吸引城市外来人口安家落户。推动全省户口跨市迁移“一站式”办理，优先探索大西安都市圈内人口通迁。对暂不符合落户条件或没有落户意愿又有常住需求的农业转移人口，根据权利和义务对等原则，梯度赋权，优先解决子女教育、公共卫生、住房保障等基本民生问题，使他们享受与户籍居民同等的基本公共服务。同时，在全国城市打响“人才争夺战”甚至“人口争夺战”的激烈竞争形势下，尤其要重视高端人才的引进，搭建发展平台，加强服务保障，培养集聚一大批优秀拔尖人才，将人口数量红利提升到人才红利。

保障异地务工人员随迁子女平等享有受教育权利。进一步完善提高异地务工人员随迁子女入读公办学校比例，建设新社区时要将居民教育配套设施与项目同步设计、同步建设、同步竣工验收。鼓励向符合条件的民办学校购买义务教育服务，有序实现符合条件的异地务工人员随迁子女接受义务教育与当地户籍学生享有同等待遇。做好异地务工人员随迁子女在陕升学考试工作。

强化扩面提标，改善农业转移人口基本医疗卫生条件。推进异地务工人员参加务工所在地社会保险。将异地务工人员及其随迁家属纳入社区卫生服务体系。鼓励有条件的地方将符合条件的农民工及其随迁家属纳入城镇医疗救助问题。大幅提升基本公共卫生服务的覆盖面，强化流动人口的重点传染病控工作。

拓宽住房保障渠道，解决低收入困难家庭住房难问题。建立涵盖公租房、廉租房、限价商品房、棚户区改造住房等多层次的住房保障体系和包括货币化在内的多种形式的住房保障模式。探索将存量房作为保障房和棚户区改造安置房的方式方法。扩大保障性住房覆盖范围，把长期稳定就业的异地务工人员纳入城镇住房保障和公积金制度覆盖范围，在异地务工人员较多的产业园区集中配套建设单元型或宿舍型公租房。将城中村和棚户区改造与保障房建设结合起来，探索将经过整治的城中村住宅规范化纳入任房保障体系。

完善就业支撑和服务体系，提高城镇就业支撑能力。实行城乡劳动者统一的就业创业证登记制度，推动形成城乡劳动者公平就业、同工同酬的制度环境，与当地劳动者享受同等就业扶持政策。加大异地务工人员创业政策扶持力度，为符合条件的异地务工人员提供职业技能培训、创业培训、小额担保贷款贴息等政策扶持。创新就业创业服务供给模式，通过政府采购等方式向社会服务机构购买服务成果。鼓励企业、高校、职业院校和培训机构开展职业教育和技能培训，加快职业技能实训基地建设，提高农业转移人口综合素质和就业能力。

健全农业转移人口社会保障体系，实现社会保障无缝衔接。推进异地务工人员工伤保险和大病医疗保障工作，尽快实现工伤保险、基本医保对异地务工人员群体全覆盖，推动异地务工人员养老保险关系省内无障碍转移和跨省转移接续。建立完善缴费激励机制，推动实现农村转移人口由被动参保向主动参保转变，提高转移人口社会保险参保率。加快启动企业职工基本本养老保险基础养老金省级公筹，实现单位缴费比例和缴费工资下限全省统一。

2. 以城镇群（带）建设为重点，进一步优化城镇空间布局与结构体系

《国家新型城镇化规划（2014—2020 年）》提出，以城市群为主体形态，推动大中小城市和小城镇协调发展，表明我国已进入城市群主导区域经济和城镇格局的新时代。2017 年以来，国家先后发布了《关中平原城市群发展规划》《呼包鄂榆城市群发展规划》和《汉江生态经济带发展规划》，涉及陕西关中、陕北、陕南三大区域，基本划定了陕西城市群的培育发展格局。从常住人口和城镇开发强度来看，以大西安为核心的关中平原城市群在全省城镇体系中占了绝对主体地位，成为引领整个省域发展的重要引擎，这与党的十九届四中全会提出的“提高中心城市和城市群综合承载和资源优化配置能力”高度一致。可以预见的

是，陕西未来的城镇化格局中，人口和资源将进一步向中心城市和城市群集中，城镇建设遍地开花的局面将不复存在，限制开发区域和禁止开发区域的城镇瘦身强体将不可避免，城镇的特色化差异化发展将日益明显。未来陕西将形成"一圈一群，两轴两带，四极多点"的城镇空间结构（见图 13）。

"一圈"：以大西安都市圈为主，形成引领全省发展的核心区域，其中大西安都市圈包含西安市，咸阳市秦都区、渭城区、兴平市、三原县、泾阳县、礼泉县、乾县、武功县、淳化县，宝鸡市扶风县，渭南市临渭区、华州区、富平县，铜川市王益区、耀州区，西咸新区和杨凌农业高新技术产业示范区。

"一群"：即关中平原城市群，以大西安为中心，以宝鸡、咸阳、渭南、铜川、商洛、韩城、杨凌为有力支撑，以县城及重点小城镇为补充的大中小城市（镇）协同有序发展的国家级城市群。

"两轴"：沿陇海铁路和包茂高速形成的两条城镇发展主轴线。陇海铁路、连霍高速国家级通廊，向东联系长三角沿海地区，向西联系亚欧大陆。包茂高速、包海通道国家级通廊，向北联系内蒙古，向南联系珠三角沿海地区。

"两带"：包括沿黄生态城镇带和沿汉江生态城镇带，是省域内自然生态与文化资源富集、城镇与乡村特色发展的区域，旨在倡导绿色发展，为下一代营造山青水秀、活力休闲的魅力空间。

"四极"：以宝鸡、渭南、榆林、汉中为四极，分别在关中、陕北、陕南地区形成带动区域发展的核心，积极接受大西安的辐射扩散作用，并形成自身发展特色，成为大西安都市圈与外围城市群的沟通节点；

"多点"：以地区次中心城市引领特色发展片区，主要包括神木、绥德、靖边、黄陵、韩城、彬州、杨凌、岐山、勉县、城固、汉阴特色发展区和片区次中心。

（1）加快城市群及区域中心城市建设

建设关中平原城市群。充分发挥关中平原城市群的辐射带动作用，实现城市群内基础设施互联互通、产业体系和产业布局优势互补，通过优化产业布局、以产促城、产城融合和城镇梯度发展，以产业大发展助推新型城镇化，进而推动人口市民化，大量吸纳异地务工人员就业。根据西安国家中心城市战略定位，围绕推动高质量发展战略导向，实施"北跨、南控、西进、东拓、中优"的空间战略，持续推进西咸一体化和富阎一体化，创新体制机制，优化空间布局，提升区域核心竞争力，集中力量将大西安都市圈打造成为“一带一路”的核心节点及门户枢纽地区、传承中华文明的世界级核心示范区、以军民融合为特色的国家创新高地、引领西部地区发展的重要增长极以及新型城镇化高质量发展的西部样板。

推进延安、榆林转型升级，做大陕南区域中心城市。延安市以生态修复、城市修补为主线，改善城市生态环境，提升人居环境品质；榆林市以产业转型为主，实现矿产资源开发到能化产业的转型，同时注重城市建设的品质。以商丹一体化、月河川道集中区、大汉中建设为契机，发展商洛、安康、汉中等区域中心城市，促进陕南地区的人口集聚，实现生态环境的大保护。

专栏1 主要市（区）中心城区发展指引

西安市发展定位：西部经济中心、对外交往中心、丝路科创中心、丝路文化高地、内陆开放高地和国家综合交通枢纽。

咸阳市发展定位：大西安发展的重要支撑，大西安西向陆路门户，以先进制造业和现代服务业为主的现代化城市，国家历史文化名城和优秀旅游城市。

宝鸡市发展定位：全国重要的新材料和先进制造业基地，关—天经济区副中心城市，区域重要的交通枢纽、商贸物流中心和文化旅游中心。

铜川市发展定位：全国资源型城市转型典范区，渭北区域性中心城市。

渭南市发展定位：丝绸之路经济带上重要的能源原材料基地和先进制造业基地、关中平原城市群重要的国际物流基地、国家现代农业示范地、国际知名的山水文化名城。

延安市发展定位：陕甘宁革命老区中心城市，革命老区脱贫攻坚先行区、城乡统筹发展示范区、生态文明建设样板区、资源型城市转型升级创新区。

榆林市发展定位：全国资源型城市转型发展先行区，陕甘宁革命老区城乡统筹示范区，西北地区生态文明建设示范区。

汉中市发展定位：中国汉文化传播示范基地、陕甘川渝重要物流中心、国内知名的旅游休闲城市。

安康市发展定位：国家主体功能区创新发展模式示范城市、国家富硒产业研发与全域旅游示范基地、秦巴山区交通枢纽与物流集散中心、关中城市群功能协作区。

商洛市发展定位：关中平原城市群的重要组成部分，陕、鄂、豫三省交界地区的重要边贸城市，大西安都市圈后花园。

杨陵区发展定位：世界知名的农业科技创新城市、我国干旱半干旱地区现代农业科技创新城市、关中平原城市群次核心城市。

西咸新区发展定位：国家向西开放的重要枢纽、创新城市发展方式试验区、科技创新示范区、历史文化传承保护示范区。

（2）推动县城分类发展

根据陕南、关中、陕北县域城镇不同的人口、地理、产业条件分布，按省域城镇体系规划，重点培育13个县（市），鼓励发展 49个县城，控制疏解15个县城（见表6），形成重点培育、鼓励发展、控制疏解的县城分类推进模式。其中，重点培育县城要按照市域副中心目标，拉大城市发展骨架，重点充实产业区和新就业人口用地，完善交通、物流及市政工程系统，突出发展定位。鼓励发展县城要以提质扩容为目标，重点对城中村、城边村、棚户区进行改造，完善产业园区和县城统筹规划，突出品质要求。控制疏解县城要推广安康紫阳的“飞地”模式，对县城原址划定禁建区，划定山体、河岸保护红线，明确制定退建增绿修复方案，疏导人口合理转移，在市域有条件的地域内划定产业园区。

表6 陕西省县城（县级市、省内计划单列市）分类名单

发展路径	数量	县城（县级市）名称
重点培育	13	宝鸡：岐山县；咸阳：兴平市、彬州市；渭南：韩城市、华阴市；延安：黄陵县、子长县；榆林：神木市、靖边县、绥德县；汉中：城固县、勉县；安康：汉阴县
鼓励发展	49	西安：蓝田县、周至县；宝鸡：扶风县、陇县、千阳县、太白县、凤翔县、眉县、凤县；咸阳：武功县、三原县、泾阳县、礼泉县、乾县、永寿县、旬邑县、长武县；铜川：宜君县；渭南：潼关县、蒲城县、澄城县、合阳县、富平县、大荔县、白水县；延安：富县、甘泉县、志丹县、吴起县、洛川县、延川县、延长县；榆林：府谷县、定边县、米脂县、清涧县、子洲县；汉中：洋县、西乡县、宁强县、镇巴县；安康：平利县、石泉县、旬阳县、岚皋县；商洛：山阳县、商南县、洛南县、丹凤县

续表

发展路径	数量	县城（县级市）名称
控制疏解	15	宝鸡：麟游县，咸阳：淳化县，延安：宜川县、黄龙县，榆林：吴堡县、佳县，汉中：略阳县、留坝县、佛坪县，安康：白河县、镇平县、宁陕县、紫阳县，商洛：镇安县、柞水县

注：户县、高陵、华县、安塞、横山、南郑撤县设区

（3）推动小城镇特色化发展

小城镇建设是新型城镇化和乡村振兴的结合点，要加大对生态旅游、传统文化等特色产业的挖掘力度，按照“少而精、小而美”的原则，打造一批产业独特、环境优美、宜居宜业的特色小城镇。

专栏 2

4 个镇级市：积极推进神木市大柳塔镇、岐山县蔡家坡镇、富平县庄里镇、安康市汉滨区恒口镇等 4 个镇级小城市综合改革试验区建设。按照“多规合一”要求，推进试验区总体规划与土地利用规划、经济社会发展规划、环境保护规划等的相互衔接。积极培育互联网 + 等新兴业态，推动产业转型升级，依托龙头企业、产业园区，推进特色产业集聚发展；积极探索小城镇“海绵城市”“综合管廊”的建设模式。力争 2025 年全部建成镇级小城市。

35 个省级重点示范镇：按照县域副中心进行培育，突出产城融合发展，加快特色产业和人口聚集，打造宜居宜业的生产生活环境。重点示范镇引导产业项目集聚，培育优势突出、竞争力较强的非农主导产业，形成县域经济发展的重要支撑点。

31 个省级文化旅游名镇：重点构建“传统形态、多元文态、宜居生态、旅游业态”，打造形态精致独特，文化独具韵味，生态充满魅力，旅游功能完善的特色小镇。进一步加大历史文化遗产保护规划的覆盖，保护和延续传统文化，突出文化旅游街区的详细规划设计。

其他综合镇：按照设施完善、美丽宜居的目标，以完善基础设施和公共服务设施为重点，满足城镇居民及周边农村居民生产和生活需求，带动周边农村

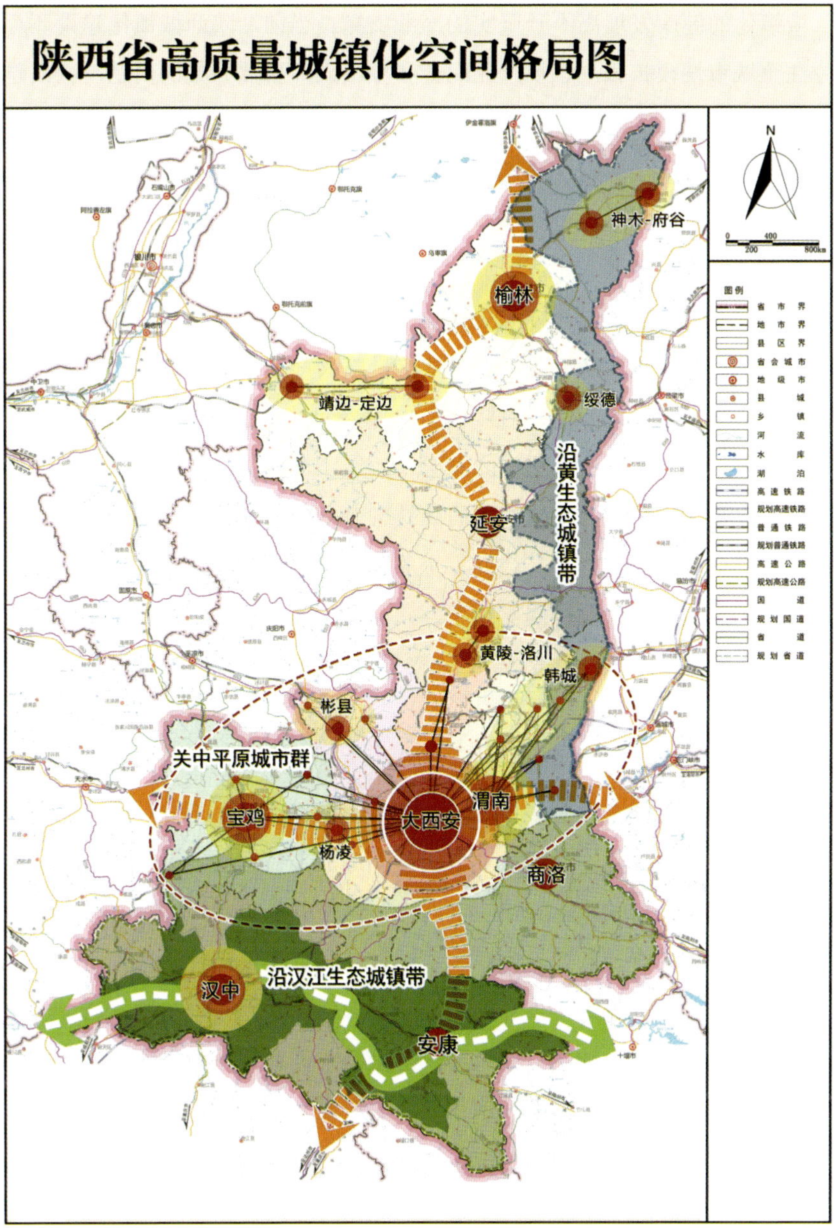

图 13　陕西省高质量城镇化空间格局图

发展，推动小城镇发展与服务“三农”相结合。

3. 以现代产业体系为支撑，增强新型城镇化的发展动力

城镇化的健康发展离不开坚实的产业支撑。当前，陕西城镇化建设还存在过分注重城市规模扩张，忽视产业配套和城市人口自然聚集的问题，城镇建设“空心化”“有城无业”等问题突出。由于陕西三大区域的经济发展、资源禀赋、产业结构、生态环境等发展基础差异较大，产业格局应根据区域发展实际而制定相应的发展策略。

关中地区科教资源丰富，经济社会发展基础相对较好，要充分整合分布在各市区的企业、高校、院所等创新资源，重点发展电子信息制造、航空航天、高端装备制造、生物医药、新材料等战略性新兴产业以及软件和信息服务、现代物流等生产性服务业，增强高技术人才的集聚能力。逐步推广西安高新区“双创”工作典型经验，通过存量空间的更新改造，在城市内部地区植入双创功能和空间，实现城市功能与新兴产业的高效融合，形成以服务经济和知识经济为主导的高端化产业结构，并在政府、企业、科研院校、科技服务机构、金融机构等科技创新相关组织的协同支持下，共同进行技术开发和科技创新，实现创新链、产业链、资金链、政策链“四链融合发展”，使关中地区逐渐由传统的制造业中心转化为知识创新中心。

陕北地区要依托丰富的煤、油、气等矿产资源，重点发展绿色化、规模化能源化工产业以及相关配套装备制造业，着力构建多元化产业结构。要全力打造陕北能源化工基地生产性服务业聚集区，形成集技术研发、物流仓储、信息咨询、金融保险、营销服务、技能培训为一体的服务平台，提高能源化工基地现代化水平。加快煤油共炼、甲醇制丁烯联产丙烯等关键性新技术研发，推进资源深度转化和循环发展，推动陕北高端能源化工基地转型持续发展。注重陕北产业园区和城镇建设的融合建设，统筹城镇与产业园区基础设施和公共服务设施规划建设，完善生活功能和创新创业服务配套，实现产业园区与城镇的功能契合、空间融合、交通衔接，推动其从单一生产型园区向生产、服务、消费“多点支撑”的综合性城区转型。

陕南地区充分发挥绿水青山、人文荟萃的比较优势和独特力量，通过与关中地区开展产业共建，大力发展郊区生态型商务总部、会展博览、后台管理、文化创意、健康养老、休闲度假等专门化服务业和生命健康、航天航空、新能源新材料等战略性新兴产业。以陕南三市的循环经济聚集区为核心，依托丰富的生物资源，重点发展绿色食品、生物制药等产业，建设西部重要的循环绿色产业基地。积极承接东中部劳动密集型产业，大力推广“社区工厂”模式，在居住社区注入产业功能，完善社区各种配套设施，吸引居住人口聚集就业。

4. 以城市治理体系与治理能力现代化为抓手，提升城市生活品质

习近平总书记指出，要转变城市发展方式，完善城市治理体系，提高城市治理能力，着力解决城市病等突出问题，不断提升城市环境质量、人民生活质量、城市竞争力，建设和谐宜居、富有活力、各具特色的现代化城市。在城镇化由速度扩张向高质量迈进的新阶段，尤其要把“生活更美好”作为城市发展的出发点和落脚点，把城市建设成为人民群众安居乐业的美好家园。

提升城市基础设施建设水平。加快发展城市交通，优化街区路网结构，推进支路、小街巷、城市道路建设改造工程，加快城市道路配套公交车站、枢纽、停车场等设施建设，推进城际铁路、城市地铁等建设，完善城市慢行交通网络。发展宜人舒适的自行车道、景观步行道等慢行交通系统。探索综合管廊的投融资、建设维护、定价收费、运营管理等模式。构建市政公用设施系统。加强城市电网改造，增强供电保障能力，推进气化陕西工程，发展热电联产，逐步淘汰燃煤锅炉，增强供热保障能力。进一步推广开展城市综合管廊试点，推动地下管网建设共建共享。加快城镇污水垃圾处理设施建设，实现污水垃圾处理城镇全覆盖。

推动城市智慧化精细化管理。“城市管理应该像绣花一样精细。”在现代城市管理中，唯有制度化、智慧化、精细化，才能有效管理好、运行好、维护好一座城市，全面提升城市的魅力与活力。一是深化科技应用，推动城市管理智能化。加强城市管理大数据平台建设，整合城市保障、城市运行、公共安全等相关平台和业务系统数据，强化交通运行、环境监测、基础设施维护等城市运行数据资源的滚动采集、实时录入、动态分析，运用大数据技术进行数据提取和管理密度的关联性分析，找出市民关注的热点难点问题，为城市管理提供数据支持。二是强化科学管理，推动城市管理专业化。坚持以专业化为基础，加强市容景观专业设计和城市园林绿化专业化建设，做好城市家具、户外广告、牌匾标识设计，统筹设施布局。引入市场化专业化力量，完善再生资源回收利用体系，加快生活垃圾处理设施建设，探索实施分类垃圾价差调控、区域垃圾

减量激励、异地处理环境补偿等政策。三是深化和拓展“雪亮工程”，健全网格化城市管理体系。明确网格化城市管理各相关部门职责清单，按照“统一标准、统一流程、统一平台、统一数据、统一管理”原则，统筹规划，集约建设市、区、街道（乡镇）三级网格化城市管理云平台。完善网格化管理发现问题处置机制，针对突出和易发问题，建立健全相关管理部门和执法部门配合的高效处置机制。

补齐城市医疗教育公共服务短板。优化高中阶段教育结构布局，扎实推进薄弱普通高中改造提升工作，力争2025年全面普及高中阶段教育。积极推进义务教育均衡优质标准化发展，切实解决部分县（市、区）义务教育学校间综合差异系数不达标的问题，以及大班额、农村义务教育学校信息化建设较为滞后等问题。鼓励各地采取一校多区、集团化学校、学区化管理等办法，加快推进优质教育资源共享。加强城镇新建住宅区教育设施配套建设，教育配套设施应与项目同步设计、同步建设、同步竣工验收，验收后无偿移交当地县级政府，县级政府应及时接受并将其办成公办学校。优化医疗服务体系。建立覆盖城乡的三级医院2.5小时服务圈、二级医院1.5小时服务圈和基层卫生服务机构0.5小时服务圈。推动西安的医疗服务资源向周边市县外溢。推动城市医院服务向社区拓展，完善城市基层医疗卫生服务体系。推动全省卫生检验结果互认互通、双向转诊、通用病历、临床用血应急调配机制等方面的一体化合作。探索“医养结合”的康复养老服务新模式，推进健康养老事业发展。

5. 以城乡融合发展为指向，全力推进乡村振兴

城乡融合发展是将城市和乡村放在平等的地位，全面推动城乡经济、社会、文化、生态、治理各领域的制度并轨、体制统一，加快城乡要素市场一体化，让公共资源在城乡之间均衡配置，生产要素在城乡之间双向流动，生产力在城乡之间合理布局，治理资源在城乡之间科学调配，充分发挥城乡各自的功能，形成工农互促、城乡互补、全面融合、共同繁荣的新型工农城乡关系。随着陕西经济社会发展进入新阶段，城乡关系发展也站在了新的起点，正在进入城乡融合发展的加速期。新时期促进城乡融合发展，要更加注重城乡联动改革、促进城乡要素流动互通，着眼“十四五”发展目标，在城镇化大格局下加快重塑城乡关系。

以培育新主体、新业态为引领推动城乡产业融合。充分发挥乡村各类物质

与非物质资源富集的独特优势，利用“旅游＋”“生态＋”等模式，推进多产业深度融合。促进新型农业经营主体、加工流通企业与电商企业全面对接融合，支持农产品电商平台和乡村电商服务站点建设，在全省县城中设立农村电子商务服务中心，做强做优苹果、猕猴桃、陕茶等优质农产品品牌。引导加工企业向优势产区、产业园区集中，在优势农产品产地打造食品加工产业集群。鼓励城乡联合，以市场化、经营性为重点加快发展农业生产性服务业，构建全程覆盖、广域集成、配套完善的服务网络，带动农业产业链价值链升级。鼓励依托工商资本和新型经营（服务）主体，大力发展特色现代农业，打造以绿色食品、农特产品加工等为重点的涉农企业集群，带动农业农村延伸产业链、完善供应链、提升价值链，促进农民增收。鼓励区域城乡间、不同经营主体间合作，加快构建城乡有效衔接、线上线下有机结合的农特产品销售网络。依托“互联网＋”和“双创”推动农业生产经营模式转变，深入挖掘顺应城乡居民消费需求的休闲体验、餐饮民宿、文化创意、乡村研学、健康养生、养老服务等产业，推进乡村旅游可持续发展。加强乡村旅游基础设施建设，改善卫生、交通、信息、邮政等公共服务设施。完善农村电子商务支持政策，积极发展农产品个性化定制服务、会展农业和农业众筹等新模式，制定便利市场准入、加强事中事后监管政策，制定相关标准，引导乡村新产业改善服务环境、提升品质。创建一批城乡融合典型项目，形成示范带动效应，推动农村一、二、三产业融合发展。

以生态环境保护及修复为重点，加快农村人居环境改善。加强农村生态环境保护。统筹推进山水林田湖草一体化治理，推动农业农村绿色发展。严格乡村河湖水域岸线等水生态空间管理，推动河湖长制向农村延伸。建立用地土壤污染风险管控和修复名录，严格污染地块准入管理。加强重金属和地下水污染防治，持续打击固体废物非法转移和倾倒行为。强化农业农村生态环境监管执法，鼓励公众监督。借鉴推广山阳县实行县、镇（街道）、村（社区）三级网格化监管的做法，实现环境监管区域全覆盖。持续推进农村人居环境整治，加快建设美丽宜居乡村。以改善农村人居环境为首要任务，以建设清洁乡村、生态乡村、美丽宜居乡村为目标，全面开展农村垃圾处理、污水处理、卫生厕所改造等“十大工程”，改善和提升农村生产生活条件。以黄河、渭河、汉江、丹江干支流沿线县（区）为重点，选择人口密集、生态环境敏感的乡镇和部分环境问题突出的行政村（社区），实施农村环境综合整治示范建设。

以县城和美丽乡村建设为抓手，推动城乡基础设施一体规划建设。坚持县域一盘棋，推动各类规划在村域层面“多规合一”，按照乡村产业发展、基础设施建设、村庄治理、村集体组织建设、生态保护等实际，因村制宜、一村一策，编制村庄发展规划。按照产业优势明显、人口聚集度高、交通便利的要求，以县城为龙头、特色小镇为纽带、强村大村为基础，编制城乡一体化发展规划，加快推进以人为核心的新型城镇化。按照节约集约用地原则，提出村庄居民点宅基地控制规模，严格落实“一户一宅”法律规定。完善小城镇联结城乡的功能，探索创新美丽乡村特色化差异化发展模式，推进农村人居环境整治和生态环境保护，建设宜居适度的美丽乡村。合理考虑居民生产生活半径，优化布局小城镇和村庄居民点，着力构建以小城镇为中心、惠及周边村镇的便捷生活圈、完善服务圈、繁荣商业圈，提升小城镇对乡村辐射带动力。综合考虑村庄演变规律、集聚特点和现状分布，科学划定集聚提升类、城郊整合类、特色保护类、搬迁撤并类村庄，合理规划县域村庄布局。鉴于陕西省关中、陕北、陕南农村居民点聚集规模和空间分布特征在不同区域内差异大，规划应因地制宜地。关中地区要引导农村居民点跨行政村向交通便捷临近城镇的乡镇和新型农村社区集中，鼓励多村联合发展，行政村内引导分散的自然村向集中居住点集聚；陕北地区要引导行政村内分散的自然村向临近的乡镇、行政村或集中居住点聚集；陕南地区要积极引导生态条件恶劣、空间过于分散的农村居民进行搬迁，或引导农村居民跨行政村集中居住。

6. 以人与自然和谐共生为前提，推进城镇化绿色发展

绿色城镇化是以生态低冲击、资源低消耗、环境低影响为核心原则，实现城乡空间的绿色化营造、绿色化运行和绿色化管理，促进城镇化与自然生态资源环境间的全面可持续发展。人与自然和谐相处的良好生态格局，无疑将成为城镇建设“质”的提升中的关键因素。

加快生态城市建设。将生态文明理念融入城市发展全过程，构建绿色生产方式、生活方式和消费方式。以保护城市自然山水、河流湿地、生态廊道、文化历史风貌等为基础，合理规划布局城市公共绿地，扩展城市生态空间，严格管控城市绿线，划定城市蓝线，坚守城市生态红线。加快城市公园、广场、道路、

园林式单位、园林式居住区建设，推广实施“拆墙透绿、还绿于民”工程，建设开放街区，打造花园式城市。完善绿地防灾避险、蓄洪排涝、吸尘降噪等综合功能。全面推进城市地下综合管廊和海绵城市建设，发挥好宝鸡市、铜川市、西咸新区等海绵城市试点作用。推进生态廊道建设，打造彰显城市特色的生态网络，改善城市人居环境。

狠抓城市环境治理。持续深入推进“铁腕治霾”联防联控行动，切实减少空气污染，力争在2025年关中地区雾霾频发的状况得到根本性改观。集中力量打好消除城市黑臭水体歼灭战，抓好长治久清持久战。推动城市建成区污水管网全覆盖、全收集、全处理以及老旧污水管网改造和破损修复。全面开展生活垃圾分类，确保到2025年全省地级及以上城市、杨凌示范区、韩城市基本建成生活垃圾分类处理系统，加快垃圾处理场等硬件设施的扩容升级改造，缓解“垃圾围城”的窘境。加强对占道经营、野广告、建筑外立面、车辆无序停放等突出问题的整治，不断提升市容市貌。

构建绿色生产体系。按照“经济效益和环境效益相统一”原则，全面推动工业、服务业、农业等领域的清洁生产，减少污染物排放，降低环境承载压力。积极培育壮大能耗少、效益高的绿色产业，坚决淘汰落后产能，实现产业结构“调高、调轻、调优”。积极推进产业园区循环化改造，实现土地集约节约利用、废物交换利用、能量梯级利用、废水循环利用和污染物集中处理。加快铜川资源型城市转型升级，重点推进董家河循环经济产业示范园、咸阳市陕西再生资源产业园的循环经济示范试点建设，加快循环经济产业集群的形成。推动各类开发区和工业园区向高效低碳的生态示范区转型。全面推进产业链绿色清洁生产，研究制定生态设计指引，积极引导制造企业推进原材料、能源、水资源等循环利用。

大力发展绿色交通。坚持以提高能效、降低排放、保护生态为核心，大力发展以“三低三高”（低消耗、低排放、低污染，高效能、高效率、高效益）为特征的绿色交通。改善城市交通结构，从合理分配城市空间资源入手，改变私人小汽车和高架桥领先发展的模式，将城市交通优先安排的层次进行倒置，城市综合交通规划按照步行、自行车、公共运输工具、共乘车、私人轿车的优先顺序进行发展，充分发挥城市规划分配交通资源的作用，构筑节能、方便、高效的绿色交通体系。积极推广绿色交通工具，如双能源汽车、天然气汽车、电动汽车以及无轨电车、有轨电车、轻轨、地铁等。

7. 以文化保护和发掘为灵魂，加强塑造城镇特色风貌

城市风貌特色是人们认识一座城市的开始。塑造陕西城镇特色风貌，必须充分用好陕西省历史悠久、文化内涵丰富的优势，把地域文化内涵和自然资源禀赋融合起来，注重文化传承，彰显地域特色，把城市建设成为历史底蕴厚重、时代特色鲜明的人文魅力空间，全面展示陕西历史与现代交相辉映、传统与时尚完美融合的形象。

以文化内涵塑造城市特色风貌。一是要准确把握全省不同城市在区位条件、功能定位、产业基础、自然风貌等方面的不同，在尊重自然环境、民族特点的基础上，从城市总体层面开展城市特色风貌定位，科学谋划城市“成长坐标”。二是要建立城市特色风貌清单，充分体现陕西坚定的文化自信和恢宏的历史气派。关中要在推动“大西安”发展的同时，加强沿渭城镇风貌控制，塑造渭河百里生态景观长廊；陕北要突出红色文化和大漠文化等，建好革命圣地和“塞上绿洲”；陕南要突出山水文化，建设千里绿色走廊和千里绿色江河。三是加强城市设计，把“历史感”与“现代感”有机结合起来。城市设计是对城市形态和空间环境的整体构思和合理安排，对落实城市规划、指导建筑设计、塑造城市风貌等意义重大。城市设计不足，是导致一些城市建设出现“千城一面”“万楼一貌”的重要原因。加强城市设计，提高城市设计水平，就要将城市风貌特色融入城市宏观、中观、微观规划，从城市的空间立体性、平面协调性、风貌整体性、文化延续性等方面，谋划城市建筑布局，协调城市景观风貌，体现城市地域特征、历史文化和时代风貌。做好城市设计，必须以系统化思维为基础，一方面要注重传承历史文化，延续好城市文脉；另一方面，要跳出城墙思维，勇于彰显时代特色。

建设和复兴历史文化空间。集中修复一批具有重要文化价值的历史建筑与人文景观，加大历史文化街区、村镇和传统村落保护力度，支持宝鸡等符合条件的城市申请国家级历史文化名城、名镇，整体性保护古城古镇的空间肌理和历史文脉。深入挖掘餐饮、旅游、文化、休闲娱乐等特色产业，打造一批个性鲜明、富有人文底蕴、具有活力魅力的精品历史文化街区。实施城市文化复兴计划，推动文化博览工程和历史文化展示工程，彰显和弘扬城市文明成果，培

育市民对城市的认同感。全面开展历史建筑普查，摸清历史建筑类型、数量、分布、质量状况和保护状况等信息，分批次依法建立历史建筑保护名录并对社会公布。对于保护价值较高的历史建筑，设立标牌解说建筑历史，让城市底蕴变得可阅读，丰富城市内涵。

加快文旅结合创新发展。充分发挥名城古镇、历史街区的文化价值和旅游价值，加强提升文化形象和旅游品位，深入开发红色革命游、历史人文游、自然生态游、乡村民俗游等特色复合型旅游产品和精品旅游线路，构建特色鲜明、富有创意、聚合力强、带动力大的县域文化旅游融合发展载体。构建“两核十区”的文旅融合发展大格局，依托西安国际文化影响力、丰富的旅游和文化资源，围绕历史文化、红色文化、民俗文化、现代文化、秦岭文化等五大领域与旅游深度融合，构建以西安为中心的文化旅游融合发展核心区；依托延安革命圣地形象，打造革命圣地延安旅游品牌，把延安建成“国际红都”和中国革命博物馆城；宝鸡重点围绕“周礼文化”与旅游融合发展；咸阳重点围绕“大秦文化”与旅游融合发展；铜川重点围绕“药王文化”与旅游融合发展；渭南重点围绕“民俗文化”与旅游融合发展；榆林重点围绕“大漠风情文化”与旅游融合发展；汉中重点围绕“两汉三国文化”与旅游融合发展；安康重点围绕“秦巴汉水文化”与旅游融合发展；商洛重点围绕“商鞅文化”与旅游融合发展；韩城重点围绕“史记文化”与旅游融合发展；杨凌重点围绕“农耕文化”与旅游融合发展。

| 参考文献 |

[1] 国家发改委 . 国家新型城镇化发展报告（2018）[M]. 北京：中国计划出版社，2018.

[2] 杨宝军，罗彦，邱凯付 . 引领高质量发展——广东省新型城镇化发展道路、形态和机制 [M]. 中国建筑工业出版社，2019.

[3] 方创琳. 中国新型城镇化高质量发展的规律性与重点方向[J]. 地理研究，2019（01）：13—22.

[4] 王志锋，张维凡，朱中华 . 中国城镇化 70 年：基于地方政府治理视角的回顾和展望 [J]. 经济问题，2019（07）.

[5] 贾若祥 . 中国城镇化发展 40 年：从高速度到高质量 [J]. 中国发展观察，2018（24）.

[6] 朱金鹤，张瑶．中国新型城镇化质量与绿色经济效率协调发展分析 [J]. 江苏农业科学，2019.

[7] 周子勋．高质量推进人的城镇化健康发展 [N]. 中国经济时报．2019-04-19（005）.

[8] 王克修．城镇化高质量发展要实现新旧动能转换 [N]. 经济日报．2018-08-08（013）.

[9] 刘宝奎．城镇化高质量发展待破题 [N] 经济日报．2018-04-04（013）.

[10] 姚士谋，张平宇，余成等．中国新型城镇化理论与实践问题 [J]. 地理科学，2014，34（6）：641—647.

[11] 丁慧媛．沿海地区新型城镇化综合发展水平测度 [J]. 统计与决策，2019（22）.

[12] 李俊楠．以人为本的高质量城镇化建设研究 [J]，合作经济与科技，2019（02）.

[13] 王晓玲．高质量城镇化：外部推动、内在需求与现实路径 [J]. 城市，2019（09）.

[14] 余江，叶林．中国新型城镇化发展水平的综合评价：构建、测度与比较 [J]. 武汉大学学报（哲学社会科学版）. 2018（02）.

02

区域协调发展

Coordinated Regional Development

02

区域协调发展

Coordinated Regional Development

篇首语

2018年11月，中共中央、国务院出台了《关于建立更加有效的区域协调发展新机制的意见》，提出立足发挥各地区比较优势和缩小区域发展差距，围绕努力实现基本公共服务均等化、基础设施通达程度比较均衡、人民基本生活保障水平大体相当的目标，加快形成统筹有力、竞争有序、绿色协调、共享共赢的区域协调发展新机制，促进区域协调发展。推动区域协调发展已成为全面建成小康社会的内在要求和践行新发展理念、建设现代化经济体系的重要举措。

关中、陕北、陕南三大区域地理环境、资源禀赋差距很大，导致三大区域经济发展并不平衡。近年来，关中地区基础设施互联互通取得新进展，产业结构和布局不断优化，协同创新发展迈出新步伐；陕北不断推进高端能源化工基地建设，加快资源型城市创新转型，转型持续发展稳步推进；陕南经济增速连续10年高于全省平均水平，综合实力进一步增强，绿色循环发展步伐加快。但同时我们也要清醒地看到，我省跨区域的实质性合作有待加强，区域协调发展依然任重道远。陕西省委十三届六次全会明确提出，要牢固树立“一盘棋”思想，推动形成优势互补、高质量发展的区域经济布局。

本篇具体包含三个专题，分别是陕西省沿黄生态城镇带高质量发展研究、陕西省沿汉江生态城镇带发展研究、基于人口流动大数据的陕西省城镇体系结构分析及优化研究。选取陕西沿黄城镇带和沿汉江城镇带为研究对象，通过对区域经济社会、生态环境、资源禀赋等的系统分析，探索形成符合区域发展实际的协同发展模式。同时，基于对信令数据的分析研究，从人口流动的视角，重新分析了陕西城镇体系结构，为陕西优化城镇空间布局和城镇体系提供科学依据。

陕西省沿黄生态城镇带高质量发展研究

○王树声　范晓鹏[(1)]

内容提要：近年来，陕西省沿黄地区社会经济水平不断提高，但由于缺乏系统治理，黄河沿岸地区水土流失严重、生态环境不断恶化、城镇发展缓慢及历史人文景观保护不足等问题突出。城镇化是经济增长和区域协调发展的主要载体，也是人类文明改造自然、享受发展成果的最集中体现。基于此认知，本研究在系统分析沿黄城镇带发展优势、瓶颈制约的基础上，认为推动陕西黄河流域生态保护和高质量发展，关键是要发挥好新型城镇化的引领带动作用，以沿黄生态城镇带建设为核心抓手，加快绿色发展、集约发展、协调发展步伐，不断夯实陕西黄河流域生态保护和高质量发展的生态、文化和经济基础。为此，本研究从优化城镇空间布局、加强基础设施建设、强化生态治理、注重文化保护传承、强化区域合作等角度提出推动陕西沿黄生态城镇带高质量发展的建设路径。

一、陕西省沿黄生态城镇带建设的背景与意义

黄河穿越晋陕大峡谷，自北向南流经陕西渭南、延安、榆林三市，涉及府谷、神木、佳县、吴堡、绥德、清涧、延川、延长、宜川、韩城、合阳、大荔、潼关等 13 个县（市）、121 个乡镇，总面积 2.98 万平方公里[(2)]。从区位上看，陕西省沿黄地区位于黄河流域中游，东邻山西省和河南省、北接内蒙古自治区，属陕西省、山西省交界之处，南北长约为 550 公里，东西最宽处约为 150 公里，

---

(1) 作者：王树声，西安建筑科技大学副校长、教授、博士研究生导师，陕西省新型城镇化和人居环境研究院常务副院长；范晓鹏，陕西省新型城镇化和人居环境研究院副院长、陕西省决策咨询委员会委员。

(2) 陕西沿黄城镇带面积以及所涉乡镇依据《陕西省沿黄生态城镇带规划（2015—2030）》。

紧邻关中平原城市群、呼包鄂榆城市群和晋陕豫黄河金三角区，是科技产业和能源产业之间重要的联络带，地理位置优越。长期以来，这一地带面临着生态环境脆弱、水资源短缺、贫困人口集中、区域发展不平衡等现实问题，是陕西黄河流域生态治理的主战场，也是脱贫攻坚的重点区。

为推动陕西沿黄地区城镇化建设、带动沿黄地区经济发展，2017 年 3 月陕西省人民政府通过了《陕西省沿黄生态城镇带规划（2015—2030）》，提出要以三大分区为基础，以县城、特色小城镇、产业园区和景区为支撑，以美丽乡村为延伸，打造集生态文明、城镇化特色、文化旅游、区域合作为一体的示范区，总体定位是：黄河中游生态文明示范区、黄河文化旅游特色发展区、新型城镇化特色试验区、秦晋区域合作示范区。

《规划》实施以来，陕西沿黄城镇带建设进入快车道。特别是 2017 年 8 月，全长 828.5 公里的陕西沿黄公路正式通车，沿线经过榆林市、延安市、渭南市等地 12 区县（含 8 个国家扶贫开发工作重点县）72 个乡镇 1220 个村，直接受益人口 200 多万人，对沿黄地区旅游开发、生态环境保护、贫困地区脱贫致富起到了积极促进作用。

2019 年 9 月 18 日，习近平总书记在黄河流域生态保护和高质量发展座谈会上的发表重要讲话，指出黄河流域生态保护和高质量发展是重大国家战略，要共同抓好大保护，协同推进大治理，让黄河成为造福人民的幸福河。陕西处于黄河中游，地理位置重要，生态功能突出，抓好黄河流域生态保护和高质量发展是我们义不容辞的重大责任和历史使命。站在新的起点和更高要求看，沿黄生态城镇带高水平建设，对于陕西贯彻黄河流域生态保护和高质量发展这一国家重大战略、加快追赶超越步伐具有重要意义。

1. 推动沿黄城镇带高质量发展是破解生态环境困境的根本之策。陕西沿黄地区地形地貌复杂，黄土堆积深厚，梁峁交错，沟壑纵横，坡面土壤和沟道侵蚀严重，水土流失敏感程度高，属于较强度水蚀和剧烈水蚀交错区域。尽管近十年来，通过实施退耕还林还草、小流域综合治理等生态工程，沿黄地区整体生态环境有所改善，但以能源开发利用为主导的产业结构和低水平粗放型的城镇化发展模式尚未根本转变，采空区塌陷、地下水渗漏、水域面积萎缩、河流季节性断流等问题突出，沿黄地区县城、乡镇、农村生产生活污水乱排乱倒现象屡禁不止，城镇化水平与生态环境质量呈现“高速度城镇化、低质量生态环境”的负相关关系。推动沿黄生态城镇带高水平建设，统筹推进产业升级、城镇建设和生态治理，有利于通过优化改进生产生活方式，减少对生态环境的干扰和影响，提高资源和能源绿色开发、集约利用效率和水平，改善流域整体生态环境质量。

2. 推动沿黄城镇带高质量发展是加快脱贫攻坚、实现全面小康的有力抓手。陕西沿黄地区大多处于吕梁山区国家集中连片特困区和黄河沿岸土石山区省级连片特困区，其中绥德、吴堡、宜川、延川、合阳五县刚退出国家贫困县还需巩固脱贫成果，佳县、清涧尚在国家级贫困县之列，脱贫攻坚任务艰巨。从

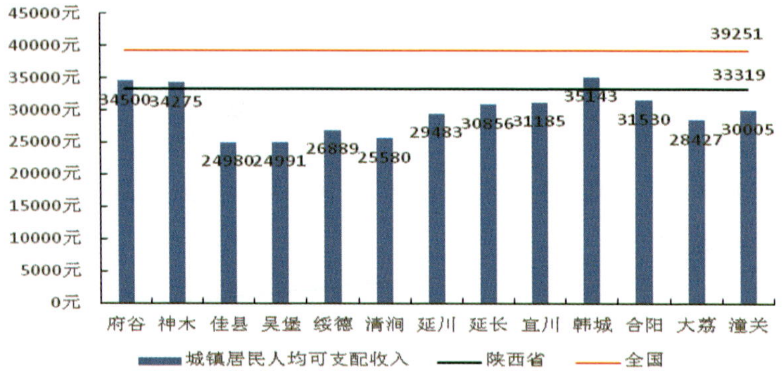

图1　2018年陕西沿黄县（市）城镇人均可支配收入

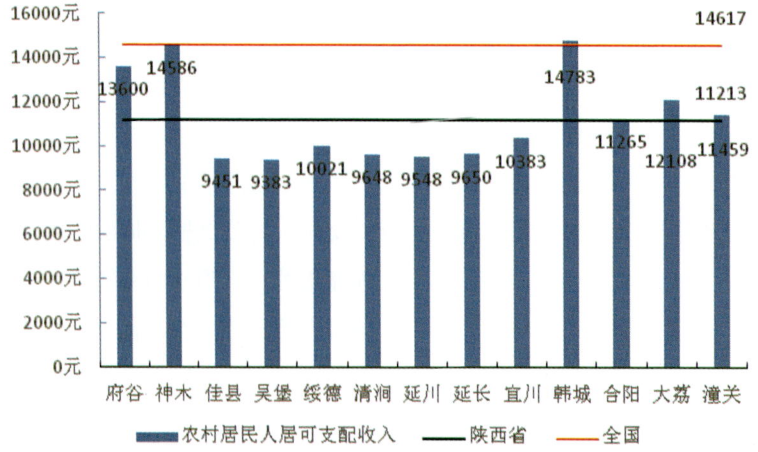

图2　2018年陕西沿黄县（市）农村居民人均可支配收入

2018年城镇人均可支配收入情况看，13个县(市)均低于全国平均水平(39251元)，除韩城（35143）、府谷（34500元）、神木（34275）三市（县）外，其他10个县均低于全省平均水平(33319元)；从农村居民人均可支配收入看，除韩城(14783元)外，其他12县均低于全国平均水平(14617元)，7个县低于全省平均水平(11213元)。要改善贫困地区城乡面貌，必须坚定不移走城镇化与脱贫攻坚相融合的发展道路，扎实开展避灾扶贫生态移民工程，加快发展特色城镇产业，通过产业的发展和聚集经济的正面效应，不断做大城镇经济总量，源源不断创造出新的就业机会，使更多农村贫困人口能在城镇安居乐业。

表1　2018年陕西沿黄县（市）主要经济社会发展指标

县（市）	常住人口（万人）	GDP（亿元）	人均GDP（元）	地方一般预算收入（亿元）	城镇人均可支配收入（元）	农村人居可支配收入（元）	常住人口城镇化率（%）
府谷	27.15	539.58	198740	32.40	34500	13600	66.80
神木	48.50	1298.03	267635	87.55	34275	14586	70.29
佳县	15.55	54.92	35318	1.14	24980	9451	40.45
吴堡	6.46	23.40	36223	0.46	24991	9383	44.92
绥德	28.75	93.97	32685	1.34	26889	10021	40.65
清涧	12.47	60.21	48284	1.83	25580	9648	-
延川	17.15	114.36	66682	6.11	29483	9548	71.20
延长	12.85	54.08	42086	2.63	30856	9650	50.73
宜川	12.23	36.26	29648	1.98	31185	10383	45.58
韩城	39.94	369.00	92389	40.38	35143	14783	70.51
合阳	44.32	97.18	21927	2.44	31530	11265	45.35
大荔	69.63	150.58	21626	1.91	28427	12108	43.50
潼关	15.42	40.35	26167	1.56	30005	11459	46.54

数据来源：《陕西省统计年鉴（2018）》及各相关县（市）国民经济和社会发展统计公报

3. 沿黄城镇带高质量发展是推动区域经济协调发展的牵引纽带。陕西沿黄地区经济发展不协调性极为突出，北部的神木、府谷和南部韩城，是能源化工大市（县），均位列全国百强县，中间地带的其他10个县产业发展单一，经济建设滞后，人均GDP低于全省平均水平，区域经济呈现出“两头强、中间弱”的鲜明特点。2018年，陕西沿黄地区经济总量达2931.92亿元，占全省的

11.99%，但除去神木、府谷、韩城三个县市后，其余 10 县经济总量仅为 725.31 亿元，占全省比重不足 3%；财政收入更是捉襟见肘，其他 10 县总和分别只相当于的神木、韩城、府谷的 24%、53%、66%，陕西沿黄中部地区成为发展的“低洼地带”。由于整体上城镇密度不高，城乡基础设施底子薄弱，居民居住分散，县城与建制镇规模不大，城镇之间经济联系较弱，沿黄地区城镇化总体水平不高，生产生活条件亟待改善。大多数县常住人口城镇化率不到 50%，个别县刚过 40%，除韩城、神木、府谷等中心城市规模较大外，其余县城人口规模多数在 10 万人以下，建制镇人口小于 5 万人的比例近九成。加快沿黄生态城镇带建设，将串联起以韩城为副中心的关中东部城镇群，和以榆林、神木、府谷为极点的陕北城镇群，形成连通南北的经济大走廊和产业大走廊，加快区域间要素流动和产业优化整合，带动区域整体发展。

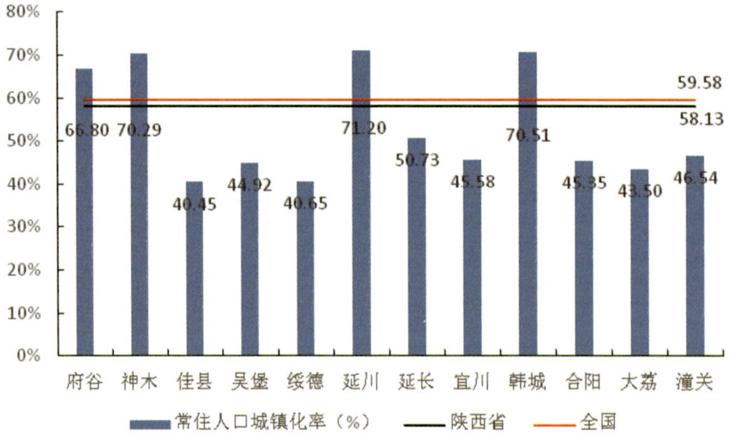

图 3　2018 年陕西沿黄县（市）常住人口城镇化率

4. 沿黄城镇带高质量发展是黄河文化保护传承的重要支撑。黄河流域是中华文明的重要发祥地，是民族文化自信的历史根脉与重要源泉。陕西沿黄地区历史积淀深厚，农耕文明和游牧文明在此交汇交融，多个少数民族在这里融合发展，创造了异彩纷呈的游牧文化、农耕文化、红色文化、黄土文化、宗教文化、特色民俗文化，区域内文化古迹众多、地理景观独特，资源单体多达 163 个，其中地文景观 30 个、水域风光 13 个、遗迹遗址 24 个、建筑设施 56 个、人文活动 40 个。除了司马迁祠、党家村、韩城古城、吴堡古城、丰图义仓等人文历史景观，还有毛主席东渡纪念碑、《沁园春·雪》诞生地清涧县高家洼塬、刘家山毛主席旧居等一系列的红色旅游资源，以及宜川壶口瀑布、延川乾坤湾、佳县白云山等一批风景名胜，既有雄奇壮丽的欣赏价值，同时也兼具着中华文明的精神符号。以历史文化名城名镇名村为串珠，将山水人文格局融入城镇建设风貌，高水平推进沿黄城镇带建设，将有利于深入挖掘沿黄文化遗产的时代价值，构建大保护大研究大传承的文化保护格局，促进黄河文化的创造性转化、创新性发展。

二、制约陕西省沿黄生态城镇带高质量发展的关键因素

1. 水资源短缺等环境约束日益趋紧。尽管近年来沿黄地区生态保护取得了显著成效，但独特的地理地貌、大规模的项目建设以及长期的历史欠账，使得当地生态环境依然相对脆弱。特别是水资源短缺问题尤为严重，沿黄地区人均水资源可利用量 500 立方米左右，远低于国际公认的人均 1000 立方米的最低需水线，属于严重贫水地区。由于各地取水各自为政，特别是高耗水的能源化工产业加剧了水资源的过度利用，陕北能源化工基地的水资源承载力接近极限。据测算，在考虑强化节水的情况下，2030 年黄河全流域缺水量将达到 138 亿立方米，2050 年水平即使考虑南水北调西线一期工程、引汉济渭调水量，黄河仍将缺水 120 亿—140 亿立方米，水资源对沿黄地区的制约将持续加重。

2. 自然资源和历史文化资源优势转化不够。陕西沿黄地区是矿产能源资源、特色农业资源、山水人文旅游资源的富集区，但资源开发利用的深度不够，经济发展的质量不高，远未形成完整的产业链条。其中南北两端市县过度倚重能源化工产业，在新能源、文化旅游、现代服务业等方面发力不够，破解“资源诅咒”任重道远；中部地区资本、人才、技术研发等方面力量薄弱，旅游、农业等主导产业支撑能力不强，红枣、苹果、土豆、小杂粮等优质特色农产品市场化开发不够。旅游业和文化产业整体处于起步阶段，壶口瀑布、司马迁祠、洽川湿地、吴堡古城等传统核心景区虽具规模，但景区奚落离散不成谱系，旅游点线面共振效应尚未形成；文化产业发展滞后，黄河文化挖潜不够、展示不足，影视广播、文艺演出发展迟滞，文化创意、动漫游戏几近空白。从三产比重来看，沿线地区第三产业仍以传统商贸产业为主，尽管部分县区如绥德、宜川、大荔、

潼关第三产业比重高达 53.99%、51.7%、54.4%、52.2%，但从其发展水平来看仍然是低水平的结构偏高。产业发展的不充分，导致城镇化的内生动力不够，这也是陕西沿黄地区城镇化率较低的主要原因。

3. 基础设施和公共服务保障能力仍显不足。近年来，随着城乡一体化步伐加快，陕西沿黄地区基础设施建设有了长足进步，特别是 2017 年全长 828.5 公里的沿黄公路通车，使陕西沿黄地区南北贯通，有力带动了沿线发展。但整体来看，沿黄地区基础设施和公共服务保障能力仍是短板，即便是相对富裕的神府区段，沿河一带由于交通不便，经济发展滞后，基础教育、医疗卫生、现代通信等基础设施和公共服务配置仍显著落后于当地平均水平。交通基础设施仍是制约发展的关键因素和突出短板。沿黄公路全程等级以三级为主，占比达 65.8%，二级和一级公路比重分别为 28.8% 和 4.0%，特别是延安、榆林段沿黄公路均开山而建，高坡陡、弯道较多、落石频发，存在安全隐患，部分路段两侧山体还没有完成山体加固，减速带和转弯凸面广角镜等配套设施不健全，沿线行车安全还没有效保证；沿线公共服务中心缺乏，停车加油、汽车修理、超市餐饮等功能尚不完善，部分路段网络通信也难保证，不能满足当地群众的生产生活需求和游客的旅游观光体验；辐射路网体系不完善，沿黄公路与周边连接线建设滞后，高速公路、高铁都存在“断线”现象，除刚开工的西延段高铁外，包西高铁、富平至永济的高速公路等仍处于规划阶段。

4. 区域一体化协同发展机制有待健全。陕西沿黄地区位于陕西、山西两省交界，位置偏远，交通不便，各城镇发展相对孤立，城镇之间的不协同现象尤为突出，严重影响和制约了城镇带的快速、健康发展。虽然 2017 年 8 月陕西出台了《沿黄生态城镇带规划（2015—2030 年）》，从省级层面对沿黄生态城镇带发展做出顶层设计，但缺乏更加详尽的专业子规划的支撑，各市县发展规划各唱各调、起点不高，与中央、省级区域发展规划衔接、融合不够，产业定位不明确，进度安排不统一。各市县在沿黄生态城镇带中的产业定位不明晰，发展战略不明确，在同一资源禀赋上，存在产业发展恶性竞争、景区设计雷同等风险。虽然个别县市已经开始着手制定沿黄城镇带产业规划，旅游项目已经开始建设，但普遍存在视野不宽、站位不高、创意不足、品牌不靓等问题。如绥德县、吴堡县在同时建造奇石馆，延长县、吴堡县等 6 个县同时策划黄河漂流旅游项目，延长县、绥德县、吴堡县同时在沿黄公路开发红枣采摘项目，红枣产业发展整体滞后。特别是跨省域合作项目推进不够，陕西和山西省在资源、产业方面共生性强，但由于缺乏有效的合作和协同开发的治理机制，导致两岸资源开发整体性差，未能将资源价值最大化。秦晋两省共建黄河公园步履难调，各自分建黄河二碛、黄河瀑布、乾坤湾景区，独自发展大枣、苹果产业，“大景观”“ 大产业”联合开发优势远未形成。

三、陕西省沿黄生态城镇带高质量发展的思路与建议

沿黄生态城镇带的高质量发展，重点要做到“三个必须”，处理好三对关系，即：必须坚守生态底线，处理好开发建设与生态安全的关系，这是沿黄地区一切发展的基础和根本；必须坚持高效集约，处理好发展规模与资源环境承载关系，这是沿黄地区实现可持续发展的根本出路；必须突出文化优势，处理好文化传承与创新发展关系，这是沿黄地区最具优势、取之不竭的宝贵资源。基于此，我们认为，推动陕西沿黄地区生态保护和高质量发展，必须贯彻习近平总书记黄河流域保护和高质量发展座谈会重要讲话精神，牢固树立绿水青山就是金山银山发展理念，坚持生态优先、绿色发展，把大保护、大治理放在首要位置，充分发挥自然资源、历史文化优势，突出抓好区域协同这个关键环节，以新型城镇化为突破和承载，优化发展空间，大力推动人口、产业、公共服务向城镇集聚，着力打造集生态带、景观带、文化带、产业带、旅游带于一体，特色鲜明、充满活力的沿黄地区生态城镇示范带，为黄河流域生态保护和高质量发展破题探路、提供借鉴。

1. 加强省级层面统筹，进一步优化沿黄城镇空间布局。要尊重沿黄城镇在自然资源、生态环境、历史文化和社会经济发展等方面的差异，通过构建生态安全格局，打造宜居宜业宜游的人居环境，分区规划、分类指导不同区域发展。一是强化规划引领。建议根据黄河流域生态保护和高质量发展这一重大国家战略，尽快修订完善《沿黄生态城镇带规划（2015—2030 年）》，坚持上下游、干支流、左右岸统筹谋划，进一步细化实化目标定位和推进举措，抓紧制定生态保护、水土保持、产业发展、交通路网等子规划，加强对各市县衔接规划的指导，避免各说各话、各自为战。二是在城镇建设布局中，突出“抓两头、带中

间”，完善“点—轴”发展格局，南北两端应加快培育榆林—神木—府谷城镇群和关中东部城镇群，打造呼包鄂榆城市群、关中平原城市群的重要区域增长极；榆林南和延安片区（佳县—宜川区段），强化生态保护和恢复，加快推进城乡统筹步伐，以县城、镇作为基本公共服务的集聚点，促进人口向延安、榆林等区域中心城市集聚，发展一批重点城镇，创建一批特色小镇与特色村落，形成“生态—旅游—农业—城镇”的复合型发展体系。三是在城镇定位和风貌打造上，要有统筹安排，结合各地自然环境、地域文化、历史遗存，挖掘山水人文内涵，打造地域标识形象，构建整体风格一致又彰显鲜明个性气质的沿黄城镇带，让城市看得见山、望得见水、记得住乡愁。

2. 严格生态环境治理，建设沿黄生态文明城镇示范带。黄河流域的生态脆弱性要求我们在开展城镇建设必须时刻把生态保护放在首位，不但要最大限度地减少人为因素对生态环境造成新的破坏，还要通过建设治理优化沿黄生态格局，以生态保护红线区域为基底，着力构建以黄河生态保护带，长城沿线防风固沙林区、黄土高原生态屏障区、渭北台地生态屏障区，黄河支流及沿岸绿地生态廊道为主体的“一带三区多廊”生态安全格局。一是加强流域治理和生态修复。以流域为单元，持续开展小流域综合治理和淤地坝系建设，深化退耕还林、封山禁牧工作，加快实施重点林区管护站“十线百站”提升改造工程建设，建设晋陕大峡谷、黄河湾湿地等自然生态公园，对沿黄窟野河、无定河、洛河等支流和沿岸山体进行区域尺度生态修复。二是强化流域内环境协同治理。建立流域水污染防治管理体系，明确各流域水污染防治重点和方向，协调流域内上下游、两岸各行政区的防治工作，加强流域断面水质考核，形成有效的源头污染防控机制。强化对资源开发建设的监管，大力推进矿区环境整治和修复工作，推进黄河干支流沿线城镇的截污控污工程，系统提升城镇“两厂”建设，全面推进垃圾和污水处理设施建设，最大限度地减少人为因素对生态环境造成新的破坏。三是加快形成绿色低碳的生产生活方式和城镇建设运营模式。实行最严格的产业准入政策，针对不同地区生态环境特征，从产业空间布局、行业准入、环境容量等方面提出生态环境准入要求，禁止新建高污染、高耗水项目；新兴产业配置上，要以文化、旅游、新型农业和科研创业等低耗水高端产业为主，新建工业园区以再生水为主要供水来源，大力推广农业节水灌溉技术，同时要加快腾退生态环境脆弱地区的高污染园区并鼓励转换成生态绿地。高质量抓好农村人居环境综合整治，打造黄河流域“美丽乡村”示范带。四是创新投入机制。积极争取中央资金支持，实施启动一批综合治理工程。按照“谁投资、谁治理、谁开发、谁受益”，积极探索以奖代补、吸引社会资金、金融资本投入机制。

3. 补齐基础设施短板，提升沿黄城镇带支撑保障水平。重点抓好水资源保障、交通网络提升及配套设施改善等工作。一是加强水资源的区域统筹。水资源是沿黄城镇带建设的核心制约要素，要按照“以水定城、以水定地、以水定人、以水定产”的理念，合理确定沿黄城镇建设布局和开发强度，加强区域性水源工程的共建共享，在神木、绥德、延川等水资源缺乏但用水需求较大的重点地区，通过榆林黄河大泉引水工程、延安黄河引水工程、枣林坪黄河引水工程等城乡综合供水工程，平衡陕西沿黄地区城乡发展的用水需求。建议探索建立跨行政区生态补偿机制，建立许可水量动态调整机制，试点开展流域用水权转让与交易，促进流域水资源的高效利用。二是全面提升沿黄公路等级。建议尽快启动沿黄公路的等级提升工作，强化公路安全管理，实现开凿山体防护网全覆盖，加快推进清涧、延川段沿黄公路拉直改建工作，完善沿黄公路路网建设与沿黄各县城、镇村、重点园区的连接道路建设，实施沿黄公路景观整体提升规划工程，突出地域特色，打造“畅、洁、绿、文、美”的旅游公路画廊。三是完善沿黄公路配套设施。加快公路沿线游客服务中心、自驾营地、旅游标识、卫生设施、抢险救护、通信设施、网络覆盖等配套服务设施的建设，进一步满足当地群众生产生活及旅客出行游玩需求。四是积极探索全域旅游发展与就业扶贫、创业扶贫、产业扶贫等多种扶贫方式有效融合的发展路径，引导旅游、文化等省级产业基金向沿黄生态城镇带倾斜，推动人才体制机制创新、生态补偿制度、农村集体产权制度、宅基地等方面改革措施在贫困地区率先试点试行，加快移民搬迁步伐，促进人才、项目、资本、技术等资源向贫困地区加速流动。

4. 以申报世界自然和文化双遗产为抓手，推动文化保护传承和创新发展。黄河流域是中华文明的发祥地，在这一中华文明的古老腹心地区开展城镇带建设，必须把文化传承贯穿始终。一是建立文脉传承总体框架。建议陕西统筹高校院所力量，成立黄河文化研究院，立足区域整体视野和国家文明高度，加强黄河历史民族文化、民俗文化、水利文化、生态文化的研究，进一步挖掘黄河文化的历史内涵和时代精神，探索彰显黄河文化的路径。二是保护修复好现有文化遗存。加强对沿黄城镇地区历史文化遗存的系统排查梳理，打破文化遗产保护各自为政的局面，制定沿黄生态城镇带的整体保护框架和保护措施，集中修复一批具有重要文化价值的历史建筑与人文景观，加大历史文化街区、村镇和传统村落保护力度，加快推进陕北文化生态保护实验区建设，为打造世界名河文化和联合申报世界自然遗产和文化遗产做基础性铺垫。三是加快文旅结合创新发展。依托重点县城、重点示范镇、文化旅游名镇、特色小镇、美丽乡村建设，深入开发红色革命游、历史人文游、自然生态游、乡村民俗游等特色复合型旅游产品和精品旅游线路，重点建设黄河湿地、黄河大峡谷、秦晋文化旅游、晋陕蒙旅游等四大特色文化旅游区，精心打造芝川镇、壶口镇、洽川镇和党家村、赤牛坬、郭家沟等文化旅游特色小镇、名村。四是加快构建黄河文化传播体系。联合黄河流域省份组建黄河文化保护传承基地联盟，加强各层级文化品牌、民俗风情精品工程建设，精心谋划、重点扶持推出一批高质量影视、文学、演艺力作，加大对文创、体育、教育、动漫等新业态的培育力度；借力丝博会、欧亚经济论坛，搭建“黄河文明之光”发展论坛等若干高层次对话平台，深化与“一带一路”沿线国家的文化交流与合作。

5. 强化省际交流合作，以重点示范项目带动区域协调发展。黄河是秦晋两省的自然地理分界线，新时代背景下，陕西与山西从“背靠背”转向“面对面”的格局已是大势所趋。建议陕西抓住扩大开放有利契机，主动加强与山西省的协同合作，密切黄河两岸联系，重点加快秦晋沿黄地区省际综合交通体系建设、生态环境保护、产业协同发展、文化旅游等方面的合作。在协调机制上，进一步完善信息互通、项目推进、区域联动、资源共享等机制体制，加强省市县各层面和对口部门在产业布局、重大项目、重大政策等方面的沟通协调。突出政府推动、项目引领，探索多元投资主体的运营模式，创新区域利益协调和分配机制，切实解决好资源雷同、布局重复、竞争无序问题。在要素整合上，沿黄生态城镇带呈狭长的带状分布，有必要分区段重点突破，示范带动两岸协同发展。建议优先抓好黄河龙门协同示范区、“府谷—保德”协同示范区、“绥德—吴堡—吕梁”协同示范区等示范点，探索在示范区规划建设中绘制“一张蓝图”，跨区域整合沿黄两岸的产业与资源要素，推动经济转型和传统产业优化升级，打造服务秦晋连接枢纽的新高地和振兴秦晋门户经济发展的新引擎。在合作领域上，优先推进两省山水圣人等旅游资源整合，通过“+文化”和“文化+”战略，挖掘黄河和根祖文化等华夏优秀文明，合力建设龙门景区等旗舰项目，以国际视野和营销渠道，重点打造黄河瀑布、乾坤湾、史圣文化等经典景区品牌，联合整装打造“中华黄河文明精品展示区”“秦晋黄河文化公园”等文化旅游品牌；以陕西省佳县、吴堡、清涧、延川、延长、宜川六县和山西省临县、柳林、石楼、永和、隰县、吉县六县为主，联合申创“秦晋黄河国家公园”，深化两省的文化旅游合作。加强基础设施互通和共享，加快建设府谷与保德、吴堡与吕梁之间公共交通系统建设，规划建设渭南—大荔—运城高速公路、延安至太原高铁等跨省路网，联合寻求国家在工程立项、资金等方面重点支持，加快完善城市群铁路、航空等交通设施，聚力破解边界公路“断头”、城市群路网“断线”、高铁“短腿”问题。

| 参考文献 |

[1] 陕西省住房和城乡建设厅 . 陕西省沿黄生态城镇带规划（2015—2030）[Z].

[2] 王树声，范晓鹏 . 推动陕西沿黄生态城镇带高质量发展的思考 [N]. 陕西日报，2019-12-10（006）.

[3] 张军飞，王汐，陈健 . 陕西沿黄地区城镇带协同治理策略与实施路径 [J]，规划师，2017（11）.

[4] 冉淑青，曹林，刘晓惠 . 陕西沿黄生态城镇带建设问题与对策 [J]. 新西部 . 2018（10）.

[5] 曹林，杨辽，冉淑青，严卫 . 陕西沿黄生态城镇带产业发展调研报告 [J]. 新西部 . 2018（10）.

[6] 朱海艳，朝格吉乐图，宫园园 陕西沿黄地区旅游点—轴发展模式研究 [J]. 榆林学院学报 .2019（01）.

[7] 张慧霞 . 关于打造山西沿黄旅游带的建议 [J]. 前进 . 2017（01）.

陕西省沿汉江生态城镇带发展研究[(1)]

○范晓鹏　赵　璐[(2)]

内容提要：为了促进陕西汉江城镇带生态文明建设和区域经济协调发展，本研究从经济发展程度、城乡一体化程度、交通一体化程度、生态环境质量等方面入手，运用多种模型和计算方法对该区域进行定性加定量的科学分析，明确区域发展问题，并以问题为导向提出科学的发展策略，为该区域构建人与自然和谐共生的城乡发展新格局提供理论依据和技术支撑。

2018 年 11 月，国家发改委发布了《汉江生态经济带发展规划》，《规划》提出共抓大保护、不搞大开发，着力提升汉江流域生态环境，加快产业结构优化升级，进一步提升新型城镇化水平，打造美丽、畅通、创新、幸福、开放、活力的生态经济带。为落实这一重大国家战略，推动陕南绿色循环发展，2019 年 2 月陕西省出台了《陕西省沿汉江生态城镇带发展规划（2019—2025）》，汉江生态城镇带建设进入一个新的阶段。本研究基于此背景，在科学研判该区域发展问题的基础上，提出符合该区域空间发展、产业发展、生态环境建设等具有针对性的策略，正是本文研究的目的和意义所在。

一、陕西省沿汉江生态城镇带概况

陕西沿汉江生态城镇带包括陕西省汉江干流流域所辖安康市一区六县（包括汉滨区、汉阴县、石泉县、旬阳县、紫阳县、白河县、岚皋县）和汉中市二区五县（包括汉台区、南郑区、宁强县、勉县、城固县、洋县、西乡县）（见图 1），

(1) 本研究报告为 2019 年陕西省软科学研究联合项目研究成果。

(2) 作者：范晓鹏，陕西省新型城镇化和人居环境研究院副院长、陕西省决策咨询委员会委员；赵璐，西安建筑科技大学建筑学院博士研究生。

国土面积 33430 平方公里，2017 年年末常住人口 573.34 万人，地区生产总值 1999.53 亿元，分别占陕西省的 16.24%、14.95% 和 9.13%。

陕西汉江生态城镇带是国家主体功能区规划中限制开发的重点生态功能区，南水北调中线工程重要水源涵养区、秦巴山集中连片特困地区和川陕革命老区秦巴生物多样性功能区，“四区叠加”的特殊区位现状造成了该区域经济发展与日益严格的生态保护之间的矛盾。

二、陕西省沿汉江生态城镇带发展现状评估

为了能够明确陕西沿汉江城镇带的发展现状，找准发展问题，本文从经济发展、城乡一体化、交通一体化、生态等角度入手，运用多种模型，以定量加定性的方法对区域现状进行科学合理的研判。

（一）经济发展度分析

结合研究区概况，在实地调研的基础上选取经济趋同系数、产业结构变化系数、经济效率对整体区域的经济发展程度进行研判，以了解区域经济发展的情况，并找出核心问题。

1. 经济趋同系数分析

（1）计算方法

为了表示陕西汉江城镇带各个地区经济增长与经济水平之间的相互联系，本文通过计算区域经济趋同系数 β 来表示 2011—2017 年各个市县区的实际情况。

β 趋同是指区域的相对人均收入增长速度与其初始水平呈负相关关系，其计算公式如下：

$$Y_{it} = a - b\log y_{io} + \varepsilon$$

其中，Y_{it} 表示 t 年陕西沿汉江城镇带第 i 个市县区的人均生产总值情况，a 是常数项，b 表示趋同速度，y_{io} 代表了基期年度的人均生产总值，本文基期选择为 2011 年，ε 是误差项。根据公式，分别从时间和空间两个角度进行回归分析计算，结果如表 1 和表 2 所示。

表 1　陕西汉江城镇带按年份 β 趋同结果

	2011	2012	2013	2014	2015	2016	2017
β 系数	0.034	−0.0247	0.0084	−0.0141	−0.0171	0.0064	−0.0076
截距项系数	−0.0025	0.349	0.1574	0.2675	0.3165	0.1449	0.1553

表 2　陕西汉江城镇带按地区 β 趋同结果

市	区 / 县	β 系数	截距项系数
汉中市	汉台区	−0.0862	0.7025
	南郑区	−0.0598	0.5176
	宁强县	0.0209	0.1136
	勉县	0.009	0.2234
	城固县	−0.0147	0.1932
	洋县	0.0368	0.1044
	西乡县	0.0348	0.0985
安康市	汉滨区	0.0258	0.2994
	汉阴县	0.0107	0.2296
	石泉县	−0.0585	0.4695
	旬阳县	−0.0688	−0.1622
	紫阳县	−0.0678	−0.1728
	白河县	−0.0542	0.1007
	岚皋县	−0.0502	0.1023

（2）结果分析

陕西汉江城镇带整体上呈现了 β 系数波动变化的趋势，汉中市所辖区县 β 系数除汉台、南郑、城固外其余都大于 0，表明汉中市内各区县经济发展速度差距缩小，整体趋近。安康市则相反，β 系数大体上都小于 0，表明安康市所辖各区县经济发展速度差异较大。根据实地调研情况，汉中市区包括南郑区在内，经济速度放缓，是汉中市整体经济发展速度趋近的主要因素。安康市则由于高新区、汉滨区等高新技术产业的发展带动，经济发展迅速，与其他区县经济发展速度逐渐拉大，贫富差距也有所增加。

2. 产业结构变化系数分析

产业结构是生产力结构的核心，也是生产关系中最为重要的一环。新常态造成传统的产业结构已经不能再适应现代化的经济发展趋势，必须优化产业结构，合理调整产业结构系数，使之实现合理的产业比例关系、适应现代化的生产力结构、满足现代化的生产关系。

（1）计算方法

针对三次产业的不同比重，选取产业结构变化系数来表示对产业的调整情况，它等于各产业当年与前一年的结构指标偏离差（绝对值）的加总，其计算公式为：

$$K=\sum_{m=1}^{3}\left|q_m^i-q_m^{i-1}\right|$$

其中 m 表示产业，m ＝1，2，3，分别代表第一、二、三产业。q_m^i和q_m^{i-1}分别表示 m 产业当年和前一年占生产总值的比重。

根据公式，以陕西汉江城镇带各地区第一、二、三产业的生产总值为基础计算了各地区的产业结构变化系数，如表 3 所示。

表 3　陕西汉江城镇带产业结构变化系数

市	区 / 县	2011	2012	2013	2014	2015	2016	2017
汉中市	汉台区	6.58	10.19	13.27	10.03	6.12	15.83	4.33
	南郑区	2.99	6.32	13.54	11.22	3.02	15.26	3.14
	宁强县	1.49	0.91	10.27	17.01	1.7	58.7	0.76
	勉县	0.02	0.04	13.57	13.21	6.81	43.6	3.7
	城固县	0.02	0.02	0.01	3.05	6.88	28.13	10.11
	洋县	0.04	0.04	0.07	2.68	7.31	16.43	7.23
	西乡县	0.03	0	0.01	1.02	2.88	27.78	9.18
安康市	汉滨区	5.11	9.96	3.46	2.63	7.52	16.39	3.44
	汉阴县	5.26	15.32	16.67	15.46	8.24	20.84	3.01
	石泉县	3.61	4.83	10.28	14.41	13.22	29.43	1.07
	旬阳县	1.85	2.19	21.34	13.22	10.28	57.26	6.98
	紫阳县	0.71	8.12	4.47	7.56	10.21	21.01	2.15
	白河县	0.91	6.34	29.43	16.86	16.39	60.78	10.22
	岚皋县	0.61	7.21	1.84	2.41	13.21	32.44	1.04

（2）结果分析

十二五时期，汉中市宁强县、勉县和安康市的旬阳县、白河县的产业结构调整较大，其余各地的产业结构调整均维持在较小的幅度内。2016 年是各区县产业结构调整最大年，这与陕南地区十三五期间绿色循环发展的产业导向有必然联系。

3. 经济效率分析

为衡量陕西汉江城镇带各地区经济质量和效益的情况，本文借助数据包络分析工具，计算各地区各年的经济效率情况，以反映其经济运行情况。

（1）计算方法

数据包络分析（DEA）是一个对多个投入和多个产出的多个决策单元的效率评价方法，被广泛地使用于业绩评价。本文采用其中的超效率 SBM 模型进行经济效率运算，公式如下：

$$\rho^{*}=\min\rho=\min\frac{1-(\frac{1}{N}\sum_{n=1}^{N}\frac{s_{n}^{x}}{x_{n}^{k}})}{1+[\frac{1}{M+I}(\sum_{m=1}^{M}\frac{s_{m}^{y}}{y_{m}^{k}})+\sum_{i=1}^{I}\frac{s_{i}^{b}}{b_{i}^{k}}]}$$

式中，ρ 表示经济效率，N、M、I 分别为投入、产出以及非期望产出的决策单元 DMU 个数。

（2）结果分析

利用 DEAP 软件，计算陕西汉江城镇带各地区 2011—2017 年的经济运行情况，并经过分析可知，陕西汉江城镇带汉中、安康两市整体的经济效率差异较大；各市所辖各县区呈梯队式分布，区级经济效率起点较高，但近年来却不断下降，部分县的经济效率长期处于低效水平，大部分区县经济效率虽然上升，但上升速度缓慢。

（二）城乡一体化程度分析

由于城乡差异，二者有较大的经济社会发展差距，因此汉江城镇带各市县区的城乡一体化对于整个城镇带的经济均衡发展有重要意义，本文采用城镇化率来分析该区域的城乡一体化程度。

经过相关资料的梳理以及数据的收集和进一步的分析可知，汉中的城镇化率略高于安康，但区域整体城镇化水平偏低。其中汉中市汉台区、南郑区、安康市汉滨区的城镇化率处于第一层级，维持在 60% 左右。其他区县的城镇化率基本处于 30% ～ 40% 之间。

（三）交通一体化程度分析

针对陕西汉江城镇带各地区，特别是各县城镇化率较低的情况。交通情况对于整个城镇带的发展有着重要的意义，因此本文利用交通一体化程度来反映该地区未来的经济发展潜力。为了反映交通一体化的程度，本文选择公路里程数这一指标进行具体评测分析。

经过对各市县区公路里程数的分析发现，近年来陕西汉江城镇带各市县区交通一体化情况在不断提升，尽管有个别年份出现了小幅波动，但公路里程数总体呈增长态势。但从路网公里数来看，区域间还存在着不小的差距，市区级单位的公路一体化建设情况明显优于县级单位，汉中市公路一体化情况明显优于安康市。

（四）生态指标分析

除了经济发展以及社会基础设施的基本情况外，陕西汉江城镇带作为国家限制开发的主体功能区，区域生态也应当实现均衡协调发展。

1. 计算方法

为了对该区域生态环境情况进行合理分析与评价，在实地调查和咨询专家的基础上，科学选取评价指标（表 4）。

表 4　陕西汉江城镇带生态环境评价指标体系

一级指标	二级指标	三级指标
陕西汉江城镇带生态环境评价体系 U	水资源因素 U_1	水质状况 U_{11}
		地下水位 U_{12}
		水资源蕴藏量 U_{13}
		洪枯变化状况 U_{14}
		水患发生状况 U_{15}
	局地气候因素 U_2	降雨量 U_{21}
		局地温度 U_{22}
		局地湿度 U_{23}

续表

一级指标	二级指标	三级指标
陕西汉江城镇带生态环境评价体系 U	森林资源因素 U_3	森林覆盖面积 U_{31}
		水土保持林面积 U_{32}
		封山育林面积 U_{33}
	土地资源因素 U_4	耕地面积 U_{41}
		水土流失面积 U_{42}
		引洪漫地面积 U_{43}
	社会经济因素 U_5	城镇人口密度 U_{51}
		耕地分布状况 U_{52}
		农药化肥施用量 U_{53}
		主要工业分布状况 U_{54}
		工业废水排放量 U_{55}
		生活污水排放量 U_{56}

根据指标体系，运用 AHP 决策分析方法，构建出该地区生态环境质量评价的层次结构模型；运用信息熵法对其指标权重进行修正，应用模糊综合评判方法，经过定量与定性综合分析验证，最终得出该地区生态环境评价结果。

2. 结果分析

陕西汉江生态城镇带生态环境整体优良，但是人为活动对该地区生态环境的保持有一定的影响。尤其是无合理规划情况下，建设用地的增大，以及相对落后的耕种作业，是造成生态环境脆弱的主要因素。

三、陕西省沿汉江生态城镇带发展现存问题

根据上述分析结果，结合实地调研和访谈资料，归纳总结陕西沿汉江生态城镇带所存发展问题，以期为策略的制定找准方向。

（一）经济效率不高

一是从土地使用方面来看，由于陕西汉江城镇带农业占比较大，耕地投入较大，但农业较工业和服务业而言产出较低，造成了大量的耕地投入和少量的生产总值，致使经济效率低下。二是从劳动力投入方面来看，陕西汉江城镇带为国家特困地区，劳动力大量外出，留守劳动力整体质量较低，这是经济效率低的又一主要因素。

三是在固定资产方面，随着中省层面对汉江城镇带的不断重视，固定资产投资逐步提升，在经济发展较好的区县，固定资产新增投资用于对更先进技术和设备的引进，而经济发展较差的地区应用于基础设施建设。基础设施建设对经济发展的贡献低于先进的科技设备，因此造成了区域间经济效率的巨大差异。

（二）产业结构转型缓慢

整体上陕西汉江城镇带的产业结构调整缓慢。一是由于用地限制以及传统农业为主导的产业结构较为牢固，二是作为国家限制开发的生态功能区，其向工业转型的难度加大，大部分区县不得不面临着由农业直接向服务业的产业结构调整。产业结构的缓慢转型造成了陕西汉江城镇带经济的衰退和社会的衰退。

（三）城镇化程度较低

总体上陕西汉江城镇带的城镇化水平较低，这是该区域实现经济高速发展的瓶颈之一。导致这一问题的既有历史原因，又有现实原因。历史原因方面，汉江流域是我国重要的粮食主产区，且受地形限制，自古以来该区域以农业为主导产业。此外，现阶段为响应国家生态文明建设和南水北调中线工程顺利实施的要求，基于生态保护的原因，陕西汉江城镇带部分地区不能进行工业化改造和城镇化演变，在一定程度上也导致了该区域较低的城镇化水平。

（四）基础设施不完善

陕西汉江城镇带基础要素制约突出，公共服务水平较低。交通设施建设仍然滞后，农田水利设施薄弱，信息化水平偏低，人才、技术、资金等要素短缺。人均公共服务支出低于全省水平，公共服务设施建设滞后，城乡基本公共服务水平差距较大。

（五）生态环境约束加剧

历史上数次大规模移民和粗放的耕种方式造成了原有环境的脆弱敏感。而无规划的城镇扩张与人口增长对该区域的生态环境造成了巨大威胁。位于秦巴生物多样性功能区，具有“两山夹一川”的地貌特征，发展空间不足，承载能力有限。产业发展所依托的生物和矿产资源大多分布在南水北调中线水源涵养区，生态保护与经济发展矛盾日益突出。

四、发展策略

见于以上分析结果和问题，本研究以问题为导向，以促进陕西汉江城镇带可持续发展和区域协调发展为目标，围绕生态文明、交通瓶颈、产业升级，城镇品质、文化传承、民生福祉，提出发展策略。

（一）坚持生态保护优先，推进绿色循环发展

1. 加快主体功能区建设

发挥主体功能区作为国土空间开发保护基础制度作用，促进生产空间集约高效、生活空间宜居适度、生态空间山清水秀。一是重点开发区，积极推进产城融合和循环经济、低碳经济发展，适度扩大城镇空间，严格保护生态空间，强化产业和人口集聚能力。二是农产品主产区，要着力保护耕地，加快发展中药材、茶叶、果业、蚕桑、魔芋、食用菌等特色农业和生态观光农业，调整优化农村居住空间，逐步减少农村居住用地，引导人口适度集中。三是重点生态功能区，要按照“点上开发、面上保护”的要求，以保护和修复生态环境、提供生态产品为首要任务，严控各类开发活动，发展不影响生态系统功能的适宜产业，引导超载人口逐步有序转移。四是禁止开发区，以保护自然文化资源、珍稀动植物基因资源、城乡居民集中饮用水源为主，严禁不符合主体功能定位的各类开发活动，保障自然生态和文化自然遗产的原真性、完整性。

2. 筑牢生态安全屏障

以秦岭—大巴山和汉江、丹江、嘉陵江流域等为重点，强化生态安全保护区、生物多样性保护区、水源涵养保护区等生态功能区建设，提升生态系统功能和自我修复能力。一是构建“两屏四带”的生态安全格局。严守生态保护红线，建设北部秦岭和南部巴山生态屏障，坚持封山育林、天然林保护、湿地保护，促进植被恢复，维护生态系统完整性与稳定性，确保生物多样性得到有效保护，打造区域生态安全格局的主骨架。构建嘉陵江、褒河、月河、旬河沿岸生态带，保护汉江水系自然生态系统，合理划定湖泊湿地保护红线，实施封山育林和水

源涵养，加大水生生物多样性保护力度，分层次划定水域和沿岸生物多样性保护优先区域，恢复和保护地表植被，构建流域绿色循环、生态健康的水生态体系。二是建设汉江千里绿色长廊。持续推进汉江综合整治，严格落实水污染防治行动计划，加强流域水源涵养和生态保护建设，重点建设环库生态圈、环城生态圈、主干公路沿线和主要河流两岸绿化带，加强南水北调中线干线工程管理区、一级水源保护区、二级水源保护区建设。三是加强流域治理及湿地保护。以汉江流域为重点，加大水土保持综合治理力度，增加水土保持范围，恢复自然植被，减少水土流失面积。实施湿地保护工程，保证汉江湿地生态系统结构的稳定，为不同珍稀鸟禽提供多样化的环境。

3. 实施绿色节能环保行动

牢固树立“绿水青山就是金山银山”理念，大力发展循环经济，深入实施节能技改工程，加强环境污染治理，提高环境污染监管水平，建设节水型社会，积极应对气候变化，倡导低碳生活，推动形成资源节约、环境优化的生活方式和社会风尚。

（二）强化基础设施建设，提升互联互通能力

1. 优化交通运输网络

以国家高速铁路、快速铁路、高速公路，汉江航道为骨干，以城际铁路、旅游专线、沿汉公路建设为重点加快畅通城镇群内交通网络。一是加快构建陕西沿汉江区域“一横三纵”的对外运输大通道。一横：由十天高速、阳安铁路、洋县—安康—白河水运通道构成的东西大通道；三纵：由银昆高速和黄陵—汉中—南充快速铁路构成的宝鸡—汉中—陕川界南北大通道，由西安—成都客运专线、西汉高速、西安—汉中空中航线构成的西安 - 汉中—成都南北大通道，由包茂高速、包头—海口快速铁路、安康—岚皋高速构成的西安—安康—重庆南北大通道。加快建设汉中、安康等区域性综合交通枢纽，尽快建成快速连接关中，便捷通达重庆、成都、武汉等周边城市的快速交通圈。二是以推动陕西沿汉江区域客运专线、大能力货运铁路建设为重点，提高铁路对陕西沿汉城镇的服务水平。全面推进阳安等铁路扩能改造，加快西安至重庆高铁项目建设，积极谋划汉中经安康至十堰、宝鸡至南充铁路等规划建设项目落地，形成覆盖广泛、辐射周边的铁路枢纽网

络。三是加快省级高速公路、国省干线建设，完善县域路网。加快实施平利至镇坪、西乡至镇巴等高速续建项目，开工建设丹凤竹林关至山阳高坝等高速公路项目，积极创建沿汉江区域环线和旅游专线，逐步完善县域路网，提升道路服务水平。四是强化区域航运枢纽，提升航班布局。增强汉中城固机场区域性枢纽功能，提升汉中国内航班布局；重点建成安康富强新机场，积极开通安康至国内大中城市航线。完善两地机场通用航空货物服务功能，支持依托两个机场开展低空旅游、短途运输等业务。五是抢抓国家加快内河水运发展机遇，促进汉江水运转型发展。加快汉江旬阳、蜀河、白河等水电枢纽过船设施建设，积极发展绿色水运工程，促进区域内沿汉江水运转型发展。

2. 建设高速共享信息设施

抓住 5G 时代机遇，大力推进“三网融合”，优先实施“宽带中国”战略、“宽带乡村”工程，提升区域一体化信息化水平。一是构建城镇群信息服务平台。加快建设安康—汉中跨区域级互联网骨干直联点、省级互联网示范城镇群，构建沿汉江经济城镇带—关中平原城市群陆缆网络。推动安康、汉中中心城区及勉县、城固、旬阳、石泉、紫阳等城镇率先实现光纤网络全覆盖，加快推进区域无线网络全覆盖。加强人工智能、工业互联网、物联网等新型基础设施建设，加快建设“云网端”新基础设施，建设一批基于两地共享的政务数据中心和云计算创新服务公共平台。二是建设智慧城镇群。全面提升移动宽带用户普及率和网络接入覆盖率，加大物联网技术在城乡基础设施、国土资源、生态管理等领域的推广应用力度，加快智慧城市时空大数据与云平台建设，推进信息惠民建设试点。推广应用“互联网 +”模式，建立城镇群政务信息共享和业务协同机制，推动电子政务平台跨部门、跨地区横向对接和数据共享。三是提升信息安全保障水平。加强智慧城市网络安全管理，完善通信网络和重要信息系统安全风险评估评测机制，健全城际协同应急通信预案体系和通报预警机制。完善安康—汉中国家重要的数据灾备中心功能，建设两地联合的异地灾备数据基地。

3. 加强能源设施建设

合理开发利用水能、生物质能等清洁能源和可再生能源，推进电网和天然气管道建设，加强农村能源建设构建结构优化、布局合理、清洁环保、安全高效的能源供应体系。适度开展汉江梯级开发，建设旬阳、白河、黄金峡等水电站，推进嘉陵江、旬河流域水电开发。加大风能资源详查力度，优化太阳能应用领域。稳步推进县域生物质热电联产、生物质成型燃料锅炉及生物天然气项目建设等，引导生物质能产业健康发展。以骨干电网建设和城乡配网升级改造为重点，继续加大投入，优化电网结构，加快推进新一轮农村电网改造升级，保障区域及城乡电力需求。

4. 搭建高效畅通物流体系

充分发挥汉中、安康等地的交通优势和集散能力，建设辐射关天、成渝和江汉三大经济区的综合性物流中心。构建五级联动、覆盖全域的现代物流体系，完善与物流相配套的运输站、仓储、商品配送、信息网络等综合服务平台，打造西北先进的物资转运中心、集散中心和分拨中心。建设铁路、公路、航空、水运多式联运的物流格局，引导物流资源、物流企业跨区域整合，大力发展第三方物流，打造全国重要的中药材集散基地。

（三）创新链培育产业链，构建生态产业体系

围绕高质量发展的要求，积极探索科技资源匮乏地区创新驱动模式，构建创新体系，加速科技资源与产业需求的精准对接，优化产业结构，推进产业向园区集聚，形成以三产协同为支撑的生态型、特色化产业体系。

1. 实施创新驱动战略

全面实施创新驱动发展战略和“互联网 +”行动计划，强化合作推动创新，推动关键领域技术创新，积极实施军民融合战略，激发绿色循环发展新动力，努力实现有质量、有效益、没水分、可持续的增长。一是强化合作推动创新。积极推动与关中地区特别是与西安科技合作，引导科研院所、企业及高等院校在汉江沿线重点区域建立科研分支机构和研发基地，构建共性技术研发、骨干企业创新能力、中小企业研发服务、小微企业孵化培育的“四级产业创新体系”，实现创新链、产业链、资金链和政策链的“四链互动”。加大对中小企业创新支持力度，支持行业龙头企业、高校、科研院所协同创建一批创新平台，深入实施大学生创业引领计划，加快建设一批众创空间。二是推动关键领域技术创新。围绕现代农业、生物制药、涉水山林、装备制造及高新技术、新材料、新能源、现代服务业等优势产业，实施优势产业创新工程，高效配置各类创新要素，着

力突破产业链缺失环节、薄弱环节、延伸环节，促进产业关键技术研发和先进技术成果应用，培育一批科技型企业，推动产业由价值链低端向高端攀升。三是积极实施军民融合战略。深化“军转民”“民参军”，支持龙头企业带动、中小企业配套，搭建“军工 +”平台，做大做强航空、军工电子等优势主导产业，提升军工经济对地方经济的辐射带动作用。搭建军民深度融合新平台，建设军民融合产业园，鼓励地方研究设立军民融合发展基金，加大对重大军工项目、“民参军”的扶持力度，加快建立促进军企、政府、民企三方信息共享、资源共享的“信息服务平台”，引导军民两用高新技术成果在安康、汉中两市落地转化，推进全要素、多领域、高效益的军民融合。

2. 做强做大绿色产业体系

按照产业生态化和生态产业化的要求，不断优化三次产业的发展路径，加快构筑富有陕南特色的现代化产业体系。一是以资源整合和品牌培育为重点建设全域旅游。整合区域旅游资源，贯通区域旅游大交通，构建以汉江滨水蓝道为廊道，以安康秦巴明珠生态旅游体验区和汉中三国两汉文化旅游体验区为两区的“一廊两区”全域旅游空间新格局。对接休闲度假、参与互动、自驾游乐等旅游市场需求与消费趋势，深入实施“旅游 +”，构建以观光游览为基础，以文化体验、康体养生为重点，以体育旅游、研学旅游等为亮点的多元旅游产品体系。充分发挥历史古迹、文化遗产、乡村古镇等历史人文资源优势，打造两汉三国、汉水文化等文化旅游景区，大力发展历史文化游。依托秦岭山水资源和自然生态优势，加强南宫山、华阳等景区建设，打造山水旅游目的地。以川陕革命根据地为核心品牌，加大革命旧居旧址保护和修缮力度，开发一批核心红色景区和红色旅游精品线路。积极发展都市时尚旅游，培育冰雪、山地、水上、汽摩、航空、马术等旅游项目。加快推进山水人文旅游景点提档升级，积极打造秦岭美丽田园旅游带、汉江民宿旅游带。加强与周边城市的区域旅游合作，建设串联武汉、重庆、郑州、成都、西安的五条省际区域旅游线路和连接丝绸之路沿线的国际旅游线路。加强两市旅游合作，建立互为旅游目的地客源联动机制，推行旅游“一票通”，合力建设黄金旅游带。加强旅游设施保障及服务体系建设，建设沿江旅游公路、汉江水上旅游路线、旅游慢行系统等与现代旅游相适应的全域交通体系，推进市、县、景区旅游咨询服务中心和咨询点、自驾游营地等设施建设。加快推进“智慧旅游”建设，成立汉江综合型、智慧型游客综合服务中心，完善旅游标识和解说系统建设，打造旅游服务标准化、品牌化、人性化的服务体系。二是以高精尖科技、新技术成果就地转化为重点培育新兴产业。创新驱动发展，依靠科技创新培育经济发展新动能。要着力推动军民、央地、部省融合，落实好“1155”工程，吸引省内高校、科研院所在陕南共建产学研基地，深化“四主体一联合”新型研发平台建设，积极推进汉中航空智慧新城建设，提升陕南地区创新驱动能力和效率。要促进技术创新要素向企业集聚，引导企业加大研发投入，力争打造一批陕南本土的创新型领军企业和“特尖专精”小微企业。大力实施《〈中国制造 2025〉陕西实施意见》，加快安康国家高新区、汉中航空智慧新城建设，发挥陕飞等龙头企业作用，鼓励支持地方企业开展配套服务，推动新能源汽车、航空装备制造、高档数控机床与工业机器人等向国际先进水平发展，建设先进装备制造业基地。以汉中高新生物医药产业园为依托，重点中成药生产、转型黄姜皂素、做精植物提取、壮大中药饮片等，培育生物医药产业。以汉江产业园区、汉中高新技术产业开发区、安康高新技术开发区为载体，构建以中高端装备制造为引领的现代循环产业体系，重点发展航空装备、新能源汽车、智能装备、能源装备制造业，实现主辅分离、上下游配套，提高整体设计，生产能力。依托汉中、安康两地丰富的天然气资源，突破天然气勘探开发、天然气综合利用等领域，鼓励建设生物质发电和垃圾发电项目，形成汉江水电和秦巴风能、光伏并举，多种发电方式齐备的清洁能源发展格局。紧抓新一代互联网、物联网、云计算、智能终端设备发展契机，以安康高新技术产业园区和汉中经济开发区为依托，鼓励发展智能可穿戴设备、多媒体教学设备，积极发展单晶硅、多晶硅产业。三是以特色化引领、集群式推进为重点发展加工制造。以安康古丝绸之路源头为载体，以石泉出土的“鎏金铜蚕”为宣传窗口，借助“互联网 +”发展平台，加大品牌建设和对外宣传，在捻丝、家纺、服装、旅游产品精深加工等方面下功夫，促进纺织业晋档升级。依托特色农产品基地，培育扶持一批农业产业化龙头企业，重点发展粮油、畜禽、林特、水产、果蔬等农副产品加工业，形成原料生产基地和精深加工相结合的绿色食品产业链。加快陕南中药材种植加工基地建设，支持龙头企业产能扩张和新产品产业化，打造陕南特色中药品牌。依托安康市毛绒玩具社区工厂和恒口示范区，打造中国毛绒玩具的设计高地，从单纯加工的劳动密集型产业向创新型产业转变，实现“中国毛绒玩具产业新都”。四是以“质量兴农、绿色兴农、品牌强农”为重点提升农业现代化水平。因地制宜调整农产品区域布局，建设优质粮油和茶叶、干果、道地中药材、食用菌等特色农产品种植加工基地；统筹考虑种养规模和资源承载能力，积极发展具有地方特色的生态畜牧业，大力发展标准化规模水产养殖业和特色养殖业；大力开发富硒农产品，推动优势产品进入高端市场；建设特色经济林基地，大力发展林下经济。在汉中、安康两市大力发展节约型种植业、清洁化养殖业。转变农业发展方式，促进农产品加工流通增值，着力打造粮、油精深加工产业链，农林特产加工产业链，肉类深加工产业链，生态、观光、休闲农业产业链，庭院经济产业链，提高汉中仙毫、安康富硒、洋县黑米等品牌影响力;以“3+X”特色产业体系为抓手，加快探索绿色有机与品牌建设、设施农业建设紧密结合的发展路子。五是以创造新供给、带动新需求为重点大力发展服务业。创新业态模式，增强服务功能，推动生产性服务业向专业化和价值链高端延伸、生活性服务业向精细化和高品质转变。突出“商贸 + 物流”“文化 + 旅游”“医药 + 康养”“品牌 + 电商”等重点领域，促进服务业内部融合，推动形成业态多样、层次丰富的现代服务业体系。积极发展绿色金融、科技金融、文化金融、普惠金融，健全县域融资担保体系，积极推动企业上市。发挥安康电子商务示范城市的带动作用，积极发展电子商务物流、移动电子商务等新业态，推动农村电子商务发展，鼓励发展农产品冷链物流，支持建设物流中心。推动云计算、大数据、物联网等信息技术在生产性服务业的应用。支持开展国家养老服务业综合改革试点，推动健康养老与文化、旅游、医疗、家政、体育等融合发展，大力发展异地养老、分时度假养老和旅游健康等新业态，打造全国重要的健康养老基地。

3. 建设绿色生态园区

以汉中、安康两大循环经济核心聚集区为重点，加大各类循环经济产业园区建设力度，提升园区承载能力和服务功能，优化产业布局，促进企业循环式生产、园区循环式发展、产业循环式组合。一是集中发展循环经济聚集区。汉中循环经济聚集区，以汉中经济开发区、汉中航空智慧新城和汉江产业园区为核心，发展高端装备制造及高新技术产业。安康循环经济聚集区，以高新区、旬阳高新区为核心，月河川道为纽带，以循环园区为载体，重点发展富硒食品、新型材料、清洁能源、装备制造、生物制药、丝绸纺织等产业。二是积极培育特色产业基地。依托汉台、城固、南郑等主要工业园区，重点发展飞机零部件和涡浆飞机研发、航空标准件、滚动功能部件、航空机电等航空装备制造，加工中心、数控镗铣床、复杂刀具等高端数控机床装备制造，电子仪器、传感器、车载电子系统等信息装备制造，建设装备制造业基地。依托岚皋、白河、洋县、南郑，重点发展绞股蓝、杜仲、葛根、黄连、山茱萸、厚朴、附子、元胡等中药规模种植和开发，发展医药中间体提取和精制提纯，开发系列保健品，建设环秦巴浅山丘陵区域百万亩中草药种植基地。三是推广“飞地园区”模式。支持园区建设运营管理与招商引资体制机制全面创新，打破行政壁垒，深化产业协作。推广安康高新区、恒口示范区的“飞地园区”合作方式和管理模式，鼓励限制开发、空间不足的县区与产业承载能力较强县区，从合作大局和长远发展出发，通过健全规划、建设、管理和利益分配、项目引导等合作机制，引导重大建设项目向重点开发区域集中，优化资源配置，打造一批特色鲜明、分工合理、产城融合的专业化园区，实现区域协同联动发展。

（四）推进城市升级，提升城镇带建设水平

坚持高水平规划、高标准建设，创新理念，提升品质，在全省城镇带建设中发挥率先示范作用。

1. 加强城市规划建设升级

坚持“多规合一”，彰显城市特色，提升城市形象。一是提高城市规划水平。突出“宜居现代、风貌特色、生态文明”的主题，强化自然山水特征，突出沿江沿河滨水城镇规划特色，优化生产、生活、生态空间布局，推进城乡规划、土地利用规划、环境保护等“多规合一”，实现规划“一张蓝图”。二是建设绿色智慧人文城市。提升交通服务功能，带动道路周边开发建设，强化区域中心城市枢纽地位。加强公园绿地建设，优化城市绿色空间，强化城市绿色宜居特色。完善公共服务网络，增加城市文化厚度，提升旅游文化特色。保护好青山绿水，改善城市老旧面貌，优化市民生活环境，提升城市整体形象。

2. 强化城市品质升级

创新城市设施建设方式，促进集约化空间布局，构建城市生态系统，以绿色城市为节点打造沿汉江滨水生态景观带。一是提高城市韧性。完善排水防涝

和污水垃圾处理设施，逐步完成雨污合流管网改造和城市排洪渠截污工程，加快城市垃圾收集站建设，全面提高城市垃圾污水处理能力。统筹布局市政设施和地下综合管廊，高规格规划、高水平建设城市交通、电力、给排水、供气、电信、园林绿化等市政设施，推进教育、医疗、文化等公共服务能力提高以及体系完善，增强城市综合服务功能。二是推进城市生态修复。遵循“优化环境、强化管理、塑造特色、提高水平”的方针，建成总量适宜、布局合理、植物多样、特色鲜明的城市生态系统。坚持生态为先、绿色为本，加强沿江生态廊道建设，注重生态功能和景观功能修复。加快推进汉江园林城市创建，把汉江城镇带融入沿汉江生态景观带。

（五）推进文化建设，提升城镇发展软实力

加强文化遗产保护利用，加大文化传承与产业发展力度，建设以汉文化为核心的文化交流传播示范基地，提升文化软实力。

1. 加强遗产保护

开展文物资源调查，建立汉江物质文化遗产保护数据库。实施文物本体保护、环境整治、安防监测等工程，构建市—县—村三级沿汉江物质文化遗产保护体系。推进汉中天坑群地质遗迹保护与地质公园建设。建设一批博物馆、纪念馆，利用现代科技技术，提高馆藏文物展示水平。加强历史文化名城、名镇、名村的保护建设，支持建设传统村落保护示范区。推进革命文物和水下文化遗产保护。加强非物质文化遗产的挖掘与保护，深入开展传统文化研究，挖掘优秀传统文化历史渊源、时代内涵和现实价值。

2. 彰显文化标识

因地制宜、合理规划，建设一批具有浓郁地域特色的标志性文化设施、特色文化街区和文化广场，彰显秦巴自然生态及历史文化魅力。通过创意设计与创新转化，将汉文化、汉水文化、红色文化、生态文化等植入城市景观、城市建筑、城市标识系统和特色街区建设。营造城镇文化内涵空间，在商业综合体、公园、景区等公共空间突出特色文化氛围。打造文化 IP，建设文创产业链条。完善市、县（区）文化馆、档案馆、图书馆、影剧院、博物馆等公益性文化设施，加大乡镇（街道）文化站、村（社区）基层综合性文化服务中心标准化建设力度。

3. 大力发展文化产业

充分发挥自然与历史文化优势，大力挖掘汉水文化、三国文化、红色文化、民俗文化等，提升汉调二黄、紫阳民歌、旬阳花鼓等地方曲艺影响力。加快发展文化创意、影视制作、演艺娱乐、新闻出版等文化产业。鼓励文化企业以资本为纽带，跨区域、跨行业兼并重组，扶持“大戏、大片、大剧、大作”的策划与创作生产。打造“中国最美油菜花海”“两汉三国”“汉江龙舟”等文化旅游品牌。探索“文化 +”新业态，大力推进文化产业与制造、农业、体育等行业跨界融合。大力发展对外文化贸易，加大对文化出口重点企业和项目的扶持力度，深入推进“汉江情”“龙舟节”等文化经贸交流平台建设。

（六）以人民为中心，提升民生保障水平

通过办好民生实事，真正解决好群众的实际问题，让绿色循环发展成果更多、更公平地惠及群众。

1. 坚决打赢打好脱贫攻坚战

一是产业扶贫。大力扶持贫困户和贫困地区发展特色种养业、水产业、林果业和生态农业、观光农业、乡村旅游业。鼓励和扶持龙头企业在贫困村建立产业基地，推广“公司 + 基地 + 农户”的经营模式，建立与贫困户利益联结长效机制，让贫困户充分参与项目建设，增加经济收益。着力打造一批田园观光类、民俗风情类、农业体验类、民宿度假类等特色鲜明的旅游名村、主题园区和特色城镇。二是易地扶贫搬迁。严格执行国家易地扶贫搬迁政策，按照既定时间完成搬迁和入住任务，确保具备搬迁安置条件的贫困人口应搬尽搬。按照“以岗定搬、以业定迁”的原则，加强后续产业发展和转移就业，统筹各项措施，深入实施“四好农村路”建设等基础设施工程。积极吸引各类市场主体在安置区兴办中小企业、社区工厂、扶贫车间等。三是贫困地区基础设施建设。加快道路交通建设，改造建设一批贫困乡村旅游路、产业路。加快水利设施建设，落实农村饮水安全工程管护责任，建立长效运行管护机制，强化水源保护和水质保障。加快电力和网络建设，加强电力基础设施建设，实施贫困地区电网改造升级，做好贫困地区农村电力建设管理和供电服务。加快补齐义务教育、基本医疗、住房和饮水安全等方面发展短板。四是生态扶贫。创新生态扶贫机制，

吸纳具有劳动能力的贫困人口参与政府投资建设的重大生态工程。完善公益林生态效益补偿机制，组织贫困人口参与生态工程建设。进一步加大贫困地区新一轮退耕还林还草力度，对符合退耕政策的贫困村、贫困户实现全覆盖。鼓励贫困村、贫困户将林地经营权入股新型林业经营主体，积极发展特色经济林、林下种植养殖、森林旅游等，带动贫困人口持续增收。

2. 大力实施乡村振兴战略

加快农村产业融合发展，补齐农村人居环境和公共服务短板，打造一批乡村振兴示范村。一是加快农村产业融合发展。加大产业链整合力度，推进不同类型农业产业延伸整合，打造“良田”到“餐桌”的全产业模式。提高农业科技创新水平，加快建设秦巴山区生物种质资源库和菌种库。顺应城乡居民消费拓展升级趋势，推动传统农业向观光、休闲、创意农业转型，促进沿汉江乡村旅游带协调发展。完善农村基本经营制度，培育新型农业经营主体，促进小农户生产和现代农业发展有机衔接。二是建设生态宜居乡村。突出陕南文化特色，科学规划村庄建筑布局，全面提升村容村貌。开展人居环境整治工作，推进农村垃圾治理专项工程、农村生活污水治理专项工程、农村厕改工程、村庄绿化工程、乡村水环境治理工程等专项行动，实现产业兴旺、生态宜居、乡风文明、治理有效、生活富裕。三是健全现代乡村治理体系。加强农村基层党组织建设，健全以党组织为核心的组织体系。强化村民自治，完善村民自治机制，加强乡镇政府服务能力建设；提高农村法治，开展法治教育，建设法治乡村，建设平安乡村；推进乡村德治，发挥道德引领作用，促进移风易俗。四是完善城乡融合发展体制机制。加快农业转移人口市民化，深化户籍制度改革，放宽户口迁移政策，保障享有权益，完善激励机制。健全农村土地管理制度，完善农村新增用地保障机制。加大金融支农力量，完善金融支农组织体系。

3. 全面提升公共服务水平

一是就业。要把稳就业摆在突出位置，重点解决好高校毕业生、农民工、退役军人等群体就业。建立健全沿汉江生态城镇带乡村就业和人才服务信息平台，建立城乡一体化的人力资源市场。改善农民进城就业环境，建立城乡劳动者平等就业制度。二是收入。瞄准技能人才、新型职业农民、科研人员、小微创业者、企业经营管理人员、基层干部队伍、有劳动能力的困难群体等增收潜力大、带动能力强的七大群体，深化收入分配制度改革，实施差别化收入分配激励政策，逐步形成合理有序的收入分配格局。三是教育。新建、改扩建一批城乡公办幼儿园，积极扶持民办幼儿园发展，多种形式扩大学前教育。深入推进义务教育学校标准化建设，改善农村义务教育薄弱学校基本办学条件，落实农村义务教育学生营养改善计划，推进义务教育均衡发展。实施高中质量提升工程，加强普通高中骨干体系建设。加快发展现代职业教育，支持陕西理工大学、安康学院等高等院校发展。四是社保。全面实施全民参保登记和异地就医结算，推进社会保障扩面提标，大力推进“互联网＋人社”，加快推进公共服务信息化、便捷化、均等化。全面推进机关事业单位养老保险制度改革，完善基本养老保险关系转移衔接政策，稳步提高退休人员基本养老金和城乡居民基础养老金标准。进一步完善城乡居民基本医疗保险和大病保险政策，做好低保、优抚、救助等工作。五是健康。持续抓好综合医改试点工作，健全完善分级诊疗、现代医院管理、药品供应保障和综合监管等基本制度。加快提升基层卫生能力，着力加强全科医生队伍建设。支持社会力量提供多层次、多样化医疗服务。实施中医药传承创新工程，打造秦药品牌。建成一批兼具医疗卫生和养老服务功能的医养机构。六是社会治理。推进标准化示范社区建设，加强“四社联动”，着力提升社区治理水平。全面推行阳光信访，完善涉法涉诉信访依法终结制度。完善立体化社会治安防控体系，打造立体化、信息化社会治安防控体系“6+5+X”升级版。按照“四个最严”的要求全面加强食品药品监管。夯实安全生产主体责任和管理责任，坚决遏制各类生产安全事故发生。

| 参考文献 |

[1] 曾坤生 . 论区域经济动态协调发展 [J]. 中国软科学，2000，(4).

[2] 迟国泰，曹搏婷，张昆 . 基于相关—主成分分析的人的全面发展评价指标体系构建 [J]. 系统工程论与实践，2012.

[3] 桑岚 . 环境评价概论 [M]. 北京 ：化学工业出版社，2004.

[4] 赵二杰 . 基于 AHP 的模糊数学在铁路建设生态环境评价中的研究与应用 [D]. 兰州：兰州理工大学，2007.

[5] 韩国才，澈丽木格 . 模糊数学法在水环境质量评价中的应用——以滦河迁安段为例 [J] . 南水北调与水利科技，2008 (5)：101—104.

基于人口流动大数据的陕西省城镇体系结构分析及优化研究 (1)

○郑晓伟 (2)

内容提要：本研究以手机信令数据为基础，通过建立陕西省域范围内城市间网络联系模型对跨县（区）域空间单元的手机用户流动轨迹数据进行分析，计算得出城市间的联系方向和联系强度；进而对城镇体系等级关系进行定量化的评估，根据评估结果，选择网络联系强度比较高的城市作为中心城市，在此基础上依据其他城市与各中心城市的联系强度进行比较，以总联系强度的50%为阈值确定各中心城市的发展腹地。本研究旨在通过大数据的分析手段，挖掘陕西省域范围内城市间人口流动的规律和强度特征，从人流联系的视角提出城镇等级关系、联系强度、辐射范围等方面的结论与建议，为互联网和信息化背景下城镇体系规划编制中“三结构一网络”的确定提供支撑。

一、研究背景

（一）政策与实践背景

1. 以人为本的城市规划价值取向

城镇体系规划是指一定地域范围内，以区域生产力合理布局和城镇职能分工为依据，确定不同人口规模、等级和职能分工的城镇分布和发展规划，其核心在于围绕“三结构一网络”（城镇等级规模结构、城镇职能分工结构、城镇地域空间结构和城镇网络组织系统）所展开编制的一种宏观层次的规划类型。2010年7月1日开始施行的《省域城镇体系规划编制审批办法》第二十四条明确提

(1) 本研究报告为西安建筑科技大学2019年度新型城镇专项研究基金项目研究成果。

(2) 郑晓伟：西安建筑科技大学建筑学院副教授、硕士生导师。

出要综合分析省域经济社会发展目标和产业发展趋势、城乡人口流动和人口分布趋势、省域内城镇化和城镇发展的区域差异等影响本省、自治区城镇发展的主要因素，提出城镇化的目标、任务及要求。因此，对省域内城市间人口、经济、交通、产业等方面发展规律与相互关系的研究是省域城镇体系规划的重点之一，也是确定“三结构一网络”的技术支撑与前提。而城市间的联系不仅仅局限在经济和交通联系层面，由于经济活动的主体是“人”，因此对城市间基于人口流动的空间关系把握是研究区域内其他生产要素间关系的基础。但受到传统研究方法和技术水平的限制，反映城市间人口流动的数据难以获取，这在一定程度上对规划编制在技术上带来一定的影响和制约。

随着城镇化进程的加速，任何城市已经不再是一个封闭发展的系统，而是通过各种网络与区域内的其他城市紧密相连，形成在空间上高度关联的城市群。目前，各类突破行政区划的城市群、都市区规划逐渐成为城镇体系规划和城市规划的热点领域。对于陕西省而言，不论是国家层面的“一带一路”发展战略、西部大开发战略，还是地方层面的关天经济区、大西安发展战略等，都要求新一轮的城镇体系规划必须树立打破行政界域范围的理念，站在跨区域的角度去重新审视和研判省域内城市间的相互关系，通过寻求区域间的互补与合作实现区域协同发展。此外，国家新型城镇化规划中提出“以人为本”的导向也逐步使得在规划中对“空间”的研究转变为对“人”的行为的研究，这种规划编制价值取向的整体转变必然会对城镇体系规划提出新的理念、方法和技术挑战。

2. 大数据时代的城市规划（城镇体系规划）变革机遇

随着近年来信息与通信技术（ICT：Information and Communication Technology）的快速发展，大量反映人类经济活动特征、人地关系作用过程的数据随时都在产生，区域和城市规划的“大数据”时代已经到来。在城市规划领域，利用 LBS（Location Based Service，包括社交网络、公交刷卡、GPS、智能手机数据等）等新的数据类型对城市人口活动过程与特征进行描述、刻画与解释，进而对城市空间结构进行量化分析与研究的成果不断出现，在一定程度上回应和衔接了城市规划“人本”价值取向的转变。

在城镇体系规划层面，20 世纪 90 年代以后，航空流、通信流、交通流、企业关联网络等功能的数据已经成为区域规划和城镇体系规划的常规性数据，城市间空间结构和等级体系研究的范式已经由关注规模转变为关注功能联系。近年来，随着各种移动定位系统、互联网技术的发展，获得个体出行和移动轨迹数据成为一种可能。城镇体系规划中对城市间联系和空间结构的研究也开始出现利用社交网站签到数据、公交刷卡数据、浮动车 GPS 数据、高铁客流数据、高速公路车牌识别记录数据、手机信令数据等大数据类型，从“人流”联系的视角对跨区域和区域内城市间的联系进行分析和研究，为大数据时代城市规划人本导向的转变提供了数据基础，进而在城镇体系规划中为统计计算城市间的联系和吸引力，进而判断城市间的等级结构、通勤区域、服务腹地和区域发展廊道等提供科学、定量依据。

（二）数据来源

科学的规划需要可靠的数据支撑，而传统方案多以抽样问卷调查、统计年鉴数据分析为主，样本数量和代表性是关键问题。大数据为解决上述问题提供了一种技术上的可能。以手机信令数据为例，用户在使用手机的过程中，主动或被动的使用都能触发信令事件，通过对这些信令事件发生的时间、地点的搜集，能够真切地反映出用户的时空行为活动，而信令数据的连续性，也使得长期观测研究成为可能。

手机信令数据是手机数据的一种（其他手机数据还包括话单数据、上网数据、定位序列数据等），当用户操作手机进行开关机、通话、收发短信，或者携带手

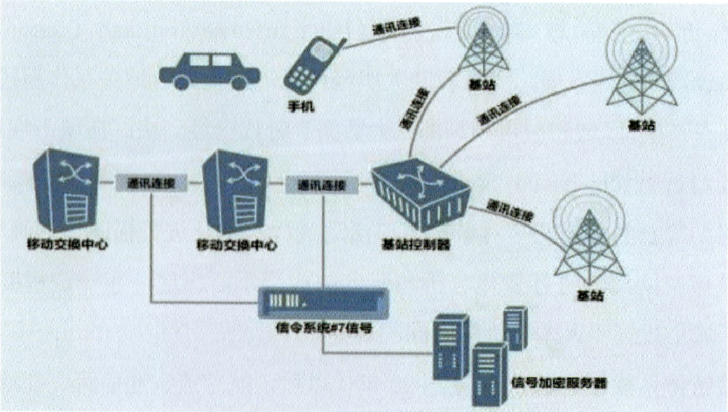

图 1　手机数据交换流程的概念图

机移动位置使手机连接的基站发生改变都会触发信令事件，即使手机未被操作或者移动，只要保持开机，也会每隔一段时间与基站进行连接，即周期性位置更新。信令事件一旦被触发，运营商后台的计算机就会记录下此时手机连接基站的坐标、时间、信令类型，同时包括加密后的用户编号，由此组成手机信令数据（图 1）。

与传统方法相比，手机信令数据具有独特优势。首先，手机的普及率高，根据工业和信息化部发布的电信业多项数据显示，截至 2017 年 6 月，全国电话用户总数达到了 15.65 亿户，其中移动电话用户 13.65 亿户，普及率 95.6 部 / 百人。第二，手机数据具有实时性，能较为连续记录居民活动的时空变化，无论是主动还是被动行为，在运营商的网络内都会留下记录。第三，手机数据采集成本低，易于多日连续采集，长期观察分析，挖掘居民多日行为的一般特征和活动规律。第四，被调查者不能干预手机信令数据实时采集，数据更为客观和有效。

本研究搜集的数据时段为 2017 年 4 月 10 日到 4 月 23 日（连续 10 个工作日和 4 个休息日），某运营商提供的全部陕西省内的手机用户信令数据，以及相对应时间的工参数据，包括了用户主动、被动触发的所有行为的时间和位置信息。需要指出的是，信令数据与工参数据关联，才能确切地把握用户的时空行为信息，原因在于信令数据中只是记录了用户的 ID、信令时间触发的时间，以及当时用户所使用的基站的编号，等等，不对应具体的经纬度，但基站公参信息中，蕴含了基站的编号，以及基站的经纬度信息，相比于信令数据产生的频率，公参数据的更新要缓慢得多，主要在维修、新增等情况下进行更新，公参的信息主要由运营商在设置基站时，通过实测的方式获得。为了减小由于基站公参老旧导致的误差，所搜集的基站参数信息时段应与搜集信令的时段相对应，通过基站编号将信令事件与空间位置经纬度关联起来，最终获得完整可用的记录。

（三）研究意义

本次研究旨在通过大数据的分析，挖掘陕西省域范围内城市间人口流动的规律和强度特征，从人流联系的视角提出城镇等级关系、联系强度、辐射范围等结论与建议，为城镇体系规划编制中“三结构一网络”的确定提供支撑，从而尝试在客观上推动城镇体系规划在技术方法上的转型和提升。首先，推动城镇体系规划编制的价值取向向“以人为本”理念的回归，与传统城镇体系规划的不同之处在于，手机信令数据能够精确捕捉到城市居民在城市之间流动的真实数据，从而得到城市间基于人流量的网络联系强度值，进而对城镇等级与人流活动趋势做出合理判断，这是以往规划所难以实现的。其次，推动城镇体系规划准确性的提高，以往城镇体系规划编制所依赖的统计年鉴、人口普查、经济普查等数据虽然具有一定的权威性，但都以静态数据为主，不能反映人口实时的变化和流动特征，并且统计单元较大，而手机信令数据基本可以满足和识别乡镇级别的空间单元，为省域城镇体系规划的编制提供更加精确的分析依据，也为突破行政区划识别区域间的联系奠定基础。

二、研究方法与技术路线

（一）研究技术路线

以手机信令数据为主要的数据源，结合陕西省域、市域、县域四个层级的行政范围以及交通、人口等统计数据展开研究。

以陕西省 107 个县（区）域行政边界为基本单元，根据手机信令数据的分析，按照工作日（周一至周五）和休息日（周六、周日）建立跨县（区）域空间单元手机用户的 OD 流动轨迹，即以用户居住地所在的县（区）域空间单元为 O（起始）点，跨县域出行的目的所在县（区）域空间单元为 D（终止）点，分别计算出每个区县单元日均出行的用户总频次和总人数，依据常住人口数量和用户比例进行扩样校正，最终计算得出每个县（区）域空间单元在工作日和休息日的日均实际出行人流量。

1. 评估城镇等级体系

通过建立的城市间网络联系模型对陕西省域范围内跨县（区）域空间单元的手机用户流动轨迹数据进行汇总和分析，计算得出县域城镇间的联系方向和联系强度，表征城市间的网络联系，进而对陕西省城镇体系等级体系进行定量化的评估。

2. 界定中心城市发展腹地

根据陕西省城镇体系等级体系的评估结果，选择吸引能力即网络联系强度比较高的城市作为中心城市，依据其他城市与各中心城市的联系强度进行比较，以总联系强度的 50% 为阈值确定各中心城市的发展腹地。

（二）数据处理方法

1. 常住地识别

以手机信令数据定位的基站位置推算每一用户在 2017 年 4 月 10 日到 4 月 23 日连续 10 个工作日中的 5 个工作日以上的夜间（23：00 至次日 5：00，关机用户以关机信令基站所在的空间单元为准）居住地位于同一空间单元内，即将该空间单元定为该用户的常住地。研究共识别出 7522531 个活跃用户，其中又识别出了 7317788 个用户的常住地，每个用户每天产生约 80 条记录，两周内总记录数大约 5.5 亿条。

2. 联系出发地（Orientation）和目的地（Destination）识别

在所有识别出的 7317788 个常住地用户中，在 10 日内如发生跨县（区）域空间单元出行，则按照用户出发（即常住地）所在的县（区）域空间单元作为出发地，在陕西省域范围内一日出行到达的最远地县（区）域空间单元（并且停留时间超过 30min 以上，可以认为发生经济或者休闲活动）作为目的地。

3. 用户联系人数计算（Uesr Population）

根据居民常住地识别的结果，如果常住地居民某一手机用户在工作日、休息日内的任何一日内发生跨县（区）域空间单元的出行行为，则不论一日内跨区域出行次数的多少，统一认为联系人数为 1。研究从 7317788 个用户的常住地中识别出了工作日日均 1504380 人、休息日 1455497 人跨县（区）域空间单元出行的用户（不包含单元内部的出行），约占用户常住人口的 20% 左右。

对于县（区）域内部居民流动而言，本次研究确定在区域范围内以 1km×1km 的网格作为空间单元，如果常住地居民某一手机用户在工作日、休息日内的任何一日内发生跨网格单元的出行行为，则不论一日内跨网格单元出行次数的多少，统一认为联系人数为 1。

4. 用户联系频次计算（Uesr Frequency）

如果识别出的常住地居民某一手机用户在 10 日内的任何一日内发生跨县（区）域空间单元的出行行为，则根据发生跨区域空间单元出行的次数记录相应的联系频次。例如，某一手机用户在一日内发生一次跨区域单元的往返出行，则联系人数记录为 1，联系频次记录为 2。研究从 7317788 个用户的常住地中识别出了工作日日均 2712231 人次、休息日 2375602 人次跨县（区）域空间单元出行的用户。

同样，以 1km×1km 的网格作为空间单元，如果常住地居民某一手机用户在工作日、休息日内的任何一日内发生跨网格单元的出行行为，则根据发生跨网格单元出行的次数记录相应的联系频次。例如，某一手机用户在一日内发生一次跨网格单元的往返出行，则联系人数记录为 1，联系频次记录为 2；如果用户在一日内发生两次跨网格单元的往返出行，则联系人数记录为 1，联系频次记录为 4。

三、陕西省县域人口流动与空间分布特征

（一）县域常住人口现状与变化分析

1. 常住人口与流动人口现状

根据《陕西省人口统计公报》的数据，截至 2017 年 8 月，全省常住人口 3812.62 万人，比 2015 年增加了 19.75 万人。其中，男性 1969.22 万人，占 51.65%；女性 1843.40 万人，占 48.35%，性别比为 106.83（以女性为 100，男性对女性的比例）。出生人口 40.46 万人，出生率 10.64‰；死亡人口 23.69 万人，死亡率 6.23‰；自然增长率 4.41‰。城镇人口 2109.90 万人，占 55.34%；乡村人口 1702.72 万人，占 44.66%。人口年龄构成为 0—14 岁人口占 14.13%，15-64 岁人口占 75.51%，65 岁及以上人口占 10.36%。

流动人口方面，全省流动人口规模 576.82 万人，占常住人口的 15.21%，仍然处在一种较高的水平。从结构上看，省内流动更加活跃。调查结果显示，2015 年陕西流动人口中，省内流动人口为 493.85 万，占全省流动人口的 85.6%，与 2014 年相比，人数增加 28 万人、占比提高 6.2 个百分点，省内流动人口规模呈现逐年加大趋势。从整体的趋势上看，近年来省际人口流动减缓。初步测算，2015 年全省净流出人口 79.65 万人，较 2014 年减少约 3 万人。

2. 常住人口变化分析

根据陕西省 2010 年和 2015 年的常住人口普查数据结果显示，2010 年陕

西省全省的常住人口为3727.89万人（图2)、2015年全省的常住人口增加到3783.71人（图3)，五年间人口规模净增加了55.82万人。

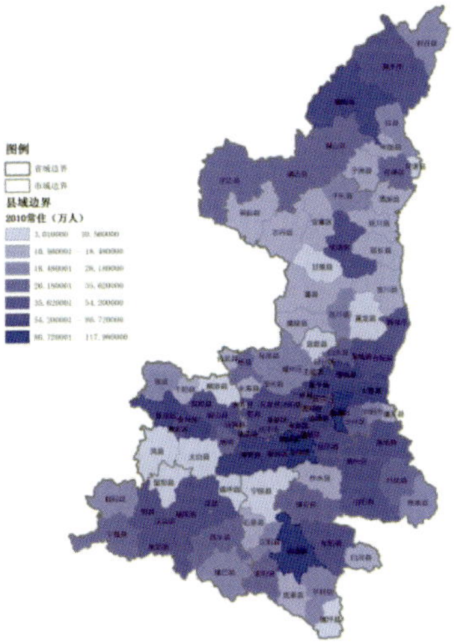

图2 2010年陕西省常住人口分布

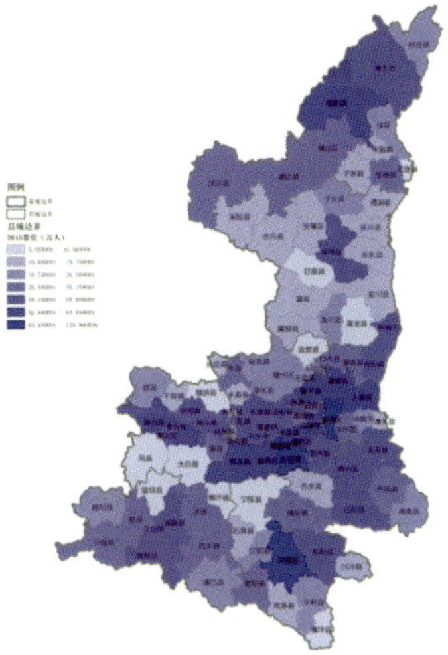

图3 2015年陕西省常住人口分布

人口增加速度比较快的地区集中在关中地区的西安市、咸阳市、渭南市、宝鸡市等。从空间分布来看,全省约70%的常住人口都集中在关中地区（西安市、咸阳市、宝鸡市），陕北、陕南地区由于自然地形和地貌条件的限制以及交通区位条件等的影响，常住人口规模普遍较低，但随着近年来陕北地区能源化工产业的不断发展和城镇化速度的加快，陕北地区的延安、榆林两市的常住人口规

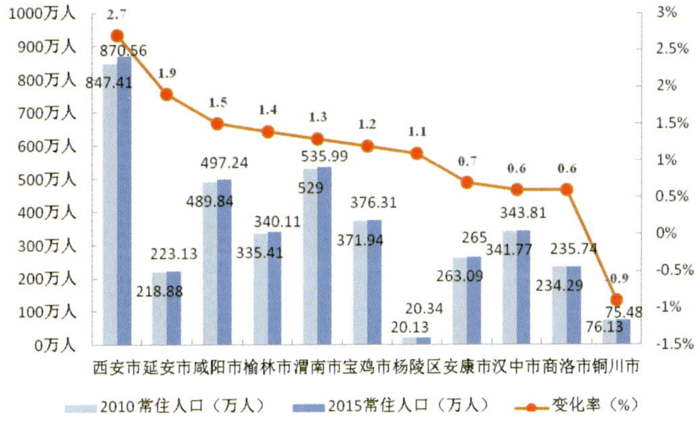

图4 陕西省市级行政单元2010—2015常住人口变化统计

模增长速度相对加快，增长率保持在 1.5% 左右，而陕南地区则常住人口相对增长较慢，增长率为 0.6% ～ 0.7%。此外，铜川市由于产业结构调整所释放出的剩余劳动力增多，以及凭借便利的交通区位优势使得大西安经济圈对其人口的吸纳影响，近五年间的常住人口出现了负增长的情况，年均下降率为 0.9%（图 4）。

（二）跨县（区）域人口流动总量分析

对于省域范围内具体某一个县（区）域单元而言，表征人口由该地区流出的整体跨区域出行水平可以反映出城市自身所能释放出就业人口的发展潜力，

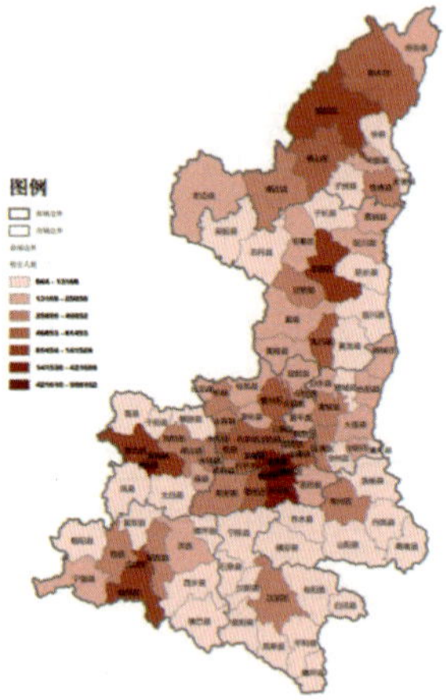

图 5　跨县域单元工作日日均人口吸引总量分布

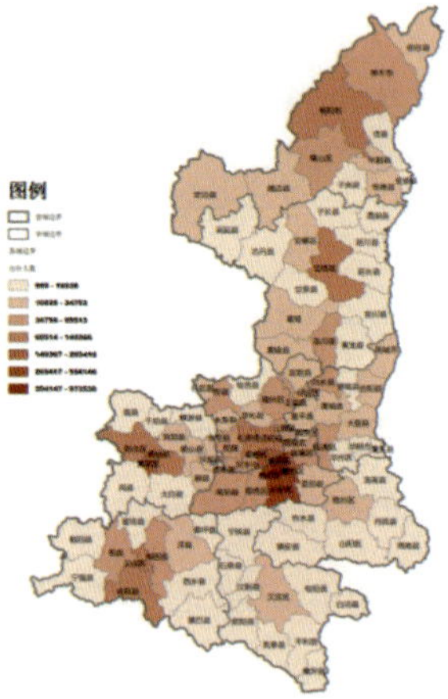

图 6　跨县域单元工作日日均人口出行总量分布

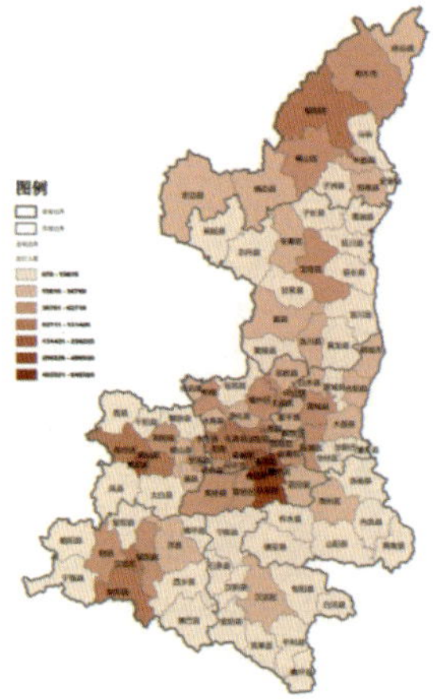

图 7　跨县域单元休息日日均人口出行总量分布

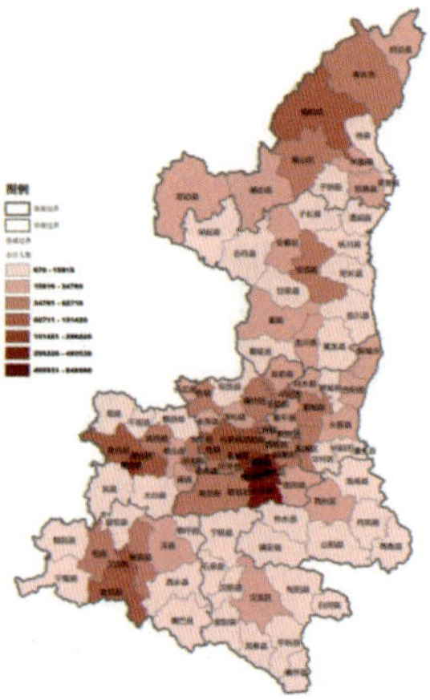

图 8　跨县域单元休息日日均人口吸引总量分布

而表征人口流入该地区的吸引水平则可以反映出该城市的产业发展水平和综合服务能力。如果单日内该空间单元的人口流出绝对数量大于人口流入数量，说明该节点在区域城市网络中属于区域性中心节点，扮演着非常重要的功能角色，反之该城市则处于被支配地位，并且流出和流入人口数量的差异越大强度越高。

以全省107个区县为空间分析单元，根据手机信令数据的初步处理和识别结果，采用省内手机用户联系人数（User Population）作为数据源，并根据各区县常住人口数量和用户比重扩样校正计算后得出，全省范围内不包含县（区）域内部的跨区域日均人口流动总量为工作日7521899人（图5、图6）、休息日7040385人（图7、图8），分别占全省常住人口的19.7%和18.5%，具体见表1。

表1 陕西省跨区县单元人口日均流动总量统计表

城市	工作日				休息日			
	出行量（人）	吸引量（人）	出行量占比（%）	吸引量占比（%）	出行量（人）	吸引量（人）	出行量占比（%）	吸引量占比（%）
西安市	4222554	4205558	48.5%	48.3%	3846390	3859350	44.2%	44.3%
咸阳市	936588	942286	18.8%	19.0%	977850	974030	19.7%	19.6%
宝鸡市	668824	670925	17.8%	17.8%	625250	622510	16.6%	16.5%
渭南市	246709	229917	4.6%	4.3%	249685	241820	4.7%	4.5%
铜川市	176059	177673	23.3%	23.5%	176195	178145	23.3%	23.6%
杨陵区	30775	30749	15.1%	15.1%	32935	33620	16.2%	16.5%
延安市	290164	306750	13.0%	13.7%	219770	219395	9.8%	9.8%
榆林市	386005	390948	11.3%	11.5%	382210	384690	11.2%	11.3%
汉中市	374038	376277	10.9%	10.9%	357090	354755	10.4%	10.3%
安康市	92153	91415	3.5%	3.4%	88895	87045	3.4%	3.3%
商洛市	98030	99401	4.2%	4.2%	84115	85025	3.6%	3.6%
全省	7521899	7521899	19.7%	19.7%	7040385	7040385	18.5%	18.5%

通过表1可以看出，陕西省全省范围内跨县（区）域空间单元的人口日均流动量保持在700万人至750万人之间，并且工作日单日的人口流动量高于休息日，这在一定程度上反映出目前省域内的跨区域人口流动目的主要以经济活动为主。但是从整个市域范围来看，不论工作日还是休息日的人口流动出行量

和吸引量几乎相同，说明目前全省的跨区域人口出行绝大多数都集中在市域内部，即以跨县（区）域的人口流动为主，跨市域范围的人口流动数量相对较少。

此外，从空间分布来看，跨区域的人口流动比较密集的地区主要集中在西安市，其日均人口流动总量几乎占到了城市常住人口的一半，并且远远高出排在第二位铜川市几乎 20 至 25 个百分点，这也证明了作为全陕西省经济中心的西安市对外围城市的绝对首位度和高能级的网络关联度，与周边城市共同形成具有一定综合竞争力的城市群。

铜川市作为衔接关中与陕北地区的重要节点，受到行政辖区面积、地形地貌、交通条件和常住人口规模的影响，腹地发展受到一定程度限制，因此也体现出非常高的跨区域人口流动频次，不论工作日和休息日跨区县单元人口日均流动总量占常住人口比均维持在 23% 左右，同样高于全省平均水平。因此，加快实现与西安市的互补和对接，结合未来区域产业结构的调整进一步拓展腹地空间是未来铜川市发展的主要方向所在。而渭南市作为市域常住人口规模仅次于西安的地级市单元，其跨县（区）域空间单元的人口日均流动量占比仅仅只有 4.3%，区域整体活力低下。据此可以判断，目前渭南市域范围内的绝大多数人口大多以从事传统农业为主，工业化和城镇化水平相对较低，导致区域间产业同质化发展严重、关联程度不高、产业分工格局尚未形成，与外部城市之间的关联程度也非常小。其主要原因在于作为市域中心城市的临渭区由于在空间上邻近西安市，导致其对市域内城市的服务和带动能力不足，亟待培育一个新的增长极来带动区域城市间的网络关联。

从陕北、陕南两个地区的跨区域人口流动情况来看，由于自身的资源禀赋和主导产业的差异，两个地区的人口流动活力整体上要低于关中地区，并且陕北地区的跨区域日均人口流动总量占常住人口比（10% ～ 15% 之间）整体上要高于陕南地区的城市。未来应进一步强化两个地区市域中心城市的综合服务能力和生产性服务业的产业集聚水平，并通过新增长极的培育共同提升该地区整体的城市人口流动活力。此外，陕南地区除汉中外，安康、商洛两地跨区域日均人口流动总量占常住人口比仅为 3% ～ 4% 之间，这也反映出两市目前的产业基础仍较为薄弱，非农产业发展的动力不足，与关中地区的网络关联程度较低。因此，进一步调整产业结构，通过制造业的带动，强化陕南与关中地区的联系，从而增加跨区域的人流强度实现区域一体化是未来陕南地区发展的重点所在。

（三）县（区）域内人口流动总量分析

区域单元内部人口的流动不仅反映出区域内整体的经济活跃程度，也可以判断出城市内部的活力水平。本次研究界定县（区）域范围内的人口流动是以 1km×1km 的网格为基本单元，同样采用省内日均手机用户联系人数（User Population）作为数据源，并根据 107 个区县常住人口数量和用户比重扩样校正计算后得出。

从整体上看，全省范围内县（区）域单元城市内部日均人口流动总量为工作日 10310082 人、休息日 15320895 人，分别占全省常住人口的 27.2%、40.5%，具体见表 2。

表 2　陕西省区县单元内部跨网格单元日均人口流动总量统计表

城市	工作日		休息日		比重差异（休息日比重—工作日比重）
	人口流动总量（人）	流动总量占常住人口比重（人）	人口流动总量（人）	流动总量占常住人口比重（人）	
西安市	3271090	37.6%	6388020	73.4%	35.80%
咸阳市	1407124	28.3%	2059375	41.4%	13.10%
宝鸡市	867397	23.1%	1336560	35.5%	12.40%
渭南市	906453	16.9%	1051840	19.6%	2.70%
铜川市	198327	26.3%	316115	41.9%	15.60%
杨陵区	53393	26.3%	53500	26.3%	0.00%
延安市	669063	30.0%	738655	33.1%	3.10%
榆林市	1245394	36.6%	1549000	45.5%	8.90%
汉中市	784783	22.8%	1027965	29.9%	7.10%
安康市	548620	20.7%	519730	19.6%	-1.10%
商洛市	358438	15.2%	280135	11.9%	-3.30%
全省	10310082	27.2%	15320895	40.5%	13.30%

受到分析单元尺度的影响，陕西省域范围跨内县（区）域单元和单元城市内部日均人口流动总量及其占常住人口的比重之间不存在可比性。但不难发现，与跨区县单元人口日均流动总量所不同的是，省域范围内工作日城市内部的日

均人口流动总量低于休息日的总量，说明以休闲游憩消费为目的的出行主要集中在城市内部，并且以短距离出行为主，跨区域出行的休闲消费比重不高。从各地区差异来看，工作日差异较小、休息日差异较大，也说明城市间休闲娱乐设施的供给差异水平。

从占常住人口比的差异来看，西安市在休息日内的人口流动量明显高于工作日，其差异水平达到35.8%，咸阳、铜川、宝鸡次之，其各自空间单元的中心城市作为区域内部出行的主要集中地，各类设施等级和服务水平对带动休息日人流出行起到关键作用；渭南、延安、杨陵等地比重差异不明显，未来应进一步强化中心城市公共服务设施的配套；而安康、商洛等地则出现休息日内的人口流动量低于工作日的情况，这也影响到整体的城市活力和消费水平。

四、陕西省县域城市间网络联系分析与城镇等级评估

城市网络联系是指一定地域范围内的大、中、小城市在空间上合理地分布，并按照客观要求进行协作和联系，形成一个不可分割的有机体系，称为城市网络联系。随着城市的不断发展，多核心的城市区域以及城市间的关联已经成为未来研究城镇体系的重点，区域经济一体化进程中城市间的网络联系意味着城市之间的高度分工，而多核心城市区域的功效即在于借重彼此之间的网络分工以提升整个城市体系的集合能效。

（一）省内城市间网络联系分析

1. 现状整体网络结构特征

对城市间网络联系强度的计算技术路线如下：首先在ArcGIS环境下计算得出省域范围内107个县（区）域单元的质心经纬度投影坐标（WGS1984坐标系的UTM投影坐标）作为城镇体系网络节点要素；其次，以工作日处理后的手机信令数据所计算出的跨县（区）域日均人流联系频次（Uesr Frequency）为参数值，采用XY转线命令分别建立工作日和休息日跨县（区）域城市间手机用户OD流动轨迹图（图9、图10），构建出县（区）域城市单元间的联系方向和联系矩阵；最后，提取被联系城市（即出行目的地城市）的数量和人流频次的总量表征城市间的网络联系强度。

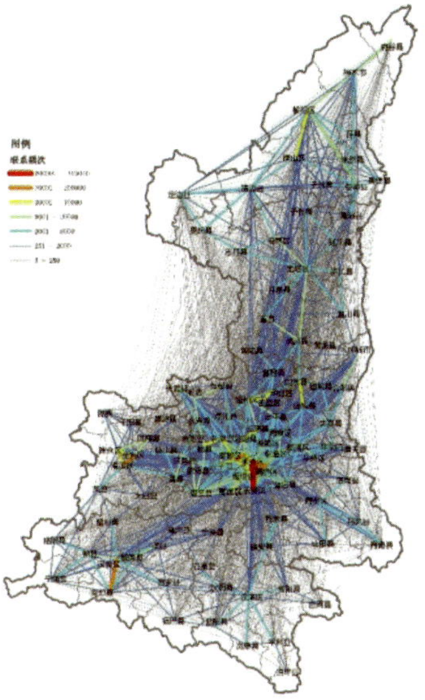

图 9　省域范围工作日跨县（区）域人口流动 OD 图

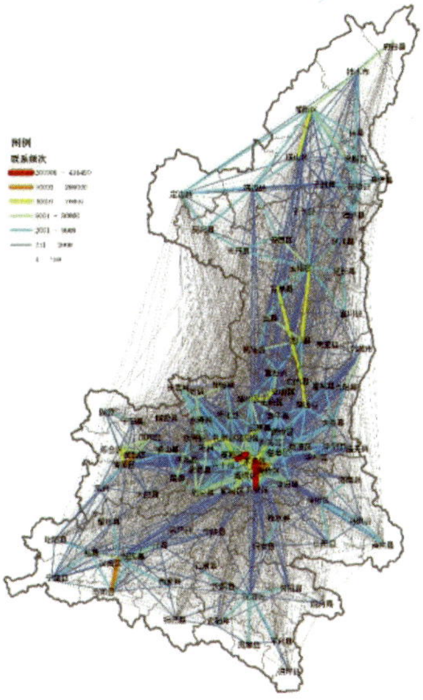

图 10　省域范围内休息日跨县（区）域人口流动 OD 图

陕西省域内日均人口流动总量所表征的城市网络结构体系呈现出“一个集聚核、四个次区域”的空间分布特征。一个集聚核表示以西安—咸阳为核心的西咸城市群网络节点，该节点人流联系频次总和网络联系强度最高，所覆盖的地域空间范围也更大，是整个陕西省的经济增长和区域网络中心。四个次区域分别指铜川次区域城市群节点（印台区—耀州区—王益区）、汉中次区域城市群节点（汉台区—城固县—勉县—南郑区）、宝鸡次区域城市群节点（金台区—渭滨区—陈仓区）、榆林次区域城市群节点（榆阳区—横山区）。这些区域性的城市群网络节点目前基本上都在一定程度上实现了较明确的内部产业分工，功能联系紧密，也能够辐射和带动一定地域范围内次级城市的协调发展。

2. 次区域城市网络联系分析

西咸城市群网络节点。与其他区域性城市网络节点相比，西咸城市群网络节点所关联的城市最多，空间拓展的地域范围最广，涵盖了西安市的所有以及咸阳市南部的大部分区县，目前已经呈现出一定的网络化发展特征，特别是在西安市区内部的区县单元间呈现出复杂密集的联系。随着西咸新区逐步由西安市进行托管，西咸一体化进程将会进一步加快，未来该地区的城市网络关联程

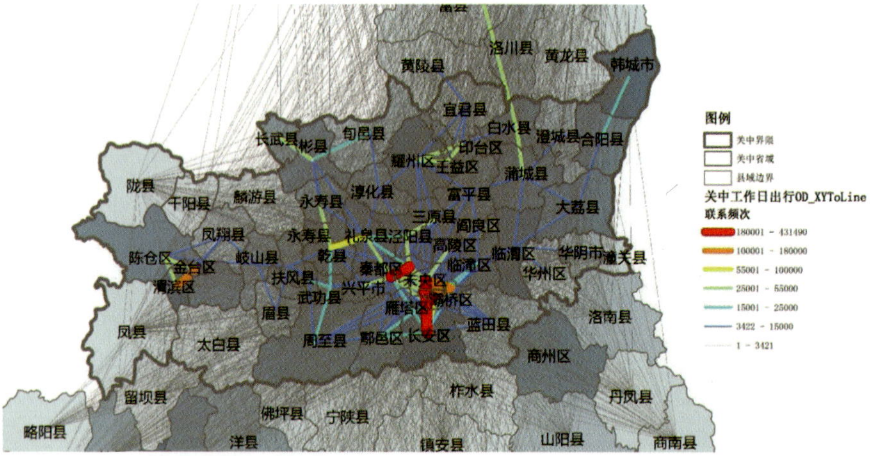

图 11　关中地区跨县（区）域人口流动 OD 图

度将会不断完善和强化（图 11）。

与此同时，研究发现西咸城市群虽然作为全省内的最高级别网络节点，但除铜川外与其他次区域城市群网络节点的联系度非常弱，受到资源、地形、人口、交通等方面的影响，城市群节点之间的网络联系均不同程度地出现断裂现象。这也就意味着，目前整个陕西省域范围内的城镇体系仍然处在传统的“极核化”发展阶段，除西咸地区以外，以分工协作和区域协调为特征的“网络化”发展模式暂未显现。

铜川城市群网络节点。由于铜川市自身辖区范围有限（三区一县），人口规模小，因此网络联系度较高的城市集中在王益、耀州和印台三区，即其中心城区范围内。虽然自身辐射能力有限，但从地理位置上看，铜川市所处的地区是连接关中与陕北、沟通渭北与宝鸡的重要枢纽型节点城市，其自身的发展水平和地位将会在很大程度上影响到陕西北部地区的城镇空间格局。从目前来看，铜川市通过包茂、西延交通走廊经三原县与西咸城市群网络节点形成了一定的网络关联，对渭北地区的个别城市也有一定的吸引力，但整体来看强度不高，与整个陕北地区的网络关联程度也仍然不够紧密。

榆林城市群网络节点。由于地处陕西省的最北部，受到直线交通距离的影响，相比之下榆林市与西咸城市群网络节点关联程度最低。但随着该地区作为国家级能源基地的作用和地位越来越高，能源化工产业的不断发展在带动地方经济

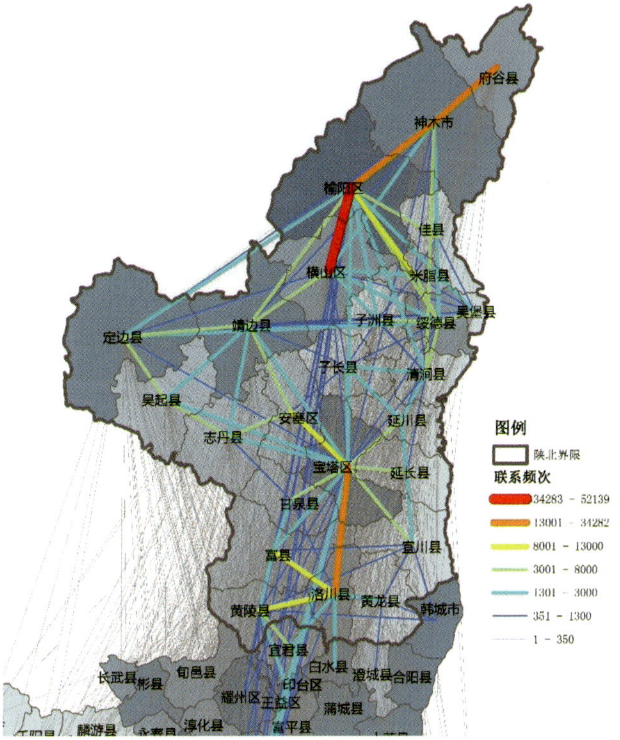

图 12　陕北地区跨县（区）域人口流动 OD 图

增长的同时也使得城市间的人口流动密度显著增强，在区域内形成了较为复杂和密集的空间网络关系，特别是榆阳—横山—神木—府谷之间的关联程度最高。尽管如此，榆林地区与其北部延安城市群的联系度不高，从而使得省域内沿南北向的城镇发展轴线未能完全发挥引导作用（图 12）。

汉中城市群网络节点。作为陕南三个地区中人流联系总量占常住人口比重最高的地市级单元，汉中城市群目前已经形成以汉台—南郑为核心、连接城固—勉县—洋县、辐射全市域（甚至包含宝鸡的太白县和安康的宁陕县）的城市网络体系，说明目前汉中市已经形成较为明确的区域分工，产业结构和比重分布较为合理，城市网络体系的发育程度也相对较高。随着南郑的撤县设区，未来汉中市中心城区的范围将会进一步扩大，辐射带动作用也会进一步增强。但与此同时，汉中城市群并未与西咸城市群网络节点形成良好的联系，与其周边的宝鸡市、安康市联系程度也不高，城市网络发展环境相对封闭，这对未来汉中

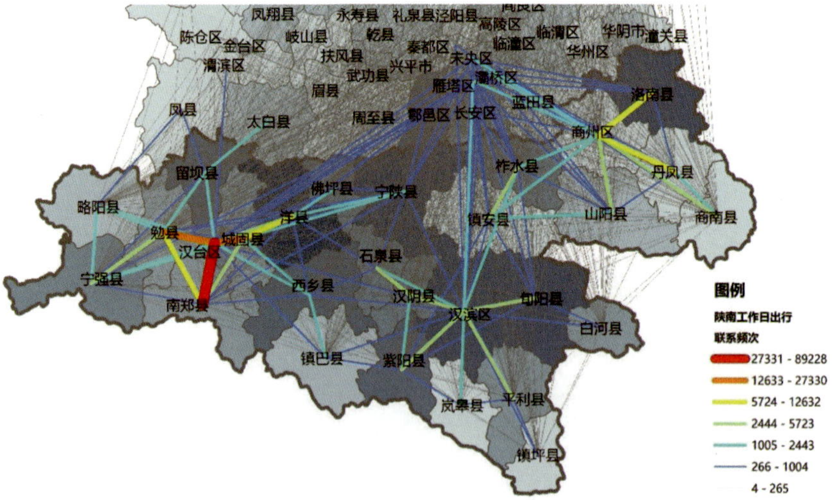

图 13　陕南地区跨县（区）域人口流动 OD 图

城市群不断扩大影响辐射范围、最终融入陕西省整体的城市网络体系带来一定的影响和制约（图 13）。

（二）基于网络联系强度的城镇等级体系评估

由于城镇等级体系等级的确定一般都以城镇规模等级为依据，而城镇规模等级又多以城市中心城区（建成区）的人口或规模来界定与表征。但是对于区域中心城市而言，特别是对于城市规模相对较大的城市来说，其建成区往往会跨越多个次级行政单元（例如市—区、县—镇的关系），如果仍以县（区）为计量单元，必然会割裂中心城区的完整性从而对评价的结果带来一定程度的影响。

为了避免上述问题，本次研究对于基于网络联系强度的城镇等级体系评估的县（区）域空间分析单元进行修正，即如果中心城市跨越了多个区县的行政边界（选择与判断标准为实际连片的建成区范围），则将这些区县进行合并后的范围作为中心城区的空间范围。通过分析，合并的区县行政单元如下：将西安市的碑林区、雁塔区、莲湖区、未央区、长安区、灞桥区、新城区进行合并，合并后统称为西安市区；将宝鸡市的金台区、陈仓区、渭滨区进行合并，合并后统称为宝鸡市区；将铜川市的印台区、王益区、耀州区进行合并，合并后统称为铜川市区；将咸阳市的秦都区、渭城区进行合并，合并后统称为咸阳市区。

同时，分别将榆阳区称为榆林市区、宝塔区称为延安市区、商州区称为商洛市区、汉滨区称为安康市区、汉台区称为汉中市区，杨陵区称为杨陵市区。最终合并后的行政空间单元由原来的107个缩减为96个，包括11个市区（中心城市）、6个区、4个县级市、75个县。

通过数据分析，相对于联系人流总量而言，被联系城市的数量多少和人流频次更能反映一个城市在区域网络中的节点地位。因此，本研究以被联系城市能够吸引的工作日人均出行人次总量的大小来表征该城市在城镇体系中的等级和地位，据此原则可以将陕西省域内的城市划分为五档，具体如表3、4所示：

表3　城市网络联系强度一览表

城市名称	工作日日均吸引总频次（人次）	城市名称	工作日日均吸引总频次（人次）	城市名称	工作日日均吸引总频次（人次）
西安市区	14875190	府谷县	231979	武功县	76800
咸阳市区	2296697	永寿县	219345	宁强县	76774
宝鸡市区	1669346	高陵区	217699	米脂县	76072
榆林市区	1156155	富平县	214599	商南县	72862
铜川市区	1020408	横山区	191160	丹凤县	71932
延安市区	944813	岐山县	185098	安塞区	71745
汉中市区	896535	长武县	183267	子长县	67667
安康市区	697171	淳化县	180630	宜川县	66911
渭南市区	651243	洋　县	176122	柞水县	65579
礼泉县	646319	阎良区	162425	略阳县	65425
泾阳县	616885	旬邑县	161090	陇　县	63234
韩城市	575282	绥德县	153756	石泉县	61215
乾　县	538092	洛川县	150774	清涧县	60430
神木市	492713	眉　县	147900	延川县	60245
彬州市	439267	凤翔县	130199	千阳县	56862
三原县	431780	旬阳县	129943	潼关县	55932
商洛市区	327441	蓝田县	125126	平利县	55753
杨陵市区	193780	洛南县	122442	子洲县	46683
合阳县	414011	华阴市	122100	延长县	46391
大荔县	397423	吴起县	121652	岚皋县	45759

续表

城市名称	工作日日均吸引总频次（人次）	城市名称	工作日日均吸引总频次（人次）	城市名称	工作日日均吸引总频次（人次）
定边县	367294	西乡县	118008	佳　县	45580
兴平市	344103	澄城县	111816	凤　县	35390
南郑区	336430	志丹县	99668	镇巴县	33669
白水县	335978	汉阴县	96923	麟游县	31592
城固县	332328	山阳县	95019	太白县	30956
周至县	331307	华州区	92255	白河县	28865
临潼区	321100	镇安县	87523	留坝县	27782
靖边县	320591	富　县	87018	吴堡县	25393
蒲城县	311973	甘泉县	84581	宁陕县	25223
鄠邑区	298306	紫阳县	79938	佛坪县	13553
勉　县	274243	黄陵县	79360	黄龙县	11836
扶风县	261264	宜君县	77758	镇坪县	9696

表 4　基于网络联系强度的陕西省城镇等级结构评估

城市等级	城市名称	城市数量（个）	城市职能	发展建议
第一档	西安市区	1	省域核心网络节点（中心）城市	加快与咸阳市区的一体化发展，进一步加强与关中地区其他城市的网络联系
第二档	咸阳市区、宝鸡市区、榆林市区、铜川市区、延安市区、汉中市区、安康市区、渭南市区、礼泉县、泾阳县、韩城市、乾县、神木市、彬州市、三原县	15	省域次要网络节点（中心）城市	重点应通过市域间的产业协作和分工强化省域次要网络节点（中心）城市之间的联系
	商洛市区、杨陵市区	2	市域中心城市	
第三档	合阳县、大荔县、定边县、兴平市、南郑区、白水县、城固县、周至县、临潼区、靖边县、蒲城县、鄠邑区、勉县、扶风县、府谷县、永寿县、高陵区、富平县、横山区、岐山县、长武县、淳化县	22	市域次中心城市	通过产业、交通体系的打造尽快融入各自中心城市的一体化发展中，进一步极化中心城市的地位和网络联系强度

续表

城市等级	城市名称	城市数量（个）	城市职能	发展建议
第四档	洋县、阎良区、旬邑县、绥德县、洛川县、眉县、凤翔县、旬阳县、蓝田县、洛南县、华阴市、吴起县、西乡县、澄城县、志丹县、汉阴县、山阳县、华州区、镇安县、甘泉县、富县、紫阳县、黄陵县、宜君县、武功县、宁强县、米脂县	27	一般性小城市	强化和完善中心城区公共服务设施建设，带动腹地（乡镇）的发展
第五档	商南县、丹凤县、安塞区、子长县、宜川县、柞水县、略阳县、陇县、石泉县、清涧县、延川县、千阳县、潼关县、平利县、子洲县、延长线、岚皋县、佳县、凤县、镇巴县、麟游县、太白县、白河县、留坝县、吴堡县、宁陕县、佛坪县、黄龙县、镇平县	29	特色性小城市	城市未来的发展重点以强调特色化、生态化的导向为主

第一档城市为西安市区，其作为全省城市网络的核心地位非常突出，工作日日均能够吸引的人流频次达到 1480 万人次，远远高于排在第二位咸阳市的仅 230 万人次的网络联系强度，属于绝对意义上的区域网络核心节点，这一方面也验证了目前全省“单中心”的空间结构格局，另一方面也说明现阶段在全省范围内仍难以挖潜和培育出可以成为省域副中心城市的增长极。

第二档的城市共有 17 个，除了 10 个地级市（含杨陵区）的市辖区以外，礼泉县、泾阳县、韩城市、乾县、神木市、彬县、三原县共计 7 个县级单元的城市也被识别出具有较高的城市网络联系强度，因此也划入第二档城市，这些城市工作日日均能够吸引的人流频次在 43 万人次至 230 万人次之间。咸阳市区作为该档城市中网络联系强度最高的城市，未来应重点考虑如何融入大西安使得西咸城市群的网络联系强度更大，从而参与到全国城市网络体系的分工中。其他市域中心城市的网络联系强度相对较弱，辐射带动范围有限，腹地大多集中在市域范围内，市域间的联系强度仍处在较低水平，在一定程度上仍然受到行政区划的影响。此外，商洛市区、杨陵市区虽然日均吸引的人流频次分别仅有 32.7 万、19.4 万人次，作为地区型的网络节点城市的中心性非常有限，对周边城市的吸引能力也较弱，但其作为各自行政单元内的中心城市，考虑到具体的管理和政策协调现实性，本次研究也将这两个城市划归到第二档。

第三档的城市共有 22 个，工作日日均能够吸引的人流频次在 18 万人次至 42 万人次之间。从空间分布上看，这些城市大多都分布在市域中心城市周边（例如合阳县、南郑区、鄠邑区、横山区、富平县、府谷县、临潼区等），在一定程度上承担着疏解中心城区功能、承接产业转移的作用。未来的发展应重点通过产业、交通体系的打造尽快融入各自中心城市的一体化发展中，进一步极化中心城市的地位和网络联系强度。

第四档的城市共有 22 个，工作日日均能够吸引的人流频次在 7 万人次至 10 万人次之间，属于市域范围内发展水平相对落后的城市。日均吸引人流频次低于 7 万人次的城市被划到第五档，该档城市绝大多数都远离中心城市或者是位于生态敏感性比较高的地区，是一般的县级中心，其未来的发展重点应强调特色化、生态化的导向。

五、中心城市腹地空间识别

（一）中心城市腹地界定

城市腹地是城市周围与城市具有紧密的经济、文化联系的毗邻地区，其大小受自然、资源、社会、经济诸因素制约。一般而言腹地范围愈大，经济发展水平愈高，城市发展规模和潜力也愈大。城市周围地区地形起伏、河流长度与流域范围、资源分布和开发程度、交通线网布局、商品货物流向、城镇网密度、人口分布，都对城市吸引范围和腹地大小产生影响。城市性质、规模也与腹地大小和腹地经济特征有密切关系。基于手机信令的数据类型优势以及“流”空间的概念，本次专题研究对中心城市腹地的界定采用的是基于城市间人口流动强度指标来测度。

基于对陕西省城镇等级的评估，第一等级和第二等级城市的网络联系度比较高，无疑在陕西省与城镇体系格局中发挥重要的节点作用。本次专题研究以第一档城市西安和第二档城市榆林、神木、延安、宝鸡、咸阳、彬州市、杨陵、铜川、渭南、韩城、汉中、安康、商洛作为中心城市（其中神木、彬州市、韩城作为新兴的潜力中心城市；商洛、杨陵虽然网络联系强度较低，但其作为地级市政府的驻地和国家级政策型开发区，因此也纳入第二等级的中心城市；礼泉县、泾阳县、乾县三地虽然也被划入第二档的城市，但其已经作为大西安城市群边缘区的组成部分，因此对这三个城市不做腹地划分）。

具体界定中心城市腹地的方法是：统计、筛选陕西省域内每个城市单元与14个中心城市的联系强度（图14）。选取每个城市单元与14个中心城市联系强度最高者，若其强度值达到14个中心城市联系强度值总和的60%以上，则将该

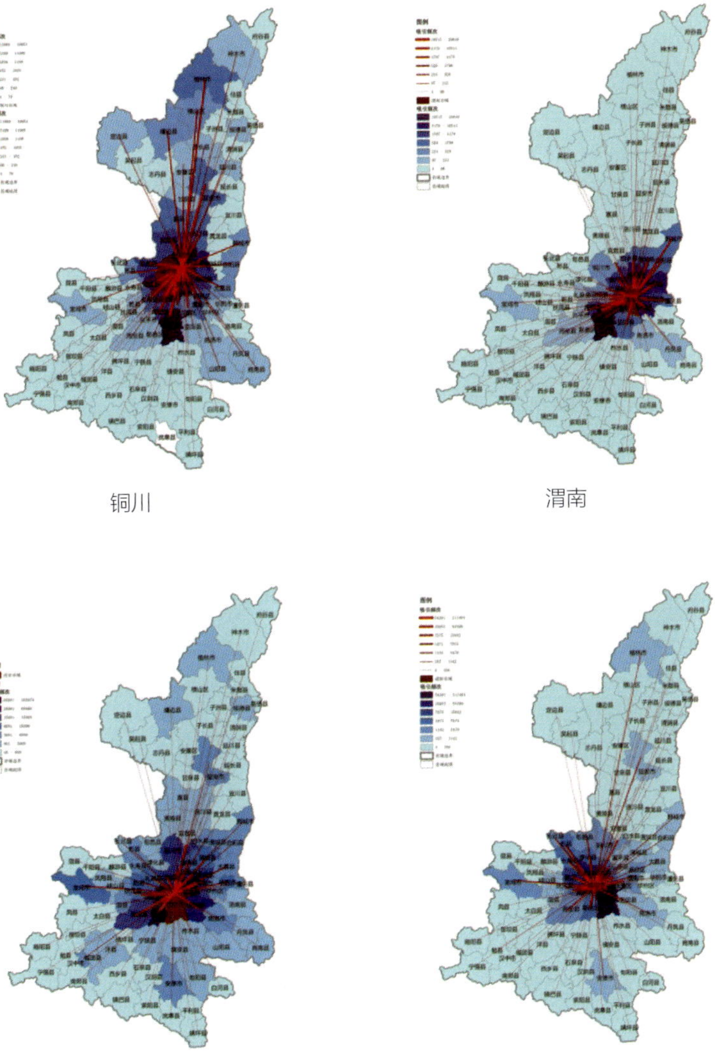

图14 陕西省区域中心城市腹地分布（a）

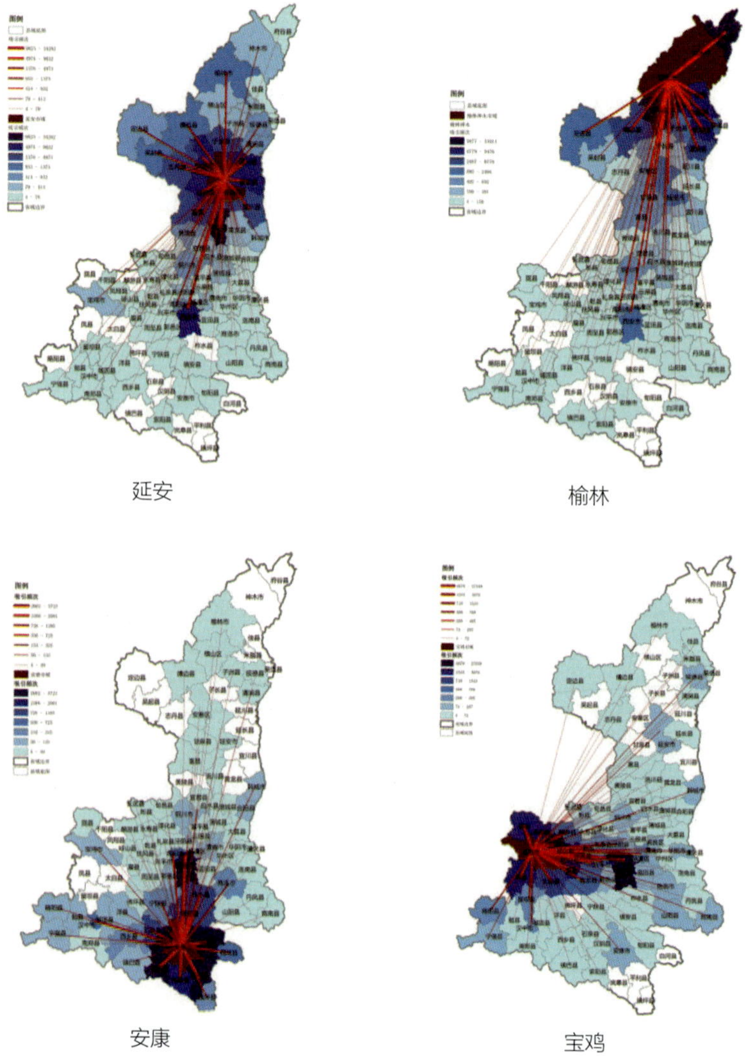

图 14　陕西省区域中心城市腹地分布（b）

城市单元界定为该中心城市的发展腹地，若其联系强度值尚未达到总和的 60%，则认为该区县单元属于联系强度前两位中心城市的腹地争夺区（图 15、表 5），对于争夺区可以进一步通过比较联系强度较高的前两位城市的具体网络联系强度值来判断该城市与谁关系更为密切。

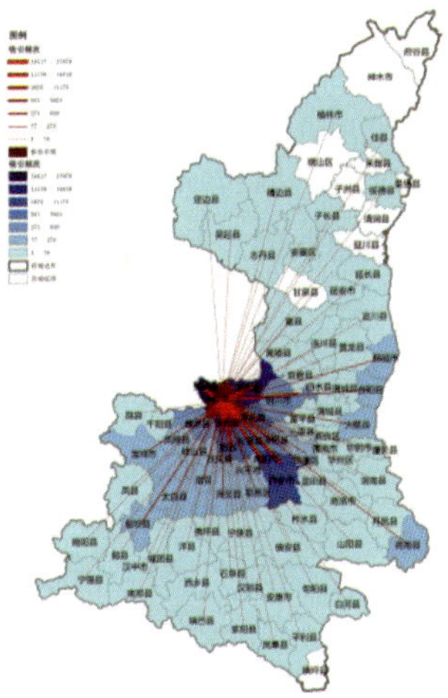

彬县

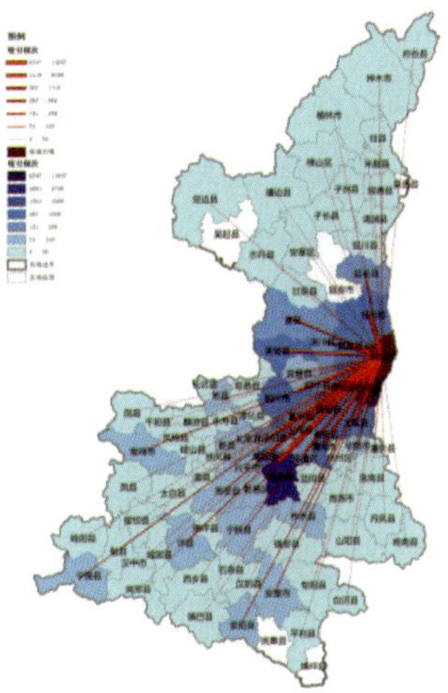

韩城

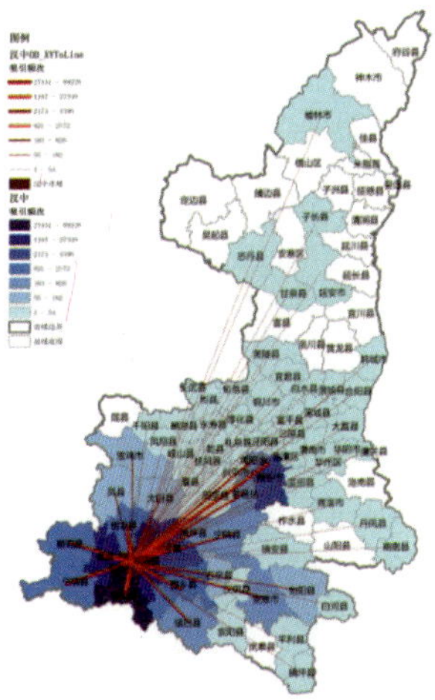

汉中

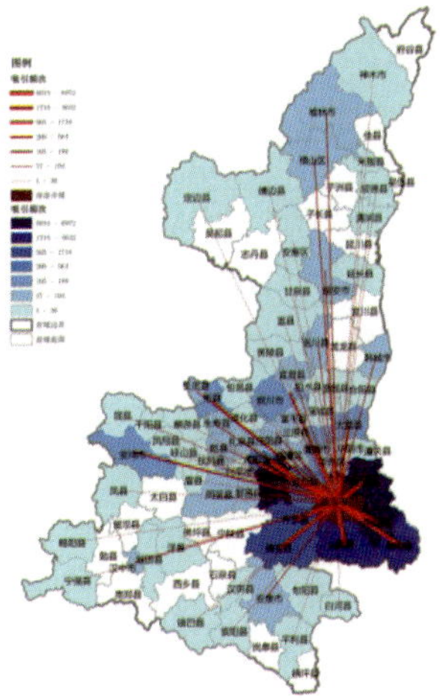

商洛

图 14　陕西省区域中心城市腹地分布（c）

（二）中心城市腹地识别

研究发现省会城市西安市的腹地范围最大，完全超出了自身行政区划的范围，包含了渭南市的澄城县、华阴市和潼关县，同时对宝鸡、咸阳、商洛等地的眉县、三原县、富平县、蒲城县、大荔县、宁陕县、柞水县、镇安县等也具有较强的吸引力。咸阳和渭南两市由于都不同程度地融入关中城镇群一体化的发展格局，连同咸阳市辖区内的礼泉县、乾县、泾阳县（同作为西安市的腹地争夺区）也共同纳入西咸核心区（即大西安都市区）的腹地当中，其市域北部彬州市和韩城作为新的区域中心城市带动周边城市的发展。铜川市区由于较强的吸引力使得其腹地范围延伸至周边的三个地区，即延安的黄陵县、渭南的白水县和咸阳的淳化县都作为其腹地的争夺区。宝鸡市随着中心城区范围的扩大，

图15 基于手机信令数据分析的陕西省区域中心城市腹地识别

除眉县、扶风县分别纳入西安市和杨陵区的势力范围外，其腹地范围包含了行政辖区内几乎所有的县域单元，体现出较强的区域带动能力，是仅次于大西安地区的重要增长极。

陕北地区延安、榆林两个中心城市的腹地基本都集中在各自的行政区范围内，其中延安市的黄陵县相比之下与铜川中心城区的联系强度更高，而榆林市下辖的神木市同样作为中心城区除将府谷县纳入其腹地外，还对清涧县产生了较强的吸引力。

陕南地区的商洛市和安康市与西安中心城区存在一定的联系，商洛市的柞水县和镇安县、安康市的宁陕县都属于西安市的腹地范围，但联系强度较低（即腹地争夺区）；而汉中市区则也体现出较强的区域带动能力，除佛坪县与中心城区联系相对较弱以外（但也在汉中市区的腹地争夺区内），其腹地范围与行政管辖范围相互重合，是陕南地区的中心城区中吸引能力最强的市区。

表 5　14 个中心城市腹地划分一览表

中心城市	腹地城市	增加的单元（行政区外腹地内）	失去的单元（行政区腹地外）	腹地争夺的单元
西安市区	碑林区、雁塔区、莲湖区、新城区、阎良区、未央区、长安区、灞桥区、临潼区、高陵区、鄠邑区、蓝田县、周至县	澄城县、华阴市、潼关县	—	眉县、三原县、富平县、蒲城县、大荔县、宁陕县、柞水县、镇安县
咸阳市区	秦都区、渭城区、兴平市、礼泉县	—	彬县、长武县、旬邑县、永寿县、淳化县、三原县、武功县	乾县、泾阳县
榆林市区	榆阳区、横山区、靖边县、子洲县、绥德县、米脂县、吴堡县、佳县	—	清涧县、神木市、府谷县	定边县
延安市区	安塞区、甘泉县、吴起县、志丹县、子长县、延川县、延长县、宜川县、洛川县	—	黄陵县	富县、黄龙县
宝鸡市区	渭滨区、金台区、陈仓区、凤县、太白县、陇县、千阳县、凤翔县、岐山县	—	眉县、扶风县	麟游县
杨陵市区	扶风县		—	武功县

续表

中心城市	腹地城市	增加的单元（行政区外腹地内）	失去的单元（行政区腹地外）	腹地争夺的单元
铜川市区	王益区、印台区、耀州区、宜君县	—	—	黄陵县、淳化县、白水县
渭南市区		—	富平县、蒲城县、澄城县、大荔县、华阴县、潼关县、韩城市、合阳县	华州区
汉中市区	汉台区、南郑区、城固县、洋县、西乡县、勉县、宁强县、略阳县、镇巴县、留坝县			
—	—	佛坪县		
安康市区	汉滨区、旬阳县、平利县、汉阴县、紫阳县、岚皋县、镇坪县、白河县			
—	宁陕县	石泉县		
商洛市区	商州区、洛南县、丹凤县、商南县			
—	柞水县、镇安县	山阳县		
韩城市		—	—	合阳县
彬县	长武县、旬邑县		—	永寿县
神木市	府谷县	—	—	清涧县

六、结论与建议

手机信令数据为陕西省域城镇体系研究提供了新的研究方法和数据支持，并且从新的分析视角揭示了一些传统城镇体系研究难以揭示的发展特征，在此基础上对陕西省城镇体系优化提出以下结论和建议：

1. 积极培育多中心的城镇体系

本研究打破了基于城市行政等级“论资排辈”的传统城镇体系研究模式，识别出了像韩城市、彬州市、神木市这样行政等级不高（县或者县级市）但网络关联度较高，但具有较大发展潜力、能够带动周边的区域新兴中心中城市，通过副中心和沿主要廊道上的中心城市的培育，以多中心网络体系的构建实现陕西省城镇体系格局的优化。

2. 精确识别中心城市的服务腹地

研究发现，以西安和咸阳市区为中心的关中平原核心地区已经形成了“扁平化、网络化”的城市网络结构特征，其城市联系强度和中心性等级不仅是全省最高，同时其影响范围（腹地）已经扩展和辐射到咸阳、渭南、安康以及商洛等地区的部分县级单元，这意味着未来这些城市在交通联系、产业协同发展、就业分工、基础设施共享等方面需要进行更为深入的统筹考虑和布局，才能进一步发挥西安作为国家区域中心城市的地位和带动作用。

3. 合理构建区域城市组群

传统意义上的城市组群都是以行政单元进行划分，这种做法虽然从行政角度便于管理，但由于不同城市间存在着较大的差异，最终可能导致管理的效率大大降低。本研究通过跨区域的城市间联系研究，识别出若干跨越行政管辖边界的区域城市组群，例如延安市的黄陵县和咸阳市的淳化县均为铜川城市组群的组成部分，这为依托不同城镇组群划分次区域，从而实现都市区差异化的发展引导奠定了科学基础。

4. 提升和优化城镇体系规划的方法

手机信令数据也在客观上推动了城镇体系规划的提升和转型。首先是推动了城镇体系规划向“人本”方向的回归，与传统规划方法不同，手机信令数据分析能够获得居民在城市之间出行的真实数据，从而得到城市之间的基于人流的网络联系强度，进而对城镇体系做出符合人流趋势的判断和规划，这是单纯依靠物流和经济联系模拟难以企及的。其二是推动了城镇体系规划精确性的提升，传统规划研究所依赖的统计年鉴、人口经济普查数据虽然具有权威性但统计单元较大，主要数据通常只能到县区层级，而手机信令数据基本可以满足乡镇甚至更细的空间单元，为规划提供了更加精确和翔实的分析依据，也为规划突破行政区划的制约奠定了坚实基础。

| 参考文献 |

[1] 许学强，周一星，宁越敏 . 城市地理学 [M]. 北京：高等教育出版社，1996：125—131.

[2] 陈晨，赵民 . 论人口流动影响下的城镇体系发展与治理策略 [J]. 城市规划学刊，2016（1）：37—47.

[3] 顾朝林，张勤 . 新时期城镇体系规划理论与方法 [J]. 城市规划汇刊，1997（2）：14—26.

[4] 李晓江，郑德高 . 人口城镇化特征与国家城镇体系构建 [J]. 城市规划学刊，2017（1）：19—29.

[5] 张泉，刘剑 . 城镇体系规划改革创新与"三规合一"的关系——从"三结构一网络"谈起 [J]. 城市规划，2014（10）：13—27.

[6] 钮心毅，王垚，丁亮 . 利用手机信令数据测度城镇体系的等级结构 [J]. 规划师，2017（1）：50—56.

[7] 唐子来，李涛，李粲 . 中国主要城市关联网络研究 [J]. 城市规划，2017（1）：28—39.

[8] 姚凯，钮心毅 . 手机信令数据分析在城镇体系规划中的应用实践——南昌大都市区的案例 [J]. 上海城市规划，2016（4）：91—97.

03

大西安都市圈

Xi'an Metropolitan Area

03

大西安都市圈

Xi'an Metropolitan Area

篇首语

都市圈是城市群内部以超大特大城市或辐射带动功能强的大城市为中心、以1小时通勤圈为基本范围的城镇化空间形态。随着工业化和城镇化的快速推进，都市圈已成为带动区域整体发展的主要载体和促进城镇化从高速度向高质量发展的重要抓手。2019年2月，国家发展改革委发布了《关于培育发展现代化都市圈的指导意见》，提出了梯次形成若干空间结构清晰、城市功能互补、要素流动有序、产业分工协调、交通往来顺畅、公共服务均衡、环境和谐宜居的现代化都市圈。

大西安都市圈是关中平原城市群的核心区域，是西部地区重要的经济中心、文化中心、科技创新中心、对外交往中心。培育发展大西安都市圈，发挥其引领带动作用，有利于加快关中平原城市群建设，有利于带动陕北陕南发展，有利于引领和支撑西部地区开发开放，有利于纵深推进“一带一路”建设。但同时大西安都市圈还处在发展的起步阶段，综合经济实力较弱、中心城市引领不足、区域协同发展滞后以及生态环境约束等问题依然较为突出。

本篇具体包含四个专题，分别是高质量城镇化视角下西安与其他国家中心城市比较研究、大西安都市圈空间形态优化策略研究、大西安都市圈综合交通规划专题研究、大西安都市圈产业布局现状及协同发展研究。以建设具有国际影响力的现代化都市圈为目标，梳理总结都市圈的发展规律，从优化都市圈空间形态、搭建立体交通网络、促进产业协同发展等角度，开展专题研究，提出符合大西安都圈发展实际的政策建议。

高质量城镇化视角下西安与其他国家中心城市比较研究[1]

○李政大[2]

内容提要：国家中心城市处于城镇体系的最高层级，是国家综合交通和信息网络的枢纽，是区域科教、文化和创新中心。2018 年，国家批复《关中平原城市群发展规划》，明确提出“建设西安国家中心城市”，西安市提出力争到 2035 年，将全面建成经济充满活力、生活品质优良、生态环境优美、彰显中华文化、具有国际影响力的国家中心城市。本课题以建设高质量国家中心城市为出发点，将高质量发展与城镇化建设相结合，从理论上提出质量型国家中心城市的内涵和理论特征；构建包含创新驱动、经济质量、社会治理、人民生活、生态环境等五个维度、29 项指标的国家中心城市评价指标体系，引入基于整体差异的“纵横向拉开档次评价方法”，分析得出西安质量型国家中心城市建设短板和不足，提出具有实操性的政策建议。

一、研究背景

城镇化是现代化的必由之路，是我国最大的内需潜力和发展动能所在。推进城镇化是解决农业、农村、农民问题的重要途径，是推动区域协调发展的有力支撑，是扩大内需和促进产业升级的重要抓手，对全面建成小康社会、加快推进社会主义现代化具有重大现实意义和深远意义。改革开放以来，我国城镇化进程明显加快，2018 年中国内地城镇常住人口为 8.3 亿人，城镇化率为 59.58%，较 1978 年提高了近 42 个百分点，城镇化率基本达到世界平均水平。

国家中心城市处于城镇体系的最高层级。对外要具有相当的国际影响力和

(1) 本研究报告为西安建筑科技大学 2019 年度新型城镇化专项研究基金项目研究成果。
(2) 作者：李政大，西安建筑科技大学管理学院副教授。

竞争力，能代表国家参与国际竞争，推动国际政治、经济、文化和社会等方面的交流与合作；对内则是经济活动和资源配置的中枢，是国家综合交通和信息网络的枢纽，是科教、文化和创新中心，具备引领、辐射和集散功能。

2005年《全国城镇体系规划（2006—2010年）》首次提出建设国家中心城市，发挥其在金融、管理、文化和交通等方面的中心和枢纽作用，规划把北京、上海、天津、广州四个大城市确定为首批国家中心城市。2010年，住建部《全国城镇体系规划（2010—2020）》中，将重庆增加为国家中心城市。2016年5月，国务院和发改委下发的《成渝城市群发展规划》，提出将成都建设为国家中心城市的目标。2016年12月，国务院和发改委下发的《促进中部地区崛起“十三五”规划》，支持武汉、郑州建设国家中心城市。2018年2月7日，国家批复《关中平原城市群发展规划》，明确提出“建设西安国家中心城市”（见表1）。

表1　国家中心城市基本情况（2017）

城市	GDP（亿元）	常住人口（万人）	城镇化率	建成区面积（平方公里）	人口密度（万人/平方公里）	区县数量
北京市	28000.3	2171	86.5	1445.54	1.30	16
上海市	30632.99	2418.33	87.7	1426	1.49	16
天津市	18595.4	1557	82.93	1087.57	1.19	15
广州市	21503.15	1449.84	86.14	1263.34	0.99	11
重庆市	19500.3	3075	64.08	1423.09	1.38	26
成都市	13889.39	1604.5	71.85	885.61	1.30	15
武汉市	13410.34	1089.29	80.04	628.11	1.39	13
郑州市	9130.2	988	72.27	500.77	1.43	12
西安市	7471.89	961.67	73.42	661.08	1.07	13

党的十九大指出，我国经济已由高速增长阶段转向高质量发展阶段。中国高质量发展是适应经济发展新常态的主动选择，是贯彻新发展理念的根本体现，是适应我国社会主要矛盾变化的必然要求，也是建设现代化经济体系的必由之路。习近平总书记明确指出，推动高质量发展是当前和今后一个时期确定发展思路、制定经济政策、实施宏观调控的根本要求。他强调，必须深刻认识和理解高质量发展的内涵，为相关政策的制定和实施提供更加精准的依据，推动我国经济在高质量发展上不断取得新进展。2018年7月，西安市委十三届五次全

会《关于加快国家中心城市建设 推动高质量发展的决定》提出力争到2035年，西安将全面建成经济充满活力、生活品质优良、生态环境优美、彰显中华文化、具有国际影响力的国家中心城市。如何坚持高质量发展模式，打造西安可持续的国家中心城市建设模式是亟待解决的问题。本课题以建设高质量国家中心城市为出发点，通过与其他国家中心城市的比较研究，提出西安国家中心城市政策建议。

二、国家中心城市发展质量评价

（一）城市高质量发展内涵

创新驱动。习近平总书记强调，“科技创新是核心，抓住了科技创新就抓住了牵动我国发展全局的牛鼻子”。以科技创新驱动高质量发展，是贯彻新发展理念、破解当前经济发展中突出矛盾和问题的关键，也是加快转变发展方式、优化经济结构、转换增长动力的重要抓手。因此创新是城市高质量发展的主要驱动力。

经济质量。当前中国经济正处在转变发展方式、优化经济结构、转换增长动力的关键时期，新形势新任务对国家中心城市的经济发展提出更高要求，需要加快调整经济发展模式，创新城市经济发展理念、思路，探索城市发展新路径，努力实现三个转变:从“数量追赶”转向“质量追赶”，从“规模扩张”转向“结构优化”，从“要素驱动”转向“创新驱动”，最终通过城市经济产业结构优化、生产经营集约和经济质量提升，带动区域高质量发展。因此提高城市经济发展质量是国家中心城市建设的重要支撑。

社会治理。在政府与市场以及国家与社会关系的问题上，需要区分横向和纵向关系。横向关系反映政府与市场、国家与社会的关系，彼此既有分明的活动边界，又有明晰的互动规则。纵向关系，集中体现在经济发展战略和规划和政府兜底功能，当市场发生危机，政府便须扮演基于公共利益的调解者和仲裁者。政府的这种驾驭角色集中体现了政治的能动性和政府的自主性。让市场在资源配置中发挥决定性作用，存在一个前置性的假设，亦即政府将其作为资源配置的工具来使用。因此社会治理的好坏是城市发展质量的重要工具。

人民生活。国家中心城市建设要践行以人民为中心的发展思想，把民之所望作为政之所向，把民之所需作为政之所为，像落实发展指标一样落实民生任务，让发展指标有更多的“幸福指数”、发展成果有更多的“民生含量”。推动高质量发展，就要始终把人民利益摆在至高无上的位置，针对群众最关心最直接最现实的利益问题精准施策，着力把就业、教育、医疗、社保、住房、家政服务等问题逐一解决好，不断满足人民日益增长的美好生活需要，让人民群众安居乐业，获得感、幸福感、安全感更加充实、更有保障、更可持续，因此提高人民生活质量是城市高质量发展的根本宗旨。

生态环境。我国资源约束日益趋紧，环境承载能力接近上限，依靠要素驱动的粗放型、低效率增长模式已经难以持续。绿色发展是构建高质量现代化经济体系的必然要求，是解决污染问题的根本之策。坚定不移走生态优先、绿色发展新道路，是新时代我国人民对美好生活的迫切需要，是经济社会可持续发展的内在要求。国家遵循发展规律，顺应人民期待，将建设生态文明、推进绿色发展视为关系中华民族永续发展的根本大计，提出了“绿水青山就是金山银山”理念。因此注重生态环境保护是城市高质量发展的必然要求。

（二）国家中心城市评价指标体系

本课题紧扣城市高质量发展内涵，重点融入“创新、协调、绿色、开放、共享”五大发展理念，并依据数据的连续性、可靠性和代表性，构建了包括创新驱动、经济质量、社会治理、人民生活、生态环境等五个维度、29 项具体指标的国家中心城市评价指标体系（见表 2）。

表 2　中心城市高质量城镇化评估指标

评价维度	子维度	指标	单位	计算公式	指标性质
创新驱动	研发投入	研发投入强度	%	研发投入 /GDP	+
创新驱动		从业人员中研发人员比重	人 / 万人	研发人员 / 全市从业人员	+
	研发产出	专利获取量	个	发明 + 实用新型 + 外观设计授权量	+
	科技转化	技术合同交易额占比	%	技术合同交易额 /GDP	+

续表

评价维度	子维度	指标	单位	计算公式	指标性质
创新驱动	企业研发	企业研发强度	%	规模以上工业企业研发投入 / 规模以上工业企业总产值	+
		企业研发人员比重	人 / 万人	规模以上工业企业研发人员 / 规模以上工业企业总员工	+
经济质量	社会公众价值创造能力	人均 GDP	万元	GDP/ 人口数量	+
	经济代价	单位 GDP 能耗	吨标准煤 / 万元	能源总消耗 /GDP（2000 年不变价格）	-
	发展模式	社会固定资产投资占比	%	社会固定资产投资总额 / GDP	-
	财政收入	一般公共预算占比	%	一般公共预算收入 /GDP	+
	外资效率	单位外商投资拉动进出口总额	元	进出口总额 / 外商投资合同额	+
	旅游收入	旅游总收入占比	%	旅游总收入 /GDP	+
社会治理	市场活力	城镇民营经济从业人员占比	%	城镇民营经济从业人员 / 城镇从业人员	+
	文化资源配置	人均藏书量	策	公共图书馆藏书量 / 常住人口	+
	医疗资源配置	万人病床数量	张	全市卫生系统病床量 / 常住人口	+
	教育资源配置	平均中小学师生比	倍	全市中小学学生 / 中小学专职教师	-
	公共交通	人均乘坐公共交通次数	人次	公共交通运送总人次 / 常住人口数量	+
	民生建设	民生建设支出比重	%	财政支出中民生建设支出 / 财政总支出	+
	城市建设	人均道路面积	平方米	城市道路面积 / 常住人口	+
	社会治安	万人刑事立案数量	件 / 万人	刑事案件立案数量 / 常住人口	-
人民生活	生活富裕	恩格尔系数	%	城镇居民消费性支出中购买食物支出 / 总支出	-
	收入转化	城镇人均可支配收入占人均 GDP 比重	%	城镇人均可支配收入 / 人均 GDP	+

续表

评价维度	子维度	指标	单位	计算公式	指标性质
人民生活	城乡差距	城镇与农村人均收入差距	倍	城镇居民可支配收入 / 农村人均收入	-
	生活压力	幸福感水平	%	城镇消费支出中居住、医疗、教育支出 / 城镇居民消费支出	-
	信息化普及程度	宽带普及率	户 / 万人	宽带用户 / 常住人口	+
生态环境	城镇环境建设	建成区绿化覆盖率	%	建成区绿化面积 / 建成区总面积	+
	生活污染	人均垃圾清运量	公斤 / 人	城市垃圾清运量 / 城镇人口	-
	空气污染	空气质量达标天数	天	空气质量二级以上天数	+
	水污染	单位工业增加值废水排放量	吨 / 万元	废水排放量 / 工业增加值	-

1. 指标选取原则

一是连续性。评价城市发展质量不仅要评价某一固定时期的发展成果，更重要的是要评价一段时期的发展状况，只有这样才能从历史的、动态的角度对城市发展质量进行纵向比较，便于发现和总结发展、演变规律，以期为未来的研究和政府决策提供历史经验材料。此外，就数据研究而言，面板数据与截面数据相比，具有控制异质性、降低多重共线性、减少数据偏倚性、组建分布标准化、反映状态持续性的优势，可以保证研究的科学性和有效性。二是可得性。由于本课题研究周期为2011—2017年，数据需求量较大，是否有合适的获取渠道，数据是否具有可得性是我们必须考虑的问题。各国家中心城市数据缺乏统一的来源，不同指标在不同数据库、不同统计年鉴的分布状况、公布情况大不相同。为了保持数据的可比性，我们基于现实公布的数据设定各项评价指标。另外，在不同时期各项指标经常出现指标数据不一致的现象，为此本研究遵循时间较近者数据较为可靠的原则；如果不同统计年鉴同一时期的数据出现不一致的现象，遵循国家级统计年鉴权威性高于地方级统计年鉴的原则。三是代表性。评价体系涵盖创新发展、经济质量、社会治理、人民生活、生态环境五个纬度，涉及面广，如果全面涵盖，固然能提高评价结果的科学性，但是由于指标众多，数据量大，计算复杂，则弱化了评价体系的实用性和操作性，使之缺乏参考价值，降低了指导性。故本文选择具有代表性的指标纳入评价框架。

2. 指标使用性质和数据来源

根据指标的具体意义，以及它们在评价过程中的使用方法，本研究将指标按照性质，分为极大值型指标和极小值型指标，前者是正向指标，数据越大说明发展质量越高；后者为负向指标，数据越小说明发展质量越好，这两类指分别用“＋”和“－”表示。各项数据来源于《中国环境统计资料》《中国区域经济统计年鉴》《中国城市统计年鉴》以及作者手工收集整理的统计公报等。

3. 指标体系评价方法

本文采用基于整体差异的纵横向拉开档次评价方法，该评价方法使赋权的信息直接来源于被评价对象的各项原始数据，根据各指标所提供的信息量的大小来决定相应的权重，最大限度地体现各评价对象之间的整体差异；该方法完全属于客观评价，避免了评价人的主观偏好对评价结果的影响，评价过程“透明”，评价意义直观，各评价对象及各时期之间都具有可比性，尤其适用于面板数据，满足了高质量发展客观性、多样性、复杂性、动态性的要求。

三、国家中心城市评价结果

本课题的研究对象为9个国家中心城市，受数据发布时间所限，研究周期为2011—2017年[(1)]。综合评价结果（综合指数）见表3，各维度的评价结果及分指数见表3—表8。总体而言，从数量维度看，西安在九个国家中心中心城市中，经济规模、人口均处于相对较低的位置；但是从发展质量维度看，西安在九个国家中心城市的比较中处于相对较好位置，创新驱动、人民生活等表现相对较好，尤其是创新驱动维度是西安的比较优势。从变动趋势来看，西安发展质量快速上升主要归结于经济质量和生态环境的加速改善：经济质量综合得分

(1)2018年各中心城市的各项数据只有统计公报，详细数据会在2019年的统计年鉴中公布，但2019年统计年鉴尚未出版，故无法将2018年纳入研究周期。

从 2011 年的 0.04 上升到 2017 年的 0.11，生态环境综合得分从 2011 年的 0.05 上升到 2017 年的 0.10。为了保证分析的可比较性和有效性，本研究选择成都、武汉、郑州作为主要比较分析的对象。

表 3　中心城市城镇化发展质量综合评价结果

城市	2011	2012	2013	2014	2015	2016	2017
北京市	0.61	0.63	0.62	0.64	0.62	0.63	0.65
上海市	0.52	0.51	0.48	0.51	0.53	0.58	0.59
天津市	0.43	0.45	0.44	0.46	0.48	0.50	0.51
广州市	0.45	0.49	0.48	0.47	0.51	0.54	0.52
重庆市	0.32	0.38	0.37	0.37	0.40	0.44	0.48
成都市	0.39	0.44	0.44	0.48	0.49	0.54	0.56
武汉市	0.41	0.46	0.48	0.49	0.50	0.51	0.53
郑州市	0.34	0.36	0.35	0.36	0.37	0.42	0.44
西安市	0.42	0.47	0.46	0.47	0.49	0.52	0.58

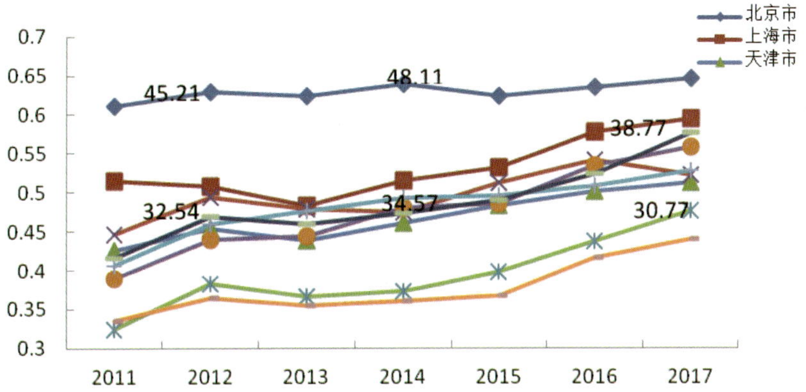

图 1　中心城市城镇化发展质量

表 4　中心城市城镇化创新驱动维度评价结果

城市	2011	2012	2013	2014	2015	2016	2017
北京市	0.11	0.12	0.13	0.13	0.14	0.14	0.14
上海市	0.06	0.07	0.07	0.07	0.08	0.09	0.09
天津市	0.04	0.05	0.06	0.07	0.07	0.08	0.07

续表

城市	2011	2012	2013	2014	2015	2016	2017
广州市	0.03	0.05	0.05	0.05	0.06	0.06	0.07
重庆市	0.01	0.02	0.02	0.02	0.02	0.03	0.04
成都市	0.03	0.04	0.05	0.05	0.06	0.07	0.08
武汉市	0.05	0.06	0.06	0.06	0.05	0.04	0.05
郑州市	0.01	0.01	0.02	0.02	0.02	0.03	0.03
西安市	0.10	0.11	0.11	0.11	0.11	0.11	0.11

表 5　中心城市城镇化经济质量维度评价结果

城市	2011	2012	2013	2014	2015	2016	2017
北京市	0.13	0.14	0.14	0.14	0.14	0.14	0.14
上海市	0.10	0.11	0.10	0.11	0.11	0.12	0.13
天津市	0.05	0.06	0.07	0.08	0.08	0.09	0.10
广州市	0.09	0.10	0.12	0.13	0.13	0.13	0.15
重庆市	0.04	0.05	0.05	0.05	0.05	0.06	0.07
成都市	0.04	0.05	0.06	0.07	0.08	0.10	0.11
武汉市	0.06	0.07	0.08	0.09	0.09	0.11	0.11
郑州市	0.03	0.04	0.05	0.05	0.05	0.06	0.07
西安市	0.04	0.04	0.05	0.05	0.07	0.08	0.10

表 6　中心城市城镇化社会治理维度评价结果

城市	2011	2012	2013	2014	2015	2016	2017
北京市	0.16	0.15	0.16	0.16	0.17	0.17	0.18
上海市	0.17	0.14	0.13	0.14	0.16	0.18	0.18
天津市	0.15	0.15	0.16	0.15	0.14	0.15	0.15
广州市	0.12	0.13	0.10	0.10	0.12	0.14	0.11
重庆市	0.09	0.11	0.12	0.13	0.14	0.15	0.17
成都市	0.12	0.14	0.15	0.16	0.13	0.16	0.16
武汉市	0.12	0.14	0.16	0.17	0.17	0.17	0.18
郑州市	0.10	0.11	0.11	0.11	0.11	0.13	0.14
西安市	0.13	0.14	0.14	0.15	0.14	0.15	0.16

表7 中心城市城镇化人民生活维度评价结果

城市	2011	2012	2013	2014	2015	2016	2017
北京市	0.09	0.10	0.10	0.10	0.08	0.08	0.08
上海市	0.09	0.10	0.10	0.10	0.09	0.10	0.10
天津市	0.07	0.07	0.06	0.06	0.08	0.08	0.08
广州市	0.10	0.11	0.12	0.12	0.09	0.11	0.09
重庆市	0.08	0.08	0.08	0.08	0.08	0.08	0.09
成都市	0.09	0.09	0.09	0.09	0.10	0.10	0.10
武汉市	0.09	0.10	0.11	0.11	0.10	0.10	0.10
郑州市	0.10	0.10	0.10	0.10	0.10	0.11	0.11
西安市	0.10	0.11	0.11	0.11	0.09	0.10	0.10

表8 中心城市城镇化生态环境维度评价结果

城市	2011	2012	2013	2014	2015	2016	2017
北京市	0.12	0.12	0.10	0.10	0.11	0.10	0.11
上海市	0.10	0.09	0.08	0.10	0.09	0.10	0.10
天津市	0.11	0.12	0.09	0.10	0.11	0.11	0.10
广州市	0.11	0.11	0.10	0.10	0.11	0.10	0.11
重庆市	0.10	0.12	0.09	0.10	0.10	0.11	0.11
成都市	0.11	0.12	0.09	0.10	0.10	0.11	0.11
武汉市	0.08	0.09	0.07	0.08	0.08	0.09	0.09
郑州市	0.09	0.10	0.08	0.08	0.07	0.09	0.09
西安市	0.05	0.08	0.06	0.08	0.08	0.08	0.11

（一）创新驱动

西安在研发投入、企业研发投入、科技成果转化三个方面的表现较好。2017年西安全社会研发投入强度达到了4.82%，每万人中研发人员124人，均远高于武汉、成都、郑州，其主要原因：一是西安的科技资源较为丰富。二是西安的经济规模较小，分母较小推高了研发投入强度：2017年西安全社会的研发投入为360亿元，与武汉的313.68亿元和成都的331.26亿元相差并不多，但由于经济体量较小，西安市GDP总量仅为武汉和成都的54%和56%，致使投入强度数据较高。工业企业研发投入占比指标也属于此类情况，2017 年西安工业企业研发投入只有 110.47 亿元，与郑州的 103.31 亿元基本持平，低于成都的 301.08 亿元、武汉的 149.35 亿元，但西安的规模以上工业总产值仅分别为成都的 41%、武汉的 38%、郑州的 36%，使得该指标数据较高。

西安 2017 年专利授权量 25042 件，低于成都的 41088 件，与武汉的 25528 件相当，说明西安的研发产出效率仍有较大提高空间。2017 年，西安的技术合同交易额为 809 亿元，明显高出成都、武汉和郑州，技术合同交易额占 GDP 的比重也高于这三个城市，说明西安的科技成果转化能力较强。虽然陕西成果转化率高，但是对经济发展作用不明显，陕西原省委书记娄勤俭在接受媒体采访时，分析其原因是“70% 成果被外省买走，本地转化率不足 30%”，这也是下一步西安要重点解决的问题。

（二）经济质量

经济质量维度，西安总体表现不佳，其中人均 GDP、地方财政收入尤为突出。西安 2017 年人均 GDP 为 7.8 万元，分别是成都的 80%、武汉的 63%、郑州的 84%。

通过表 9 和表 10 我们可以明显看出，西安在经济发展方面的短板主要是第二产业。西安市人均第三产业增加值为 4.78 万元，与武汉、郑州的差别并不大，甚至高于成都的 4.61 万元，但是人均第二产业增加值仅为 2.7 万元，明显低于成都的 3.74 万元、武汉的 5.38 万元、郑州的 4.1 万元，工业的短板明显。

2017 年西安的地方财政一般预算收入为 654.5 亿元，明显低于成都、武汉、郑州三市；财政收入占 GDP 的比重为 8.76%，也低于成都的 9.18%、武汉 10.46%、郑州的 11.57%，说明经济增长的财政转化能力不强。主要原因仍是工业企业的税收贡献不高。

表 9　2017 年西安与主要城市人均 GDP 分产业比较

城市	GDP（亿元）	人口（万人）	第二产业比重（%）	人均第二产业增加值（万元）	第三产业比重（%）	人均第三产业增加值（万元）
成都市	13889.39	1604.5	43.2	3.74	53.2	4.61
武汉市	13410.34	1089.29	43.7	5.38	53.3	6.56
郑州市	9130.2	988	44.4	4.10	53.9	4.98

续表

城市	GDP（亿元）	人口（万人）	第二产业比重（%）	人均第二产业增加值（万元）	第三产业比重（%）	人均第三产业增加值（万元）
西安市	7471.89	961.67	34.8	2.70	61.5	4.78

表 10　企业对财政收入的贡献对比

城市	税收总额（亿元）	企业所得税（亿元）	占比（%）
成都市	1275.5	134.05	10.5%
武汉市	1402.9	223.34	15.9%
郑州市	1056.67	144.06	13.6%
西安市	654	49.4	7.5%

从表 10 中可以明显看出，西安企业所得税不仅绝对额低而且占总税收的比例也较低。

2017 年，西安市固定资产投资占 GDP 的比重为 68.51%，与成都持平，高于武汉的 58.7%，低于郑州的 83%。进一步分析，我们发现西安的房地产行业投资在固定资产投资中的比重偏高，占到了 27.94%，明显高于成都的 16.22%、武汉的 18.09%，略低于郑州的 32.12%。房地产投资可持续性差、乘数效应小，对经济的贡献持续时间短，也形成潜在的风险。

2017 年西安旅游收入占 GDP 的比重为 21.86%，高于成都的 20.98%、武汉的 13.09%、郑州的 21.86%，处于较好水平。但是从绝对额看，2017 年西安旅游总收入 1663.3 亿元，与成都的 3033 亿元、武汉的 2812.82 亿元还是有不小的差距，主要原因是单位游客的贡献较小：2017 年，来西安的每名游客在西安消费 902.72 元，低于成都的 1443.92 元、武汉的 1083.35 元、郑州的 1184.09 元。说明我们在旅游产品内容和产业链的开发，仍然有较大潜力。

（三）社会治理

西安在市场活力、文化资源配置、医疗资源配置、教育资源配置、社会治安方面的表现欠佳。市场活力通过城镇民营企业从业人员占比来反映民营经济的地位，2017 年西安城镇民营企业从业人员为 168 万人，与成都的 274 万人、武汉的 228.4 万人相比有差距，与郑州的 173.73 万人基本持平，但是西安城镇民营企业从业人员占比为 38.4%，低于成都的 42.86%、武汉的 50.59%，与郑州基本持平。民营企业是市场经济中最活跃的主体，在税收、解决就业等方面贡献突出。此外，民营经济的发展水平一方面反映了地方政府在增强市场活力的效果，另一方面也体现了政府的宏观经济管理能力。

文化、医疗和教育是社会公众最关心的问题，所以政府在文化、医疗和教育的资源配置情况也反映了政府回应民生、响应民众诉求的效果。西安的民生建设仍然需要不断增加投入，2017 年西安平均每人拥有公共图书馆藏书量为 0.76 册，低于成都的 1.25 册、武汉的 1.49 册，高于郑州的 0.32 册。2017 年西安每万人拥有病床量为 66.5 张，低于成都的 83.83 张、武汉的 84.12 张、郑州的 92.56 张。2017 年西安每万名中学生配置专职教师 876 人，每万名小学生配置专职教师 512 名，仍然低于成都和武汉，尤其是小学教师资源配置更不合理，再加上教育资源结构性矛盾长期未能解决，西安的教育资源问题较为凸显。

维护社会稳定和保证社会安全是政府的重要职责，也是政府治理能力的集中体现，2017 年西安每万人刑事案件立案率为 83 件，明显高于成都的 14.58 件、武汉的 74.44 件、郑州的 47.17 件。作为西部重要的国家中心城市，社会治安问题应引起高度重视，如果社会治安不好，将无法安居，更谈不上乐业。

西安在公共交通和城市道路建设两个指标表现较好，2017 年西安平均每人使用公共交通 201.73 次，高于成都的 105.03 次、郑州的 112.14 次，与武汉的 221.1 次基本相当。主要原因是西安的地铁对公共交通的贡献较大：2018 年《21 财经》整理统计了我国 33 座已开通地铁城市的客运强度，西安客运强度位列全国首位。2017 年西安人均城市道路面积为 19.9 平方米，高于成都的 14.06 平方米、武汉的 13.51 平方米、郑州的 9.2 平方米，道路规划、建设适当超前。

（四）人民生活

2017 年西安城镇居民恩格尔系数为 29.1%，与武汉的 29.60%、郑州的 27.8% 相差并不太大，低于成都的 33.7%，说明西安、武汉、郑州这三个城市居民消费中用于食品支出、用于解决温饱问题的支出比例差距并不大，也说明这四个城市都面临着如何提高生活品质和质量的共同任务。

2017 年西安城镇居民人均收入 38536 元，与成都的 38918 元基本持平，低于武汉的 43405 元，高于郑州的 36050.48 元。西安城镇居民人均收入占人均 GDP 的比重为 49.17%，明显高于成都的 39.71%、武汉的 35.05%、郑州的 38.70%，虽然说明西安藏富于民的措施相对较好，但也暴露出西安人均 GDP 相对较低的问题。

2017 年西安城乡居民收入差距达到 2.33 倍，高于成都的 1.92 倍，武汉的 1.62 倍、郑州的 1.8 倍。说明西安农村人均收入偏低：2017 年西安农村人均收入为 16522 元，明显低于成都的 20298 元、武汉的 26846 元、郑州的 19974 元，反映出西安农村的经济相对较为落后。加快农村经济发展，提高农村生活质量，是西安需要重点考虑的问题。

都市生活面临的主要问题是住房、教育和医疗，这也是影响居民幸福感的主要因素所在。本课题用住房、教育和医疗支出占城镇居民消费性支出的比例来衡量不同城市居民的生活压力，2017 年西安市城市居民的生活压力水平为 38.72%，高于成都的 36.50%、郑州的 34.44%，但是低于武汉的 44.72%。考虑到西安处于西北欠发达地区，这个指标应引起高度警示，居民生活幸福感下降，将会影响西安的人才聚集效应。

信息化体现了社会整体进步情况，也反映出居民的消费层级。2017 年西安市人均宽带普及率为 36.06%，低于成都的 42.26%、武汉的 39.46%，高于郑州的 32.39%。西安居民的信息消费水平仍有较大提高空间。

（五）生态环境

生态环境方面西安在建成区绿色覆盖率、人均生活垃圾处理两个指标表现较好。2017 年西安建成区绿色覆盖率为 43.44%，高于成都的 41.63%，武汉的 39.55%、郑州的 40.4%，说明西安在城市建设过程中注重园林绿化，营造了较好的绿色空间。

近年来，生活污染已成为影响环境的重要因素，本研究以生活垃圾处理反映生活污染情况。2017 年西安市人均生活垃圾为清运量 260 公斤，低于成都的 384.24 公斤、武汉的 454.63 公斤、郑州的 331.68 公斤，说明西安的生活污染较小，也反映了西安的整体生活水平较低。

2017 年西安空气质量达标天数为 180 天，低于成都的 235 天、武汉的 255 天、略高于郑州的 166 天。2017 年西安万元工业增加值废水排放量为 2.64 吨，远高于成都的 1.59 吨、武汉的 2.53 吨、郑州的 2.34 吨。说明西安工业的转型升级刻不容缓。

小结：综合以上分析可以看出，西安作为国家中心城市，其发展短板主要表现为第二产业特别是工业发展相对滞后，对经济发展和地方财政收入的贡献有待提升；高等教育发展相对缓慢，教育优势逐渐下降；旅游业虽然占比较高，但总量较小、单位游客收入贡献低，发展质量仍需提高；技术合同交易额大，但是本地转化率低；营商环境仍有待提升，对“乡党”资源的挖掘不够。为此，结合西安本地实际，本课题提出以下政策建议。

四、政策建议

目前我国正处于发展的转型期，面临“中等收入陷阱”挑战，在保持必要的发展速度的同时，更要兼顾发展质量。西安与其他国家中心城市相比，综合实力相对较弱，一定要充分发挥国家的利好政策和自身的比较优势，不断壮大发展规模，稳步提升发展质量，尽快补齐发展短板，努力将西安打造成为新一轮西部大开发和“一带一路”倡议的桥头堡。

（一）打造西郑工业走廊，加快补齐工业短板

西安提出工业补短板已经多年，但是效果并不明显，可以转换思维，尝试通过创建区域经济圈的方式，合作共赢补工业短板。在国家级区域发展战略规划中，西安和郑州分别是关中平原城市群和中原城市群的核心城市，但两个城市群各自的发展均较为缓慢，其中关中平原城市群内，天水市已经主动融入成渝经济圈，而山西与陕西的合作意愿也并不强烈。中原城市群内，郑州一直致力于打造“郑汴”一体化，但从近年来的发展看，除了基础设施的互联互通更加密切外，并没有开展其他实质性重大项目。所以郑州和西安均亟须破解跨区域发展的问题，从郑州发展角度看，目前可选择的发展途径有三条：一是南下与武汉共同形成中部腹地经济圈，考虑到文化差异，双方的利益冲突，可能性

较小。二是东扩与济南、徐州形成淮海经济圈，但该经济圈的时机并不成熟，济南刚把莱芜兼并，做大的意图十分明显，其定位是联通京津冀经济圈和江浙沪经济圈的纽带，和郑州合作的可能性不大。三是与西安合作。从西安发展角度看，西安南边有成渝经济圈，距离700公里，由于成渝经济圈有相近的文化和产业互补，西安融入成渝经济带的困难较大，而北部和西部又缺乏大型经济中心，不具备构建合作的区域经济条件。所以西安与郑州合作，打造西郑工业走廊是较为可行的。

西安与郑州实力相当、空间相邻、产业互补，在工业领域具有良好的跨区域合作基础。从产业发展角度看，陕西拥有以华为、中兴为代表的信息通信技术、航空、航天、高端装备、汽车制造等优势产业，而河南的优势产业是基础材料工业、现代食品制造业、家居和品牌服装制造业、汽车制造业、铝及铝精深加工业等，双方的优势产业互补性较强，虽然双方汽车产业有所重叠，但主攻方向不同，郑州的汽车产业主要是客车，其销量约占全球的七分之一，而西安的汽车主要为家用汽车和重型卡车，其产业冲突并不明显，甚至可以共同做大汽车配件产业链。从城市载体角度看，西安与郑州之间拥有重要工业城市洛阳市，巩义、偃师是两个河南省辖县级市，同时还有义马、灵宝、华县等重要工业节点县，具有打造经济带的良好载体，可形成“点、线、面”的发展优势。综合以上缘由，建议西安主动向郑州“求姻”，合力打造西郑工业走廊，西安通过吸引河南人口和民营企业，提升自身发展活力，同时推动西安的优质科研资源与郑州的相关企业进行深度合作，为其提供强有力的智力支撑，通过双方的优势互补，共同将西郑工业走廊做大做强，实现工业补短板。

（二）瞄准学科建设和生源结构，重振西安高等教育优势

西安拥有本科院校44所，数量仅次于北京和武汉，拥有2所985院校，7所211院校，质量仅次于北京、上海。从数量角度看，西安排位靠前，但是在全国的存在感较差，这一点从各大学的排名和高考招录分数就可以得到印证：2018年西安交通大学在东部地区的部分省份招生分数已经跌落在30位次之后，甚至低于本省的普通院校分数，所以，西安要认清目前高等教育

现状，充分利用好自身科教资源，重振西安高等教育优势，建议从以下几个方面着手。

科学布局学科建设。学科建设是高校的生命力。在第四次学科评估中以西安交通大学为代表的西安高校整体表现低于预期，西安高校沦落的主要原因就是学科建设水平下降。从近 20 年全国的高校排名变化情况看，有两个基本规律不容忽视，一是凡是扩招速度快、扩招规模大的院校，排名下降就快，二是凡是人文社会科学扩招较多的院校，下降幅度就快。西安高校应该说具有比较明显的学科特点，但是这几年在建设综合性大学的指引下，各高校“一窝蜂”地搞起了经济、法学、管理、社会、新闻等学科，传统学科优势下降，而新的学科优势不明显，使得教育资源利用效率降低。

西安高校当前应该高度重视学科建设，将有限的资源投入到优势学科发展，把有限的资金集中起来，用在刀刃上。实施学科布局优化，重点是做减法，严格控制新增学科建设。在当前全国高校已经过了物理空间建设的高峰期，都在集中精力搞学科建设和人才培养的背景下，高校应该严格控制基础设施投资，把资金投入到学科建设，特别是优势学科建设上。

调整生源结构。大学生是西安高等教育的载体，学生的质量影响西安教育水平和后期新增人力资本的素质。一是调整本科生、研究生招生比例。研究生是科研的主力军，也是人力资本积累的重要来源。2017 年北京市研究生招生人数 11.2 万人，占高校总招生人数的 40.5%;上海市研究生招生人数 5.9 万人，占高校总招生人数的 29.2%；广州市研究生招生人数 3.4 万人，占高校总招生人数的 21.3%；西安研究生招生人数 3.6 万人，占高校总招生人数占 18%。西安的高校应该积极调整招生结构，增加研究生招生人数，提高人力资本的科技含量。

（三）进一步丰富旅游元素，加快旅游业高质量发展

就西安旅游而言，如何延长旅游产业链，提高单位游客在西安的消费水平是旅游业发展重点：

增添西安旅游要素。来西安旅游，首先是看景点、吃美食，而缺乏“玩”的旅游要素，西安要尽快补齐短板，来西安不但吃得好，还要玩得爽。一

是高起点，积极引进类似“迪士尼”“方特城”等高端旅游品牌，丰富旅游元素。二是整合现有玩乐资源，比如建设大型玩乐公园，蓝田和临潼的温泉洗浴等应该重新整合和规划，实现统一连锁经营。三是充分利用航空产业优势和秦岭地理优势，开发滑翔、动力伞、翼伞等空中玩乐项目，形成立体化玩乐空间。

打造文化视听品牌，把“印象西安”品牌立起来，打造具有国际影响力的文化创意产品。一是建立西安文化盛宴的统一品牌，当前有华清池“长恨歌”，梦回曲江、梦回大唐、大雁塔实景、南门演出等不同名称和品牌的文化演出产品，由于品牌太多，反而知名度不高，应该统一西安实景演出的品牌，整合优势，形成系列产品，统一管控质量。二是形成差异化的梯度产品，规模化复制创意产品或演出，要注重发挥延伸效应，可以根据不同演出场所打造剧院版、园区版、街区版等梯度产品，增强文化创意产品的生命周期。

规范“吃”的旅游要素。外地人来西安品尝小吃首先想到的是回民街，应该考虑在不同的城市空间有意识地构建西安现代气息的小吃集散地，吸引散落于民间的各类美食，给予优惠政策，引店入“区”，既有集聚又有差异化的经营。

挖掘旅游产品。大型文献纪录片《大三线》引起社会众多反映，特别是曾经在三线工作和生活过的人及其家属、子弟对此颇有感慨。西安依靠秦岭，有不少老三线的厂区，也拥有不少三线建设遗址，可以考虑将这些场所重新构建为“怀旧风”的旅游产品。

（四）注重机制创新，提高科技成果本地转化率

加强“盯项目、盯市场、盯团队”的源头管理。紧盯重点项目，科技主管部门要瞄准市场需求，及早预判，从源头管理，形成大量高价值科技成果库，为科技成果转化提供重要支撑保障。

建立成果转化服务体系。南京邮电大学构建了“倒三角”管理、3S 商店服务、三链融合协同的“333”技术转移体系。北京理工大学探索建立了市场化运营的技术转移机构，有力支撑了该校的科技成果转化工作。同济大学借助第三方技术转移服务机构，形成“企业、高校、第三方技术转移机构”的模式。鼓励研

发单位、政府科技主管部门建立符合成果转化特点的技术转移服务体系。建立健全成果转化工作机制，引导建立专门从事科技成果转化的管理服务机构。加强培育专业服务人才，相关部门可研究建立技术经纪人培养体系，试点开设科技成果转移转化专业及课程。

差异化政策鼓励本地转化。一是提高转化奖励标准，例如中南大学转化收益的70%奖励给科研人员。南方科技大学转化主要贡献人员人均奖励金额达1180万元。二是激励本地转化，对于在西安、陕西本地转化的给予差异化的奖励，可以实施税收减免或税收返还等奖励政策，吸引更多的成果在本地转化。三是探索创新激励机制。西安交通大学“职务科技成果收益（股权、现金）混合所有制”成果转化模式，西南交通大学积极探索职务科技成果混合所有制改革模式等，进一步调动科研人员转化科技成果的积极性，积极探索科技成果转化激励机制，灵活处理科技成果转化过程中遇到的问题。优化成果转化税收优惠政策备案程序，促进政策全面落实，允许通过持股平台转化的成果享受递延纳税政策。

（五）强调以人为本，多渠道招商引资

结合西安特点，发挥校友经济。我国的高校甚至一些城市开始挖掘高校校友这座最独特、最具开发潜力的“富矿”。仅武汉2017年下半年从百万校友中引进294个项目13013.7亿元投资，校友招商签约额占全市总额的一半以上。西安从2018年开展了多项校友经济签约活动，但是“雷声大、雨点小”，实际效果并不明显。主要原因一是缺乏名人示范和吸引效应，二是没有与西安经济的实际特点相结合。发展西安校友经济，要梳理出校友经济的高端人士，重点要对接好产业高端人物和行业关键人物，特别是能够与西安当前产业特点相吻合和能够发挥集群优势的产业。例如，国家航空航天众多领导人均出自西北工业大学，我们的校友经济可以围绕如何做大做强西安的航空产业，利于双方合作共赢。再例如，当前不少电力行业的领导出自西安交通大学，可利用校友经济加快西电的产业集群化发展，这样才能产生“1+1 ＞ 2”的效果，校友经济也能够持续发挥优势。

紧密对接西安籍名人，引导“乡党”深度参与西安发展。西安也是名人之乡，

张艺谋、张朝阳等众多名人均是西安人，还有一大批科学家在西安求学。但这些企业家、院士、名流分布在全国各地，在西安经济社会发展中的参与程度不高，其作用没有充分发挥。相关部门应加大与西安籍或在西安工作过的企业家、科学家、知名人士的联系，通过定期组织活动、登门拜访、业务咨询等形式，加深对接和情感交流，引导他们反哺家乡，或积极牵线搭桥，为西安引进产业项目、创新载体，参与经济社会发展。

大西安都市圈空间形态优化策略研究[1]

○赵　璐　范晓鹏　万博文[2]

内容提要：都市圈是培育和完善我国城镇化总体格局的关键环节，制订具有前瞻性、适宜性和动态性的都市圈规划，科学指导区域协调发展已经成为共识。本文从都市圈相关概念辨析入手，利用引力模型、场强模型、断裂点理论、Voronoi图相结合的方法对大西安都市圈的范围、圈层结构、城镇体系结构进行深入研究，明确了大西安都市圈空间形态的现存问题，并以问题为导向，提出了大西安都市圈“一干两区三走廊，四向协同，多极支撑”的空间形态优化策略。

一、研究背景

20世纪以来，世界城市人口迅速增长，全球进入真正的“城市时代”。高密度的城镇化带来了集约效益，同时也造成了城市居住环境恶化、生态空间不足等“大城市病”。为有效疏导城市问题，走出城市发展困境，都市圈规划应时而生。都市圈是培育和完善我国城镇化总体格局的关键环节，制订具有前瞻性、适宜性和动态性的都市圈规划，科学指导区域协调发展已经成为发达国家和地区的共识。

21世纪将成为环印度洋贸易时代，新兴经济体崛起将形成多极世界贸易新格局。到2035年，中国将全面形成面向太平洋、印度洋和亚欧大陆等多个扇面的全球城市体系（区域），参与全球竞争，实现全球资源的有效配置。大西安都市圈是国家西部大开发的重要平台，是落实“一带一路”倡议和关中平原城市

(1) 本研究报告为西安建筑科技大学2019年度新型城镇化专项研究基金项目研究成果。

(2) 作者：赵璐，西安建筑科技大学建筑学院博士研究生；范晓鹏，陕西省新型城镇化和人居环境研究院副院长、陕西省决策咨询委员会委员；万博文，西安建筑科技大学建筑学院硕士研究生。

群发展战略的重要支撑。发展大西安都市圈，对经营亚欧大通道、打造西部科技发展新引擎、打造内陆开放新高地等具有重要意义，在国家发展格局中具有突出的地位。明确大西安都市圈所属类型和特点，构建科学合理的大西安都市圈城镇空间是提高都市圈发展效率和发展质量的重要抓手，也是促进区域协同和城乡一体化建设的关键所在。目前西安都市圈的发展仍然存在诸如中心城市首位度过高、其他地市规模偏小等城市空间形态不优的问题。因此，有必要对大西安都市圈的空间形态问题进行优化策略研究。

本研究遵循科学性和可行性原则，采用模型构建、网络分析、数据解译等多种研究方法，对大西安都市圈的空间形态进行深入研究，在此基础上提出大西安都市圈的城镇空间形态优化策略。

二、概念界定

（一）都市圈及其相关概念辨析

早在20世纪20年代，美国学者便提出了多个意义相近的与城镇空间相关的概念，例如“大都市地区”“城市边缘区”“城市腹地”[1]“大城市地区”“标准都市区统计区”“标准大都市统计区”等。30年代后期，美国学者又提出了“城镇密集区”的概念。日本参考美国经验，在60年代提出了“日本标准城市地区”的划法，并在之后提出了“都市圈”的概念[2]。

国内学者借鉴西方关于城镇空间和群体发展的理论，提出了与国内实际相结合的“都市圈”“都市连绵区”“城镇密集区”等相关概念，并在实际规划和学术研究中广泛采用。相关概念的出现，既源于翻译标准的差异，又有研究侧重点不同的区别。若在概念的理解和使用上缺乏统一的标准和认识，将造成词不达意、理解混乱的问题，导致区域之间形成沟通和发展障碍。所以，有必要对都市圈及其相关概念加以辨析。

1. 都市圈

1951年，日本学者木内信藏通过研究城市人口增减的断面变化与地域结构的关系提出了“三地带学说”，其核心思想进一步发展为“都市圈”理念，后演变为描述日本和许多西方国家城镇群体发展地区的重要空间组织特征的概念之一而广泛流行。日本《地理学词典》内指出，“城市通过对其周边地域辐射中心职能而发展，以城市为中心形成的职能地域、结节地域称为都市圈。”

国内学者借鉴日本经验，提出了中国的“都市圈”概念。一般意义上的都市圈，均指超越行政区划的，由一个或多个中心城市以及与这个核心具有密切社会、经济联系的，具有一体化倾向的临界城镇和地区所组成的协调发展区域[3]。都市圈以中心城市为核心、以发达的交通联系和信息联系为依托，吸引并辐射周边城市和区域，促进城市之间的相互协作联系，带动周边地区经济有效发展，且区域内部能够实现有效管理[4]。2018 年中国发展报告指出，都市圈是城市地域空间形态演化的高级形式，也是大城市发展到一定阶段所出现的空间现象。

从以上描述可以看出，都市圈的概念涉及三个主要因素：第一，包含一个具有较大经济势能的中心城市，并通过对周边其他城市的吸引辐射，实现互利共赢；第二，中心城市周边存在着一批中小城市，这些城市与中心城市保持着便利的交通和信息联系，构成了支撑都市圈存在的城市等级体系；第三，都市圈内的各个城市之间具有密不可分的经济联系，其内部的经济分工合理明确、产业协作有序。

2. 都市圈与城市群

2018 年中国都市圈发展报告指出，都市圈是城市群的核心，也是推进城市群健康高质量发展的核心抓手。由此可以看出，都市圈与城市群是有本质区别的。

从地理角度看，城市群是指一定地域范围内城市分布达到较高密度的地区，即一个有限地域空间内，城市分布达到一定密度即可称为城市群。与城市群相比，都市圈更强调一定地区范围内所聚集的城市具有不同的性质、类型，以及城市之间发达的内在联系和分明的等级关系。

从空间形态角度看，城市群的空间结构层次不够明显，可能存在多个中心城市沿轴线分布，在各中心城市之间分布着绿地和农田，因此空间结构上更接近于“点—轴”模式[5]。而都市圈存在更加明显的“点—线—面”式空间结构，其中“点”是指圈内的作为发展核心的中心城市以及内部的其他级别城市，“线”主要是指城市之间的外在和内在联系，而“面”是指都市圈作为一个整体而实现的协同效应。

从发展定位角度看，都市圈更加侧重于在内部建立一套完整的生产协作体系，实现圈内的经济交流，以达到一定的经济发展规模。而城市群则强调其枢纽作用，目的在于将中心城市及发展势能较好的其他等级城市建设为国家经济发展的枢纽之一，充分发挥其经济上的带动作用[5]。

从发展动力角度看，都市圈主要依靠内部形成的供给和需求方面的规模经济进行发展，而城市群由于地理上的高密度集聚和频繁的内部交流，不仅形成了规模经济，更加依赖一定程度的创新活动为提供城市群发展提供动力。

3. 都市圈与都市带

城市带又称带型城市群，是指由一组规模较大、地理位置相近、彼此互相关联的城市组成的空间分布呈带状的城市群。城市带的空间形态和经济活动一般沿交通干线展开，对交通干线具有很强的依赖性。

都市圈与城市带具有一定的相似性：从地域空间上来看，二者均有地域上的联系，且可以互相重叠；从城市内部之间的联系来看，二者对于交通和经济联系均有较大的依赖性。但是，城市带侧重指地域上相邻、经济上互相联系的城市构成的城市集合体，没有强调中心城市与周边地区存在的等级关系。而都市圈更重视一定地域范围内中心城市及周边较低等级城市、乡村之间密切的社会经济联系，着重强调中心城市的核心作用以及都市圈内部的经济联结性。

4. 都市圈与都市连绵区

国内学者周一星（1988）最早提出了都市连绵区的概念，即若干个都市区沿综合交通走廊连绵分布的巨型城乡一体化区域，是国家的经济核心之一，属城市功能区域。之后，都市连绵区的概念进一步拓展，形成了以人口标准为补充的新的相关定义，即以多个数十万以至百万人口以上的大城市为中心，大中小城镇连续分布形成的城市化发达地区。

与都市连绵区相比，都市圈更强调内部经济发展的边界性。尽管中心城市作为地区经济发展极，有着较高的经济势能，但是其经济势能所带来的经济影响将随着距离的延伸逐步减弱，中心城市的能量是有限的，因此都市圈发展是有边界的。同时，若干个都市圈在地域上相邻，也可能形成都市连绵区[5]。

（二）都市圈的三大特征要素

根据学术界对都市圈的分析和研究，以及世界都市圈的实践和发展演化，可以总结出都市圈的三大特征要素，即实力强大的中心城市、完善的城市等级体系和密切的城际联系[5]。

1. 实力强大的中心城市

圈层式的经济结构需要一个经济实力相对雄厚的发展核心，而中心城市作为发展核心正是都市圈发展的关键所在。中心城市利用强大的经济势能，通过对外辐射和带动，实现都市圈内部的分工协作和互利共赢。具体来说，中心城市的人口规模一般占据整个都市圈人口的 1/2 以上（首位度），在都市圈中地位极重；其经济规模可占到区域内总量的 1/3 到 1/2，是整个都市圈的发展枢纽。拥有实力强大的中心城市是都市圈必不可少的特征要素之一。

2. 完善的城市等级体系

城市等级体系是指都市圈内不同规模、不同经济水平、不同发育程度的城市进行多方面联系和分工协作的聚合体系。完善的城市等级体系要与区域经济发展水平、区域内城市经济实力、空间分布和功能结构相适应。都市圈的发展很大程度上依赖于城市等级体系的完善和配套，合理的城市等级体系反映了都市圈的发展成熟程度，是都市圈发展的重要条件。

3. 密切的城际联系

城际联系是指中心城市与周边城市的联系，以及中心城市之间的联系，随着都市圈的发展，周边城市之间的联系也会逐渐密切，但依然以中心城市之间和中心城市与周边城市间的联系为主。都市圈的城际联系有多种表现形式，包括人流、物流、资金流和信息流等各类经济要素间的关联。依托完善的城市等级体系和密切的城际联系，以中心城市为发展核心，强化经济要素间的关联，促进发展要素的集聚和扩散，最终实现都市圈经济社会的全面进步。

（三）都市圈的类型划分与演化阶段

依据中心城市的数量，将都市圈划分为三种类型，即单极型都市圈、双心型都市圈和多级型都市圈。

1. 单极型都市圈

单极型都市圈是指以一个大城市或特大城市为核心，周边围绕着几个中等城市，这些中等城市再联系若干个小城市或更多的小城镇所构成的金字塔式结

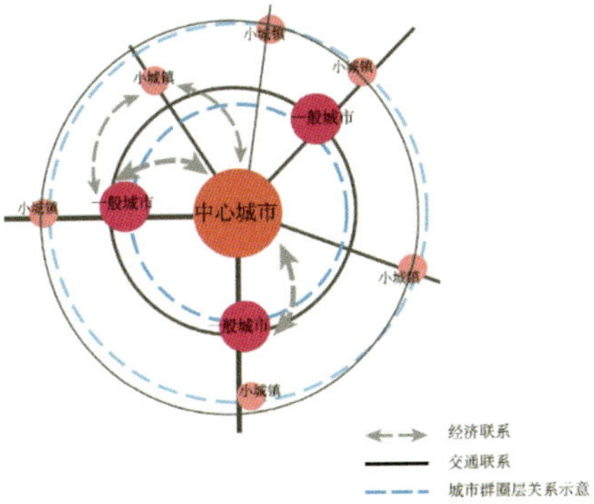

图 1　单极型都市圈示意图

构体系的都市圈类型（图 1）。在“单极型”都市圈中，中心城市凭借其强大的经济实力形成了很大的经济势能，对周边地区有着很强的吸引、辐射和带动能力，在都市圈经济发展中发挥着主导作用。

单极型都市圈只有一个中心城市，且中心城市的经济水平、社会发展水平、城市规模等均大幅领先于周边区域，是整个都市圈的引力中心，具有极高的首位度。都市圈内的城市与中心城市之间在经济、社会、文化等方面存在密切的向心联系，而同级城市之间联系相对较为薄弱。从交通空间角度上看，基本呈现出以中心城市为核心的放射状交通布局；从经济联系角度上看，同级城市之间的经济交流程度较低，且常以中心城市为媒介进行经济交流。

2. 双心型都市圈

双心型都市圈是指以两个大城市或特大城市为核心，其他小城市分布在两

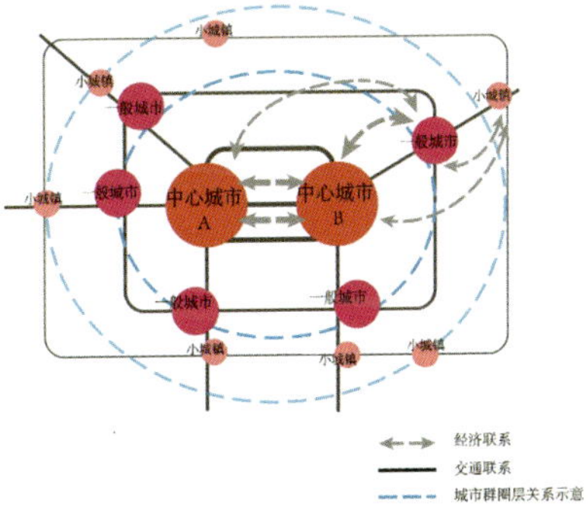

图 2　双心型都市圈示意图

个核心周边，且两个中心城市之间有十分发达的交通联系和经济联系的都市圈类型（图 2）。双心型都市圈中，双心即为区域经济发展的引力源，这两个中心城市之间空间距离较近，且在经济发展程度和城市规模上实力相当，任何一个城市没有绝对实力独揽区域发展核心的角色，即两个中心城市的主次关系不明显，二者互相依存、互相制约，分别有自己的势力范围和辐射范围。

由于双心的经济实力强大，各类发展资源均向两个中心城市聚集，促使两个城市成为区域的经济活动、社会活动和文化活动的中心。周边城市受某一个或两个中心城市的吸引，与其发生经济和社会关系。从交通结构上看，两个中心城市有高速公路、铁路连接，以双心为核心呈现放射状分布；从经济梯度分布来看，都市圈呈现出以中心城市为核心的圈层式结构。在实际研究中，双心型都市圈也可以看作是由两个单极型都市圈在地域范围上互相交叉、重叠所出现的都市圈类型。

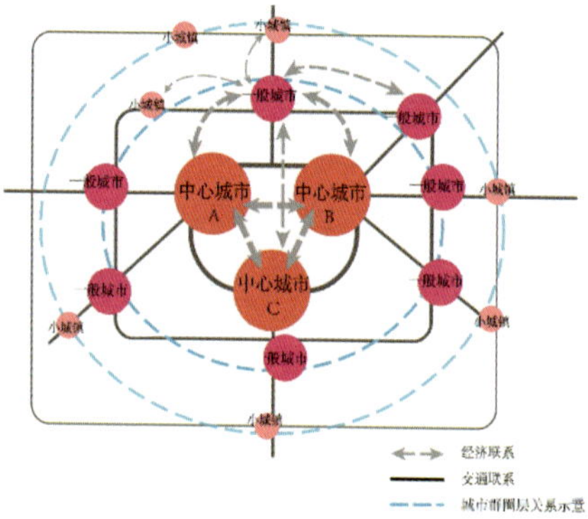

图 3　多级型都市圈示意图

3. 多级型都市圈

多级型都市圈是指在一个大的区域内，由三个或三个以上的大城市或特大城市共同担当中心城市的功能，其中每个城市担当一部分特定中心功能，其他城市围绕在这些城市的周围的都市圈类型（图 3）。在多级型都市圈中，中心城市的空间分布多呈多边形，整体形成以中心城市为顶点、其他城市分布在周围的空间格局。周边城市以地理位置为限制因素，与一个或两个中心城市发生经济交流等。多级型都市圈反映在交通空间上多为网络化立体交通格局，中心城市之间以高速公路、铁路等相连，其他城市与中心城市以公路、铁路等相连。

在多级型都市圈中，中心城市的经济实力都很发达，通过与其他中心城市和周边城市的经济交流等，实现中心城市之间功能互补，促进周围城市和乡村联动发展的都市圈发展格局，最终形成一体化的生产和经济联系网络。

4. 都市圈的发展演化阶段

董晓峰[6]等将都市圈发展演化分为四个具有普遍性的阶段：雏形期、成长期、发育期和提升期（图4）。

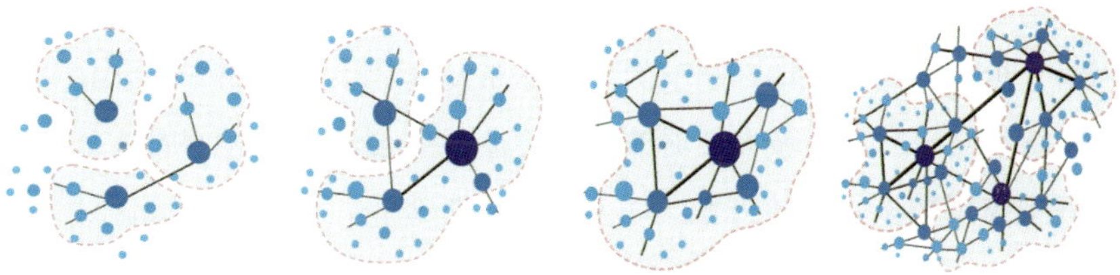

图4 都市圈发展演化的四个阶段

雏形期：工业已经成为城市区域社会经济组织的发展主体，出现了按工业生产要素相近原则形成的城镇组合。

成长期：大城市逐步成型并占据了区域发展的主要地位，联结性的区域基础设施形成，出现了郊外的区域性中心，即出现了区域的副都心圈层。

发育期：城市空间呈扩张型发展，郊区化导向明显，都市圈全面成长。

提升期：都市圈发展较为完备，空间饱和。都市圈开始寻求与周边都市圈的联合，追求更高层次的提升发展。

三、研究方法

（一）方法选择

国内对城市带或城市群体空间结构的识别方法主要包括以下四种：

一是基于指标体系的城市群范围研究。首先建立指标体系作为确定城市群范围的依据，然后以统计数据为基础，以地级或县级行政区划为基本单元，对城市群边界进行划分。如张协奎等（2007）基于城市群综合实力指标体系研究广西北部湾经济区体系[8]。但该方法对指标体系的依赖性过强，容易因指标数据的主观性而产生误差。

二是基于模型和算法的城市群范围研究。如Fragkias等（2009）应用 Hoshen-Kopelman 算法对中国长三角地区的城市群范围进行研究[9]；郝修宇等（2017）应用百度指数和引力模型对京津冀城市群的城市网络进行研究[10]。该方法从一定程度上弥补了仅依靠指标体系的不确定性，但研究结果不够直观。

三是基于网络分析的城市群范围和城镇体系研究。如陈晨等（2016）应用网络分析探讨人口流动影响下的城镇体系发展[11]，聂晶鑫等（2018）基于城市网络视角研究武汉城市圈城镇体系特征[12]。此研究方法目前在城镇体系的研究中使用较多，但该方法大多基于“流”理论，缺乏对研究区域生态因素的考虑。

此外，还有以土地利用或夜间灯光数据为基础的遥感数据解译等研究方法（王慧娟，2017）[13]，它们更多地强调城市的外在形态，缺乏考虑城市群内部空间联系。

将多种方法及结果进行综合应用能够克服各方法的弊端，因而已成为当前主要研究手段。如孙贵艳等（2011）应用位序分析和GIS图示的方法研究分析长江三角洲城镇体系的动态演化趋势[14]；梅志雄等（2012）应用指标体系和空间划界相结合的方法对珠三角城市群空间吸引范围进行了界定[15]。鉴于大西安都市圈的实际状况及数据可获得性，本文拟采用指标体系、数学模型与加权Voronoi图相结合的方法识别大西安都市圈的空间范围及结构，并进一步辨析其发展模式。

（二）研究方法

1. 基于引力场强模型的都市圈圈层划定

引力模型来源于物理学的万有引力定律，后用于分析城市间的空间结构，描述两个城市之间相互吸引的强度大小。而城市作为区域发展的核心，通过极化和辐射作用影响周边地域，场强模型则将城市视为一片区域的影响源，认为它对附近区域存在一个影响力“力场”，城市影响力遵循“距离衰减规律”，与距离成反比，可依据“最大联系强度”原则划分影响区范围。

在区域研究中常用万有引力公式、引力模型和场强模型进行研究，表达式如下：

$$T_{ij}=\frac{\sqrt{U_iV_i}\sqrt{U_jV_j}}{D_{ij}^2} \quad (1)；\quad S_{ij}=\frac{\sqrt{U_jV_j}}{D_{ij}^2} \quad (2)$$

其中，T 为城市间的引力，S 为城市间的场强，i 指外围城市，j 指核心城市，U 为城市非农业人口，V 是城市 GDP，D 代表城市间的经济距离。

2. 城镇综合实力指标体系构建

遵循科学性、代表性、可行性、数据可获得性等原则，综合考虑大西安都市圈所属的关中平原城市群的现实状况，从城市规模、经济水平、社会发展三个角度出发，选取 23 个指标建立大西安都市圈城镇综合实力指数的评价指标体系（表 1），测算各县市综合实力。数据来源于 2018 年各市统计年鉴，及各县市《国民经济和社会发展统计公报》，个别缺失数据通过插补得到。

表 1　城镇综合实力评价指标体系表

一级指标	二级指标
城市规模	（1）面积；（2）户籍人口总数；（3）常住人口总数
经济水平	（4）GDP；（5）人均 GDP；（6）固定资产投资总额；（7）社会消费品零售总额；（8）地方财政收入；（9）第二产业产值；（10）第三产业产值；（11）第三产业占 GDP 比重；（12）规模以上工业企业产值；（13）农林牧渔总产值
社会发展水平	（14）城镇化率；（15）城镇登记失业率；（16）第二产业从业人员比重；（17）第三产业从业人员比重；（18）每万人在校学生数；（19）每万人教师数；（20）万人拥有医疗卫生机构床位数量；（21）邮电业务总量；（22）城镇居民可支配收入

3. 基于城镇综合实力指数的城镇中心性强度测算

为增强评价的客观性，本文采用熵值法测算城镇综合实力指数。

熵用于度量系统的无序度。利用评价体系中各指标数据，通过熵值法得到各指标的信息熵，信息熵越小，信息无序度越低，其信息的效用值和权重也越大。

用 P_j 表示 j 个信息不确定度，则整个信息（设有 n 个）的不确定度量，即熵可用下式表示：

$$S = -K\sum_{j=1}^{n} P_j \ln(P_j) \quad (3)$$

在利用信息熵的概念确定指标权重的过程中，用 P_{ij} 表示第 j 个属性下第 i 个方案 A_i 的贡献度，E_j 表示所有方案对属性 X_j 的贡献总量，D_j 表示第 j 个属性下个方案贡献度的一致性程度：

$$P_{ij} = x_{ij} \Big/ \sum_{i=1}^{m} x_{ij} \quad (4)；\quad E_j = -K\sum_{i=1}^{m} P_{ij} \ln(P_{ij}) \quad (5)；D_j = 1 - E_j \quad (6)；$$

则各属性权重 W_j 如下：

$$W_j = \frac{D_j}{\sum_{j=1}^{m} D_j} \quad (7)$$

由于构建的指标体系中有多项指标，且存在绝对指标和比重指标，指数测算前先进行数据标准化处理。根据公式计算所得权重在本文记为城市中心性强度，其结果用于支撑下一步骤中吸引力的计算。

4. 基于断裂点的城镇吸引力测算

赖利（W. J. Reily）在 1931 年根据牛顿万有引力理论提出了“零售引力规律”，之后康维斯（P. D. Converse）于 1949 年提出断裂点（Breaking Point）概念及其计算方法[16]，该理论以城市规模作为衡量城市吸引力的标准，腹地作为城市的吸引范围，将相邻两个城市间的吸引力达到平衡的点定义为断裂点，计算公式为：

$$d_A = D_{AB} \Big/ \left(1 + \sqrt{P_B / P_A}\right) \quad (8) \text{ 或 } \quad d_B = D_{AB} \Big/ \left(1 + \sqrt{P_A / P_B}\right) \quad (9)$$

其中，d_A，d_B 分别为断裂点到两城的距离，D_{AB} 为两城的直线距离，P_A，P_B 分别为两城人口。该公式以城市人口表示城市的规模和吸引力具有一定局限性，城市的吸引力应体现为其综合实力，因此，以上一步城市综合实力测算结果替代原公式中的 P_A，P_B 用于计算最终结果。

5. 基于扩展断裂点的加权 Voronoi 图的城镇吸引力范围划分

（1）扩展的断裂点理论

断裂点公式仅计算相邻两个城市的一个断裂点，导致两城市间的吸引范围在界限划分时有任意性。实际在不同城市中心性强度各异的情况下，各城市会以自己的影响力大小（即空间目标的权重）为速度向周围扩张，最终形成各自的影响范围。因此，采用扩展断裂点理论对原断裂点公式进行修正。扩展断裂点理论指在匀质平面区域中，以各个城市点为发生元，其影响力扩张的速度与相邻两个城市的中心性强度值的平方根成正比[17]，公式如下：

$$a_1 a_2 = \sqrt{P_A / P_B} \quad (10)$$

（2）加权 Voronoi 图

利用断裂点划分城市的影响力范围不能保证影响范围内每个质点受中心城市的影响最大从而导致划分出现较大偏差。为克服这一问题，很多学者采用基于空间分割的 Voronoi 图划分城市吸引范围，并在常规 Voronoi 图的基础上进一步扩展出加权 Voronoi 图。

在匀质平面区域内，若两个城市点的权重相同，则其吸引范围的分界线是这两个城市点连线的垂直平分线；若二者权重不同，则其吸引范围的分界线是一个圆弧，平面内所有城市点的吸引范围分别构成常规 Voronoi 图和加权 Voronoi 图，且每个城市点的权重分别等于其中心性强度值的平方根。常规 Voronoi 图未考虑城市实际影响力的差异，因此采用加权 Voronoi 图确定城市空间吸引范围更合理。[18][19][20] 基于平面点集的加权 Voronoi 的定义：

设 P_i（i=1，2，…，n）为二位欧氏空间上的 n 个点，λ_i（i=1，2，…，n）是给定的 n 个正实数，

$$V_n\left(P_i, \lambda_i = \cap^{j \neq i} \left\{\left\{P \middle| \frac{d(P,P_i)}{\lambda_i} < \frac{d(P,P_j)}{\lambda_j}\right\}\right\}\right) (i = 1,2,\cdots,n) \quad (11)$$

将平面分成 n 部分，由 V_n（P_i，λ_i）（i=1，2，…，n）确定的对平面的分割称为点上加权的 Voronoi 图，称 λ_i 为 P_i 的权重。本文采用 ArcGIS 10.6 软件的 Weighted Voronoi 扩展插件生成加权 Voronoi 图。

四、大西安都市圈圈层结构研究

（一）研究对象选取

1. 我国都市圈的划定标准与范围识别

以人口规模和国家战略需求为标准选取中心城市。2018 年中国都市圈发展

报告中提到，建议将城区人口 500 万以上、1 小时左右通勤圈内人口密度超过 1500 人 / 平方公里作为都市圈划定的基本门槛。

以与中心城市的联系度为标准确定都市圈范围。在中心城市 1 小时通勤范围内，选取与中心城市日平均双向流动人口占市域人口比重在 1.5% 以上的城市作为都市圈的外围城市，中心城市加上标准范围内的外围城市，即构成了都市圈的范围。考虑到数据的可获性和行政的便利性，当外围市县的中心区进入标准范围内时，则将整个市县纳入该都市圈范围。

2. 大西安都市圈辐射半径选取

国内多数省会城市都市圈的辐射半径都在 100 公里左右，如成都都市圈把 30—50 公里划为紧密层，50—150 公里划为松散层；武汉都市圈明确提出 100km 为辐射范围等。

综合西安市的交通条件，本文选用“一小时高速公里经济圈”即辐射半径 100km 作为大西安都市圈的辐射半径。故最终本文研究的初选范围包括西安市各区县，咸阳市秦都区、渭城区、兴平市、三原县、泾阳县、礼泉县、乾县、武功县、淳化县、永寿县、彬州市、旬邑区，宝鸡市扶风县、眉县、麟游县、岐山县，渭南市临渭区、华州区、富平县、华阴市、蒲城市、大荔县、白水县，铜川市王益区、耀州区、印台区、宜君县，商洛市柞水县、山阳县、商州区、洛南县，汉中市佛坪县、宁陕县，安康市镇安县，杨凌农业高新技术产业示范区，共计 48 个区县。

（二）E、T、S 计算

在模型测算中，简单地把两座城市之间的距离作为研究的空间距离缺乏说服力，在实际应用中还须考虑社会、经济、交通等诸多因素的影响。因此，本文研究采取经济距离这一概念。

目前国内诸多相关研究中，经济距离的定量方法应用较为广泛的是高汝熹教授提出的公式：

$$E=\alpha \cdot \beta \cdot D \quad (12)$$

式中，E 为经济距离，α 和 β 为修正权数，D 为两座城市之间的空间距离。α 为通勤距离修正权数；β 为经济落差修正权数，其取值由周边城市的人均 GDP 与核心城市人均 GDP 的比值确定。具体取值见下表：

表 2 通勤距离修正权数 α 和经济落差修正权数 β

<table>
<tr><td colspan="8">通勤距离修正权数 α</td></tr>
<tr><td rowspan="2">交通工具组合权数 α</td><td>高铁</td><td>普快</td><td>汽车</td><td>高铁和汽车</td><td>普快和汽车</td><td>高铁和普快</td><td>高铁和汽车和普快</td></tr>
<tr><td>0.9</td><td>1</td><td>1.2</td><td>0.7</td><td>0.7</td><td>0.6</td><td>0.5</td></tr>
<tr><td colspan="8">经济落差修正权数 β</td></tr>
<tr><td>周边城市人均 GDP/ 核心城市人均 GDP</td><td>＞ 70%</td><td colspan="3">70% ≥比值≥ 45%</td><td colspan="3">＜ 45%</td></tr>
<tr><td>权数 β</td><td>0.8</td><td colspan="3">1</td><td colspan="3">1.2</td></tr>
</table>

另外，由于西安市周边区域地形差异大，在引力和场强计算时，单纯地以城市地域面积或建成区面积来计算会造成较大的误差。为修正此类误差，本研究采取财政收入、经济距离作为修正参量，对模型进行修正。修正后模型如下：

$$T_{ij}=\frac{\sqrt[3]{N_i G_i R_i}\sqrt[3]{N_j G_j R_j}}{D_{ij}^2}\ (13)；\quad S_{ij}=\frac{\sqrt[3]{N_j G_j R_j}}{D_{ij}^2}\ (14)$$

其中，T 为城市间的引力，S 为城市间的场强，i 指外围城市，j 指核心城市，N 为城市非农业人口（nonagricultural population），G 是城市 GDP，R 表示财政收入（revenue），D 为城市间经济距离。

研究选用 2018 年数据，按上述指标体系运算，利用公式（12）—（14）求得除西安城六区外的各县区的经济距离、引力和场强，计算范围结果见表 3、4、5。

表 3 经济距离 E 测算结果

组号	1	2	3	4
经济距离范围	0 ＜ E ≤ 20	20 ＜ E ≤ 40	40 ＜ E ≤ 60	60 ＜ E
各县、区	渭城区 秦都区 长安区 三原县 高陵区 阎良区	兴平市 临渭区 泾阳县 华州区 鄠邑区 临潼区 杨陵区	乾　县 武功县 蓝田县 礼泉县 蒲城县 商州区 扶风县 华阴市 印台区 柞水县	彬州市　岐山县 眉　县　永寿县 富平县　大荔县 淳化县　王益区 耀州区　周至县 白水县　洛南县 宜君县　旬邑区 宁陕县　镇安县 山阳县　麟游县 佛坪县

表 4　引力 T 测算结果

组号	1	2	3	4
引力范围	T ≥ 4.3	4.3 > T ≥ 1.8	1.8 > T ≥ 0.4	0.4 > T ≥ 0
各县、区	渭城区 秦都区 长安区 高陵区 阎良区 三原县 临渭区	华州区 鄠邑区 兴平市 临潼区 杨陵区 泾阳县	王益区　耀州区 蓝田县　乾　县 富平县　礼泉县 武功县　周至县 淳化县　彬州市 大荔县　岐山县 蒲城县　眉　县	印台区　柞水县 永寿县　宜君县 白水县　扶风县 洛南县　旬邑区 山阳县　麟游县 华阴县　商州区 佛坪县　宁陕县 镇安县

表 5　场强 S 测算结果

组号	1	2	3	4
场强范围	S ≥ 0.1	0.1 > S ≥ 0.05	0.05 > S ≥ 0.022	0.0022 > S ≥ 0
各县、区	长安区 渭城区 秦都区 泾阳县 临潼区 高陵区	三原县 鄠邑区 蓝田县 兴平市 阎良区 富平县 秦都区 渭城区 华州区	淳化县　王益区 乾　县　耀州区 武功县　周至县 扶风县　眉　县 华阴市　商州区 大荔县　印台区 柞水县	礼泉县　宜君县 白水县　洛南县 旬邑区　佛坪县 蒲城县　彬州市 岐山县　宁陕县 镇安县　山阳县 麟游县　杨陵区 永寿县

（三）大西安都市圈圈层划定

计算所得各个县区的经济距离、引力和场强，代表了各市县与核心城市的相互作用关系。在一定的影响范围内，城市间经济距离越小，与西安市的经济往来越多；引力和场强越大，各个市县与西安市的经济和社会联系更紧密。为更好地阐述各县区在大西安都市圈的圈层位置，本文将大西安都市圈划定为核心圈层、紧密圈层、影响圈层，并且从三个判断向量的大小判定该城市是否能划入大西安都市圈及所属圈层。

判定规则为：假如判别向量（E，T，S）中有任意两个或两个以上的值为 1，划入大西安都市圈的核心圈层；有任意两个或两个以上的值为 2，划入大西安都市圈的紧密圈层；有任意两个或两个以上的值为 3，划入大西安都市圈的影响圈层；有任意两个或两个以上的值为 4，则不划入大西安都市圈。最终结果见下表：

表 6 各个城市的 E、T、S 计算结果

城市	判别向量（E、T、S）	是否划入都市圈	城市	判别向量（E、T、S）	是否划入都市圈
长安区	111	核心圈层	周至县	433	影响圈层
秦都区	111	核心圈层	蒲城县	334	影响圈层
渭城区	111	核心圈层	眉县	433	影响圈层
高陵区	111	核心圈层	商州区	343	影响圈层
阎良区	112	核心圈层	华阴市	343	影响圈层
三原县	112	核心圈层	大荔县	433	影响圈层
泾阳县	221	紧密圈层	印台区	343	影响圈层
临渭区	212	紧密圈层	扶风县	343	影响圈层
临潼区	221	紧密圈层	柞水县	343	影响圈层
兴平市	222	紧密圈层	彬州市	434	不划入
华州区	222	紧密圈层	宜君县	444	不划入
鄠邑区	222	紧密圈层	永寿县	444	不划入
杨陵区	224	紧密圈层	岐山县	434	不划入
蓝田县	332	影响圈层	白水县	444	不划入
武功县	333	影响圈层	洛南县	444	不划入
乾县	333	影响圈层	旬邑区	444	不划入
富平县	432	影响圈层	山阳县	444	不划入
礼泉县	334	影响圈层	麟游县	444	不划入
王益区	433	影响圈层	佛坪县	444	不划入
耀州区	433	影响圈层	宁陕县	444	不划入
淳化县	433	影响圈层	镇安县	444	不划入

综合城市间的经济距离、引力、场强的计算结果，彬州市、宜君县、岐山县、永寿县等 12 个区、县，受交通联系，经济实力等因素影响，与西安市的经济距离较远，引力和场强相应较小，不划入大西安都市圈的影响范围。其余共计 36 个市县区划入大西安都市圈的空间范围，国土面积 3.26 万平方公里。除中心城六区外，共形成三层圈层结构，分别为核心圈层、紧密圈层和影响

圈层（图 5）。

1. 大西安都市圈的核心圈层

核心圈层包括长安区、高陵区、三原县、秦都区、渭城区、阎良区。这些地区具有优越的交通条件，形成一个联系紧密的城镇群体，这为大西安都市圈的发展奠定了强有力的基础。

2. 大西安都市圈的紧密圈层

紧密圈层为第二级圈层，包含泾阳县、临渭区、华州区、临潼区、兴平市、鄠邑区、杨凌示范区等市、县、区。这些地区大多具有较强的经济体量，虽距西安市区距离较远，但其经济发展对西安的依附性较高，与西安市区联系较为紧密。此类地区是大西安都市圈中心城市产业转移的首选目标城市。

3. 大西安都市圈的影响圈层

影响圈层处于大西安都市圈中边缘位置，包括蓝田县、武功县、乾县、富平县、礼泉县、王益区、耀州区、印台区、淳化县、周至县、眉县、扶风县、蒲城县、大荔县、华阴市、商州区、柞水县等县、区。这些地区距离西安市

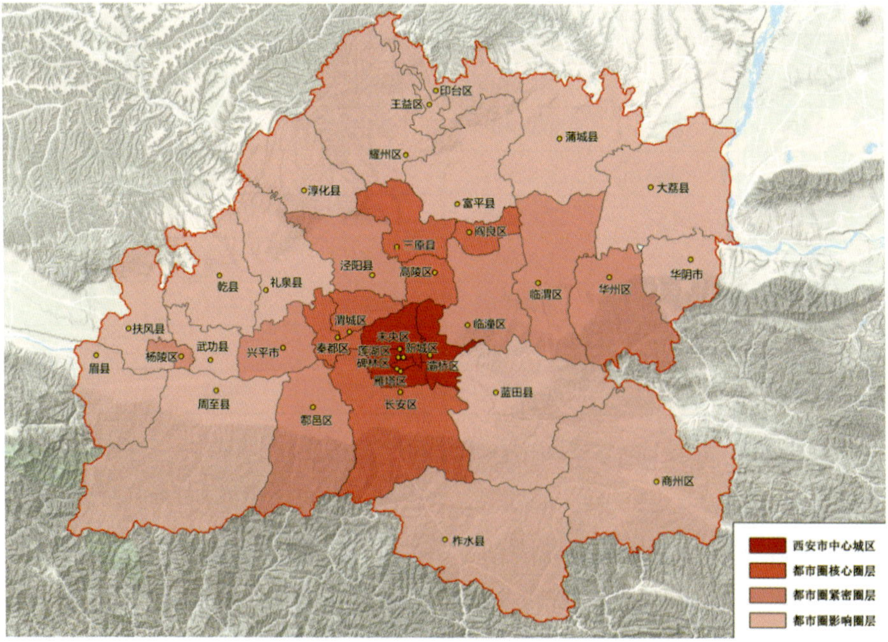

图 5 大西安都市圈范围划定及圈层结构图

区较远且公共交通方式受限，自身经济实力不强，因此在大西安都市圈的空间范围内处于边缘地区。需不断提升自身综合实力，加强与西安市区的经济联系。

五、大西安都市圈城镇体系结构研究

（一）大西安都市圈城镇综合竞争力测算

为了有效识别大西安都市圈城镇体系结构现状，利用公式（3）、（7）、（10）对大西安都市圈各城镇综合竞争力进行测算，结果见表7。

表7 大西安都市圈各城镇中心性强度

城镇	中心性强度	转换后中心性强度	城镇	中心性强度	转换后中心性强度
雁塔区	0.6998	0.8366	杨凌区	0.1429	0.3780
未央区	0.5227	0.7230	华阴市	0.1405	0.3748
新城区	0.4541	0.6739	蒲城县	0.1386	0.3723
碑林区	0.4454	0.6674	大荔县	0.1327	0.3643
莲湖区	0.4391	0.6626	富平县	0.1294	0.3597
长安区	0.4391	0.6626	眉县	0.1290	0.3592
灞桥区	0.3260	0.5709	乾县	0.1287	0.3587
高陵区	0.2662	0.5160	蓝田县	0.1287	0.3587
秦都区	0.2643	0.5141	礼泉县	0.1107	0.3327
王益区	0.2366	0.4864	耀州区	0.1040	0.3225
渭城区	0.2267	0.4761	周至县	0.1020	0.3194
临渭区	0.1908	0.4368	华州区	0.0933	0.3054
商州区	0.1865	0.4318	武功县	0.0745	0.2730
兴平市	0.1751	0.4185	泾阳县	0.0717	0.2678
三原县	0.1661	0.4076	印台区	0.0641	0.2532
临潼区	0.1631	0.4038	淳化县	0.0579	0.2407
鄠邑区	0.1606	0.4008	柞水县	0.0568	0.2383
阎良区	0.1569	0.3960	扶风县	0.0542	0.2328

根据结果，大西安都市圈 36 个市县区按综合实力可分为四个层次：

（1）第一层次：雁塔区、未央区、新城区、碑林区、莲湖区、长安区。此六区各年中心性强度指数均大于 0.4，综合实力明显高于其他县区，是大西安都市圈的最核心区域。其中雁塔区中心性强度又高于其他五区，其他五区中心性强度相近。

（2）第二层次：灞桥区、高陵区、秦都区、王益区、渭城区、临渭区、商州区。中心性强度在 0.18 到 0.4 之间，处于中等位次，灞桥区在该梯队中处于引领地位。

（3）第三层次：兴平市、三原县、临潼区、鄠邑区、阎良区、杨凌示范区、华阴市、蒲城县、大荔县、富平县、眉县、乾县、礼泉县、耀州区、蓝田县、周至县。这一梯队的区县中心性强度在 0.1 到 0.18 之间，综合发展水平相近，是综合实力最稳固的区县，是都市圈发展的根基。

（4）第四层次：华州区、武功县、泾阳县、淳化县、印台区、柞水县、扶风县。中心性强度指数均低于 0.1，是区域体系内最弱的一组。

（二）基于断裂点的城镇吸引范围划定

根据断裂点理论可知，如果 A、B 两城的断裂点落在 B 城的行政区边界范围内，则 B 城就属于 A 城的直接吸引范围[21]。根据理论，利用公式（8）和（9），计算各县区两两之间距离断裂点距离，并进一步分析可知：

（1）第一层次中的碑林、莲湖、新城、长安都进入了雁塔区的直接吸引范围，该范围已远大于雁塔区的行政范围。这表明，雁塔区是大西安都市圈核心区的发展中心。未央区影响范围高于老城内三区，与雁塔区形成一南一北两大吸引中心。

（2）第二层次中的灞桥区在地缘上最靠近第一层次核心区，对下一级城镇形成强效应的吸引，秦都区、王益区、渭城区、临渭区在中心性强度上对其他城镇形成次级吸引力中心，在都市圈中居二级地位。

（3）第三层次形成了两个梯队，兴平市、三原县、临潼区、鄠邑区、阎良区、杨凌示范区、华阴市、蒲城县等六个区县为第一梯队，对其周围其他区县有更强的吸引力。大荔县、富平县、眉县、乾县、礼泉县、耀州区、蓝田县、周至县等区县为第二梯队。

（4）第四层次的礼泉县、华州区、淳化县、扶风县、印台区、柞水县距离都市圈核心区距离较远，综合发展水平相对较低，影响力仅限于自身县域范围内。泾阳县、武功县虽距离大西安都市圈核心区很近，但因自身综合发展水平较低，且受其他区县强吸引力的影响，在区域影响力极为有限。

（三）大西安都市圈城镇空间吸引力范围划分

基于扩展断裂点理论生成大西安都市圈 2018 年的加权 Voronoi 图（图 6），并依据图示对大西安都市圈各城镇吸引力范围进行进一步分析和划分。

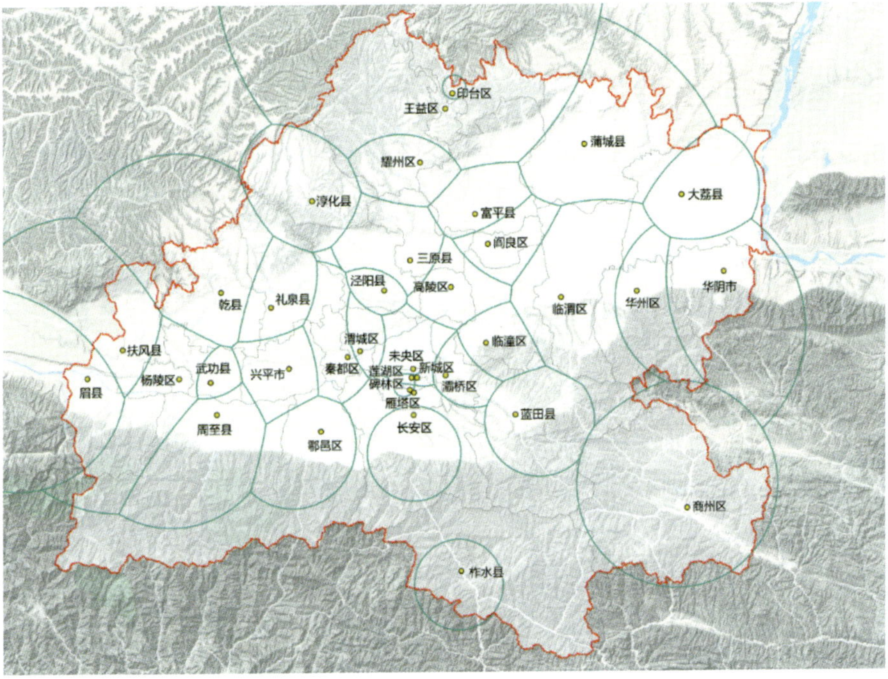

图 6　大西安都市圈各城镇吸引力范围示意图

根据图示，在大西安都市圈内，西安市主城区具有明显的吸引力，其中雁塔区、未央区扩张力表现最为突出，对泾阳、高陵、临潼、蓝田、鄠邑、周至等区县均具有较强吸引，形成了以西安中心城区为核心单心型结构。

在都市圈东部，临渭区对华州、蓝田、临潼、蒲城、大荔等区县具有较强吸引力，是东部片区的吸引力中心。在都市圈西部，杨凌示范区对武功、周至、乾县、扶风、眉县等地具有较强吸引力，是西部片区的吸引力中心。在都市圈北部，王益区、耀州、富平、淳化等地具有较强吸引力，是北部片区的吸引力中心。

武功、周至、长安、蓝田、泾阳、华州、大荔等区县的吸引力均被限制于各自范围内，吸引力明显不足。其中，长安区由于紧邻雁塔区，对外吸引力受到了雁塔区强吸引力的影响；华州、周至、大荔等位于都市圈边缘地带，吸引力也弱于临近区县，导致对外吸引力不足；武功、蓝田、泾阳等县虽位于都市圈腹地，但综合实力较差，吸引力不足。

（四）大西安都市圈城镇体系结构

综合以上分析，大西安都市圈城镇体系可归纳为“一心四极、组团支撑”（图 7）。

一心：即西安主城区大西安都市圈核心区。该区域内各中心性强度位于第一层次，具有较强的空间吸引力，是大西安都市圈发展的核心和引擎。

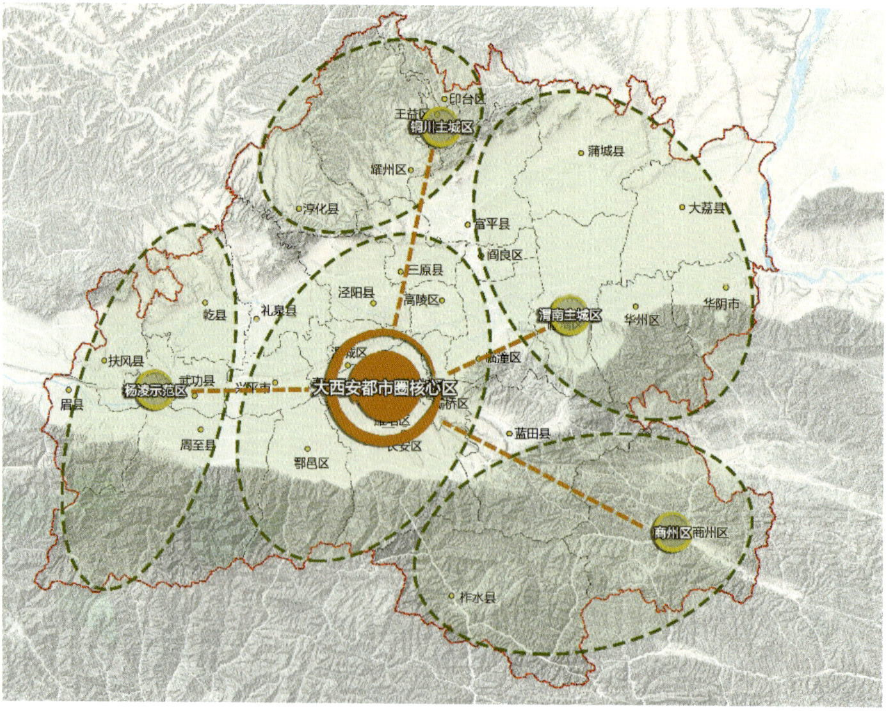

图 7　大西安都市圈城镇体系结构示意图

四极：即渭南主城区（临渭区）、杨凌示范区、铜川主城区（王益区）、商洛主城区（商州区）。其中临渭区、杨凌示范区处于都市圈的紧密圈层，王益区、商州区处于机会圈层。四极均位于城镇中心性强度的第二梯队，是具有较强城镇吸引力的组团核心，分别位于都市圈东部、西部、北部、南部，是各部分的发展引领，是大西安都市圈发展的中坚力量。

组团支撑：大西安都市圈内部城镇在空间上存在组团发展的趋势，按空间分布可分为中心组团、东部组团、西部组团、北部组团、南部组团，分别以西安主城区、临渭区、杨凌示范区、王益区、商州区为核心，联动发展。

（五）大西安都市圈类型及发展阶段

根据前述分析可知：

从中心城市数量看，西安市中心城区，即西安市城六区，具有极高的首位度和经济势能，是能够带动大西安都市圈发展的唯一核心。西安常住人口已突

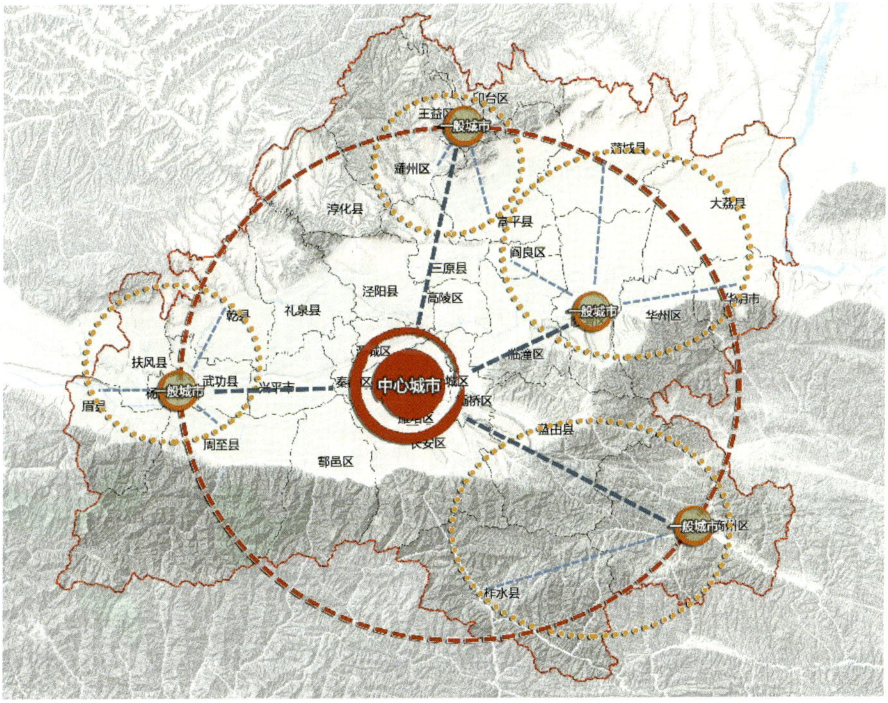

图 8　大西安都市圈类型及发展阶段示意图

破1000万，是西北地区唯一的国家中心城市和超大城市，核心聚集效应不断加强。西安市2018年GDP为8349.86亿元，占整个都市圈的63.89%。

从交通联系角度看，都市圈以西安为核心的放射状交通布局初成。以西安为中心的"米"字型高铁网不断完善，与全国各大中城市基本实现了高铁直连。以绕城高速、关中环线为核心的放射状路网覆盖范围不断扩大。

从经济联系角度看，西安承担着区域内周边城市经济交流媒介和平台的重要功能。西安是全国重要的装备制造业基地、高新技术产业基地，拥有雄厚的科教创新实力和经济发展能力。同时，都市圈除中心城市外的其他城市之间由于交通不畅、资源相似、产业同质等原因，经济联系度较低。

综上，大西安都市圈是以西安市为中心城市的单极型成长期都市圈（图8）。

六、城镇空间形态优化策略

（一）大西安都市圈空间形态问题梳理

研究表明，大西安都市圈存在发展不平衡、不充分的问题，主要表现在以下四个方面：

一是结构体系性不明，西安城六区一极独大、带动力不足；各圈层内城镇密度低、中小城镇少而弱；次级节点欠缺，尚不能够全面有效带动区域发展。

二是单元整合性不足，无论在经济指标还是综合竞争力方面，都市圈内的边缘县以及末梢级别的镇域单元（村、一般镇）的落差大。

三是网络关联性不强，点群关系、分工协作不紧密，没有形成完整的都市圈网络结构体系。

四是人地耦合性不佳，生态本底与人居体系融合欠佳，秦岭生态区与区内各县的生态耦合性体现不明显。

（二）大西安都市圈空间形态优化策略

为解决现状问题，进一步推动大西安都市圈高质量发展，本研究拟从完善结构组织、促进发展平衡、加强网络联系、深化生态耦合四个维度切入，结合

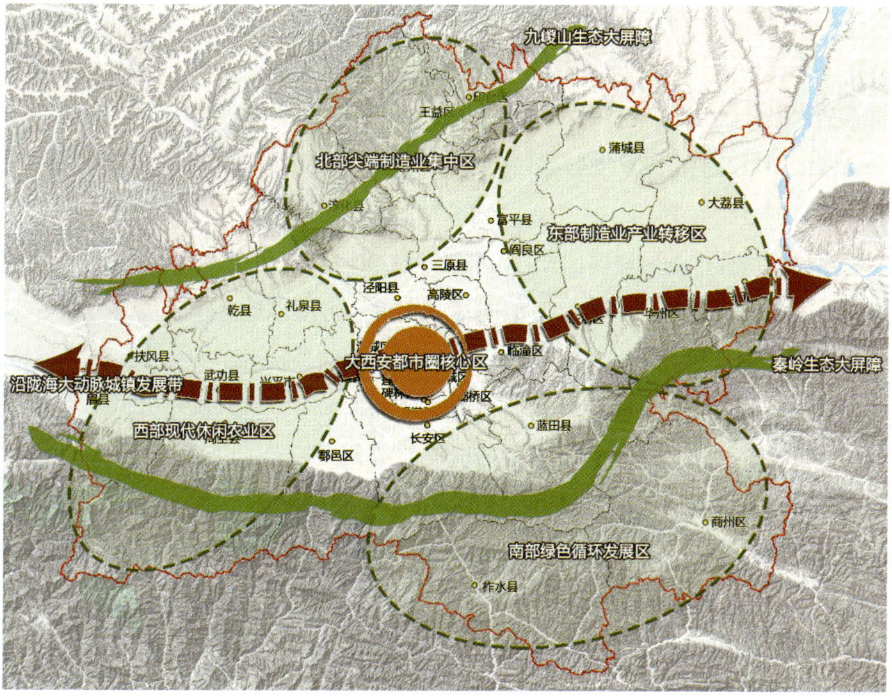

图 9　大西安都市圈空间形态优化策略示意图

空间发展理论、区域协调发展理论、产业发展理论、生态发展理论，推进基础设施联通、公共服务对接、产业协作一体，建设“一心一带两屏四区”的空间结构（图 9）。

一心即大西安都市圈核心区。

核心区是大西安都市圈社会经济文化中心，应以技术革命为指导打造高端智能产业、以生态第一为底线建设绿色生态城市，提升城市品质，彰显千年古都底蕴，对标国际水准，承担国家中心城市建设使命。

一带即沿陇海大动脉城镇发展带。

陇海线是一带一路的重要通道，是国家和区域发展的主要动脉。以陇海线为依托，加快推动西安核心城市功能疏解，夯实咸阳、渭南制造业基础，加强沿线城镇与西安的公共服务联通，带动杨凌等增长极做大做强产业城镇集聚带。

两屏即九嵕山生态大屏障和秦岭生态大屏障。

建设九嵕山和秦岭生态屏障，坚持封山育林、天然林保护，促进植被恢复，维护生态系统完整性，确保生物多样性得到有效保护，建设区域生态安全格局。优化生态功能，依托丰富的自然和人文资源，打造生态功能和人文特点突出的生态文化提升区。

四区即东部制造业产业转移区、西部现代休闲农业区、南部绿色循环发展区、北部尖端制造业集中区。

东部制造业产业转移区，推动西渭协同发展，打破行政壁垒，强化协作协同，推动西安科技、资金、人才等资源向渭南辐射，将渭南地区建设成为大西安先进制造业转移的重要基地，加快西安至临潼、富平等轨道交通建设，推进城镇空间重塑和沿线城镇协同发展。以转型发展的强劲态势推动高质量发展，打造山水特色鲜明、新型产业竞相发展的片区。

西部现代休闲农业区，推动杨凌示范区农业科技自主创新、集成创新与推广应用，推进武功、周至对接应用杨凌科研成果，加快发展现代农业、食品加工、农产品物流等产业，建设全省产城融合发展先行区。加快都市生态农业建设，城郊休闲农业建设，改善乡村人居环境，打造传承文化脉络、展现地域风貌的现代农业区。

南部绿色循环发展区，加强秦岭生态环境保护和修复，加快发展绿色循环产业，构建市场导向的绿色技术创新体系，大力发展生态产业，延伸产业链条，形成绿色循环经济产业链，做到废料零排放，环境零污染。重大产业项目依法进行环境影响评价，严格非环境友好型产业布局，引导人口向重点开发区有序转移，筑牢都市圈生态安全屏障。

北部尖端制造业集中区，应加强与西安主城区互联互通互动，培育先进制造业产业集群，推动西安经开区泾渭新城、高陵装备工业园、临潼现代工业园、三原及兴平工业区、铜川新材料产业园区联动发展，打造西北先进制造业基地。以富阎新区、阎良新城、阎良航空工业组团为依托，支持建设国家重要航空产业中心、陕西战略新兴产业培育发展区。

| 参考文献 |

[1] 张京祥．城镇群体空间组合 [M]. 南京：东南大学出版社，2000.

[2] 胡序威等编著 . 中国沿海城镇密集地区空间集聚与扩散研究 [M]. 北京：科学出版社，2000.

[3] 张从果，杨永春 . 都市圈概念辨析 [J]. 城市规划，2007（04）：31—36+47.

[4] 张伟 . 都市圈的概念、特征及其规划探讨 [J]. 城市规划，2003（06）：47—50.

[5] 杨勇 . 都市圈发展机理研究 [D]. 上海交通大学，2008.

[6] 董晓峰，史育龙，张志强，李小英 . 都市圈理论发展研究 [J]. 地球科学进展，2005（10）：1067—1074.

[7] 仇保兴 . 集群结构与我国城镇化的协调发展 [J]. 城市规划，2003（06）：5—10.

[8] 张协奎，张小富 . 广西北部湾经济区城市群综合实力等级体系研究 [J]. 广西大学学报（哲学社会科学版），2007（06）：1—5.

[9]Michail Fragkias, Karen C. Seto. Evolving rank-size distributions of intra-metropolitan urban clusters in South China[J]. Computers, Environment and Urban Systems, 2008, 33（3）.

[10] 郝修宇，徐培玮 . 基于百度指数和引力模型的城市网络对比——以京津冀城市群为例 [J]. 北京师范大学学报（自然科学版），2017，53（04）：479—485.

[11] 陈晨，赵民 . 论人口流动影响下的城镇体系发展与治理策略 [J]. 城市规划学刊，2016（01）：37—47.

[12] 聂晶鑫，黄亚平，单卓然 . 武汉城市圈城镇体系特征与形成机制研究——基于城市网络的视角 [J]. 现代城市研究，2018（03）：110—116.

[13] 王慧娟，兰宗敏，金浩，张超 . 基于夜间灯光数据的长江中游城市群城镇体系空间演化研究 [J]. 经济问题探索，2017（03）：107—114.

[14] 孙贵艳，王传胜，肖磊，金凤君 . 长江三角洲城市群城镇体系演化时空特征 [J]. 长江流域资源与环境，2011，20（06）：641—649.

[15] 梅志雄，徐颂军，欧阳军 . 珠三角城市群城市空间吸引范围界定及其变化 [J]. 经济地理，2012，32（12）：47—52+60.

[16] 许学强，周一星，宁越敏 . 城市地理学 [M]. 北京：高等教育出版社，1998. 128—129.

[17] 闫卫阳，秦耀辰，郭庆胜，李圣权 . 城市断裂点理论的验证、扩展及应用 [J]. 人文地理，2004（02）：12—16.

[18] 李圣权，胡鹏，闫卫阳 . 基于加权 Voronoi 图的城市影响范围划分 [J]. 武汉大学学报，2004，37（1）：94—97.

[19] 王新生，李全，郭庆胜，等 . Voronoi 图的扩展、生成及其应用于界定城市空间影响范围 [J]. 华中师范大学学报（自然科学版），2002，36（1）：107—111.

[20] 闫卫阳，郭庆胜，李圣权．基于加权 Voronoi 图的城市经济区 划分方法探讨 [J]. 华中师范大学学报（自然科学版），2003，37（4）：567—571.

[21] 陈群元，宋玉祥．城市群空间范围的综合界定方法研究——以长株潭城市群为例 [J]. 地理科学，2010，30（5）：660—666.

大西安都市圈综合交通发展策略研究 (1)

○冯红霞　秦棚超 (2)

内容摘要：立足城市高质量发展和建设国家中心城市的总体目标，西安综合交通发展正转向对外增强枢纽辐射能力，对内提升出行效率和街道品质的阶段。本文采用数据对比和可视化模型分析方法，以西安航空、铁路、公路和城市道路建设现状为研究对象，通过对运行效率、出行时空分布、线网密度、服务水平等方面进行定量评价，得出大西安都市圈国际航线较少、交通枢纽运行效率较低、公路过境交通干扰较大、部分地铁站城融合发展不够紧密，以及城市路网密度尚待织密等建设现状问题。并通过对中、省各类交通规划的系统梳理，结合建构一小时通勤圈目标，对规划中的轨道交通进行出行时空分析，构建了适宜大西安都市圈轨道交通出行的圈层模式。

一、研究背景

交通基础设施是都市圈快速健康发展的重要支撑，综合交通的高效运转对都市圈的高质量发展具有重要意义。2019 年 2 月，国家发展改革委出台了《关于培育发展现代化都市圈的指导意见》，提出畅通都市圈公路网，打造轨道上的都市圈。大西安都市圈是新一轮西部大开发的重要平台，是国家落实“一带一路”倡议和关中平原城市群发展战略的重要支撑，也是国家推进新型城镇化的重要示范区。近年来，大西安都市圈交通设施建设推动力度较大，但随着都市圈客运交通需求的增加和运输结构的变化，对综合交通体系的运行和管理提出了更

(1) 本研究报告为西安建筑科技大学 2019 年度新型城镇化专项研究基金项目研究成果。

(2) 作者：冯红霞，西安建筑科技大学，西安建大规划设计研究院高级工程师；秦棚超，西安建筑科技大学硕士研究生。

高的要求。因此依据《关中平原城市群发展规划》《关中城市群城际铁路网规划修编（2017—2030）》，以及陕西省交通发展的相关文件要求，开展大西安都市圈综合交通发展策略研究具有重要意义。

二、研究方法与技术路线

（一）研究方法

本研究通过采用对比分析法、大数据挖掘法、可视化模型分析法等，对相关城市近年来的交通数据进行定性和定量分析，系统梳理大西安都市圈交通的发展现状，找出都市圈交通建设的比较优势和相对短板。

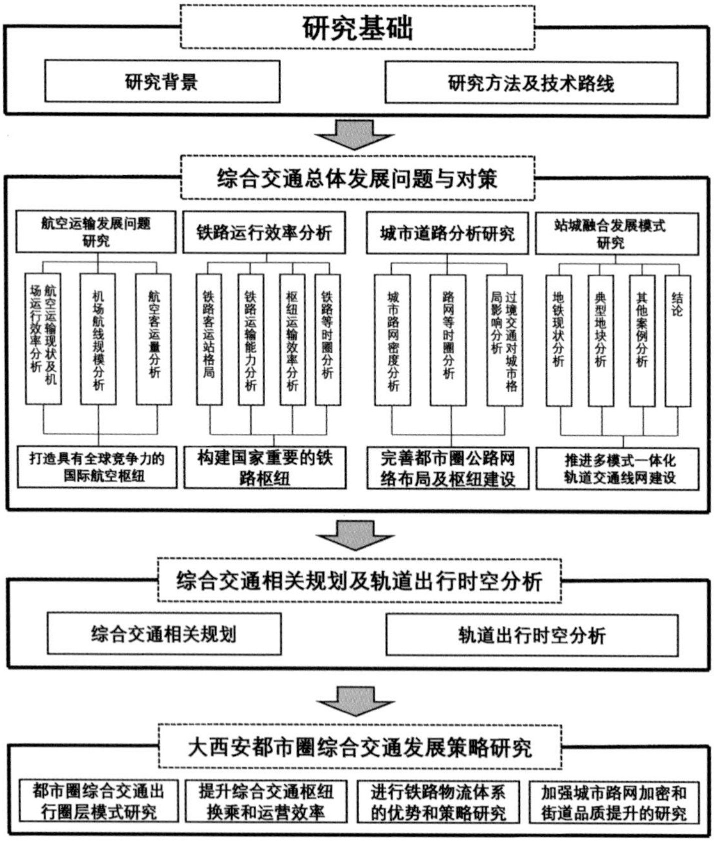

图 1　技术路线

对比分析法。选取北京、上海、杭州、成都、南京等城市作为分析对象，与大西安的航空、铁路、公路、轨道交通建设现状等进行对比分析，找准大西安在综合交通建设方面的比较优势和相对短板。

大数据挖掘法。等时圈是指从某点出发，以某种交通方式在特定时间内能到达的距离覆盖的范围。等时圈是交通耗时在地理空间上的反映，可用于区域交通分析、城市群分析、城市交通便捷度分析、公服设施可达性分析、生活便利性评价等。本次研究通过 FME 工具调用百度地图 API 出行数据，获取从城市中心到都市圈其他区域的实际出行等时圈，从而分析得出不同交通工具和交通方式的可达性。

可视化模型分析法。通过 GIS 工具实现相关研究成果的定量化分析，构建可视化模型。对大西安都市圈的交通现状与规划等进行深入分析，为本研究提供科学依据。

（二）技术路线

三、大西安都市圈综合交通总体发展情况问题与对策

西安市的综合交通建设目前已初具规模。截至 2018 年年底，在铁路方面，大西安区域铁路营业里程达 1634 公里，郑西、西宝、大西、西成等高速铁路已投入运营，“米”字形高铁网初步建成；在公路方面，高速公路通车里程突破 2000 公里，普通国道里程近 843 公里，形成了以连霍、京昆、包茂、福银、沪陕、银百等高速公路为支撑的快速辐射网；在航空方面，咸阳机场作为全国十大机场和八大枢纽机场之一，旅客吞吐量在 2018 年上升至全国第七位；城市地铁营运线路里程达到 126 公里。

（一）航空运输发展问题研究

1. 航空运输现状及机场运行效率分析

随着城市化进程的不断推进，区域以及国际间的交流变得越发频繁，航空运输作为一种高效快捷的交通方式也变得更为重要。中国航空物流发展速度较快，对深度参与国际合作与分工、服务国家重大战略实施、实现经济结构转型升级起到重要作用，但仍然面临空域资源紧张、机场服务和运行效率较低等问题。西安

咸阳国际机场 2005 年至 2018 年客运量一直在稳步增长，年增长率保持在 15% 左右，如图 2 所示。2018 年客运量达到 4465 万人次，具体数据如表 1 所示。

表 1 2005 年—2018 年客运量

年份	客运量（万人）	增长率（%）
2005	794.20	—
2006	936.88	17.97
2007	1137.26	21.39
2008	1192.19	4.83
2009	1529.49	28.29
2010	1801.04	17.75
2011	2116.31	17.50
2012	2342.07	10.67
2013	2604.47	11.20
2014	2926.08	12.35
2015	3297.02	12.68
2016	3699.45	12.21
2017	4185.72	13.14
2018	4465.37	6.69

（数据来源：飞常准大数据平台，自绘）

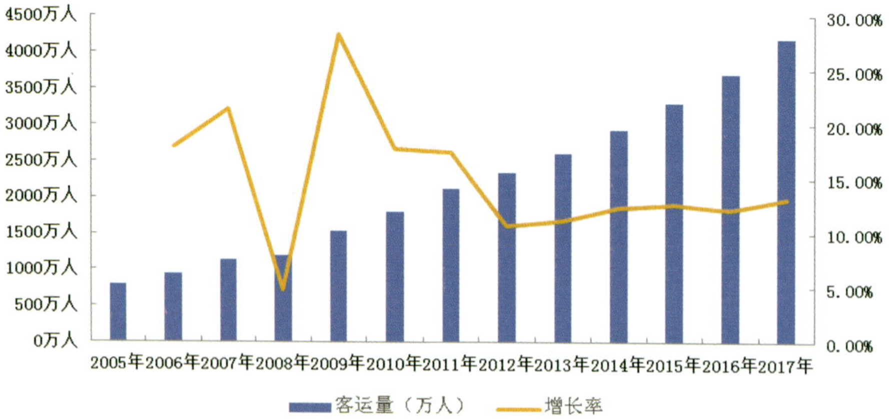

图 2 西安咸阳国际机场与其他城市客运量及年增长率数据（2015—2017 年）
（数据来源：飞常准大数据平台，自绘）

通过对 2017 年的客货运量、机场规模、航线数量等数据进行分析，得出与上海、南京、杭州、成都等城市相比，西安咸阳机场具有建设规模相对较小，运行效率较高，国内航线多，国际航线缺乏的特点，如表 2 和图 3 所示。

表 2　西安咸阳国际机场与其他城市机场枢纽基础数据（2017 年）

城市	国际机场名称	等级	年旅客运输量（万人）	航站楼（万 m^2）	规模		运行效率	
					起降（万次）	机位（个）	10 万人 / 万 m^2	万次 /10 万 m^2
西安	西安咸阳国际机场	4F	4185.72	35	31.89	127	11.959	9.1
北京	北京首都国际机场	4F	9578.63（2017）	141	59.7	314	6.793	4.2
上海	上海虹桥国际机场	4E	4188.40	44.46	26.36	155	9.421	5.9
	上海浦东国际机场	4F	7000.12	62.2	49.69	218	11.254	8.0
南京	南京禄口国际机场	4F	2582.29	42.5	20.94	55	6.076	4.9
杭州	杭州萧山国际机场	4F	3557.04	37	27.1 万	127	9.614	7.3
成都	成都双流国际机场	4F	4980.17	50	33.71	178	9.960	6.7

（数据来源：百度百科及飞常准大数据，自绘）

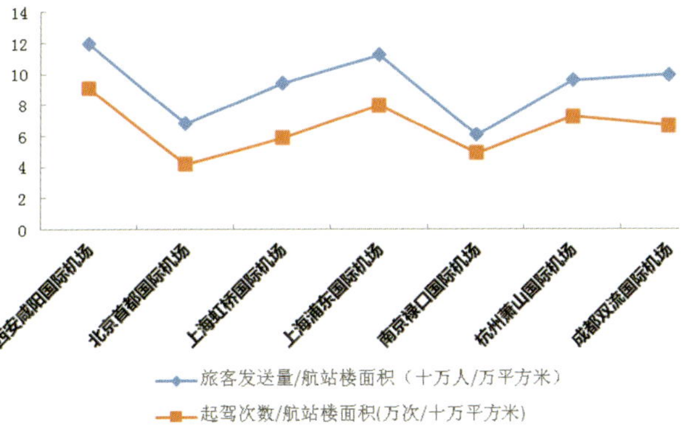

图 3　单位面积年旅客发送量（数据来源：飞常准大数据，自绘）

截至 2018 年底，西安咸阳国际机场国内外航线总量共 313 条，连通全球 29 个国家、53 个枢纽和著名旅游城市。其中覆盖“一带一路”沿线国家 14 个、城市 20 个，连通国内机场数量为 173 个，连通国外机场数量为 57 个。国外城市中的 79% 是亚洲城市，通航城市总量同比超过北京、上海等城市，但是国内通航城市数量远高于国际通航城市数量。详细内容如表 3、表 4 所示。

表 3　西安咸阳国际机场国外航线数据（2018 年）

洲	国家	数量（个）	占比（%）
亚洲	尼泊尔，日本，哈萨克斯坦，韩国，缅甸，泰国，越南，马来西亚，新加坡，印度尼西亚	22	79
欧洲	法国，俄罗斯（莫斯科），英国，意大利	4	14
大洋洲	澳大利亚	2	7

（数据来源：飞常准大数据平台，自绘）

表 4　西安咸阳国际机场与其他城市机场航班（2017 年）

机场名称	通航城市			年国内航班总量（万次 / 年）	年国际航班总量（万次 / 年）
	国内	国外	总量		
上海虹桥	126	4	420	45	1.5
上海浦东机场	157	133			19
北京首都机场	168	158	326	45	13
南京禄口机场	115	43	158	18	1.8
西安咸阳国际机场	173	57	230	30	1.4
成都双流国际机场	168	72	240		
杭州萧山国际机场	140	66	206		

（数据来源：飞常准大数据平台，自绘）

2. 发展对策建议

在增加国际航线方面，建议加强国际航线培育工程，重点打造面向中东欧、服务最优的国际中转枢纽，探索一条以航线促开放、以开放促发展的市场新路，加强与“一带一路”沿线国家和地区的直航联系。

在机场空间布局方面，按照国际上枢纽城市的机场布局特点，即多机场系统，如东京、纽约、伦敦等城市（如表 5），大西安都市圈作为国际枢纽机场，建议开始西安副机场选址规划及建设工作。

表 5　多机场部分城市客流量

城市	机场名	客流量（万人）
北京	首都国际机场	10098
	大兴国际机场（在建）	

续表

城市	机场名	客流量（万人）
上海	上海虹桥机场	11762
	上海浦东机场	
成都	成都双流国际机场	5295
	天府国际机场	
东京	成田国际机场	112778
	羽田国际机场	
首尔	金浦国际机场	9286
	仁川国际机场	
曼谷	廊曼国际机场	10413
	苏凡纳布机场	
伦敦	伦敦城市机场	17704
	伦敦格域机场	
	伦敦希思罗机场	
	伦敦卢顿机场	
	伦敦斯坦斯特德机场	
	伦敦绍森德机场	
巴黎	夏尔·戴高乐机场	10151
	奥利机场	
	博韦机场	
纽约	约翰·肯尼迪国际机场	14108
	拉过迪亚机场	
	纽瓦克自由国际机场	
	斯图尔特国际机场	
	维特斯特郡机场	

（数据来源：成都每日经济新闻社有限公司）

（二）铁路运行效率分析

1. 西安铁路运输能力概述

与北京、上海、重庆、成都等城市的铁路客货运量相比，西安市处于中等水平，具有一定优势，其中西安铁路货运量与货物周转量相对较高，但客运量较低。西安作为全国铁路枢纽，其铁路客货运量与周转量有很大的提升空间。特别是在客运量方面，与北京、上海等一线城市差距较大。具体数据如表 6 所示。

表 6　各城市铁路交通运输统计

城市	客运量（万人次）	客运周转量（亿人公里）	货运量合计（万吨）	货物周转量（亿吨公里）
西安	4500	68.1	994	245.9
上海	10609	98.7	461	10.0
北京	13873	153.8	704	246.4
重庆	6349	197.0	1808	174.1
成都	8427	105.8	796	75.3
杭州	6807	/	328	/
南京	5066	194.3	1393	71.1

（数据来源：各城市统计年鉴 2018，自绘）

2. 铁路枢纽运输效率分析

从城市火车站数量、等级规模来看，北京市大型火车站数量较多，且等级最高，西安处于相对较低水平；从旅客发送量来看，北京市旅客发送量总量最高，且远远高于其他城市，西安市最低。从运行效率来开，西安处于中游水平，但是距离北京、上海等城市仍然有巨大差距。在本研究选定的高铁站对比中，西安北站站台规模较大，旅客发送量较低。具体数据如表 7 所示。

表 7　各城市铁路运输能力及规模统计

<table>
<tr><th>城市</th><th>火车站名称</th><th>等级</th><th>日均客运量（万人 / 天）</th><th>客运总量（人 / 天）</th><th>建筑面积（万 m²）</th><th>规模</th><th>运行效率（人 / 日 /m²）</th></tr>
<tr><td rowspan="3">西安</td><td>西安火车站</td><td>特等站</td><td>7</td><td rowspan="3">12.9 万</td><td>3.3</td><td>5 台 9 线</td><td rowspan="3">0.34</td></tr>
<tr><td>西安南站</td><td>三等站</td><td>0.2</td><td>1</td><td>2 台 7 线</td></tr>
<tr><td>西安北站</td><td>特等站</td><td>5.70</td><td>33.66</td><td>19 台 34 线</td></tr>
<tr><td rowspan="4">北京</td><td>北京站</td><td>特等站</td><td>10.70</td><td rowspan="4">48.9 万</td><td>8</td><td>14 台 16 线</td><td rowspan="4">0.44</td></tr>
<tr><td>北京西站</td><td>特等站</td><td>20</td><td>70</td><td>10 台 20 线</td></tr>
<tr><td>北京南站</td><td>特等站</td><td>15</td><td>32</td><td>3 台 24 线</td></tr>
<tr><td>北京北站</td><td>一等站</td><td>3.2</td><td>2.14</td><td>6 台 12 线</td></tr>
</table>

续表

城市	火车站名称	等级	日均客运量（万人/天）	客运总量（人/天）	建筑面积（万 m^2）	规模	运行效率（人/日/m^2）
上海	上海站	特等站	12.60	34.5 万	9.7	7 台 15 线	0.59
	上海南站	特等站	6.2		5	6 台 13 线	
	上海虹桥站	一等站	15.70		44	16 台 30 线	
南京	南京火车站	一等站	10.06（2013）	19 万	10	8 台 16 线	0.34
	南京南站	特等站	8.94（2016）		45.8	15 台 30 线	
杭州	杭州站	一等站	2.79（2016）	16.51 万	5	5 台 9 线	0.26
	杭州东站	特等站	13.42（2016）		34	15 台 30 线	
	杭州南站	特等站	0.3（2009）		22.8	7 台 21 线	
成都	成都站	特等站	3.3	12.64 万	16	10 台 18 路	0.28
	成都东站	特等站	8.7		22	14 台 26 线	
	成都西站	三等站	0.45		2.2	4 台 8 线	
	成都南站	三等站	0.19（2006）			5 台 11 线	

（数据来源：百度百科及地方铁路信息网站，自绘）

3. 铁路现状出行时空分析

通过调用百度地图 API 接口绘制以西安市钟楼为起点的跨城区铁路交通等时圈，一个完整的交通出行链为“公共交通—火车站—公共交通”，具体来说，公共交通全程耗时指的是以西安市钟楼为起点，通过公共交通到达火车站，再从火车站到达其他城市，从其他城市到达目的地的一个点到点的过程。由下图可以看出，高铁站点对城市的可达情况影响较大，有高铁站点的县区可达性较好，如西安主城区、杨陵区、临渭区、秦都区有高铁站点，可达性在 2.5 小时以内，无高铁站点的县区可达性较差。（如图 4 所示）虽然大西安都市圈初步形成一主多次的交通格局，但是整体的轨道交通仍需加强。

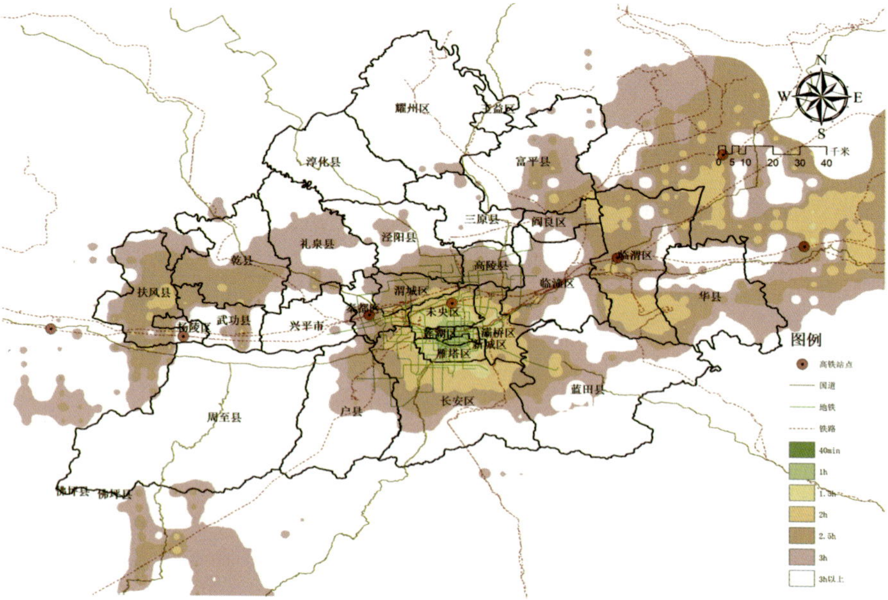

图4　大西安都市圈铁路出行时空分析（数据来源：自绘）

4. 发展策略建议

完善西安铁路枢纽的功能，提升铁路枢纽运行效率，减少铁路换乘和进出站时间，从运营管理机制、交通组织等方面研究铁路枢纽从互联互通向直连直通转型的可行性。

（三）公路与城市道路问题与对策建议

1. 城市路网密度分析

随着城市的不断建设与发展，其内部错综复杂的交通网也逐步完善。良性循环、日趋合理的交通路网能推动城市健康发展。因此，关于城市路网的合理有效评价不仅影响其自身发展，也影响着城市空间发展方向以及城市功能定位。而城市路网密度是指某一区域内，交通设施建设的规模水平及在规定区域面积内的分布密集程度，是最直观有效衡量城市道路状况的指标。

对大西安都市圈的整体路网密度进行分析，可以看出整个大西安都市圈路网密度影响分布的空间分异现象较为突出。路网密度影响度的高值区和低值区呈现出较为集聚的特点，演化成西安主城区为核心向外围街道逐渐降低的“中

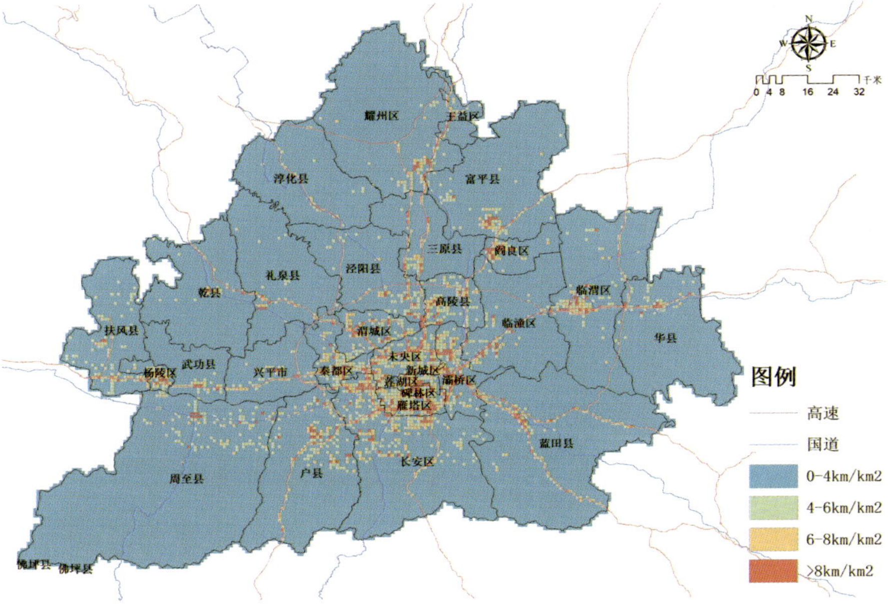

图 5　大西安都市圈路网密度分析（数据来源：作者自绘）

心—外围型”空间格局。从西安主城区沿着路网中的主要干道向外辐射递减，特别是城市主城区、人口密集区域高密度等级居多，影响范围也较大，高速公路沿线区域线性空间路网密度较高。从路网密度的分布结果来说，路网密度较高的区域大多分布在西安主城区和经济发展较好的区域，说明一个区域的经济发展是与该地区内的交通建设相辅相成的。如图 5 所示。

对大西安都市圈的具体行政区的建成区范围内路网密度进行分析来说，28 个行政区划的城市道路网总体平均密度为 5.65 公里 / 平方公里，距离《中共中央国务院关于进一步加强城市规划建设管理工作的若干意见》提出的“到 2020 年，城市建成区平均道路网密度提高到 8 公里 / 平方公里”仍有较大差距。

研究显示，大西安都市圈的 28 个行政区划中，城市道路网密度处于较高水平的为周至、碑林区和户县，道路网密度高于 7.0 公里 / 平方公里以上，占比为 14.58%；城市道路网密度处于中等水平的区县共 12 个，道路网密度在 5.5—7.0 公里 / 平方公里之间，占比为 45.2%；城市道路网密度处于较低水平的区县共 13 个，道路网密度低于 5.5 公里 / 平方公里，占比为 40.22%。（如表 8 所示）应进一步提高较差区县的城市路网密度，提高出行效率。

表 8 大西安都市圈个行政区路网密度统计表

地名	排名	道路长度 （单位：km）	中心城区面积 （单位：km^2）	路网密度单位 （km/km^2）
周至县	1	83.43	10	8.34
碑林区	2	171.73	23	7.47
户 县	3	87.13	12	7.26
阎良区	4	202.85	31	6.54
雁塔区	5	1053.49	169	6.23
富平县	6	68.02	11	6.18
临潼区	7	122.82	20	6.14
临渭区	8	420.99	69	6.10
耀州区	9	241.65	40	6.04
淳化县	10	48.07	8	6.01
高陵县	11	80.24	14	5.73
蓝田县	12	349.05	61	5.72
杨陵区	13	249.82	44	5.68
莲湖区	14	269.63	48	5.62
新城区	15	193.05	35	5.52
泾阳县	16	70.46	13	5.42
王益区	17	154.92	29	5.34
长安区	18	517.16	99	5.22
秦都区	19	506.08	97	5.22
三原县	20	83.18	16	5.20
未央区	21	1430.69	284	5.04
华 县	22	114.68	23	4.99
扶风县	23	83.75	17	4.93
乾 县	24	82.45	17	4.85
武功县	25	55.95	12	4.66
兴平市	26	99.80	23	4.34
渭城区	27	149.69	35	4.28
灞桥区	28	1366.83	326	4.19

（自绘）

2. 城市道路出行时空分析

城市规模的拓展带来了出行需求的时空分布变化，交通出行主导方式也随之改变。不同的交通发展模式导致城市空间各部分可达性的分布存在差异，并直接体现在土地利用、区位价格、空间分布上，进而引导城市空间结构发生改变。同时，空间的扩张与结构的变化又将改变交通需求的空间分布，对交通结构产生影响。交通网络的发展与改善带来的最直接变化体现在交通等时圈覆盖范围的扩大上，进而影响到各中心之间的时空关系，经济辐射范围和能力随之提升。基于此，结合交通等时圈划定空间可行情况。通过调用百度地图 API 接口绘制以西安市钟楼为起点的小汽车大西安都市圈的出行圈，来评判交通通行现状。

研究表明，大西安都市圈 1h 交通圈的辐射面积为 2469.3km^2，辐射范围基本覆盖西安主城区及部分鄠邑区和高陵区；大西安都市圈 2h 交通圈的辐射面积为 23592.2km^2，辐射范围基本覆盖整个大西安都市圈。（如图 6 所示）说明大西安都市圈范围内的公路网发展良好，由下图可以看出，高速网骨架已见雏形。

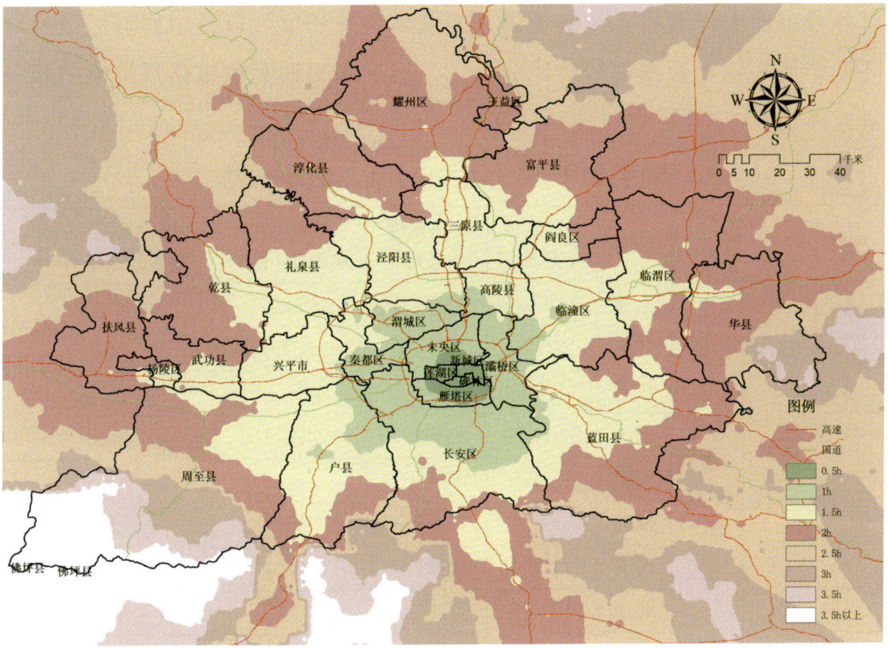

图 6　大西安都市圈城市路网等时圈分析（数据来源：作者自绘）

3. 过境交通对城市格局影响分析

过境交通是指起点不在调查区域内，但是却要通过该区域的交通，如果不加以疏解和分流，就会对城市内部交通产生影响，致使城市内部道路交通压力加大，而绕城高速作为疏解过境交通的主要道路，对缓解城区的交通压力和构建立体公路网络等具有重要意义。绕城高速的产生是伴随城市规模扩大和过境交通增多而产生的，随着城市规模的不断扩大，建设过境交通的专用道路已经成为优化城市交通的必要手段之一。

从珠三角城市群的一体化建设经验可以看出，绕城高速是促进交通网络紧密联系的重要支撑之一，一定程度上可以推动区域经济的协同发展，加速各市区的经济融合，有利于都市圈的培育发展。从现实来看，城市环线在实际运营后，城市出入境和短途交通量迅速增长，城市经济发展对其依赖性也日益增强，并逐步形成沿环线布局的城市经济走廊与产业带。

由于绕城高速本身承担了疏散过境交通的职能，一旦距离中心城区过近，必然会影响城市的交通集散。

本研究选取九个国家中心城市和其他五个主要城市为研究对象，通过对各城市的人口规模、经济规模、绕城高速总长度，以及中心城区至绕城高速距离等四类数据进行对比分析，开展过境交通对城市格局影响的相关研究（表 9）。

表 9　国家级中心城市相关情况数据统计表

序号	类型		城市	人口规模（万人）	经济规模（亿元）	绕城高速总长度（km）	中心城区至绕城高速的距离（km）
1	国家中心城市	已定国家中心城市	上海	2423.78	32679.87	209.57	35.2
2			北京	2154.2	30320	187.6	26.7
3			广州	1490.44	22859.35	203.27	25.5
4			重庆	3101.79	20363.19	187.1	24.2
5			天津	1559.6	18809.64	254	19.6
6			成都	1633	15342.77	86.3	14
7			武汉	1108.1	14847.29	188.7	21.6
8			郑州	1013.6	10143.3	106.6	18.2
9			西安	1000.37	8349.86	80.34	12.9

续表

序号	类型		城市	人口规模（万人）	经济规模（亿元）	绕城高速总长度（km）	中心城区至绕城高速的距离（km）
10	国家中心城市	其他主要城市	南京	843.62	12820.4	162	16.6
11			杭州	980.6	13509	125.19	15.4
12			济南	746.04	7856.56	120.05	16.4
13			长沙	815.47	11003.41	98	15.6
14			沈阳	831.6	6292.4	84.1	12.7

（2018 年数据，来源百度百科，自绘）

通过对表 9 数据的分析，对选定的十四个城市进行排位，见表 10。

表 10　国家中心城市各项指标排名位次表

序号	城市	人口规模位次	经济规模位次	绕城高速总长度位次	中心城区至绕城高速的距离位次
1	上海	2	1	2	1
2	北京	3	2	5	2
3	广州	6	3	3	3
4	重庆	1	4	6	4
5	天津	5	5	1	6
6	成都	4	6	12	12
7	武汉	7	7	4	5
8	郑州	8	11	10	7
9	西安	9	12	14	13
10	南京	11	9	7	8
11	杭州	10	8	8	11
12	济南	14	13	9	9
13	长沙	13	10	11	10
14	沈阳	12	14	13	14

（数据来源：作者整理）

由图 7 可以看出，上海、北京、广州、重庆、天津等五座城市各方面排位均相对靠前，发展相对均衡。而西安各项排名比较靠后，尤其是人口规模，与其他几项指标的排名位次差距明显。其中：人口规模、经济规模、绕城高速总长度，以及中心城区至绕城高速距离排名分别位列第 9 位、第 12 位、第 14 位

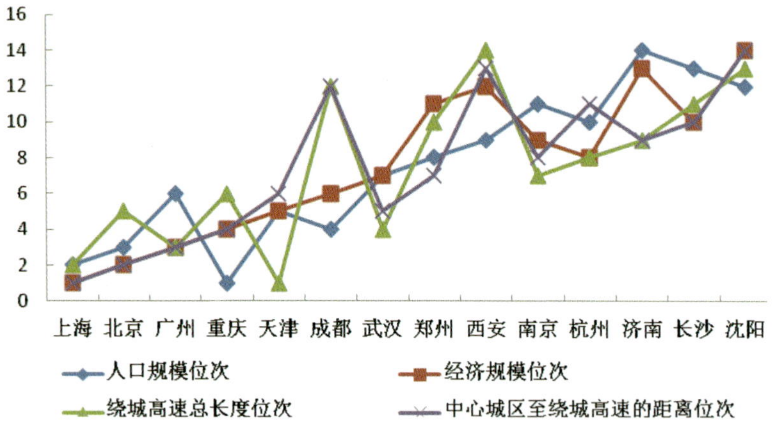

图 7　选定城市各项指标位次折线图

和第 13 位。总体而言，西安作为国家中心城市，在城市建设和发展，以及过境交通的发展水平方面相对较弱，在综合条件评比中位于中下游，尤其是绕城高速的总长度较短，且距离中心城区较近，在一定程度上限制了西安市的发展，同时也不利于过境交通的疏解。

4. 发展策略建议

合理组织过境客货运交通，可通过外围的关中环线、西咸大环线等道路替代，提升绕城高速客运通行能力。规划都市圈北部联络线，加快高速大环线建设，强化西咸、阎良和富平的交通联系与路网布局。增加高速公路车道，提升快速通达能力，增设高速公路出入口和服务区。

推进大西安公路网加密规划项目研究，拓展通道能力，增强枢纽能级，实现与周边城市互联互通。具体来说，应尽快提高城市路网密度，碑林区、户县、阎良区、雁塔区、富平县、临潼区这些区域的现状建成区路网密度均在 6 以上，建议在这些区增加小区内部道路提升为城市级的步行道路，研究城市二级支路的弹性管控指标和实施导则，完善城市二级支路，尽快提升道路网密度。

（四）以轨道交通站点引导的站城融合发展模式研究

目前，我国各城市地铁等轨道交通通车里程密度（地铁里程 / 城市建成区面积）最高的是香港特别行政区，每平方公里通车密度高达 1.219 公里，位居全国第一。我国内地目前轨道交通组织较好的深圳市，通车密度为 0.315 公里 / 平方公里。轨道交通站点的开发模式与理念随着城市需求的不断提高而需要发生变化。因此，推动当代城市可持续发展，需要从社会、交通、经济等方面，完善和提高站点的功能体系，与城市更好地结合。本研究选取香港、深圳等在轨道交通与其上盖物业结合具有代表性的城市作为对照，为加快大西安都市圈地铁发展提供数据支撑。

1. 客流量分析

截至 2019 年 9 月，西安市开通运营地铁线路共有 4 条，共开通车站 99 座，总里程共计 126 千米。2018 年西安地铁日均客流量为 202 万人次。其中在五一劳动节、国庆节及元旦等节假日出现客流高峰。其中 2018 年五一劳动节日客流高峰为 264.84 万人次，2018 年 12 月 31 日高峰为 293.44 万人次，2019 年国庆高峰客流量达到了 322.97 万人次。目前西安市局部地铁站已经实现常态化限行。西安轨道线网密度为 0.180 公里 / 平方公里，距离深圳、香港等城市还有一定的差距，西安的轨道交通密度尚需进一步织密。

表 11　2014—2019 年西安地铁客运流量与其他城市对比

城市	年份	客运总量（亿人次）	日均客运量（万人次）	总运营里程（km）	地铁利用效率（万人 /km/ 日）		密度（km/km^2）
西安	2019 年	/	/	126		1.54	0.180
	2018 年	7.38	202.46	126	1.6		
	2017 年	6.05	165.8	91.35	1.81		
	2016 年	4.08	111.52	91.35	1.22		
	2015 年	3.47	95.1	51.8	1.83		
	2014 年	约 3	约 82.2	51.8	1.58		
深圳	2019 年	/	584.6	292.6	1.99	1.651	0.315
	2018 年	18.77	514.38	286.4	1.79		
	2017 年	14.46	396.2	286.4	1.38		
	2016 年	12.97	400	286.4	1.40		
	2015 年	11.21	307.36	186.5	1.64		
	2014 年	9.8	268.5	186.5	1.44		

续表

城市	年份	客运总量（亿人次）	日均客运量（万人次）	总运营里程（km）	地铁利用效率（万人/km/日）		密度（km/km^2）
港铁	2017年	17.557	481	263.7	1.82	1.73	1.219
	2016年	15.865	434.6	263.7	1.65		
	/	/	/	/			

（数据来自百度百科统计，自绘）

2. 站城融合发展研究

本次研究以西安地铁沿线站点500m范围作为研究对象，通过对深圳、香港与西安典型站点对比分析，探索形成西安地铁站城融合发展模式，提高地铁站点周围区域的经济活力。

（1）总体分析

现有研究将轨道交通站点分为城市型、居住区型、交通枢纽型三种，认为站点地区开发强度应遵循整体高密度土地使用开发强度梯度递减的原则，结合不同类型站点地区用地功能，确定适宜的开发总量规模和总体强度。本研究为了适应西安市发展需求的情况，通过统计站点周围500m范围内容积率，以及公

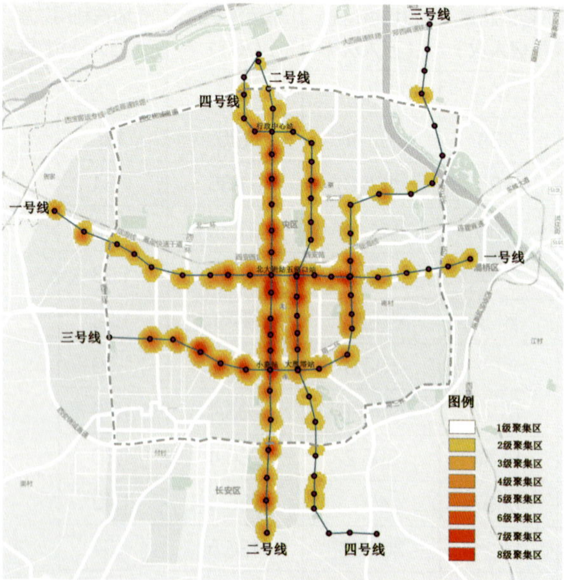

图8 西安地铁站点500m范围商业与公建POI点数量核密度分析（数据来自百度百科统计）

建、商业 POI 点设施数量,得出设施与容积率之比(剔除容积率过低的地铁站点),以此来横向对比各个站点用地混合度情况,结合站点区位因素,提出了“中心型”与“近郊型”两种站点模式,其中“中心型”站点为地铁枢纽站、公建与商业设施占比多且容积率大的站点。目前,地铁枢纽站共有 6 个,分别是北大街站、行政中心站、小寨站、大雁塔站、五路口站、通化门站,属于“中心型”站点。如图 8 所示。

通过对 42 个地铁口周边商业与公建 POI 点数量对比发现,北大街站、小寨站、五路口站作为地铁枢纽站,其 500 米内商业与公建 POI 点数量较多,而雁塔站则明显落后于其他站点,甚至不如一些普通换乘站点,原因是大雁塔作为城市历史文化遗产保护项目,政府对其周边开发强度设有一定限制。

还有一部分站点与城市“中心型”站点距离较远,但是有大量的居住建筑以及一部分的公建与商业建筑站点周围以居住功能主导,此类站点则属于“近郊型”站点。如表 12 所示。

表 12　西安市地铁站点周围 500m 居住用地占比前 20 位站点用地混合度情况

排名	站点名称	公服设数量	商业数量	设施总量	容积率	设施总量/容积率
1	金滹沱	37	37	74	6.813533	10.8607393
2	航天大道	65	82	147	6.551766	22.4366999
3	文景路	109	132	241	8.334256	28.9167972
4	飞天路	68	123	191	4.93655	38.6909883
5	百花村	72	123	195	5.011503	38.910479
6	市图书馆	367	746	336	8.474749	39.6471924
7	常青路	68	137	205	4.765106	43.0210787
8	青龙寺	127	374	161	3.68857	43.6483499
9	辛家庙	99	136	235	5.364272	43.8083717
10	纺织城	66	119	185	3.973579	46.5575231
11	北池头	150	292	442	8.698318	50.8144226
12	开远门	114	196	310	5.695118	54.4325875
13	枣园	93	184	277	4.816842	57.5065557
14	洒金桥	329	459	440	7.440368	59.1368635
15	市中医医院	131	205	336	5.473732	61.3840804

续表

排名	站点名称	公服设数量	商业数量	设施总量	容积率	设施总量 / 容积率
16	大唐芙蓉园	95	117	212	3.382229	62.6805605
17	劳动路	156	255	411	6.456975	63.6521017
18	延兴门	226	305	531	8.307687	63.9167047
19	运动公园	101	177	278	4.289487	64.8096166
20	大明宫西	190	243	433	6.668905	64.9281965

（数据来源：自绘）

而航天东路站、航天新城站、双寨站、神州大道站、保税区站等，地铁口周围的商业与公建 POI 点数量分别为 7、5、5、4、3，总建筑面积较低。说明其周围地块整体开发强度不高，又距离城市中心较远。详细如图 9 所示。

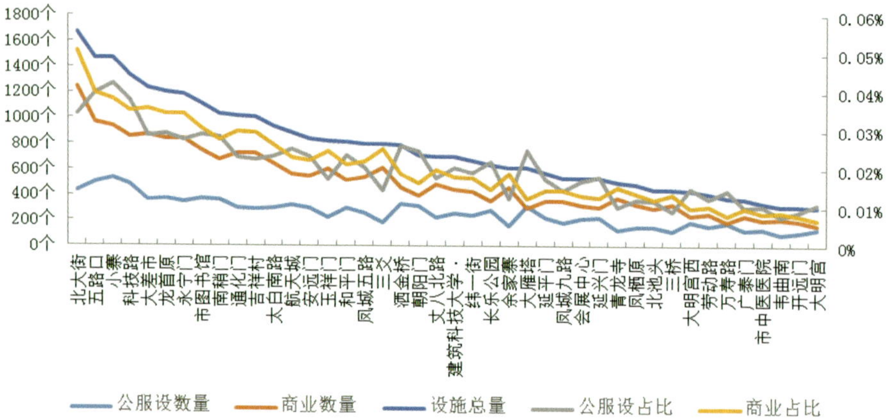

图 9　西安地铁口周围 500m 商业与公建 POI 点数量（数据来自百度百科统计，自绘）

选择站城一体化建设中较好的站点进行研究：深圳前海湾地铁站、西安小寨站、香港九龙湾地铁站。深圳前海湾地铁站是三条地铁线的换乘枢纽，也是深圳六个计划中的大型交通枢纽之一；西安小寨站是西安最有活力的商业区，其中赛格国际购物中心与地铁衔接最好，开发强度最高；香港九龙湾地铁站是港铁公司总部大楼的所在地，并发展了上盖物业德福花园。

通过研究数据发现：深圳龙海商业广场商业面积大于香港九龙德福广场，但是只有一层的地上商业，导致店铺数量少于德福广场。香港九龙湾站德福广场和西安赛格购物中心由于地块规模小，因此提高了商业层数，分别为 7 层和 8

层，使得上盖商业更像是商业综合体的开发，九龙湾站与小寨站采用了“城市综合体＋地铁”紧密结合的方法，造就了更富有活力的商业片区。因此，在中心混合型地铁站开发模式中，相对于低容积商业与地铁口分离的模式，“城市综合体＋地铁”紧密结合更适合作为“中心型”站点的发展，具体数据如表 13 所示。

表 13　深圳前海湾、香港九龙湾、西安小寨地铁口周围商业对比

地铁口名称	商业名称	商业类型	店铺数量（个）	商业面积（m²）	商业层数
深圳前海地铁口	龙海商业广场	餐饮、零售、健康美容、服装、娱乐	198	99100	1
香港九龙湾地铁口	德福广场	服装、零售、餐饮、娱乐、健康美容	261	93000	7
西安小寨地铁口	赛格国际购物中心	购物休闲、商务社交、餐饮娱乐	778	180000	8

（数据来自各商业中心官网，自绘）

选择典型“中心型”与“近郊型”站点进行数据分析，经过对比发现，小寨站与金滹沱站在地铁口 500 范围内总建筑面积相差不大的情况下，商业与公共服务设施 POI 的总量相差巨大，说明小寨站是以商业与公共服务设施为主导的“中心型”地铁站点。而金滹沱则是以居住为主导的“近郊型”地铁站点。小寨站 500m 范围内的建筑总面积为 168.3 万平方米，容积率为 8.58，公共服务设施 POI 数量为 532 个，商业 POI 数量为 932 个，总量为 1464 个。

金滹沱站 500 范围内建筑总面积为 133.7 万平方米，容积率为 6.81，公共服务设施 POI 数量为 37 个，商业 POI 数量为 37 个，总量为 74 个。

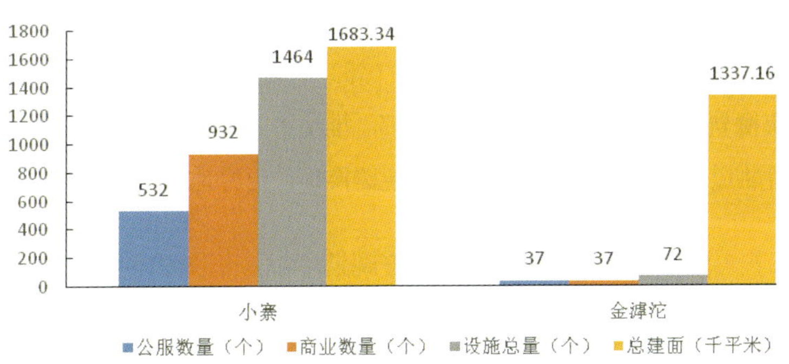

图 10　中心型和近郊型地铁站点 500m 内总建筑面积与公共服务设施数量比较（自绘）

3. 发展模式建议

“中心型”站点的站城融合可以选择一体化开发 、“交通枢纽 + 城市综合体”的开发模式。地铁站点500m范围内是吸引乘客的主要区域。因此站点与周围建筑，地面站点的可达性与站点周围环境深刻影响着地铁站点的活力。

“近郊型”站点选择高密度居住与商业功能结合，保证居民最为便捷的运用站点商业的同时，避开喧嚣的站前区域，但应控制在500m范围之内，同时满足居住私密性与商业便捷性，运用慢行流线串联多样产业，最终实现两种TOD站城融合相辅相成的发展模式。

四、大西安都市圈综合交通相关规划及轨道出行时空分析

（一）现代化都市圈交通发展目标

依据《国家发展改革委员会关于培育发展现代化都市圈的指导意见》，都市圈是以一小时通勤圈为基本范围的城镇化空间形态。并明确提出以增强都市圈基础设施连接性、贯通性为重点，以推动一体化建设为抓手，加快构建都市圈轨道交通网。

打造轨道上的都市圈需要统筹考虑都市圈轨道交通网络布局，构建以轨道交通为骨干的通勤圈。推动干线铁路、城际铁路、市域（郊）铁路、城市轨道交通“四网融合”。探索都市圈中心城市轨道交通适当向周边城市（镇）延伸。统筹布局都市圈城际铁路线路和站点，完善城际铁路网络规划，有序推进城际铁路建设，充分利用普速铁路和高速铁路等提供城际列车服务。创新运输服务方式，提升城际铁路运输效率。大力发展都市圈市域（郊）铁路，通过既有铁路补强、局部线路改扩建、站房站台改造等方式，优先利用既有资源开行市域（郊）列车；有序新建市域（郊）铁路，将市域（郊）铁路运营纳入城市公共交通系统。探索都市圈轨道交通运营管理“一张网”，推动中心城市、周边城市（镇）、新城新区等轨道交通有效衔接，加快实现便捷换乘，更好地适应通勤需求。

（二）大西安都市圈轨道交通相关规划

根据《关中平原城市群发展规划》《关中城市群铁路线网规划》《西安市综合交通体系规划》《西安市地铁线网规划修编》等相关文件，对西安市综合交通

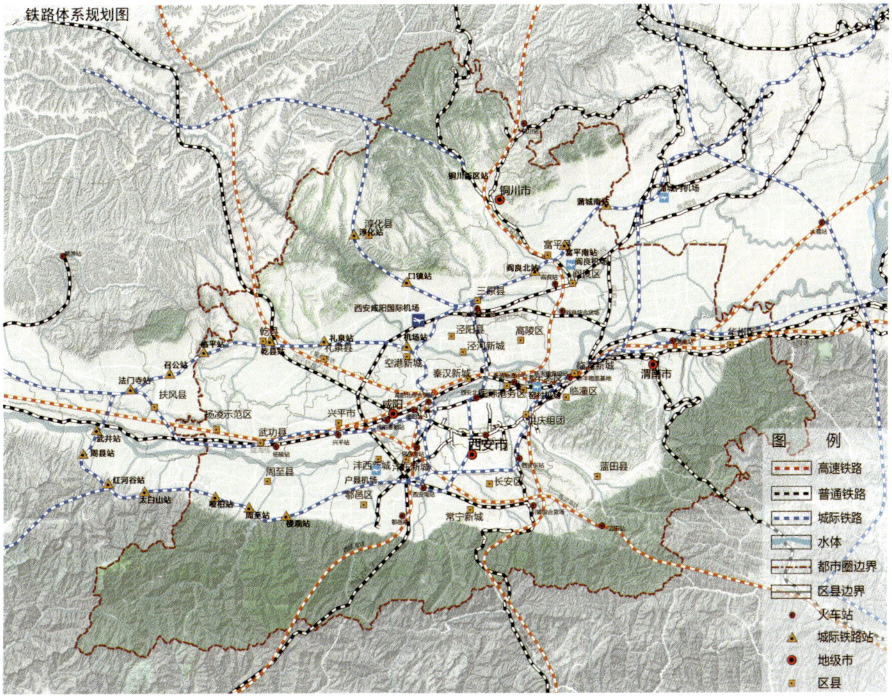

图 11　大西安都市区铁路网规划图（自绘）

规划中的轨道交通体系进行了梳理，规划已经建构了完善的以高铁、城际铁路和地铁为主体的轨道交通线网体系，布局了“四主一辅”的铁路客运枢纽布局，成为交通换乘的重要节点。

规划形成“米”字型高铁网，成为国家重要的铁路枢纽中心；形成以西安为中心，宝鸡—西安—渭南为主轴，覆盖 20 万人口以上城镇的城际铁路网；形成由 23 条轨道交通线路构成的市域公共交通骨架。

铁路客运枢纽布局“四主”包括西安北站、西安站、西安东站、新西安南站，“一辅”是指阿房宫站。具体数据，如表 14 所示。

表 14　西安火车站概况

火车站名称	等级	站房面积（㎡）	站场规模
西安北站	特等站	336600	19 台 34 线
西安站	特等站	28500	5 台 9 线

续表

火车站名称	等级	站房面积（㎡）	站场规模
阿房宫站（辅）	二等站	6000	3 台 7 线
新西安南站	三等站	10000	2 台 7 线
西安东站（货运）	二等站	/	/

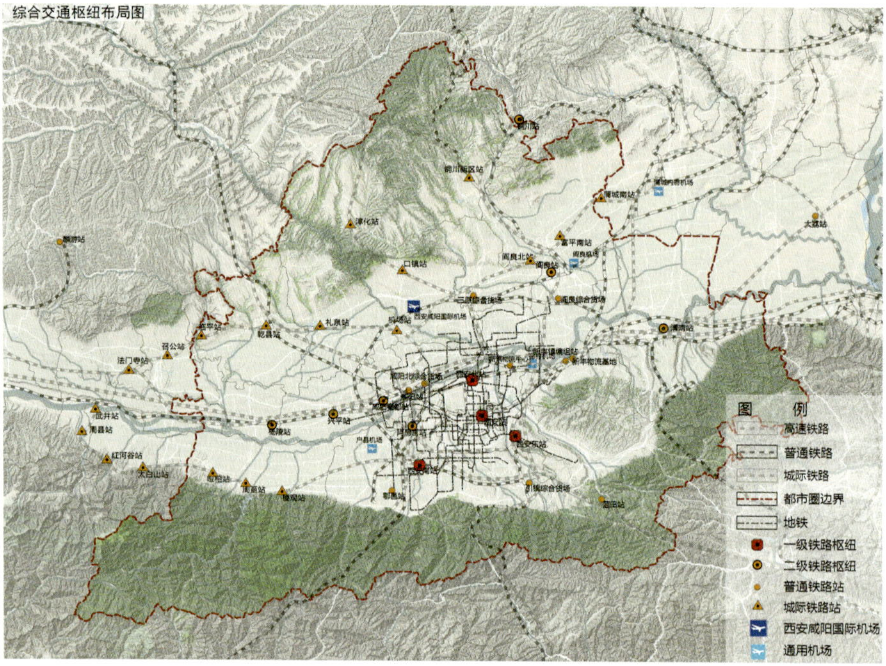

图 12　大西安都市区枢纽布局规划图（自绘）

（三）大西安都市圈轨道交通线网出行时空分析

根据培育都市圈指导意见，未来需要打造轨道上的一小时都市圈，本课题针对规划高铁网络、规划城际铁路和规划地铁线网的出行时间和在出行时间内的可达范围进行了模拟研究。

对于中心城区通勤圈，可选定城市为中心，以地铁为主要通勤出行方式进行分析，而本研究经过试算，选定以钟楼为中心，以规划地铁线网为出行路径进行出行时空分析。根据地铁线网规划中的出行速度（30—45 公里 / 小时）（如表 15），对地铁的线路 15 分钟、30 分钟、60 分钟以及 90 分钟出行时间内，所覆盖的面积和区域进行了可视化模拟分析，得出地铁一小时覆盖范围为 5035 平

方千米。（如图 13 所示）

表 15　大西安都市圈规划地铁速度

线路	起讫点	长度（km）	最高运行速度（km/h）	旅行速度（km/h）
一号线	钓鱼台路—纺织城	41.7	80	35
二号线	常宁组团—草滩	33.8	80	35
三号线	昆明湖—新筑镇	49.5	80	35
四号线	航天基地—草滩	35.2	80	35
五号线	交大创新港—纺织城站	45.5	80	35
六号线	铁路南客站—纺织城	39.9	80	35
七号线	大学城—洪庆	46.5	80	35
八号线	环线	50.1	80	35
九号线	纺织城—临潼副中心 / 临潼现代工业新城	41.4	80	35
十号线	康复路—阎良 / 泾河新城	79.7	>80	>35
十一号线	咸阳市区—杜陵	53.7	>80	>35
十二号线	铁路南客站—西安咸阳国际机场	40.9	>80	>35
十三号线	国际港务区二期—临潼现代工业组团	41.2	>80	>35
十四号线	咸阳市区—国际港务区	42.4	>80	>35
十五号线	户县副中心—航天城	60.9	>80	>35
十六号线	铁路南客站—泾河新城	66.4	>80	>35
十七号线	北塬新城—泾河新城	53	>80	>35
十八号线	沣西新城—北塬新城	23.2	>80	>35
十九号线	兴平—广运潭大道	53.1	>80	>35
二十号线	长安通信产业园—韦曲	22.4	70—80	30
二十一号线	纺织城—蓝田	24.9	70—80	30
二十二号线	北客站—高陵	18.7	70—80	30
二十三号线	草堂—常宁	21.9	70—80	30

大西安都市圈呈现多中心组团结构，而在外围的组团以城际铁路和高铁为主要通勤联系方式。在对大西安都市圈的出行时空分析中，选定四个一级枢纽点为主要出行起点，分别以城际铁路和高铁为出行路径，根据规划城际铁路速

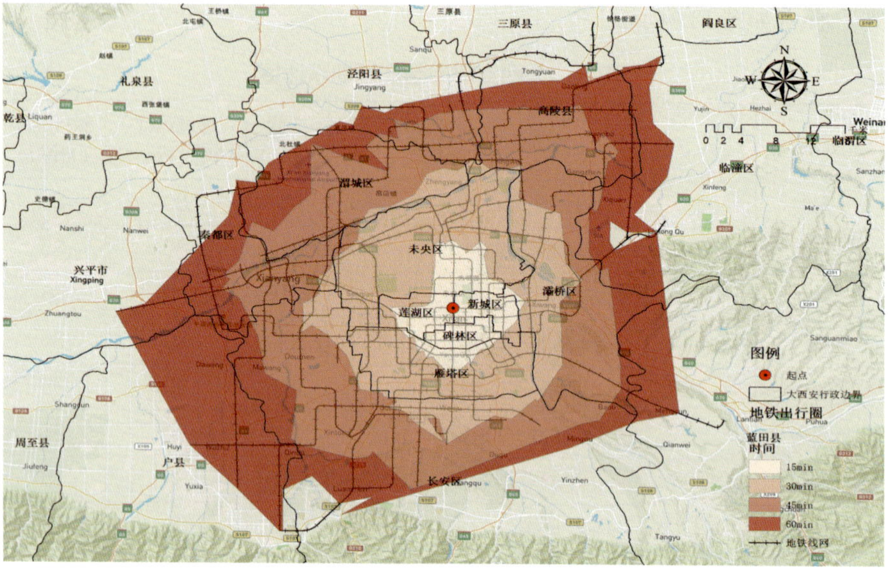

图 13 以西安为中心的地铁 90 分钟可达范围（自绘）

度和规划高速铁路的速度（如表 16—表 17），首先从四个中心出发，对城际铁路和高铁线路的 30 分钟、60 分钟，以及 90 分钟出行时间内的覆盖面积和

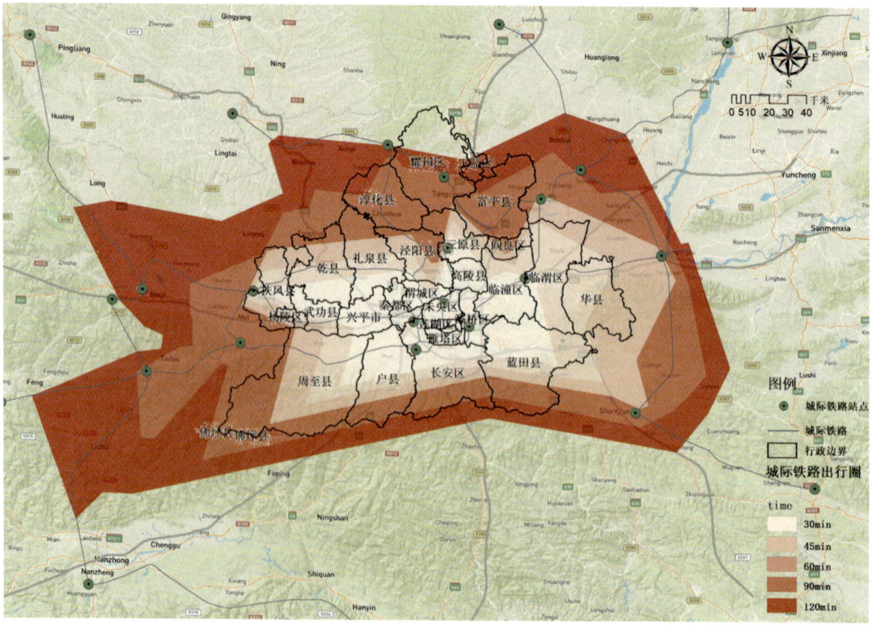

图 14 以西安为中心的城际铁路 60 分钟可达范围（自绘）

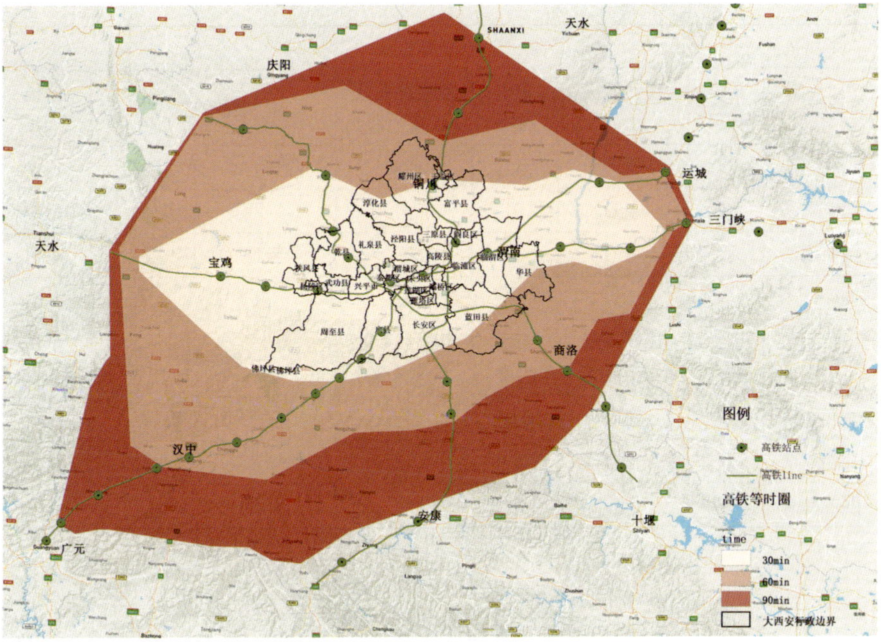

图 15 以西安为中心的放射状高铁网 90 分钟可达范围（自绘）

区域进行可视化模拟分析，并分别进行融合，得出城际铁路一小时的可达范围为 44895 平方千米，高铁一小时可达范围规模为 119198 平方千米。（如图 14、15 所示）

根据规划的规划线网的时空分析可视化模型发现，城际铁路的可达性对北部区域的覆盖范围较小，对于都市圈向北部发展的支撑作用较弱，难以满足 1 小时轨道交通都市圈的要求。模拟出来的地铁线网良好，地铁线网一小时基本上能覆盖中心城市的主城区。

表 16 大西安高铁速度

规划高铁						
名字	正线数目	设计速度（km/h）	牵引种类	到发线有效长度（米）	起始站	全长（km）
西渝高铁	双	350	电力	/	西安—重庆	660
银西高铁	双	250	电力	650	西安北站—银川站	617
西成高铁	双	250	电力	650	西安北站—成都东站	658

续表

规划高铁						
名字	正线数目	设计速度（km/h）	牵引种类	到发线有效长度（米）	起始站	全长（km）
西武高铁	双	350	电力	650	西安北站—武汉西站	652
西包高铁	双	350	/	/	西安—包头	800
宝中高铁	双	160	/	/	宝鸡—中卫铁路	498
已建高铁						
名字	正线数目	设计速度（km/h）	牵引种类	到发线有效长度（米）	起始站	全长（km）
大西高铁	双	350	电力	650	大同—西安	859
郑西高铁	双	350	电力	700	徐州东站—兰州西站	1434
西兰高铁	双	350	电力	650	/	567

（自绘）

表 17　大西安城际铁路速度

规划城际铁路		
名字	速度（km/h）	长度（km）
咸阳机场—法门寺	200	30
西安—韩城	250	158
北客站—咸阳机场	100	27
西安—法门寺	200	150
西安—铜川	250	100

（自绘）

（四）基于出行时空分析轨道交通出行圈层模式研究

根据以上出行时空分析，一小时公路网络覆盖范围为 2469 平方千米，地铁网络覆盖范围为 5035 平方千米，要实现都市圈一小时通勤圈，实现都市圈的高效集约发展，必须以形成中心城区以地铁为主导出行方式，外围以城际铁路和高铁为主导出行方式的圈层化多模式轨道交通出行模式。本研究在时空出行分析研究的基础上，基于多种交通模式的直连、直通和无缝换乘，构建大西安都市圈一小时轨道交通出行圈层模式。（如图 16 所示）

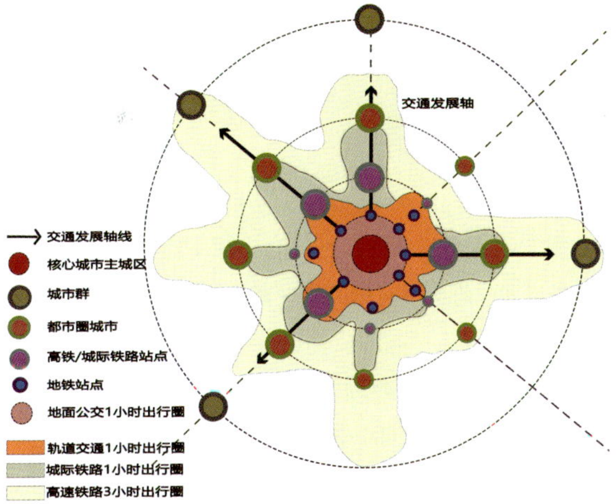

图 16 大西安综合交通模式图（自绘）

建构轨道交通、城际铁路、高铁三个层次的出行圈层。内层以主城区中心向外延伸，以轨道交通为出行主导方式，一小时覆盖中心城区建设用地以及主要的对外交通枢纽点，中间层以对外交通枢纽为中心向外延伸，形成一小时城际铁路覆盖大西安都市圈主要城镇，外圈层以主要对外交通枢纽点为中心向外延伸，形成一小时高铁覆盖都市圈紧密圈层。

五、大西安都市圈综合交通进一步研究建议

（一）开展铁路物流体系优化策略研究

西安是我国“一带一路”关键节点，处于东西货运交汇处，随着国家铁路集装箱运输能力的提升，西安将成为我国重要的物流节点，需要进一步加强大西安都市圈在物流组织上优化策略研究，进一步强化陆港、物流系统组织在产业提升和经济发展中的促进作用。

（二）开展城市路网加密和街道品质提升研究

按照中央城市工作会议精神，城市要建设小街区、密路网的交通系统，城市中心城区的路网密度在 8 以上的区域较小，而西安有着诸多的历史遗迹保护

区和大型企业集结地，如何在提升生活品质的前提下增加路网密度，整体提升街道品质，需要进一步加强研究。

| 参考文献 |

[1] 王洧．构建都市圈“一站式”出行系统[N]. 中国交通报，2019-10-24（003）.

[2] 海妍．基于“互联网 +”的交通运输经济发展浅析 [J]. 现代经济信息，2019（17）：336.

[3] 吕颖．都市圈综合轨道交通线网规划布局研究 [J/OL]. 铁道标准设计：1—5[2019-11-04].https：//doi.org/10.13238/j.issn.1004-2954.201904160004.

[4] 曹庆锋，常文军．日本轨道交通发展历程及经验启示 [J]. 交通运输研究，2019，5（03）：10—17.

[5] 周晓勤．城市轨道交通高质量发展的创新之路——周晓勤在 2019 北京国际城市轨道交通高峰论坛上的讲话 [J]. 城市轨道交通，2019（08）：14—23.

[6] 张俊杰．综合交通枢纽站城融合的研究与实践探索 [N]. 建筑时报，2019-08-05（008）.

[7] 宋家骅，王珣，金照，唐小淋．品质提升背景下深圳智慧交通创新及实践 [J]. 交通与运输，2019，32（S1）：148—153.

[8] 陈军团．关中城市群城际铁路运营管理模式研究 [J]. 铁道运输与经济，2019，41（01）：48—51.

[9] 徐炯．地铁车辆段上盖商业交通流线设计探究——深圳前海车辆段与香港九龙湾车辆段对比分析 [A]. 中国城市规划学会、杭州市人民政府．共享与品质——2018 中国城市规划年会论文集（07 城市设计）[C]. 中国城市规划学会、杭州市人民政府：中国城市规划学会，2018：12.

[10] 中共中央，国务院．关于建立更加有效的区域协调发展新机制的意见 [EB/OL]. 新华社 http：//www.gov.cn/zhengce/201811/29/content_5344537.htm

[11] 覃矞．区域深度融合下广佛都市圈铁路枢纽布局优化 [A]. 中国城市规划学会城市交通规划学术委员会．创新驱动与智慧发展——2018 年中国城市交通规划年会论文集 [C]. 中国城市规划学会城市交通规划学术委员会：中国城市规划设计研究院城市交通专业研究院，2018：10.

[12] 邵丹．关中城市群核心外围城市联系的空间分析——以西安、渭南为例 [J]. 城市发展研究，2018，25（07）：148—153+160.

[13] 葛星，郑耀群 . 中国九大城市群综合承载力的空间非均衡及其动态演进 [J]. 统计与信息论坛，2018，33（12）：73—81.

[14] 陈斌 . 都市圈圈层演化及其与交通发展的互动关系研究 [D]. 南京林业大学，2018.

[15] 郜俊成，徐闯闯，彭佳 . 南京都市圈一体化背景下市郊铁路发展研究 [J]. 交通与港航，2018，5（02）：30—35.

[16] 戈晶晶 . 智慧交通　全球视角 [J]. 中国信息界，2017（05）：68—69.

[17] 唐相龙，李骞 . 兰州都市圈综合交通布局优化研究 [J]. 城市道桥与防洪，2016(07)：12—15+6—7.

[18] 奚振平 . 都市区公路网络结构与布局优化方法研究 [D]. 东南大学，2016.

[19] 朱昊 . 上海智慧交通系统框架研究 [A]. 中国城市规划学会城市交通规划学术委员会 .2016 年中国城市交通规划年会论文集 [C]. 中国城市规划学会城市交通规划学术委员会：中国城市规划设计研究院城市交通专业研究院，2016：7

[20] 李蕊，李伟，吴勇 . 日本智能交通系统介绍及其借鉴 [J]. 中国交通信息化，2011（01）：123—126.

[21] 吴丹，游岳 . 调整土地利用模式和开发强度的探讨 [J]. 铁道运输与经济，2009，31（09）：55—58.

大西安都市圈产业布局现状及协同发展研究[1]

○袁　丹[2]

内容提要：大西安都市圈是华夏文明的重要发祥地和古丝绸之路的起点，在国家现代化建设大局和全方位开放格局中具有独特的战略地位。产业是经济发展的重要支撑，产业协同发展对优化产业布局和结构，促进产业跨区域整合，实现大西安都市圈产业的优势互补、协调发展与优化升级有重要的意义。本报告以大西安都市圈为对象进行研究，主要包括四个方面：一是分析大西安都市圈各市、区和县的主要产业布局与发展现状；二是分析大西安都市圈总体产业协同的基础；三是基于耦合协同度模型和2013—2017年大西安都市圈各地区产业发展的数据，定量分析不同产业系统间的协同程度，在此基础上分析大西安都市圈在产业协同方面存在的主要问题。最后，提出大西安都市圈产业协同发展的对策建议。

一、产业布局现状

（一）产业布局现状

根据2018年2月，国家发改委、住建部印发的《关中平原城市群发展规划》（2017—2035年），大西安都市圈的主要范围包括西安、咸阳主城区及西咸新区，即包括西安市行政辖属的11区2县、咸阳市行政辖属的2区1市5县（秦都区、渭城区、兴平市、武功县、三原县、礼泉县、乾县、泾阳县）、铜川市（王益区、耀州区）、渭南市（临渭区、华州区和富平县）、西咸新区和杨凌示范区。大西

(1) 本研究报告为西安建筑科技大学2019年度新型城镇化专项研究基金项目研究成果。
(2) 作者：袁丹，西安建筑科技大学公共管理学院讲师。

安都市圈目前已基本形成门类较为齐全的产业体系，布局有农林牧渔业、工业、建筑业以及商贸、旅游、会展、文化创意、现代物流、金融、科技服务等服务业。大西安都市圈是我国重要的航空产业、航天产业、兵器产业、电子产业、通信产业、输变电设备和仪器仪表等的设备制造产业基地，也是辐射西北地区和北方中部地区的重要的金融业、科技产业、教育业、文化旅游业、商贸产业中心。

大西安都市圈各地区主导产业布局（见图 1）。

第一产业：现代种植业和食品加工业主要分布在西安市的临潼区、蓝田县、周至县、鄠邑区，咸阳市的泾阳县、礼泉县、三原县；渭南市的富平县等区域。畜牧业主要分布在西安市的蓝田县，咸阳市的乾县，渭南市的富平县等区域。

第二产业：能源化工主要分布在咸阳市的渭城区，渭南市临渭区、华州区等区域；煤炭主要分布在铜川市耀州区、王益区等区域；汽车、电子信息等现代制造主要分布在西安市的雁塔区、莲湖区、高陵区，咸阳市的泾阳县等区域；

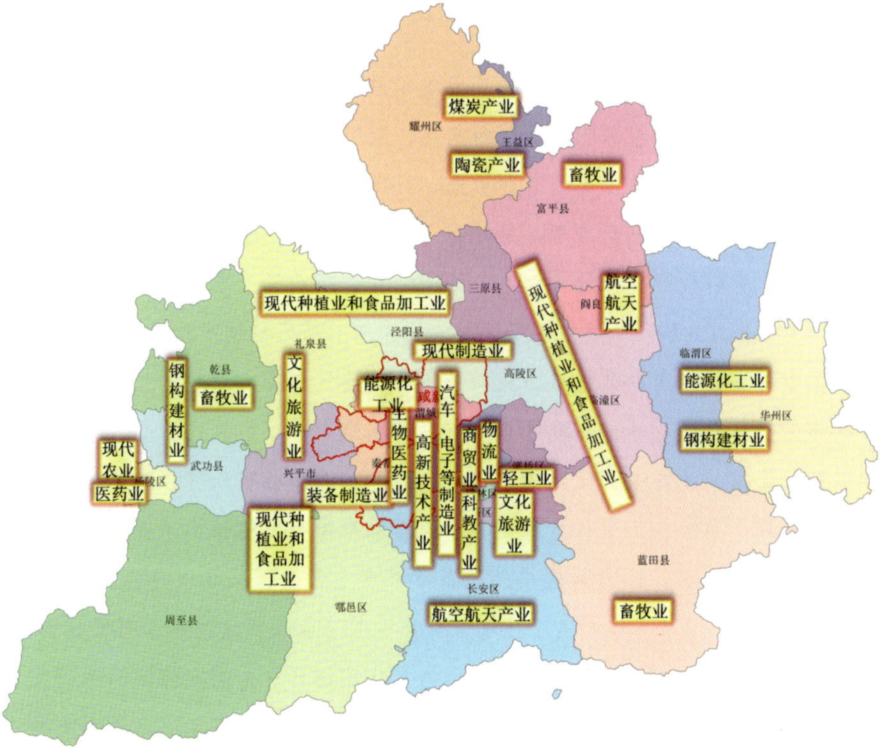

图 1　大西安都市圈各地区主导产业分布图

钢构建材主要分布在渭南市的临渭区、华州区，咸阳市的乾县、武功县等区域；陶瓷产业主要分布在铜川市耀州区、王益区等区域；航空航天产业主要分布在西安市的长安区、阎良区等区域；半导体、软件信息等高新技术产业主要分布在西安市的雁塔区、莲湖区、长安区，西咸新区等区域；生物医药主要分布在咸阳市的秦都区、渭城区，西安市的高新技术产业开发区，杨凌示范区等区域；纺织业等轻工业主要分布在西安市的新城区、灞桥区；咸阳市的秦都区、兴平市等区域。

第三产业：物流业主要分布在西安市的未央区、新城区等区域；商贸产业主要分布在西安市的碑林区、莲湖区、新城区、未央区等区域；科教产业主要分布在西安市的碑林区、雁塔区、长安区等区域；文化旅游业主要分布在西安市的曲江新区、碑林区；咸阳市的兴平市和礼泉县等区域。

专栏1 大西安都市圈各地区主要产业分布现状

西安：布局有计算机、通信和其他电子设备制造业、兵器制造业、汽车制造业等装备制造业、能源化工、医药制造，航空航天产业、新材料产业和文化旅游业等。其中，碑林区布局有商贸业、科教产业和文化旅游业等；莲湖区布局有商贸业、高新技术产业等；新城区布局有商贸业、金融业和轻工产业等；雁塔区布局有科教产业、设备制造业和文化旅游产业等；未央区布局有商务商贸业、文化旅游业和现代物流业等；长安区布局有航天科技产业、科教产业等；灞桥区布局有物流业和文化生态旅游业等；临潼区布局有农业和旅游业等；阎良区布局有航空产业等；高陵区布局有汽车制造业等；鄠邑区布局有现代农业和以民间绘画、鼓舞等为代表的文化娱乐业等；蓝田县布局有以奶山羊产业为代表的农副产品深加工业和旅游业等；周至县布局有以猕猴桃产业为代表的现代农业、旅游业等。四大新区中，高新技术产业开发区布局有高新技术产业，包括软件产业、集成电路产业、生物医药产业等；曲江新区内布局有影视制作、出版传媒、电竞、会展产业、文艺娱乐等文化旅游产业；国家经济技术开发区布局有商用汽车产业、新材料产业和国防科技产业等；浐灞生态区布局有生态旅游业、现代金融业以及会议会展等。

咸阳：布局有能源化工业、食品工业、装备制造业、医药制造业、纺织服装业等。其中，秦都区布局有电子信息、医药保健、现代纺织等。渭城区布局有石油加工业、口腔设备和医疗器械制造业、电子产业等。兴平市布局有装备制造、化工业、食品加工业等。泾阳县布局有电子信息产业、智能装备制造业和现代食品产业等；三原县布局有种植业、食品加工制造业等；礼泉县布局有水果种植业、旅游业等；乾县布局有畜牧业、装备制造业、建材业等；武功县布局有钢构建材业、食品医药业、彩印纸包业等。

西咸新区：布局有生态产业、临空产业、新材料等战略新兴产业和文化旅游产业等。其中，泾河新城布局有能源、化工、物流贸易、会展业和文化旅游业等；空港新城布局有航空物流、国际商务服务业、商务会展等；秦汉新城布局有文化旅游业、现代农业、生态休闲等；沣西新城布局新材料产业、物联网产业、高尚居住产业等；沣东新城布局有以电子信息、太阳能光伏、物联网等为代表的高新技术产业、体育业等。

渭南：布局有现代农业、电力产业、煤炭产业、建材产业、纺织业、机械制造业和文化旅游业等。其中，临渭区布局有以葡萄、猕猴桃、核桃、设施瓜菜为代表的种植业、化工业、装备制造业等;华州区布局有以猕猴桃、桃、石榴、花椒等为代表的果蔬种植业、现代畜牧业、有色冶金产业、化工业等；富平县种植业，以奶山羊养殖为代表的畜牧业等。

铜川：布局有煤炭产业、耀州窑文化产业、现代农业和旅游业等。其中，耀州区布局有原煤、建材产业、耀州窑文化产业等；王益区布局有煤炭、耀州窑文化产业和旅游业等。

杨凌示范区：布局有生物医药业、农产品加工业、农机装备制造业和旅游业等。

（二）产业发展现状

近年来,大西安都市圈产业发展较快。2017 年,各地区主要产业发展现状(见图 2)。其中，西安市的 GDP 达到 7471.89 亿元，约是杨凌示范区 GDP 的 55 倍；咸阳市的 GDP 为 2292.51 亿元，位居第二，但于西安市还有较大差距；渭南市和铜川市的 GDP 分别为 609.12 亿元和 246.13 亿元。 咸阳市的农林牧渔业总产值相对最高，达到 552.6 亿元，其次为西安市，达到 497.39 亿元，杨凌示范区的农林牧渔业总产值最低，为 13.45 亿元；各地区工业增加值均高于农林牧渔业总产值，其中，西安市的工业增加值最高，达到 1684.02 亿元，其次为咸阳市，达到 1076.22 亿元，杨凌示范区的工业增加值最低，为 53.05 亿元。总体来看，大西安都市圈内，大城市少，咸阳市和渭南市等中小城市与西安市的产业发展有较大差距。

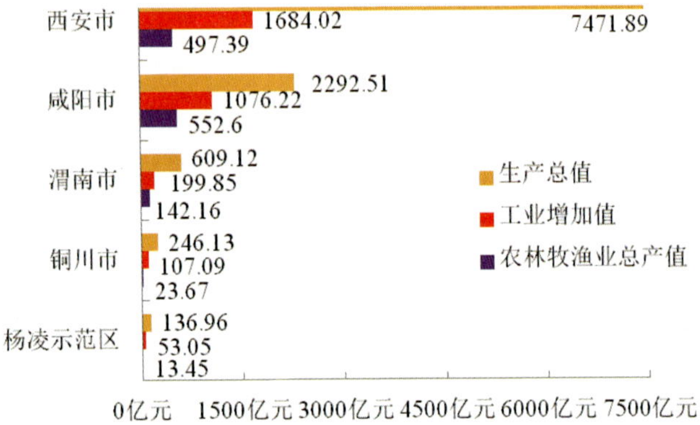

图 2　2017 年大西安都市圈各地区主要产业发展现状（单位：亿元）

从具体产业来看，2018 年，西安市建筑业增加值 1073.12 亿元，比上年增长 7.9%；交通运输、仓储和邮政业增加值 357.49 亿元，增长 6.3%；住宿和餐饮业增加值 204.85 亿元，增长 5.8%；金融业增加值 874.91 亿元，增长 5.3%；房地产业增加值 643.18 亿元，增长 5.8%。全年规模以上工业中，战略性新兴产业总产值比上年增长 9.7%，占规模以上工业比重为 39.8%；高技术制造业总产值增长 8.5%，占规模以上工业比重为 24.4%。规模以上工业增加值的产业结构如图 3 所示。

2018 年，西安市计算机、通信和其他电子设备制造业在规模以上工业增加值中的占比最大，达到 21.4%，其次为汽车制造业和电气机械和器材制造业，二者在规模以上工业增加值中的占比分别为 15.3% 和 9.8%。计算机、通信和其他电子设备制造业和电器机械和器材制造业等装备制造业共占规模以上工业增加值的比重达到 60.2%（见图 3）。

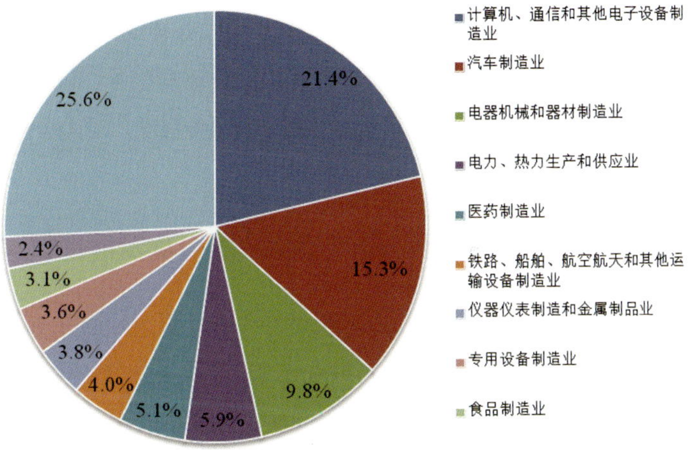

图3　2018年西安市规模以上工业增加值行业结构

2018年，咸阳市建筑业增加值279.33亿元，比上年增长6.9%；交通运输、仓储和邮政业增加值75.23亿元，比上年增长5.1%。规模以上工业总产值2961.18亿元，占比最大的前3位行业分别是能源化工业、食品工业和装备制造业，三类行业的占比依次为36.1%、18.2%和16%。2018年，西咸新区生产总值增长13.3%，规模以上工业增加值增长9.1%，服务业增加值增长14.4%。全年引进世界500强企业11个，国内500强企业12个，高品质酒店8个，百亿元以上项目8个、10亿元以上项目45个，旅游接待人数1970万人次，实现收入99亿元。渭南市富平县新建设施瓜菜7000亩、标准化养殖场35个，新增奶山羊4万只。全年接待游客693万人次，旅游综合收入50亿元，分别增长20.5%和18.6 %。铜川市耀州区原煤、建材产业总产值71.34亿元；建筑业增加值9.07亿元，增长7.2%；旅游业实现综合收入56.2亿元，同比增长25%；王益区生产总值增长6%；农林牧渔业增加值完成增长3.2%；规模以上工业增加值增长3.3%；服务业增加值完成增长6.1%。杨凌示范区现有21家医药生产企业通过国家GMP核准，共拥有省级名牌产品9个，省著名商标10个，从业人员近4000人。目前已建成现代中药药品生产线42条，农产品加工业现有企业265家，拥有省级名牌产品5个，省著名商标13个。杨凌农机产业园入住各类农业装备生产企业近20家，2017年完成规模以上工业总产值46亿元。

根据国家统计局《新产业新业态新商业模式统计分类（试行）》的标准，新产业、新业态、新商业模式，共分为九大类：现代农林牧渔业、先进制造业、新型能源活动、节能环保活动、互联网与现代信息技术服务、现代技术服务与创新创业服务、现代生产性服务活动、新型生活性服务活动、现代综合管理活动。

专栏 2 新兴产业在大西安都市圈地区布局及发展现状

西安市：截至 2019 年 8 月，西安市新经济企业数量达到 12.9 万户，占全市企业主体总量的 25%。2018 年至今，新增新经济企业 72039 家；注册资本亿元以上的新经济企业，达到 665 家。航空航天、新材料、新一代信息技术、新能源产业等战略性新兴产业在西安发展迅猛。2018 年，西安市战略性新兴产业总产值比上年增长 9.7%，占规模以上工业比重为 39.8%；高技术制造业总产值增长 8.5%，占规模以上工业比重为 24.4%，其中，电子及通信设备制造业总产值增长 5.4%，占高技术制造业的比重为 54.2%，信息化学品制造业增长 9.2%，航空、航天器及设备制造业增长 17.0%。其中，长安区拥有众创载体 50 个，总面积 94.19 万平方米，入住创业团队 500 余个，创业者总数超过 4500 人。其中，必优生活网络科技有限公司在新四板成功上市；高新技术产业开发区重点发展通信、光伏与 LED、新型电子元器件、汽车、电力设备、能源技术、软件与服务外包、创新型服务业等具有较强竞争力的新兴产业集群；曲江新区：截止 2019 年 4 月，曲江新区已累计建成众创空间聚集区和特色区 73 个，投入使用面积达 128.78 万平方米，孵化了上千家优质企业。电竞企业已达到 123 家，电竞企业规上企业占营收占比达 30%，预计 2019 年将达到 45% 以上。推动文创产业与信息科技、金融服务、高技术服务业深度融合发展。2019 年上半年，曲江新区累计引入金融企业 35 家，累计注册资本 72.05 亿元，资金规模 98.71 亿元，成为国内知名、区域特色的文化金融示范区；经济技术开发区：高端装备制造、总部经济、现代金融业等新兴产业布局较多。截至 2019 年 7 月，商用汽车产业 495.9 亿元、新材料产业 64.3 亿元、高端装备制造业 329.8 亿元、消费品制造业 136.3 亿元、能源加工业 718.9 亿元和国防科技产业 441.8 亿元。曲江新区电竞企业达到 123 家，电竞企业规上企业占营收占比达 30%，预计 2019 年将达到 45% 以上。双创建设加速发展，截止 2019 年 4 月，曲江新区已累计建成众创空间聚集区和特色区 73 个，投入使用面积达128.78万平方米,孵化了上千家优质企业。未来三年,以新产业、新业态、新商业模式“三新经济”为代表的文化新经济及其关联产业市场主体营收达300亿元，增加值突破25亿元，新增就业岗位超过8000个。

咸阳市:大力发展以新能源汽车为支撑的高端装备产业，发展临空经济产业，打造“三个经济”先行区；深入实施“旅游+”战略，加快文化旅游融合发展，策划包装葡萄酒庄、生态农业、低空飞行等，推动嵯峨山片区田园综合体发展；大力发展新业态、新模式，促进研发设计、第三方物流、融资租赁等发展，打造全国生鲜电商集散地。

西咸新区：构建具有全球资源配置能力的产业发展平台（工业互联网平台、科技资源统筹服务平台、“三个经济”创新平台、能源交易中心平台)，创新经济形态，以文创、乡创与旅游创新融合为主题的西咸文旅众创空间发展迅速。发挥沣东自贸产业园省级数字经济试点示范区的带动作用，创建全国数字经济示范区；以行业内具有绝对话语权的头部企业为核心，发挥头部效应，推动形成具有较大规模和影响力的产业生态圈的新经济形态。

渭南市：2018年，渭南（西安）创新创业孵化器建成投用，战略性新兴产业增加值增长13.9%。壮大农村电商、乡村旅游、民宿经济等新业态，加快实现农业农村现代化。重点发展3D打印、机器人、无人机、新能源汽车及轨道、航空等智能装备项目，打造500亿元产业集群。以3D打印培育基地为载体的增材制造行业成功获批国家级新型工业化示范基地，卤阳湖航空小镇列入国家第一批特色小城镇推荐案例库，开沃新能源商用车制造基地项目落户渭南。

铜川市：截至2018年7月，全市大学生创业孵化园已经培育了相当多的毕业生创业，各类业态创业孵化园有27家，在孵企业600余家，成功孵化出园企业500余家。新材料、医药制造等接续产业发展加快，入选全国光伏发电技术领跑基地，陕建工铜川新型材料工业园2018年底投产。积极推动以‘中医药’为引领的健康+”融合发展,摩贝等数字经济企业落地运营,新经济新业态发展加快。

杨凌示范区：新材料、农业光伏和农业大数据等新业态发展较好。以省内首家独角兽企业——金刚石线锯制商美畅新材料公司为代表的高技术产业。杨凌农业云公司开发的农业大数据平台共有涉农数据52亿余条,成为西北地区“互联网+农业”的重要平台。

二、产业协同基础

（一）区位优势明显，地缘亲近

大西安都市圈地理条件优越，景观独特，生态环境优美，区位优势明显。中心城市西安地理位置优越，西安地处关中平原中部，有上万平方公里的关中平原发展腹地，是中国地理版图几何中心、西北龙头，也是丝绸之路的起点。西安咸阳国际机场是仅次于北京、上海、广州的最大航空枢纽城市，既是西北地区最大的铁路枢纽，也是航运枢纽中心。咸阳是是西部大开发的桥头堡、关中——天水经济圈的核心区和西咸一体化的第一承接地，是进出西北五省的交通要道，地理位置十分优越。大西安都市圈各地区都属于陕西省境内，在地域上的邻近、山水相依、社会文化一致，民俗相近、人缘相亲，方便快捷的交通联系紧密，具有渴求发展的愿望强烈和潜在动力。这些都为产业协同发展提供了坚实的基础。

（二）产业要素资源丰富

由于地理、历史和人文环境，大西安都市圈分布有丰富的水力资源、矿产资源、地热资源、科技资源、教育资源、文化资源和旅游资源等。其中，西安市是我国重要的装备制造业基地、我国中西部地区最大最重要的国防科技工业基地。西安市的航空航天产业产值占全国的三分之一；军工产业在此集聚，兵器制造业产值约占全国的四分之一。西安市是中华文明和中华民族重要发祥地之一，文化资源丰富；高校资源排名全国第四位；周至县水及水力资源丰富；咸阳市境内文物景点达 4951 处，历史文化遗产丰富；秦都区地热资源丰富。渭南市矿产资源丰富，是我国十大煤炭产地之一，黄金年产量全国第三。其中，华州区的钼矿储量居亚洲第一、世界第三；杨凌农业高新技术产业示范区内聚集了农林水等 70 多个学科、7000 多名农业科教人员，是我国重要的农科教基地。其中，陕西嘉禾制药有限公司植物提取物生产基地出口量居全国第一。区域要素禀赋的差异性和资源的互补特性为大西安都市圈产业协同发展提供了良好的发展基础。

（三）产业协同的基础较好

在大西安都市圈内，不同地区的产业结构互补性强。2017 年，西安市三次产业的结构为 3.8∶34.8∶61.5；咸阳市三次产业的结构为 13.6∶57.6∶28.8；渭南市三次产业的结构为 12.6∶46.7∶40.6；铜川市三次产业的结构为 5.1∶52.2∶42.7；杨凌示范区三次产业的结构为 5.7∶54.2∶40.2。西安市的产业结构呈现“三二一”模式，咸阳市、铜川市和杨凌示范区则呈现“二三一”模式，渭南市则呈现二三产业基本持平，均高于第一产业的模式，各地区产业梯度明显（见图 4）。

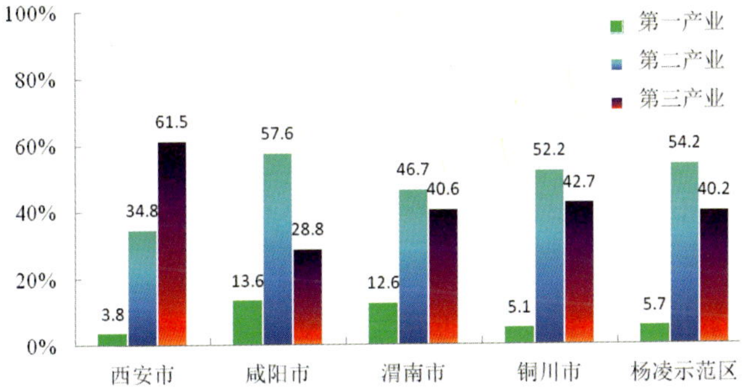

图 4　2017 年大西安都市圈主要地区产业结构（单位：%）

从具体产业看，西安市装备制造业、航空航天产业等产业有较强优势，西咸新区在临空产业具有独特优势，长安区高校密布，教育产业集聚优势明显。周至县布局有以猕猴桃为代表的现代农业，以道文化为代表的乡村文化旅游业等，礼泉县布局有以苹果为代表的水果种植业，以袁家村为代表的文化旅游业等；富平县布局有以奶山羊养殖为代表的畜牧业等。各地区处于不同的发展阶段，在产业梯度、产业特色、产业重心、发展需求和发展目标方面存在较大差异，形成了一定的互补性，为大西安都市圈产业的协同发展提供了良好的基础和条件。

（四）国家战略规划与政策推动

从 2002 年，西安、咸阳围绕经济一体化发展签署协议，提出到 2015 年实现“八同四化”的目标，到2006年印发的《陕西省城镇体系规划（2006—2020年）》，提出“西安都市圈”，将西安市9区4县和咸阳市2区1市4县做了整体规划，再到2018年出台的《关中平原城市群发展规划》（2017—2035年），提出构建“一圈一轴三带”的总体格局。其中，“一圈”即指由西安、咸阳主城区及西咸新区为主组成的大西安都市圈。国家的战略和政策为大西安都市圈协同提供了强大的推动力。尤其是近年来，中心城市西安先后被国家及不同部门认定为国家知识产权示范城市、国家下一代互联网示范城市、国家电子商务示范城市、国家现代服务业综合试点城市和国家跨境贸易电子商务服务试点城市等，作为产业发展的先行区和政策引领的试验区，处于我国产业发展的前沿区，为产业创新与协同发展提供了更广阔的平台。

三、产业间协同现状

（一）产业协同度测算方法简介

本项目采用耦合协同度方法评价大西安都市圈中产业间的协同度。该方法首先选取产业发展现状的衡量指标，由于涉及的指标较多，可能存在不能直接进行计算的问题，在测量产业间的协同度前，需采用常用的极差法对指标值进行标准化处理。各系统的综合评价指数如公式（1）所示：

$$X_i = \sum_{j=1}^{n} w_{ij} x_{ij} \text{，} \sum_{j=1}^{n} w_{ij} = 1 \quad (1)$$

其中：X_i 分别代表各产业系统的综合评价值，w_{ij} 分别为系统中各指标的权重，这里采用常用的德尔菲法确定权重；x_{ij} 分别为各指标值的标准化结果。采用公式（2）计算产业系统间的耦合度：

$$C = \left[\frac{\sum_{j=1}^{n} w_{ij} x_{ij}}{\left(\sum_{i=1}^{n} X_i / n\right)^n} \right]^{\frac{1}{n}} \quad (2)$$

在此基础上进一步引入耦合协同度模型，采用公式（3）计算产业系统间的耦合协同度 D，分析协同程度：

$$D=(C\times T)^{\frac{1}{2}}，T=\sum_{i=1}^{n}w_iX_i \quad (3)$$

其中，T 为耦合协调发展水平的综合评价指数，w_i 分别为各子系统的权重，这里根据各城市三次产业的结构确定权重。耦合协同度的等级标准为：0 < D ≤ 0.2，为极不协同；0.2 < D ≤ 0.4，为较不协同；0.4 < D ≤ 0.5，为临近协同；0.5 < D ≤ 6，为勉强协同；0.6 < D ≤ 0.7，为低度协同；0.7 < D ≤ 0.8，为中度协同；0.8 < D ≤ 1.0 为高度协同。

（二）中心城市产业协同现状

为了评价大西安都市圈中心城市西安的工业、农业与商贸旅游业三大产业系统间协同度，在已有研究的基础上，结合产业发展实际和数据的可获得性等，分别从规模、绩效两个维度选取三大产业系统的指标，包括：工业增加值（亿元）、规模以上工业企业单位数（个）、规模以上工业总产值（亿元）、人均工业产值（万元／人）、工业生产总值增长率（%）、农林牧渔业总产值（亿元）、粮食产量（万吨）、人均农业产值（万元／人）、农业生产总值增长率（%）、社会消费品零售总额（亿元）、金融机构人民币各项贷款余额（亿元）、邮电业务总量（亿元）、人均邮电业务量（万元／人）、进出口总额（亿元）、旅游收入（亿元）。各指标的具体数据来源于 2012—2018 年《陕西区域统计年鉴》和对应年度西安市的统计年鉴。当公式（2）和（3）n，i，j 都取 3 时，计算得到 2013—2017 年西安市三大产

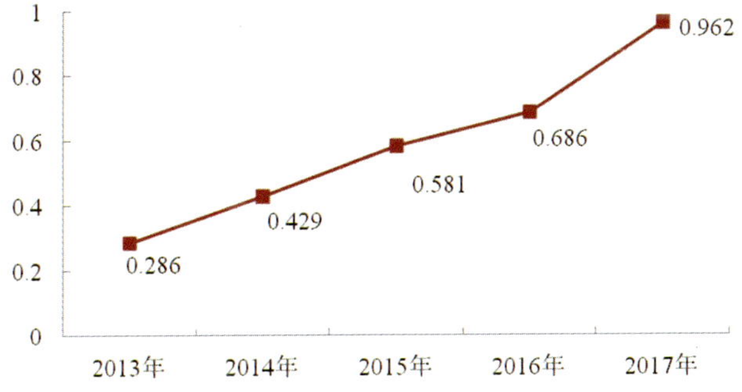

图 5　2013—2017 年西安市三大产业系统的协同程度

业系统的耦合协同度（见图 5）。

从图 5 可以看到，2013—2017 年西安工业、农业与商贸旅游业三大产业系统的协同度期初较低，2013 年最低时，耦合协同度为 0.286，产业间较不协同，但总体呈上升趋势，2017 年达到最高，为 0.962。西安市三大产业系统间从较不协同、经历临近协同、勉强协同和低度协同，转变为高度协同。

（三）其他地区产业协同现状

基于产业数据的可得性，分析非中心城市工业和农业两大产业的协同现状。具体选取以下指标：工业增加值（亿元）、人均工业产值（万元／人）、工业生产总值增长率（%）、农林牧渔业总产值（亿元）、粮食产量（万吨）、人均农业产值（万元／人）、农业生产总值增长率（%）。各指标的具体数据来源于 2012—2018 年《陕西区域统计年鉴》和咸阳市（2 区 1 市 5 县）、渭南市（2 区 1 县）、铜川市（2 区）、杨凌示范区的统计局网站。采用同样的方法，当公式（2）和（3）中的 n，i，j 都取 2 时，计算得到 2013—2017 年非中心城市工业和农业两大系统的耦合协同度 D（见表 1）。

表 1　2013—2017 年其他地区工业与农业的协同程度

地区	指标	2013	2014	2015	2016	2017
咸阳市（2 区 1 市 5 县）	耦合协同度	0.613	0.704	0.783	0.870	0.600
	协同程度	低度协同	中度协同	中度协同	高度协同	勉强协同
渭南市（2 区 1 县）	耦合协同度	0.575	0.718	0.856	0.157	0.679
	协同程度	勉强协同	中度协同	高度协同	极不协同	低度协同
铜川市（2 区）	耦合协同度	0.771	0.723	0.595	0.421	0.763
	协同程度	中度协同	中度协同	勉强协同	临近协同	中度协同
杨凌示范区	耦合协同度	0.623	0.544	0.549	0.763	0.808
		低度协同	勉强协同	勉强协同	中度协同	高度协同

从表 1 可以看到，2013 年，咸阳市工农业两大产业系统的协同度较低，为 0.613，产业间处于低度协同阶段，之后，两大产业系统间的耦合协同度逐步提升，在 2014 年和 2015 年均处于中度协同阶段。2016 年，耦合协调度上升到最大值 0.783，达到高度协同，但 2017 年，两大产业系统间的耦合协同度下降到

最低值 0.6，处于勉强协同状态。2013—2017 年，渭南市工农业间的协同程度不稳定，前期协同程度较低，2015 年，耦合协调度上升到最大值 0.856，达到高度协同，但 2016 和 2017 年协同程度出现下降，2016 年，工农业间的协同程度最低，为 0.157；目前处于低度协同状态；2013 年，铜川市（耀州区和王益区）工农业间的耦合协调度最高，为 0.771，呈中度协同状态。2015 和 2016 年一再下降到极不临近状态，2017 年，耦合协调度上升为 0.763，处在中度协同状态;2013 年，杨凌示范区工农业间为低度协同程度状态，2014 和 2015 年协同程度下降为勉强协同状态，2017 年，耦合协调度上升至最大值 0.808，处于高度协同状态。

四、产业布局及其协同存在的主要问题

（一）产业协同机制不健全，发展趋同

大西安都市圈有效的统筹规划产业一体化与产业协同的机制尚未健全，由于条块分割和各方利益差异，不能充分挖掘地方特色，从产业链的角度思考各自的功能划分，造成产业发展思路单一，在产业规划时都在追求大而全。大西安都市圈内一些地区的同一产业在地理空间上布局较为分散，重复建设，主导产业出现了趋同化发展趋势（见表 2）。

表 2　西安都市圈一些主导产业布局趋同现状

主要产业	分布区域
电子信息、装备制造	西安市雁塔区、莲湖区、鄠邑区；咸阳市兴平市、泾阳县
文化旅游业	西安市曲江新区、灞桥区、蓝田县；咸阳市礼泉县、兴平市；铜川市
轻工业	西安市新城区、灞桥区；咸阳市兴平市
水果种植和食品加工	西安市临潼区、周至县；咸阳市泾阳县、礼泉县、三原县；渭南市富平县；杨凌示范区
畜牧业	咸阳市乾县；渭南市富平县
健康养老	西安市灞桥区、杨凌示范区
高新技术产业	西安市四大新区；咸阳市西咸新区；杨凌示范区
战略性新兴产业	西安高新区、曲江新区；西咸新区沣东新城
水果种植业	咸阳市礼泉县、乾县
民宿业	西安市莲湖区、蓝田县

从表 2 可以看到，大西安都市圈内很多地区都在发展旅游业，为了当地利益最大化与其他区域在的资源、项目、投资等方面出现激烈的争夺和过度竞争，但特色不明显，各地区的特色资源优势与区位优势不能协同发挥，导致投资亏本、产能过剩和产业效率降低。既不能发挥规模化的产业集聚效应，也不能很好地满足消费需求，不利于各地区产业之间的功能互补，阻碍了产业协同的发展的步伐。

（二）产业联动不足，协同效应不强

大西安都市圈产业间协同效应不强，多个地区产业间处于中度协同甚至低度协同状态，已经成为产业可持续发展和竞争力提升的的瓶颈。在产业协同发展的体制机制建设尚处于起步阶段。各地区各自为政的现状下，产业存在一定程度自我循环状态，西安大都市产业圈产业布局分散，资源未能充分整合、统筹，区域内没有建立起上下游的产业链条关系和利益共同体，合作方式单一，通过市场化力量进行有效、深度的合作和交流比较少，产业地区联动不足。大西安都市圈目前仅有中心城市西安和大型城市咸阳，其他各地区均以中小城市或区县为主，缺少中等城市和小城市的产业连接作用。缺乏跨市的产业合作企业，没有形成良好的差异互补、优势互补的发展形态。西安市的装备制造业、电子信息、纺织业和文化旅游业与咸阳市的电子信息产业、装备制造业、纺织业、文化旅游业等发展规模较大，产业同构和异构现象并存，但两地产业布局规划相互衔接不紧密，不能充分实现产业的深度对接，产业和技术梯度转移对接路径的有效性有待提升。西安市尚未形成比较完整的产业链；咸阳市没有更好实现与西安、杨凌示范区、宝鸡市扶风县的产业对接工作，渭南市的产业辐射能力相比西安和咸阳较弱，区域合作上缺乏层次高度，正式或非正式的联系所形成的知识和技术外溢，劳动力共享等优势并没有充分发挥出来，没能形成产业集群的协同效应。杨凌示范区的生物医药业、农产品加工业等与宝鸡市扶风县的现代农业和生物医药产业间的关联性不强，产业联系松散，分工协作不紧密，没能形成完整的产业链条。企业之间也没有通过交易、技术合作等形成固定的联盟或其它紧密联系。从而导致产业对接存在障碍，不能调动企业的合作积极性，联动不足，不利于做到发挥本区域优势，相互合作，共谋发展，加剧了产业协同发展的难度。

（三）区域发展不平衡，中心城市辐射作用不够强

大西安都市圈各地区产业发展不平衡。西安既是大西安都市圈的中心城市、国家中心城市，也是继北京、上海之后国家要建设的第三个国际化大都市。各地区存在中心城市增长较快，但“中心—外围”的格局差距较大。西安都市区占据大西安都市圈 GDP 总量、人口和面积的 81%、63% 和 72%，是大西安都市圈的核心。大西安都市圈内相当部分的人才、资本、空间、政策等产业资源集中于西安市碑林、新城、莲湖和雁塔等传统主城区和咸阳市的秦都区和渭城区，大西安都市圈仅以陕西省 8.77% 的空间，集聚了全省 38.38% 的人口，创造了全省近一半的 GDP，人口密度和经济密度分别是陕西省的 4 倍和 5 倍，也是外商投资环境最优、经济开放度最高的区域。西安市等中心城市及其核心城区等核心地区拥有优势资源的优先选择权，宝鸡市扶风县等外围地区资源不足，产业实力低一个甚至多个能级。在成长并与中心城市实现产业功能整合方面受到局限。加之，区域内经济基础差异导致的资源单向流动、区域行政分割、技术水平和市场规模的差异加大等因素，进一步拉大了产业发展的差距，加剧了区域内不平衡态势，产业协同合作困难也随之增加。大西安都市圈与长三角都市圈、珠三角都市圈和京津冀都市圈这国内三大都市圈还存在比较明显的差距。大西安都市圈的经济总量分别是三者的 8.17%、14.98% 和 14.56%。2018 年，作为这四大都市圈核心城市的主要经济指标（图 6）。

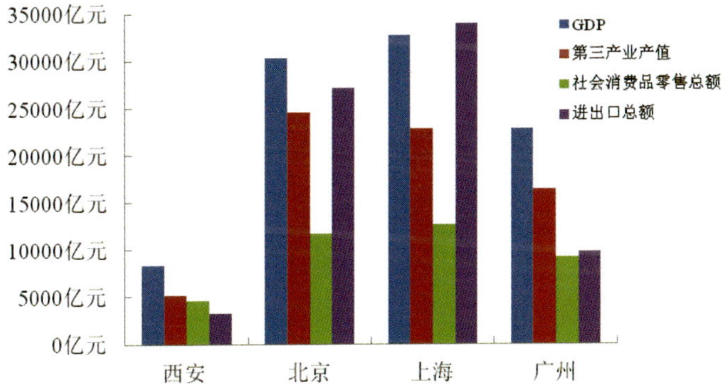

图 6　2018 年西安与北上广主要经济指标对比（单位：亿元）

根据图1—3，2018年，西安市的GDP及其中占比最大的第三产业产值、社会消费品零售总额和进出口总额分别为8349.86亿元、5165.43亿元、4658.72亿元和3303.87亿元，与三大都市圈的核心城市京、沪、广均有较大差距。京、沪、广的GDP分别为西安市的3.6倍、3.9倍和2.7倍；第三产业产值分别为西安市的4.8倍、4.4倍和3.2倍；社会消费品零售总额分别为西安市的2.5倍、2.7倍和2倍;进出口总值分别为西安市的8.2倍10.3倍和3倍。西安这个“核”的产业基础不够强，核心地位还较弱，辐射带动作用不够强。

（四）产业实力不强，新兴产业布局分散

第一产业生产力不强，农业产业基础薄弱、农村发展滞后。蓝田县、周至县和乾县等一些外围区县以传统的种植业和养殖业为主，生产方式比较传统和落后，加之处于山区和交通不便地区，生产条件和经济要素限制，经营形式也停留在直接出售农产品初级加工的制成品阶段，存在产品附加值低、经济规模不大、增长动能不足等问题。电子商务、乡村旅游业等与农业相融合的新产业发展尚处于起步阶段，产品单一，发展层次较低，没有形成品牌，存在一定的同质化问题。长期以来，工业特别是制造业竞争力不强，是制约西安经济总量做大做强的首要因素。尽管大西安都市圈第三产业产值占比最大，但第三产业内部仍保有较大比例的低端产业链条，市场规模与专业化分工相对不完善，产业链不发达，区域产业效率的提高和产业结构升级还有较大的空间。传统产业升级的基础设施，尤其是人工智能、5G等技术、平台、配套服务的水平不高，产业综合实力不强。

新兴产业布局分散，存在“各自为政”“盲目建设”等现象。西安的高新区、曲江新区、西咸新区等都布局有新材料产业、新能源产业、物联网产业、信息技术产业、生物医药产业、高尚居住产业、数字创意产业等新兴产业，但这些创新和技术导向型的产业布局较分散，西安市的新经济总量指数在全国城市中排名靠后，位居第十九位。在区域技术自主创新能力相对较低且差距较大的情况下，不利于技术扩散与知识外溢。特别是在外围市区，由于基础薄弱，这些地区虽然在战略上布局了一些新兴产业，但区域产业联通性差，在资源共享、成果转移转化等方面存在流动性障碍，加之自身技术水平不足，人才、资本等

资源吸引力和黏性差，导致投资分散化和生产规模小型化，新兴产业发展的造血功能不足，甚至靠着政策和原始资本的投入逐渐变成产业孤岛，不利于新兴产业的发展及产业的协同发展。

（五）自主创新能力相对较弱，市场活力不足

大西安都市圈主要依靠规划和政策等非市场力量的引导和推动，区域内未形成有效的以企业等市场主体为主的创新合作机制，创新资源和成果的共享程度偏低。相比国内外发达地区，大西安都市圈的自主创新水平相对较低，西安市目前拥有的国家级高新技术企业数量仅为深圳市的 17%、成都市的 65%，新技术水平和创新能力有待取得突破。加之，西安市周边一些地区的技术吸收和承接能力较低，存在西安市的技术创新成果流向区域外的现象。各地区，尤其是相对落后的外围区县，自主创新水平不足，缺乏核心关键技术。导致制造等实力不强，航空动力系统等关键部件过分依赖进口，受制于人。产业协同创新能力、范围和层次较低，无法满足产业创新发展的长远需求。根据《中国城市创新报告 2019》，西安市与我国主要副省级城市的创新能力比较，如表 3 所示，西安市的创新支撑能力排在我国副省级以上城市的第 6 名，但在创新能力综合水平、创新环境、创新文化力和科技转化能力方面均相对较弱。大西安都市圈的其他地区均未进入地级市和县级市相应排名的前 10 名，排名比较靠后。

表 3　主要副省级以上城市创新能力比较

排名	综合水平	创新环境	创新支撑能力	创新文化力	科技转化能力
1	北京	北京	北京	北京	深圳
2	深圳	深圳	深圳	上海	北京
3	上海	上海	广州	重庆	上海
4	广州	厦门	上海	深圳	广州
5	杭州	杭州	南京	杭州	杭州
6	天津	天津	西安	天津	厦门

政策等行政力量易形成行政壁垒，信息和人才、资本、技术等产业要素流动不通畅。产业发展的内在活力不足，内部市场机制发育不够成熟，自发性弱，产业分工、结构调整和投资等根据市场规律自发进行配置的市场机制较弱，区

域市场一体化尚未建立起来。西安和咸阳等相对先进地区的产业集聚的辐射作用不能通过市场向落后地区进行很好的扩散和延伸，各地区的产业优势互补、资源和成果共享的协同作用未能充分发挥。

五、产业协同发展的对策建议

（一）加强规划与引导，优化结构与布局

转变发展理念，各地区发展理念一致，加强统一规划，实现“多规合一”，加强区域调控和综合协调，优化产业结构与布局，推动产业分工与协作的发展。各地区进行清晰的产业发展定位，各个区域经济体应该根据当前自身产业要素，利用好自然和工业资源确定产业组成及产业未来发展方向，制定重点产业发展规划，明确地区的重点产业方向，实现错位和共生发展。西安核心区可主要发展商业和服务业，咸阳以及目前仍在发展的西咸新区，电子信息业、旅游业和制药业发展较快，应与西安市的相关产业实现协调发展，核心区的近郊区可主要瞄准高新技术产业、战略性新兴产业，远郊区域可集中发展现代农业、仓储物流产业，如杨凌示范区应注重发展现代农业；外围地区则可发展装备制造业、能源化工业等重工业。从资源、技术、人才、资本等方面加强政策引导，还可通过制定促进产业协同发展的专项政策，设立专项资金等引导社会力量、民间资金以各种方式参与资源的利用、企业经营，促进产业间形成合力，联动发展。完善财税、土地、户籍、社保、医疗、金融、教育等产业相关外部政策保障。创新激励机制，把事后奖励型政策向事先引导型政策进行转移。采取贷款贴息、项目支持、活动奖励、保费补助等方式支持产业发展。调整优化产业分工与布局，加速科技产业化，壮大新兴产业，推动技术升级和产业结构高级化，实现以传统工业为主导的区域产业结构，向以高新技术产业和新型制造业为主导的现代工业体系的转变，形成区域内不同地区间垂直分工和水平分工有机结合的产业结构。

（二）构建产业协同一体化发展机制

统一建设标准，推进基础设施一体化建设积极完善基础配套设施建设，并

对硬件基础设施及时进行改造和更新；推动公共服务等方面平台的完善。进行“放管服”改革，精简审批流程，严控审批时限，公开审批标准，提高审批效率。深入推进行政审批制度改革，依法赋予企事业单位更多的法人自主权，加强事中事后监管，加快公共服务共建共享，推动研发、生产、技术、咨询、交易、展示、评估、物流、贸易等服务的完善。加强人才、技术、信息、产权和中介服务市场建设，从政策咨询、项目建设、金融服务、智力支持、宣传推介等方面为市场主体提供帮助，促进产业发展与基础设施和服务的完善之间进入良性循环。加强区域联合，创新管理体制、投融资体制、利益分享机制，完善资源和信息共享和联动机制、人才培育和流动机制，构建产业协同一体化发展机制。从基础设施、资源利用、公共服务、市场、环境等方面为产业联动、协同发展提供一体化发展动力。构建统一的市场准入退出制度、守信激励、失信惩戒和协同监管机制。建立企业与政府的长效沟通机制，构建专门的产业协同的网上信息沟通平台，通过行业发展高峰论坛、项目洽谈、信息技术交流等，及时了解企业面临的困难和需要的政策支持。构建专门的跨区域产业协同发展协调机构，逐步消除条块分割和市场壁垒，促进要素自由流动和产业的紧密衔接，消除产业协同发展的障碍。

（三）联合招商、布局要素，促进协同发展

深化改革，弱化行政干预，提高市场的调节作用。通过成立相关行业协会强化行业自律、营造资源共享环境，营造诚信守法、有利于激发创新创造活力的营商环境。建立政府产业主管部门为主，工商、科技、经信、财政、税务等部门，社会和消费者协同推进的发展协作机制。突出资本、人才、技术和市场优势，各地区进行联合招商，健全信用体系，通过 PPP 模式、互联网金融、众筹平台等方式更好地利用和汇聚社会资本。形成竞争合力。加快建设统一开放、公平、公正、竞争有序、功能齐全、繁荣活跃的市场体系。创新市场监管方式，以市场信用信息数据库建设为基础，针对突出问题开展专项整治，加强重大案件督查督办，形成责权明确、监督有效、保障有力的市场综合执法管理体系，加强区域交流协作，提升市场综合执法能力。实现大市场、大流通、大分工、大合作。统筹规划，通过大数据平台整合各类产业资源，推进土地、资本、人才、

技术及产权交易等各类要素市场的一体化。从资源要素、经济基础、技术创新、体制机制、地理环境、社会发展等方面合理布局生产要素。充分发挥市场对资源要素的配置作用。提高市场主体的地位，着力激发各类市场主体发展新活力，切实激发企业在产业、项目、要素转移方面的活力，推动产业向中高端跃升。从提供共享空间、共享资源和服务、发展平台、扶持政策等方面促进新业态发展，建设大西安都市圈产业大走廊。提升产业集中度，走产业园区化承载、链条化配套、集群化发展的道路，形成产业发展集群。

（四）创新融合，大力发展新兴产业

创造良好创新环境，搭建政产学研用一体化的协同创新平台，健全创新成果转化和交易服务共享平台，提高创新成果转化应用能力，促进创新链与产业链的有效衔接。通过劳动力与知识产权等要素，形成企业间良性的资源配给和创新互动关系，积极构建信息和创新资源共享的创新生态系统。完善创新激励机制，发挥领军企业的带动作用，激发中小型企业的创新动力。制定相关的标准规范和政策法规，健全知识产权相关制度，建立健全以企业为主体、市场为导向、产学研相结合的协同创新的机制。鼓励企业开展国际合作和交流，引进和采用先进技术，提高自主研发能力。完善科技成果转化机制，加强技术转移和科技项目成果应用。以制造业、高新技术产业等主导产业为先导，加快传统产业的现代化转型和改造升级力度，淘汰落后产能，促进产业高质量发展。围绕产业发展重大需求，支持5G、人工智能、云计算的新技术研究与应用，推动“产业+互联网”“产业+科技”“产业+无限可能”，实现跨界融合发展，推动大西安都市圈西安和咸阳等地的新材料、新一代信息技术、新能源汽车产业产业通过合作项目，实现人力、资本、信息、技术等创新要素的有效聚合和优化配置，实现规模化和产业集聚发展；通过提供跨区财税、土地等优惠政策，制定激励措施，协调好各主体的利益，推动在西安高新区和杨凌示范区等地的生物医药、新材料产业形成产业链和“创新共同体”；营造良好的创新创业社群生态环境，通过智能数字化平台提升智慧服务的能力和水平，推动西安曲江新区和高新区、长安区的创新创业孵化，以及电竞、网络直播文化产业新业态的发展。以产业链为核心，以资本为纽带，提升产业的规模化水平，分类打造特色性、稀缺性的战略新兴产业，形成产业集群，实现区域共用、资源共享和发展共赢。

（五）提升中心城市的功能和辐射能力

“凝聚核心”，做大做强中心城市。立足西安省会城市和中心城市的综合优势，以沟通西北主要经济区的综合性运输通道建设为支撑，加快人口、资本、科技等发展要素集聚，加快培育发展新功能，全面提升其资源利用、科技创新、产业转移、金融商贸、文化旅游、国际交往等支配和服务方面的核心功能。借鉴国内外先进地区的发展经验，以增强综合承载能力和现代化服务功能为重点，优化整合西安市的产业资源，打造全国重要的先进制造业、战略性新兴产业和现代服务业基地，加快构建具有特色的现代化产业体系，打造品牌，提升主导产业的创新力、竞争力，提升产业集群的集聚效应，辐射带动咸阳、渭南、西咸新区、杨凌示范区及周边地区的发展。使之更好的服务陕西省甚至全国。实现区域一体化发展，充分发挥中心城市作为增长极和发动机的辐射带动作用的基础上，还要建设组团式城市群，提升咸阳市功能性区域中心城市的功能，打造大西安产业集聚的第二空间，促进中心城市功能布局优化与负荷能力疏解。加快提升中型城市或地区的基础设施水平和科技创新能力，提高其产业规模和实力，使这些城市成为大西安都市圈产业协同发展的“二传手”，完成西安、咸阳产业向富平县、扶风县的转移。加强产业融合与区域协同，形成联合发展体。实现错位发展、共生发展。推动中心城市向边缘地区输出资本、人才、技术等各类产业资源，提升外围地区的产业发展实力、与中心城市的经济联系与互动能力。形成合理的产业结构和分工链条，缩小地区差距，促进大西安都市圈产业的协同发展。

| 参考文献 |

[1] 刘丹丽，汪侠，吴小根，何静，段志勇．全球贫困国家旅游竞争力与经济发展的耦合协调度及时空变化 [J]. 地理科学进展，2018，37（10）：1381—1391.

04

人居环境建设

Human Settlements Construction

04

人居环境建设

Human Settlements Construction

篇首语

随着新时代社会主要矛盾的转化，人民群众的美好生活需要日益广泛，不仅对物质文化生活提出了更高要求，对美好人居环境的要求也日益增长。2019年2月，住房和城乡建设部出台了《在城乡人居环境建设和整治中开展美好环境与幸福生活共同缔造活动的指导意见》，提出建设“整洁、舒适、安全、美丽”的城乡人居环境，打造共建共治共享的社会治理格局，使人民获得感、幸福感、安全感更加具体、更加充实、更可持续。这说明改善城乡人居环境，让发展成果更多更公平地惠及全体人民，已经成为城镇化高质量发展的核心要义。

近年来，陕西省大力开展美丽乡村建设，积极有序打造重点示范镇和历史文化名镇，全力整治城乡环境卫生，但传统村镇历史文化保护不力、乡村生活空间集聚不够、城乡垃圾处理能力不足等问题依然较为突出。

本篇具体包含三个专题，分别是陕西省历史文化村镇的分类保护与利用模式研究、乡村振兴背景下陕北地区乡村聚居空间集聚发展研究、西安市域生活垃圾处置的城乡协同策略研究，以改善城乡人居环境、提升城乡人文内涵为主题，紧扣历史文化村镇保护、乡村空间集聚发展、城乡生活垃圾统筹治理等热点问题，研究提出提升陕西城乡人居环境的有效途径。

陕西省历史文化村镇的分类保护与利用模式研究[1]

○李 涛[2]

内容提要：陕西省作为我国的历史文化大省，有着悠久的村镇发展历史和丰富的历史村镇资源。然而，随着城镇化和现代化的推进，陕西省历史文化村镇却面临着村落空壳化、过度商业化、发展同质化、保护简单化等一系列问题。本项目以陕西省的10个国家级历史文化村镇和24个省级历史文化村镇作为研究对象，以社会职能为主结合其他因素，将其划分为传统村落型、堡寨聚落型、特色产业型、商贸古镇型、历史遗迹型5种基本类型。针对每种类型历史文化村镇的保护现状和存在问题进行了详细的调查和分析，借鉴国内外相关理论和实践构建了适用于这5类陕西省历史文化村镇的保护与利用模式，为陕西省历史文化村镇的整体保护和差异化发展提供借鉴。

一、绪论

（一）研究背景

历史文化村镇作为历史文化遗产体系中的重要组成部分，具有不可替代的历史、文化、社会和研究价值，对于传承一个地区的地域文化具有极其重要的作用。陕西省作为我国的历史文化大省，有着悠久的村镇发展历史和丰富的历史村镇资源。这些承载了丰富历史文化信息的历史文化村镇体现了陕西不同时期和地区的文化特征，成为保护与传承陕西省地域文化的重要阵地。然而，随着城镇化和现代化的发展，陕西省历史文化村镇却面临着村落空壳化、过度商

(1) 本研究报告为西安建筑科技大学2019年度新型城镇化专项研究基金项目研究成果。

(2) 作者：李涛，西安建筑科技大学建筑学院讲师。

业化、发展同质化、保护简单化等一系列问题，历史文化村镇的保护与发展正面对着严峻的挑战。如何从整体性的视角出发，对整个陕西省的历史文化村镇进行全局性的通盘考虑，明确不同类型历史文化村镇的保护发展的模式与方法，是当前陕西省历史文化村镇保护与发展中亟须解决的关键问题。

（二）研究对象

截止目前，陕西省的国家级历史文化村镇共有 10 处，它们分别是韩城党家村、三原柏社村、米脂杨家沟村、神木县高家堡镇、澄城县尧头镇、铜川市陈炉镇、石泉县熨斗镇、宁强县青木川镇、柞水县凤凰镇和旬阳县蜀河镇。这 10 处较早公布的国家级历史文化村镇对于研究陕西省历史村镇具有极其重要的价值。然而，如果对全国历史文化村镇的数量进行一个横向比较，会发现陕西省历史文化村镇的数量处于中等靠后的位置，说明了相关的申报和保护工作的滞后性。

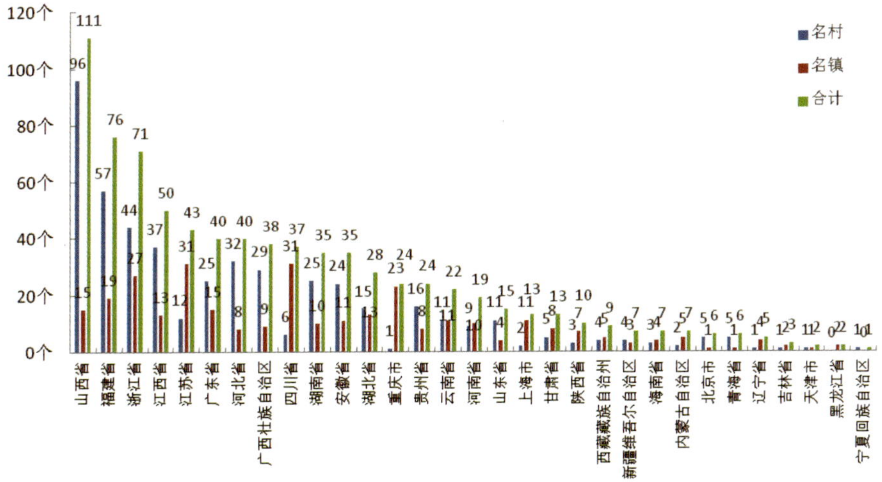

图 1　全国国家级历史文化村镇数量统计

在陕西省最新公布的省级历史文化名城、名镇、名村名单中，有 24 处省级的历史文化村镇。它们分别是：榆林佳县木头峪镇、延安宝塔区甘谷驿镇、延安富县直罗镇、延安洛川县永乡镇、延安洛川县旧县镇、延安子长县安定镇、渭南富平美原镇、渭南富平曹村镇、渭南富平宫里镇、渭南潼关县秦东镇、铜川耀州区孙塬镇、商洛山阳县高坝店镇、商洛山阳县漫川关镇，以及榆林佳县王家砭镇打火店村、榆林府谷县新民镇新民村、延安洛川县永乡镇阿寺村、延安洛川县土基镇鄜城村、延安洛川县旧县镇桐堤村、延安洛川县朱牛乡贠家塬村、延安延川县文安驿镇梁家河村、渭南潼关县桐峪镇善车口村、铜川耀州区锦阳路街办水峪村、铜川耀州区小丘镇移村、铜川印台区陈炉镇立地坡村。

本研究以这 34 处陕西省的历史文化村镇作为研究对象。

从陕西省历史文化村镇的地域分布上可以看出：这些村镇广泛地分布在陕北、关中和陕南的不同地理气候单元中，呈现了“大分散、小集中”的特征，

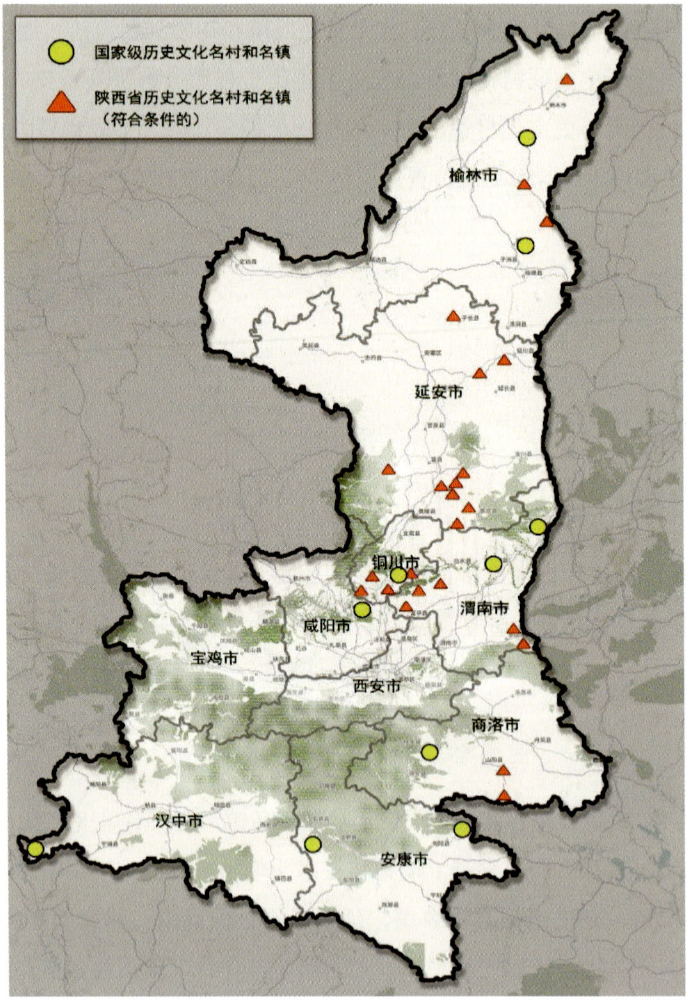

图 2　陕西省历史文化村镇的地域分布

陕北的历史文化村镇主要分布在延安北侧和榆林地区，是黄土沟壑地形地貌中生长出来的聚居形态；关中的历史文化村镇主要分布在关中平原北侧的黄土高原边缘地带，同样与黄土、河沟有着不解之缘；陕南地区的历史文化村镇则散布在秦巴山脉当中，多为古时交通要道上的重要驿站。

（三）研究意义

从研究现状上来看，目前，陕西省历史文化村镇已开展了一些研究，尤其是 10 个国家级历史文化村镇均已有基础性的研究。然而这些研究多从单个历史文化村镇的角度出发，缺少对陕西省历史文化村镇进行系统和全面的研究与分类整理工作。此外，新近公布的 24 处陕西省级历史文化村镇的研究尚处于空白。从陕西省历史文化村镇的具体特征上来看，不同历史文化村镇在地理、气候、社会职能、文化特征、建筑形态等方面存在较大差异，其现状问题、保护措施、发展趋向也不尽相同，因此决不能盲目采用单一的保护模式和方法。

本研究从整体性的视角出发，在梳理相关政策和前人研究的基础上，把握陕西省历史文化村镇的价值特色，并探讨适宜的分类依据。首先，从保护利用的角度出发，对陕西省的历史文化村镇进行了系统化的分类。然后，分析不同类型历史文化村镇的保护利用现状和具体问题。最后，提出针对不同类型的历史文化村镇的保护利用模式，为陕西省历史文化村镇的科学保护与可持续发展提供理论支撑。

二、陕西省历史文化村镇的分类研究

（一）分类依据

1. 地形地貌

陕西省的历史文化村镇多分布在经济相对不发达的黄土高原，以及秦岭山麓当中，地形地貌是影响这些历史文化村镇布局形态的重要因素。陕西省南北的跨度大，从陕北到关中再到陕南，地形、地貌的差异巨大，陕北为典型的黄土高原地貌，土地支离破碎，地形梁梁峁峁，干旱少雨，历史文化村镇多分布于黄土沟壑当中，利用梁、峁的自然地形，依山就势开挖窑洞作为居住环境；关中地区地势相对平坦，历史文化村镇主要藏匿于关中北部的黄土台塬之中，这里黄土深厚、易于开挖，因而也往往形成下沉式窑洞的聚居形态；陕南地区山地众多、水系发达，历史村镇往往分布在山谷中靠近河流同时又有一定距离的地方，在古时山路阻隔时，通过发达的水运形成与外界的联系。从地形地貌的角度，可以将陕西省历史文化村镇分为黄土沟壑型、黄土台塬型、山地河谷型。

2. 社会职能

社会职能是历史文化村镇形成和发展的内在动力因素。社会职能与历史村镇的发展和兴衰有着密切的关联。陕西省的历史文化村镇在早期多为农业型的传统聚落，以生产粮食满足基本需要为主，随着社会分工的逐渐细化，出现了一些手工业为主的特色产业型村镇，这些村镇以生产陶瓷等生活必需的日用品为主，通常以宗族形成不同的“堂号”，作为手工业产品的“品牌”；与此同时，社会物质的丰富使得一些交通相对便利、位置重要的村镇成为了商业贸易的重要据点，形成了独具特色的商贸文化。而那些聚集了一定财富的村镇，则常常遭受匪患，进而加强了防御体系。从社会职能的角度，可以将陕西省的历史文化村镇划分为传统村落型、堡寨聚落型、特色产业型、商贸古镇型。

3. 文化特征

文化特征是历史文化村镇在长期发展过程中所形成的文化表现形式，历史文化村镇在某个特定的历史文化时期会烙下某个特殊的历史文化烙印，而民族、社会等，也会对其产生重要的影响。陕西省的历史文化村镇在传统农业和商业贸易的历史积淀下，以农商文化居多，而一些村镇在革命时期作为红军的驻扎地点留下了红色文化的印记。比如，米脂的杨家沟村。此外，还有部分陕西省历史文化村镇受到民族文化的深刻影响，带有鲜明的民族文化特征。比如，靠近西南的青木川古镇就反映了羌族文化的特征。而这些文化特征往往是相互交叠在一起的，有的村镇既有农商文化也有红色文化，并不能进行完全和清晰的划分。从文化特征上，可以将陕西省的历史文化村镇分为农商文化型、红色文化型和民族文化型。

4. 建筑形态

建筑形态是历史文化村镇在微观层面的具体表现，建筑形式是当地自然资源、地形、气候、建造方式、生产水平的具体表现。陕西省历史文化村镇中的建筑形式包括了以下几种：靠山窑洞，这种建筑类型主要存在于陕北的黄土沟壑当中；地坑窑洞，这种建筑类型主要存在于关中北部黄土台塬中；合院民居，这种建筑类型主要存在于地势相对平坦的、经济收入较高的地区；商铺民居，这种建筑类型主要存在于商业贸易的集镇当中。陕西省的历史文化村镇，按照建筑形态的不同，也就可以分为靠山窑洞型、地坑窑洞型、四合院民居型和商铺民居型。

5. 保护状况

历史文化村镇的保护和保存现状，是评判历史文化村镇保护工作的重要依据，从历史文化村镇的保护现状上来看，可以大致将其划分为保护较好型和保护一般型。能够评选上的历史文化村镇多具有较好的历史文化资源禀赋。但是，其历史文化资源在发展的过程中保存与保护程度不一，有的历史文化村镇格局完整，整体风貌保护较好，而有的历史文化村镇整体格局不完整，仅有部分历史遗存保留。

（二）类型划分

地形、地貌是历史文化村镇的生存条件。文化特征是在历史文化村镇发展中衍生出来的，建筑形态是文化特征的具体载体和表现，而社会职能则是历史文化村镇发展中的内生动力，以社会职能为主要分类依据，能够兼顾到不同历史文化村镇的保护现状，同时，有助于廓清不同类型历史文化村镇的发展模式。本研究以社会职能作为主要依据，同时兼顾其他因素，将陕西省的历史文化村镇划分为：传统村落型、堡寨聚落型、特色产业型、商贸古镇型、历史遗迹型 5 种基本类型，以下分别阐述每种类型陕西省历史文化村镇的具体特征。

1. 传统村落型

传统村落型历史文化村镇较为完好地保留了传统生活方式和居住环境，一般具有完整的村落格局和较好的整体风貌，有集中连片的传统民居和生活在其中的居民。这类历史文化村镇通常位于黄土台塬或黄土沟壑之中，村落选址因地制宜，建筑形态以原始的窑洞等聚居形态为主，反映了农业社会长期发展出的基本居住文化特征。其代表性的村镇，如三原县柏社村、米脂杨家沟村、榆林佳县木头峪镇等。

以三原柏社村为例。这种原始的穴居历史有上千年之久，其村落的历史可追溯到晋代，整个村落位于黄土高原和关中平原的交界地区，地势平坦，黄土深厚，非常适宜开挖下沉的窑洞住所。大部分住所藏于地下，进入村落只见参天古柏，形成了“进村不见村”的奇观。而米脂的杨家沟村，则位于黄土高原

图 3　传统村落型历史文化村镇——三原柏社村

的沟壑当中，利用天然的地形在山崖上开挖窑洞形成居所。

2. 堡寨聚落型

堡寨聚落型历史文化村镇是指村镇的整体格局中，表现出明显的防御性特征的村镇。这类历史文化村镇大多位于黄土沟壑或黄土台塬地区，通常利用地形优势营造防御体系，一般具有完整的道路结构，清晰的防御边界（堡墙、沟壑），以及堡门、望楼等防御性设施。在建筑形式上，这类历史文化村镇以合院民居为主，是经济条件较为发达的产物。其中，比较具有代表性的历史村镇有韩城党家村和神木高家古堡。

以著名的韩城党家村为例。党家村位于陕西省韩城市东北方向，泌水河谷地之阳高岸上形似“葫芦”的风水宝地，该村镇的整体格局和风貌保存非常完好，村子分为上寨和下村两个部分。其中，上寨“泌阳堡”筑在高地之上，设置城墙形成严密的防御工事；而下村则是日常生产生活的场所，村内祠堂、学校等公共建筑一应俱全，民居为合院建筑形式，基本为狭长平面四合院型制，宅院较窄，平面极为狭长，院落连接厅房（祭祖、待客）、门房（长辈居室）、厢房（奇偶数），房屋建造符合风水学说，房屋细部雕刻装饰技艺精湛，并与家训结合起来，极具文化性。鳞次栉比的民居院落形成严密的防御单元和曲折的街巷空间。党家村是国内迄今为止保存最好的明、清建筑村寨，被称为“东方人类古代传统居住村寨的活化石”。

图 4　堡寨聚落型历史文化村镇——韩城党家村

3. 特色产业型

特色产业型的历史文化村镇是指在传统的农业社会下，村镇内有以传统手工业为主要支柱产业的历史村镇。这类历史村镇的选址、布局往往与宗族产业关系密切，村镇内一般都有重要的手工业生产用地和遗址。特色产业型的历史村镇以陈炉古镇和尧头镇最具有代表性，这两个历史村镇都是以烧窑作为其支柱产业，围绕制窑展开生产和生活空间，成为村镇独特的风景。

图 5　特色产业型历史文化村镇——陈炉古镇

以陈炉古镇为例，村镇的制窑、烧窑历史已经有上千年之久，是宋元以后著名的古耀州窑延续生产的唯一窑场。陈炉，因“陶炉陈列”而得名，因陶瓷而留名，并逐渐发展成为陕西乃至西北最大最重要的制瓷窑场和瓷业生产基地。古镇内有窑炉遗址多处，以及制作初胚的“泥田”等遗址，不同时期的手工制窑产业遗存在空间上形成了“文化层”。制窑产业与家族姓氏作为区分，形成相互之间的差异竞争模式。陈炉旧民居都是窑洞，皆依“盆帮”而建，上边一家的院落是下边一家的窑顶。群居成片，远看层层叠叠，密如蜂房。陈炉独特的罐罐垒墙民居风格，家家户户都用烧瓷废弃的装烧匣钵或瓷罐等垒成院墙，密集成片，远看好似一幅优美的丹青画卷。

4. 商贸古镇型

商贸古镇型历史文化村镇是指曾经在历史时期中以商业贸易为村镇的主要经济来源。这些历史村镇在古时常常选址在一些交通要道之上，利用水路为交通贸易提供便捷条件。这类村镇往往形成街巷式的空间布局以便于贸易的展开，建筑形式多为沿街的下店上宅式民居建筑类型。商贸古镇型历史文化村镇的典型代表有凤凰古镇、青木川镇、熨斗镇、蜀河古镇等。

以柞水的凤凰古镇为例，古镇位于秦岭的山谷当中，有 1400 年历史。凤凰

图 6　商贸古镇型历史文化村镇——柞水凤凰古镇

镇在唐代就有集市。清顺治年间颁布的“迁海命令”让大批濒海居民迁入陕南地区，山东、浙江、广东等地的商人来到凤凰镇经商并定居。清末民初，各类商埠字号、店铺、钱庄遍布街巷，凤凰镇逐渐成为秦岭以南连接长江水系和黄河水系的重要商贸集镇。二十世纪三十年代随着水运的衰落，凤凰镇慢慢失去了往日的繁荣景象。凤凰镇巧借周边凤凰山、社川河，“面屏、环水、枕山”的传统人居环境,使得古镇更易留存下来。古街延续街巷制和院落制相结合的形式。其中明清古建筑集中的街长约360m，保存较为完整的民居有60余座，民居多为前庭后院的江南风格的天井式院落。同时，因发达的商业聚集了水运沿岸的各地商人，文化融秦楚湖广文化于一体，呈现多样、和谐共存的景象。

5. 历史遗迹型

这类历史文化村镇的境内分布着古寺、古塔、古墓葬等重要的历史古迹遗存，历史遗存的形式多样、位置相对分散；而集中连片的历史村镇街区则相对较少，往往难以形成整体式的历史文化村镇印象。这类历史文化村镇多为省级的历史文化村镇。

以富平县美原镇为例。该镇有2440年的历史，是秦大将军王翦故里，有唐法源寺塔、古镇牌楼、将军陵墓、古村落、古练兵场、将军府邸、将军后裔村

图7　历史遗迹型历史文化村镇——富平美原镇

落等古迹遗址。然而由于相对分散，缺少合理的统筹规划，尚未形成具有鲜明特征的历史文化村镇发展模式。

三、不同类型陕西省历史文化村镇保护利用中的问题

选取各类型中具有代表性的村镇进行调研，了解历史文化村镇现状，包括周边环境的变化、村落格局的发展、建筑遗迹的使用及保护利用、建筑细部的现状、非物质文化遗产的传承、经济作物的种植及收成、规划发展实施程度、旅游开发程度、交通是否便捷、治理成效等等能体现村镇的现实情况。然后从现状的认识中发现问题，总结原因，逐条列出。对于陕西省历史文化村镇中存在的共性问题，由于与其它地区历史文化村镇的问题具有相似性，目前已有大量相关文献进行了研究，因此本课题不做重点讨论，而主要关注不同类型陕西省历史文化村镇中存在的问题，以便为后续的保护及利用模式的研究提供依据。

（一）传统村落型历史文化村镇的问题

1. 村落空心化

空心化是当前我国不发达地区村镇凋敝的主要现状，传统村落型历史文化村镇一般处于经济相对不发达的地区。在现代城镇化的冲击之下，大量年轻的劳动力人口赴城镇务工，剩下的多为老人和孩子，土地闲置，宅院空置，原有的社会组织、家庭结构和村落机理快速削弱，传统村落空心化现象非常严重。

以柏社村为例，笔者通过调研发现：当前在村中一半以上的院落无人居住，

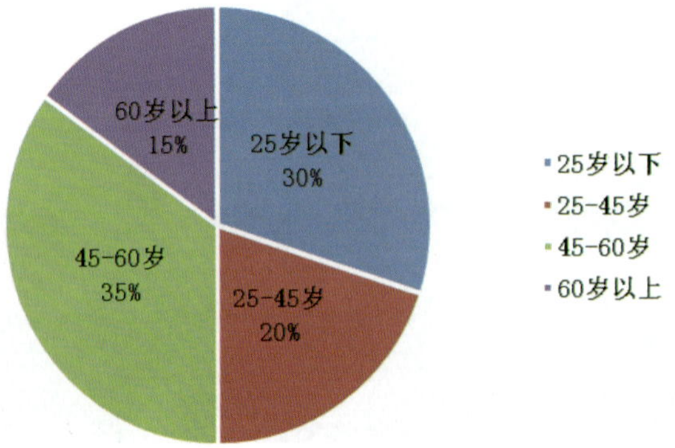

图 8　空心村落人口年龄分布

大门紧锁，许多院落就此荒废。一些宅院的主人在镇上另辟新居，或是在地面上砌筑新的民居，地坑窑的原始聚居环境得不到有效的保护和利用，进而加剧了对其物质形态的破坏。

2. 居住环境恶化

传统村落型历史文化村镇常常采用了原始的居住形态，其建筑形式在气候变化、自然灾害、人为影响下易受到损坏。以柏社村为例，因土质透水性强，在夏季秋季多雨时节排水设施不完善的情况下，自身结构容易坍塌，再加之地坑窑的物理环境已渐渐不适合现代人的舒适生活、且卫生间等基础设施较差，两个主要因素导致窑中逐渐无人居住。长此以往，原本保存状态较好的窑洞也随着无人居住而加速“恶化”。

图 9　荒废的地坑院

图 10　窑洞内部居住环境差

3. 生活方式异化

随着现代生活方式带来的冲击，当地居民普遍认为，传统的生活方式和居住空间是落后的象征，因而改变了居住环境和生活方式，抛弃了窑洞，转而在地上建房，房间内的炕等设施也基本消失，使得原生态的居住生活方式正在逐渐消失，生活方式夹杂着城镇的特点，出现了明显异化。除此之外，流传于村落中的传统习俗也逐渐淡化，传统村落原汁原味的生活方式逐渐淡漠。

（二）堡寨聚落型历史文化村镇的问题

1. 保护方式单一

堡寨聚落型历史文化村镇由于有着比较完整的村镇格局、历史风貌和防御单元，其往往是作为旅游景区进行整体式的静态保护。其中的民居也多是作为展览馆等使用，缺少多元化的保护利用模式。这种历史村镇的保护资金往往是来源于政府拨款和旅游门票收入，缺少民间和第三方组织的积极介入与参与。

以韩城党家村为例，堡寨聚落的历史风貌保存较好，格局非常完整，因而具有极高的旅游价值。党家村很早就被作为旅游景区进行开发，是较早编制规划的陕西省历史文化村镇之一。然而作为景区整体开发的党家村仍然“入不敷出”，门票收入没有为居民的生活改善起到实质性作用。其保护方式仍然沿用的是当地政府为主导的自上而下的保护方式，缺少村民的公众参与。

2. 建设性破坏

堡寨聚落型历史文化村镇中对于旅游开发和建筑风貌没有合理的管控，出现了很多拆旧建新的建设性破坏现象，“拆了真古董，建设假古迹”，是这类历史文化村镇中普遍存在的重要问题。比如，在历史风貌保护较好的党家村中增设现代的灯光设施，以服务于“党家村印象”的表演活动，这些人为设置的现代设施与传统风貌极不协调，影响了村镇街巷给人的历史感。再比如，很多村民在住宅中开办农家乐，对原有的房屋结构进行改造，在外墙和厨房贴上瓷砖，屋顶安装太阳能，与原有的古村风貌不相协调。

图 11　党家村中树立的灯杆影响风貌

3. 环境容量超限

在传统聚落型的历史文化村镇中往往也容易出现过度的商业化现象，使得村镇内参观旅游的人数众多，环境容量超限，历史村镇宁静的氛围被打破，由于游客数量的增加使得传统聚落的生态环境也遭受一定程度的破坏。比如，党家村在节假日时村内参观的客流众多，填满了狭窄的街巷，使人已经很难感受到古村落的宁静氛围。

图 12　节假日党家村人流如织

4. 修缮技术水平不足

传统聚落型历史文化村镇中历史建筑较多，对其修缮的技术要求也较高。然而，在很多地方现代修缮的技术水平远远赶不上以前。此外由于建筑多为砖木结构，建筑密度高，道路狭窄，防火能力弱，亟须开展相应的预防性保护研究。比如，对于党家村某民居的修缮，以前外墙砖砌之间的灰缝细腻饱满，而修缮之后技术水平粗糙，使得街巷所展现的历史信息大打折扣。还有很多木构建筑找不到相应的技术修缮团队，传统营造技艺做法濒临失传。

图 13　民居墙体修缮前后对比

（三）特色产业型历史文化村镇的问题

1. 产业发展模式的衰落

特色产业型的历史文化村镇大多是基于传统的手工业产品，在现代化的冲击下这些传统的产业模式正在日渐式微，面临着产业转型和升级的机遇与挑战。比如，在陈炉古镇中传统的制窑工艺正在被现代化的大规模生产所取代。许多私营窑场排放物因不满足国家现行标准而沦落到闭门歇业的阶段，大量人员失业，经济不景气。制窑人员和政府应考虑如何做到合理转型，在保证品质和特色的要求下在商品经济市场占有一席之地，如何与环境保持和谐，如何将制窑这项非物质文化遗产发扬光大。

2. 产业遗迹保护不足

在一些特色产业型的历史文化村镇中，也暴露出对传统产业遗产保护意识的不足，由于这些遗产多为公共所有，随着传统产业的衰落，村民往往缺少对它们的合理保护意识，造成历史文化村镇价值特色的衰落。比如，陈炉古镇的泥塘就作为传统手工产业的公共生产区域，在近年来随着产业的没落，其保护程度不够。

3. 产业生态环境恶化

特色产业型历史文化村镇多位于黄土高原巨大落差的山谷地势中，昼夜温差较大，空气流动性较差，自身的空气质量不高，植被稀少，一旦下雨易发生泥石流、塌方等自然灾害，加上当地居民在遗址区进行自建房屋、开垦、土葬和挖盗等人为因素，使得这种村镇容易遭受破坏。此外，一些以烧窑为传统特色产业的村镇在生产过程中排出大量烟尘，受地形条件制约滞留在山谷当中，形成环境污染。

图 14　尧头镇老窑场周边生态环境

4. 产业工艺濒临失传

特色产业型历史文化村镇在现代化发展的冲击之下，许多传统的产业被迫关停，工艺制作人也面临下岗，虽然现在仍有一些传统工艺的制作作坊，但是其做工已经很难达到当年的水准了。这进一步加剧了特色产业型历史文化村镇资源的丧失。

图 15　传统的手工制窑工艺

（四）商贸古镇型历史文化村镇的问题

1. 商贸衰落

由于社会的发展，交通的便利程度提高，使得这些历史文化村镇的交通优势不再明显，因而也就失去其作为古驿站时的商业便利条件，许多村镇仅仅剩下商贸街巷的空间格局，而其中的商业贸易却局限于当地小范围的交易，传统的商业贸易空间也日渐缩小，亟须被重新利用。以青木川古镇为例，商贸古街“回龙场”原先的盛况已经不复存在，没有了商铺和来来往往的人们，只留下街巷及周边的建筑，显得街巷更加宽阔空旷，有的仍有人居住，但是内部破败。虽然政府对其进行了开发，但也只是简单的将“荣盛昌”“唐世盛”等重要店铺进行修缮，直接供人们展览，开发程度较低，内部缺乏人气。

2. 环境污染问题

商贸古镇型历史文化村镇原本山清水秀，但是在现代旅游开发之下，往往造成了大量的环境问题。比如，作为传统交通廊道和生活水源的河道被污染，来自现代城镇的垃圾等越来越多，而村民却对生态环境的保护意识淡漠，旅游在带来经济增长的同时也形成了一些负面的影响。

3. 缺乏风貌管控

商贸古镇型的历史文化村镇在旅游开发的影响之下，当地居民自行对建筑进行拆旧建新，而在这过程中缺乏合理的管控，造成新建筑与传统风貌不协调的现象。这些商贸古镇型历史文化村镇在建设房屋的时候，随意建设，不符合当地的规划条例，高度、形式、风格、空间结构等与传统的老建筑相差甚大，这严重破坏了古镇的整体风貌。以柞水凤凰古镇老街和新街为例，老街的建筑采用传统营造技艺，完全保留了传统建筑的风貌，而新街建筑则采用了砖混结构，外墙简单刷灰，大量采用现代材料和营造做法，虽然与传统风貌的整体形式上有所呼应，但其简单化的设计仍然显现了不协调性。

图 16　凤凰古镇老街和新街风貌对比

（五）历史遗迹型历史文化村镇的问题

1. 历史遗迹位置分散不易组织

在历史遗迹型历史文化村镇中，历史遗迹的位置较为分散，且数量多、种类多，需要大量的人力、物力、财力，难以实现集中、全面保护。同时对于其整体的风貌控制存在一定难度，需要对风貌控制范围圈一个合理的面积，尤其对于重点区域进行科学严格的管控。

以富平县美原镇为例，当地虽然历史遗迹众多，但是大多为人文典故，建筑形式已不是最初原物，仅有法源寺古塔为唐代遗物，而且这些历史遗迹之间的距离相对较远，难以形成集中的旅游资源。

2. 缺乏可持续发展规划

在历史遗迹型历史文化村镇中，旅游业发展模式缺乏地域性、整体性，规模虽大，但没有足够的特色进行可持续的发展。由于历史遗迹位置较为分散，对游客观览路线的设计和优化都存在较大难度。美原镇近年来虽然以辖区内国家3A级旅游景区金粟山森林公园、唐法源寺塔、大秦将军菜园子、古镇牌楼等项目为依托，已建成“特色小吃一条街”“商业文化步行街”“旅游纪念品一条街”“手工作坊一条街”“名优特农产品一条街”、特色旅游服务商户350户等，但是其发展的模式同质化严重，并没有发挥其众多历史遗迹的作用，仍需要可持续的合理规划形成完整和具有特色的保护与利用方案。

四、不同类型陕西省历史文化村镇的保护与利用模式

（一）传统村落型历史文化村镇的保护利用模式：原生态保护+活化利用

传统村落型历史文化村镇的价值在于其整体的风貌和原生态的生活方式，因此这些方面应给予足够的重视并进行合理的保护。目前对于该类历史文化村镇缺乏科学的保护，使得该类历史文化村镇的衰落尤为明显。因此在调查国内外相关案例的基础上，提出了原生态保护+活化利用的模式。

传统村落型历史文化村镇的利用首先要建立在对其原始风貌、居住环境和生活方式、习俗的“原生态”保护的基础上。这是与城市文明相差异，能够吸引旅游资源的基本前提，如果保护不当，传统村落型历史文化村镇将失去其独有的特色，沦为一般性村镇。但是光有原生态的保护是不够的，村落仍然缺乏发展的资金和手段，必须要对其居住环境进行“活化”和再利用。活化指的是对于现在保护状况下的遗迹置入新的功能、或是新的定义，赋予老房子新的生命力。活化路径主要通过物质活化、精神活化、产业活化和机制活化等，全方位共同发力，达到可持续发展的水平。具体策略如下：

通过物质活化解决空壳化问题。首先，深入古村落进行调研，对古村落里的建筑物情况进行建档登记，加强对正面临破坏的古建筑和具有代表性的古建筑的保护，对已经受到破坏的古建筑的原貌进行挖掘，以图片或文字资料加以保护。其次，是加强传统古村落整体风貌的保护，提高居民保护古村落的意识，防止出现村民为改善生活环境将旧屋拆除在原地建设现代风格建筑物。再次，

是结合新农村建设，加强古村落交通路网、水系、环境卫生、绿化等方面的改造，在古村落周边规划建设用地，进行新农村建设，提高村民的宜居环境。

通过精神活化提高人们的保护意识。很多时候，村中原住民不保护遗迹、不传承非物质文化遗产，是因为他们从心理上没有保护的意识，也不了解保护这些物质和非物质文化遗产的意义所在，盲目追求现代化的城市生活。政府应该先给予足够的宣传和讲解，保持耐心和恒心，将当地历史文化、民俗传统、建筑遗迹等相关知识进行讲解，对其重要性进行描述，使其对保护工作有深刻体会。此外，将原先有价值的民俗活动组织起来，唤起他们对于村镇的乡愁及回忆；也可将民俗活动纳入到对外展示的旅游部分，以此增加游客体验类型。

通过产业活化和机制活化缓解开发模式与生活模式的矛盾。以柏社村为例，政府要改变政策机制，将各家宅基地产权收回，或是采取补贴股份制，将地坑窑的单元模式贯彻到底，打通地坑窑的游览模式，达到三方都满意的结果。同时，对于地坑窑的产业类型进行合理的规划和引进，既要发挥当地的优势及特色，又要避免同类型商铺的数量过多。当然，在注重活化产业的过程中，不能完全丢掉传统的农业，可以将农业劳作纳入到游客参观体验的部分，增加休闲娱乐模式。

图 17　地坑窑改造成农家乐

图 18　地坑窑的串联通道

（二）堡寨聚落型历史文化村镇的保护利用模式：生态博物馆 + 数字化展示

堡寨聚落型历史文化村镇的价值在于，其完整的历史风貌和独特的防御构成要素，可以使人体验到特殊的聚落功能和空间。目前，对于该类历史文化村镇多是采用“生态博物馆”理念下的景区保护模式，生态博物馆的保护理念强调了保护、保存、展示自然和文化遗产的真实性、完整性和原生性，以及人与遗产的活态关系。但是，作为景区的生态博物馆保护模式并不能完全满足发展的需要，仍然出现人口流失、宅院荒废等现象，应当在传统的景区保护的基础上对传统聚落的部分环境适当进行再利用，以适应历史村镇今天发展的需要。比如，在整体定位上可将堡寨聚落定位为传统堡寨文化的体验场所，保留和恢复堡寨聚落的历史空间格局，修复有价值的历史要素和构筑物，对堡寨内部置入新的文化体验产业模式，符合堡寨的聚落特征和历史氛围。

缺乏足够的保护资金和有效的技术支撑，使得传统聚落型历史文化村镇的历史遗迹正面临着损毁和逐渐消失，以及原真性被破坏的诸多问题。因此，应建立专业的维修技术团队，采用数字化技术对其聚落环境、建筑实体、营建做法等进行详细的记录、保存和展示，构建相应的数字化数据库和展示平台。一方面，为传统聚落的修缮提供详细的资料，另一方面，可以为人们认识传统聚落型历史文化村镇提供科普展示途径。

图 19　历史文化村镇的数字化展示平台

（三）特色产业型历史文化村镇的保护利用模式：特色小镇＋文创旅游

对于特色产业型历史文化村镇来说，传统手工业等产业的日渐式微是其最主要的问题。因此，对于这类历史村镇所面临的必须是在原有产业特色的基础上实现传统产业的转型和升级。在传统产业的基础上依据现代生活需求开发相应的文创产品，将传统的手工业制作形成体验式的产业，而对于传统产业进行规模化的生产，围绕产业主题形成具有特色的产业型历史文化村镇，可借鉴特色小镇的模式，发展特色产业，结合现代文创旅游的模式，激活特色历史文化村镇，实现传统产业向现代产业的升级。

比如，在泾阳的茯茶小镇中，就是围绕茯茶文化进行产业布局，形成茯茶文化、关中民俗文化、关中生活文化为一体的特色小镇。形成了民俗文化体验区、茯茶品牌集中展示区、民宿度假休闲体验区等文化旅游设施，同时建设7个知名的茶园产业园，以及茯茶文化博物馆、温泉酒店等设施，举办茯茶文化节、新年庙会等吸引大量的游客带动小镇的发展。

图20 茯茶文化设施

图21 茯茶小镇新年庙会

在特色产业型历史文化村镇具体的保护与利用措施上，建议采用以下几点：第一，是对传统村镇整体生态环境的整治，对黄土台塬的地貌进行保护，治理水土流失和改善窑场的生存条件，稳固生态环境。第二，对产业遗迹比如老窑厂、泥池等划定保护范围，进行严格的保护和修缮维护。第三，聘请当地的手工业大师，对制窑的工艺进行传授和再研究，进行产业升级，使其既满足现代生产排放的标准，又形成可以批量生产和复制的成品工艺。第四，还可以选取几个古窑场进行复原，还原其生产过程和工艺，将其发展为博物馆的展示模式，实现宣传教育作用。第五，围绕制陶开发相关的周边文创产业，形成文化名片的输出。第六，举办艺术节等活动，加入体验式旅游模式，吸引更多的年轻人参与到传统产业的保护与传承中来。浙江省龙泉青瓷小镇就以曾经的上垟镇龙泉

图 22　尧头窑文化旅游生态园区

瓷厂旧址为核心，整合周边资源，深入挖掘文化内涵，建成开放式、生态化的人文景区。尧头窑文化旅游生态园区可借鉴这一成功案例。这样的策略也可用于石刻技艺区和经济作物区，通过有影响力的活动促进宣传和发展。

（四）商贸古镇型历史文化村镇的保护利用模式：体验式参与 +“互联网 +”

商贸古镇型历史文化村镇最大的问题在于，其作为传统商贸重镇的区位优势已经消失，而传统的商贸空间却依然留存。因此在保护利用中应当合理保护作为商贸古镇的历史遗迹，将传统的商贸内容转型为参与式体验的内容，形成类似“袁家村”的新型体验式商贸街巷，可借鉴袁家村的商业运作模式，袁家村定位为“关中印象体验地”，主打陕西关中的民俗文化、包括手工艺、小吃、作坊、民间曲艺等，形成集观光和体验于一体的新型乡村商业街巷。值得注意的是，袁家村原本

图 23　袁家村饮食文化体验

图 24　地方文化的展示

并没有历史建筑，而是异地搬迁重新修建而成的，在商贸古镇型历史文化村镇中，则有着先天的商业街，可合理利用这些街巷通过新的商业模式运作使其重新恢复活力，同时可以通过“互联网 +”等模式来带动古镇的发展。

可以采用以下的保护与发展模式：一方面，通过现有的软件进行商贸古镇的宣传和复原，主要是商贸古街和沿街建筑以及重点保护遗迹，配合村镇古商业街原有的风貌和功能性质，进行线上的观览、购买、体验等行为。这种新的模式必将产生全新的旅游体验和购物体验。另一方面，重视整体风貌的控制和保护。除线上观览模式，线下村镇中的保护与利用也应该重视起来：一是周边生态环境的修复、营造，这类小镇位于山清水秀之地，周边生态环境对微气候、景观、安全产生影响，宏观规划应从总体先入手。二是对当年繁荣之时的重要码头港口、主要商业街进行重点保护、修缮、改造，尽可能恢复原先的风貌和职能，再现商贸古镇的繁华景象，并对重要点状、线状空间周边建筑进行风貌控制。三是可以将现有的立体投影技术应用于原先场景的复原，或是夜间古街复原灯光秀，产生较为神奇的体验。四是是村镇的发展问题，要做到良性循环发展，就需要对村镇及周边环境进行宏观的旅游规划，以村镇老商业街为核心，重要公共建筑为节点，河流沿岸景观为休闲辅助空间，周边绿地、农作物种植区为地貌观赏区或下乡体验区，类似这样的规划使得旅游模式不再单一。

（五）历史遗迹型历史文化村镇的保护利用模式：整体式保护 + 资源整合

此模式针对历史遗迹型历史文化村镇，旨在对分散的遗存下来的古建筑、历史街区等进行盘点、整合，进行整体规划，对于点状遗迹和线状遗迹进行合理串联，设计较好的游览路线，在游客动线中，加入趣味性和休闲性共存的公共节点空间，或是营业性质的商铺、酒楼。在资源整合与规划发展的过程中，对现有遗迹要进行性质和价值的判定，为之后的发展定位奠定基础和创造条件。

例如乌镇，其内部被十字形的内河水系划分为东南西北四个区块，当地人分别称之为“东栅、南栅、西栅、北栅”。西栅水系围合，东栅水街中轴。西栅位于乌镇西大街，毗邻古老的京杭大运河，并有公路直通江苏、苏州和桐乡市区，交通十分便利。西栅打造主要以商务旅游、休闲度假为主。2001 年，乌镇保护开发东栅工程东栅景区正式对外开放，一期景区面积约 0.46 平方公里，保护建筑面积近 6 万平方米，是中国著名的古镇旅游胜地，总的来说就是“各小区域发挥其特色，构成小境域旅游模式”。具体到陕西省历史文化村镇的保护措施如下：

划定保护范围，控制建筑风貌。在保护过程中，因遗迹位置较为分散，难以实现大范围的保护工作，所以要对重点保护区域和风貌协调区进行严格的划定，区域面积要根据遗迹自身范围、价值大小、视线情况等因素来确定。对于目前价值不大但具有历史意义的遗迹同样要进行保护，做进一步的发掘和判定。

多方人员协作规划，制定合适的发展方案。美原镇可通过长时间对历史的发掘和文物的发掘，对于当地的秦文化进行整合、规划，其中大秦将军文化脉络清晰，将军陵墓、古村落、古练兵场、将军府邸、将军后裔村落等古迹遗址尚存。同时，秦文化旅游区建设项目也正在规划筹备中，当地政府可对于地理位置上的优势进行充分挖掘，积极实现与周边景点的互补联动并借势发挥独特作用。

图 25　古建筑遗存的保护

图 26　名人故居塑造

五、结论

本课题在对陕西省境内的 34 处历史文化村镇进行系统梳理分析的基础上，对其分类方式、每类历史文化村镇的现状问题及其保护与利用模式进行了详细的研究，得出以下结论：

（1）陕西省的历史文化村镇从保护利用的角度进行分类，可以划分为：传统村落型、堡寨聚落型、特色产业型、商贸古镇型，以及历史遗迹型。这种分类方式涵盖了陕西省历史文化村镇的绝大多数，能够较好地反映出陕西省不同历史文化村镇的特色和价值。

（2）剖析了陕西省不同类型历史文化村镇在保护与利用中存在的具体问题，分析认为每类历史文化村镇存在的问题与其自身的特色具有明显的相关性，陕西省历史文化村镇的保护与利用，必须建立在对不同类型历史文化村镇存在问题的深刻理解和认识上。

（3）提出了针对陕西省不同历史文化村镇的保护利用模式：针对传统村落型历史文化村镇建议采用原生态保护 + 活化利用的模式；针对堡寨聚落型历史文化村镇建议采用生态博物馆 + 数字化展示的模式；对于特色产业型历史文化村镇应借鉴特色小镇模式，围绕相关产业发展文创旅游；针对商贸古镇型历史文化村镇建议发展体验式参与和“互联网 +”模式；对于历史遗迹型历史文化村镇建议采用整体上保护 + 资源整合的保护发展模式。

附表 1　陕西省历史文化村镇的分类保护与利用汇总表

类型	主要特征	代表性村镇	存在问题	保护利用模式
传统村落型	以原始的农业劳作为主，传统村镇的格局和整体风貌保存较好，一般有集中连片的传统民居	三原柏社村、米脂杨家沟村、铜川耀州区小丘镇移村（地坑窑）、榆林佳县木头峪镇	空壳化 保护意识不足 生活方式改变	原生态保护 + 活化利用
堡寨聚落型	村镇的空间结构体现防御性的特征，具有完整清晰的边界和道路结构，通常设有堡墙、堡门等防御性设施	韩城党家村、神木高家古堡	活化不够 私自改建 环境容量超限	生态博物馆 + 数字化展示
特色产业型	村镇内以传统手工业等为主要的经济收入来源，村镇的选址、布局与家族产业之间关系密切，村镇内有重要的手工业生产用地和遗址	陈炉古镇、窑头村、渭南富平宫里镇、商洛山阳县高坝店镇	产业式微 如何转型	特色小镇 + 文创旅游
商贸古镇型	曾经以商业贸易为主，在古时因靠近水路和交通便利，形成商业街巷式的开放式空间结构，下店上宅式的建筑布局	凤凰古镇、青木川镇、熨斗镇、蜀河古镇、商洛山阳县漫川关镇	商贸没落 环境问题 风貌不协调	互联网 + 体验经济（袁家村模式）
历史遗迹型	有悠久的历史和人文，至今在境内有重要的历史古迹遗存，如古塔、寺庙、帝陵等资源	延安宝塔区甘谷驿镇、铜川耀州区孙塬镇、延安富县直罗镇、渭南富平美原镇、渭南潼关县秦东镇、延安洛川县土基镇鄜城村	遗迹分散，难于组织 保护力度不够 缺乏统筹规划	整体式保护 + 资源整合

| 参考文献 |

[1] 林乙煌,叶博雄,赖惟永 . 基于宜居宜业建设“活化”长汀客家传统古村落研究 [J]. 设计，2016（15）：158—160.

[2] 宰娟 . 基于活化理念的传统村落保护发展研究——以常州市杨桥传统村落为例 [J]. 城市建设理论研究（电子版），2018（05）：40—41.

[3] 尹璐，朱华，林慧颖 . 基于生态博物馆理论的吉林传统村落景观保护研究 [J]. 设计艺术研究，2018，8（02）：91—96.

[4] 蒲禹君，崔陇鹏 . 柏社村传统村落乡土文化的衰变现象及传承保护浅析 [J]. 北方建筑，2019，4（01）：33—36.

[5] 黄瑜潇，崔陇鹏，王文瑞 . 柏社村传统地坑院的当代传承研究 [J]. 建筑与文化，2017（06）：118—119.

[6] 黄瑜潇 . 柏社村地坑窑院建筑的现代应用设计及其生态低技术研究 [D]. 西安建筑科技大学，2017.

[7] 张睿婕 . 柏社村地坑窑传统聚落空间的保护与发展研究 [D]. 西安建筑科技大学，2015.

[8] 陈力彤 . 三原县柏社村地坑窑院民居村落传统风貌整体性调查与研究 [D]. 西安建筑科技大学，2016.

[9] 李晨 . 在黄土地下生活与居住 [D]. 西安美术学院，2011.

[10] 宦烨晨 . 陕北传统窑居村落乡土景观分析与保护发展研究 [D]. 西安建筑科技大学，2017.

[11] 李琦 . 祈雨仪式中的龙神信仰论析——由《黄土高原的村庄——声音·空间·社会》引发的思考 [J]. 西北民族研究，2018（01）：162—165+86.

[12] 乔治 . 基于红色基因的陕北杨家沟红色文化旅游景区主题营造研究 [J]. 装饰，2018（02）：130—131.

[13] 杜文，禚振西 . 新发现的北方青瓷窑　陕西澄城窑 [J]. 收藏界，2002（09）:4—8.

[14] 吴锐 . 陕西民间陶瓷艺术特征比较研究 [D]. 西安建筑科技大学，2009.

[15] 李瑜 . 古朴与苍茫——陕西尧头古镇 [J]. 科技信息，2013（03）：169.

[16] 滕腾，王伟，乔甄 . 澄城县尧头镇尧头窑生产环境的保护与可持续发展探究 [J]. 现代园艺，2016（02）：154—156.

[17] 靳亦冰，李军环 .“千年古船仍扬帆”——走进韩城党家村 [J]. 国土资源，2007（01）：54—57.

[18] 张文君．城镇化进程中陕西传统村落的保护与发展研究 [D]. 西安建筑科技大学，2014.

[19] 马晶，刚家斌．传统村落保护与开发的困境及对策——以陕西韩城党家村为例 [J]. 科技创新导报，2017，14（27）：152—153+155.

[20] 乔欢．党家村古村落旅游资源可持续开发机制研究 [D]. 西北大学，2014.

[21] 田延．青木川镇公共空间保护与旅游开发规划设计研究 [D]. 西北大学，2018.

[22] 张晶．青木川古镇空间特征及保护策略研究 [D]. 长安大学，2015.

[23] 岳欢．陕南汉中宁强县青木川古镇街巷空间景观艺术研究 [D]. 西安建筑科技大学，2016.

[24] 杨平立．历史文化村镇保护策略探讨 [D]. 天津大学，2016.

[25] 吴静雯，杨军，秦云，张博，吴南，屈扬．天津市历史文化村镇价值评定及保护策略研究 [J]. 规划师，2012，28（S2）：57—59.

[26] 蒋薇，龙彬．西南山地历史文化名镇名村保护与发展研究进程 [J]. 城市，2017（06）：59—65.

[27] 张达，肖红，周宏伟．我国历史文化村镇保护与发展研究述评 [J]. 规划师，2015，31（S2）：152—158.

[28] 王思婧．基于“文化空间”的新绛光村村落环境整体性研究 [D]. 西安建筑科技大学，2013.

[29] 杨俊涛．平顶山市传统村落文化空间保护与更新研究 [D]. 西南交通大学，2015.

[30] 吴冰，马耀峰．古村落旅游资源评价与保护研究——以陕西省韩城市党家村为例 [J]. 陕西师范大学学报（自然科学版），2004（01）：121—124.

[31] 韩瑞凯．秦巴山区熨斗古镇旅游开发规划策略研究 [D]. 西安建筑科技大学，2018.

[32] 兰婧娴．基于山水格局的陕南古镇空间形态与保护研究 [D]. 西安建筑科技大学，2015.

西安市域生活垃圾处置的城乡协同策略研究[1]

○张　军[2]

内容摘要：随着城镇化进程的加快，县城面临着越来越多的环境问题。其中以生活垃圾和农业固废物处理问题最为严峻。为了推进我省的垃圾分类处理进程，课题组赴西安市主城区和蓝田县等地，通过现场采样测试、分发调查问卷和入户走访等调研方式，深入了解当地居民对垃圾分类的认知和看法，获取当地生活垃圾样本，并采用统计分析、实验测试、模型优化计算等方法，结合西安市市域垃圾处理系统的构建及处理设施布局规划，提出西安市垃圾处理系统统筹规划的概念——突破地区限制，城乡协同处理，并优化垃圾收运路线，采用高热值生活垃圾与农业固废物混合焚烧处理的转运路径优化方案，有利于实现城市垃圾处理系统优化和推进垃圾回收利用和资源再生的社会化循环。

一、研究背景

我国城市垃圾处理率已提升到84.8%[1]，其中填埋方式处理量占到77.9%，只有20.3%采用焚烧、堆肥等方式处理[2]。近年来随着城市周边填埋用地日趋紧张和垃圾成分中有机物占比增大、热值增高的趋势，传统的填埋和堆肥处理方法已不能完全适应需要，而焚烧、裂解等处理法因其具有减少污染、减重减容、便于资源化利用等优点而受到重视。热值高低是选择生活垃圾处理方式及衡量垃圾利用价值的重要参考指标[3]，垃圾热值高低取决于构成垃圾的各种废弃物性质及其所占比例，轻质可燃组分含量具有决定作用[4]，对

(1) 本研究报告为西安建筑科技大学2019年度新型城镇化专项研究基金项目研究成果。

(2) 作者：张军，西安建筑科技大学环境学院讲师。

分类后的垃圾进行有针对性的处理，可以将热能充分回收利用于供热和发电，从而有效地减少垃圾填埋量并降低垃圾的处理成本。但是，由于目前我国除少数经济水平较高的大城市外，其他大部分城市尚未建立生活垃圾运输和末端处理的分类体系[5-6]，仍普遍采用传统的混合收集处理方式，城市居民普遍缺乏垃圾分类的意识，难于在短期内实现美国、日本、西欧等发达国家以垃圾源头分类收集为基础的处理模式。因此，本研究从城市生活垃圾处理系统出发，提出采用“归类分流一集中处置”的过渡性垃圾处理模式，以适应目前下游垃圾处理减量化与资源再利用的社会化循环，并结合政策法规宏观调控、社会公众参与以实现经济循环与可持续发展。垃圾归类分流是将城市生活垃圾依据其来源、垃圾的理化性质特点、现有垃圾处理技术水平等因素进行综合归类（如填埋型、焚烧型、堆肥型等），在垃圾总量水平上将同一类型的垃圾进行统一收运和集中处理，可以提升高热值垃圾的利用率，既避免了因垃圾类型混杂带来末端处理效率降低的问题，又能为中国城市落实垃圾源头分类收集制度提供可行性途径。同时，焚烧垃圾产生大量的热量可以为城市提供热电联产和集中供暖的保障。

随着经济的快速发展，县域城镇化进程逐渐加快，城镇化区域面临的生态问题也逐渐严峻。其中，垃圾处理问题一直十分棘手。快速城镇化的人口快速增长，使得生活垃圾总量呈现增长趋势，传统的垃圾处理模式对现有垃圾量的承载能力明显不足；同时，随着城镇化进程加快，统一的垃圾处理模式已不适应多元城镇化发展模式的需要，需进行垃圾分类回收处理。2019 年 9 月 1 日，我省正式开始实施垃圾分类政策，并通过对垃圾分类宣传、推广和实践，提升居民垃圾分类的意识并引导居民将垃圾分类落到实处。然而，对我省快速城镇化区域而言，推行垃圾分类仍要面临居民的分类回收意识不强、缺乏集中清运处理机制和规划、“邻避效应”等多重困境。从垃圾分类处理效果来看，“资源化、减量化、无害化”的垃圾处理目标远未实现。目前我省农村生活垃圾处理仍以传统的填埋为主。垃圾的收集方式仍为混合收集，一些有害物质如干电池等未经分类直接进入填埋场，增加了无害化处理难度，而高热值废弃物质直接填埋也造成了资源的浪费。

在国际上，生物质能发电、太阳能发电、风力发电，是公认的三大清洁能源发电形式。在生物质能发电中，垃圾焚烧发电的综合效应突出。焚烧发电是目前世界范围内较为先进的垃圾处理方式，可实现垃圾的资源化、无害化、减量化。垃圾焚烧是高温分解和深度氧化的过程，处理量大，减容性好，无害化彻底，并且放出的热量可以再回收。节约了大量土地资源和能源损失，杜绝了填埋、堆肥带来的土地污染、空气污染和水域污染，促进了循环经济的发展。在我国，由于普遍缺乏垃圾分类收集体系，垃圾热值低、水分大、成分复杂且分布不均匀，在焚烧过程中会发生众多不同的化学变化，因此产生的烟气污染物种类较多,对人体和环境有着直接和间接的危害[7]。农业废弃物（主要是秸秆）和农村生活垃圾（主要是可燃垃圾组分）作为一种优质燃料，热值高，N、S 含量低，在生物质的再生利用过程中，依据碳排放协议中享受 CO_2 零排放的政策，特别适合燃烧转化。通过生物质成型燃料和垃圾衍生燃料的混合燃烧，既可以节省焚烧过程中为保证燃烧稳定性而使用的煤的用量，又可以使 PCDD/PCDF 在烟气中的含量低于环保标准，并且减少有机氯化物等污染物的排放，还能够有效增加燃烧时的燃烧温度和燃烧速率，使燃烧更加彻底，减少焚烧炉最终的剩余结渣量，有利于生物质燃料的高效利用[8]。

课题组以中国西部中心城市——西安市人口高密度分布区（以 42 所高校为例）作为代表性高热值垃圾产生源，以蓝田县 3 镇为例的农业固废物为生物质产生源，对垃圾和农业固废物的物理特性和发热值进行分类测试以确定垃圾的所属类型，以能值分析法估算不同垃圾处理方法的生态能值并比较其环境效益和经济收益的差异,从生态能量收支平衡的角度评价“垃圾归类分流—集中处置”模式的可行性；在就近原则的基础上及废物管理战略的框架内，将政策机制对源头减量与城市生活垃圾末端处理协同规划，结合西安生活垃圾的处理情况和特点，规划城乡统筹运输路线，为城市垃圾减量化和城镇化区域固废物资源利用提供新思路。

二、调研内容及方案

（一）调研内容

在本次调研活动中，通过对蓝田县乡镇（以西安市主城区—蓝田县一体化规划为例）的生活垃圾收集和运输现状、主要农业固体废弃物产出量估算及样地现场调查和县域垃圾处理难点问题的认知度调查，分别取得现场样品和走访调查数据，采用统计分析、实验测试、模型优化计算等方法，获得西安市主城区和典型城镇化区域的高热值生活垃圾与农业废弃物的理化特性、混合型垃圾衍生燃料的燃烧特性、生物质混烧发电系统生态性和费效比、垃圾收运路线优化等数据，通过理论分析设计构建有效的生物质资源利用模式，设计并优化生活垃圾—农业废弃物混烧处理方案，提出城乡生活垃圾协同综合处置的市域统筹规划设计，有助于形成城乡废弃物资源化利用的合理有效运行机制，并为其制度化、体系化提供有益的参考。

（二）调研方案

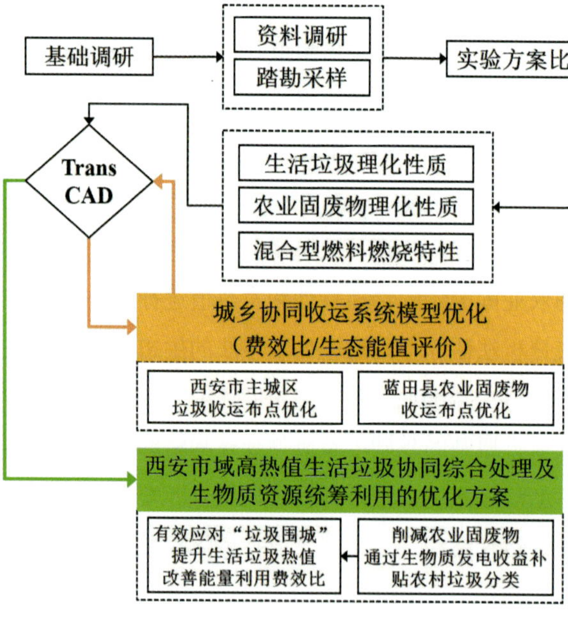

图 1　调研技术路线

（三）调研区域概况

本次调研西安市主城区采样的 42 个站位分别位于西安市 42 所大学校园内，高校分布地理位置分别覆盖西安市环城路、二环路和三环路的主要文教生活区。采样选取的垃圾转运站均位于学生生活区和教学区，无其他居民区垃圾及食堂餐厨垃圾的混入干扰。从在校生规模、垃圾收运管理、所处区域等均具有较强代表性。其中高校类型：A 为综合型大学，B 为理工类大学，C 为社会科学类大学。通过现场采样分析测算及后勤管理部门获取的采样站位的基本信息，见表 1。

表 1　采样站位基本情况

收集站点类型	人口数（×1000 人）	垃圾排放量（kg/d）	容积率（kg/m^3）
A：综合型（n=14）	187.5	0.61	141.3
B：理工类（n=19）	240.1	0.68	165.4
C：社科类（n=10）	99.4	0.56	129.2

本次调研范围内西安市主城区高热值生活垃圾总产出量估算：西安市在校大学生人数按 52.7 万人计，每日人均产生生活垃圾量按 0.62kg/d 计（实测 42 个站位的平均值），垃圾产生量为 327t/d，按学生年在校 270 天计，全市高校校园生活垃圾总产出量为 8.83×10^4t/a，约占西安市总垃圾产出量的 3.8%（以 8500t/d 计）。

本次调研县域层面，选取蓝田县的三个镇，选择环境卫生条件和农业发展水平具有代表性的 10 个村进行深入调研，并现场采集垃圾和秸秆等样品，带回实验室分析。调研采样站位分布，见图 2，生活垃圾和农业固废物采样现场，见图 3 和 4，实验分析现场，见图 5。

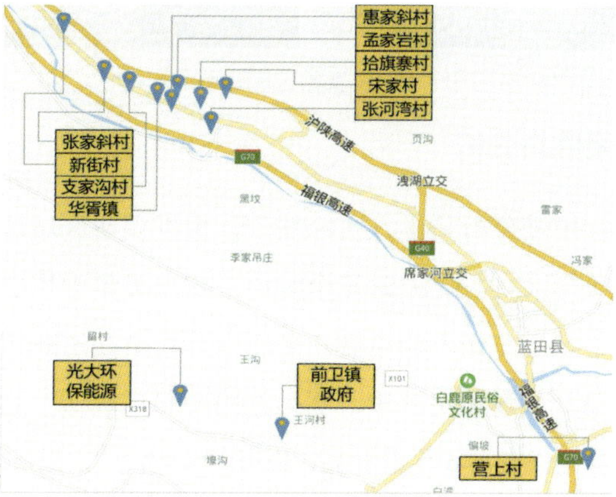

图 2　城镇化区域调研站点分布

图 3　生活垃圾采样现场

图 4　农业固废物采样现场

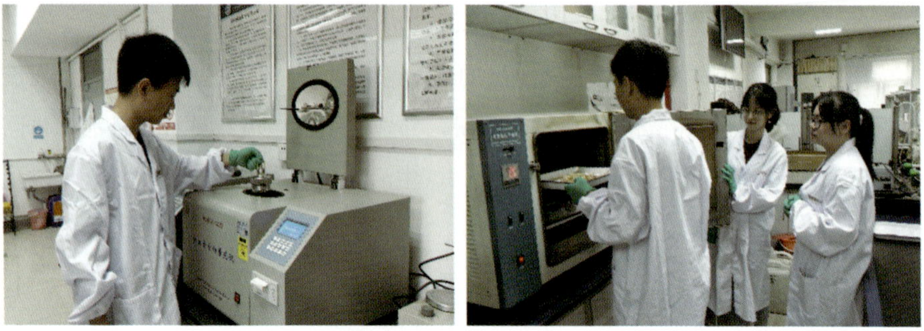

图 5　实验分析现场

（四）样品采集与分析

按照我国现行垃圾分析采样方法标准[9]，根据调研区域垃圾台收集清运规律，分别选择 10 时、13 时和 16 时三个时段，对垃圾集中堆放点进行采样。每时段随机抽取五辆清运车卸下的垃圾，采用立体对角线法在三个等距点上同步采集获得一次样品，现场测定容重，然后按照塑料橡胶类、纸类、织物类、木竹类、玻璃、金属、有机物（弃置食品、绿化清扫物等）、无机物（灰土砖瓦等）等依次进行粗、细垃圾湿基分捡，称量各组分的湿基重量，最后将分类获得的二次样品分别用破碎机（Harden TD1300 型，广东斯瑞德环保设备公司）破碎至粒径小于 25 mm 的小块，装入密封袋运回实验室分析。

将湿基样品平铺于干燥盘内，在 105±2 ℃的条件下烘干至恒重，用质量差法求得含水率[10-11]。各组分含水率 $C_{i水}$、总含水率 $C_{总水}$和干基组分含量 $C_{i,干}$用质量分数表示，计算公式如下：

$$C_{i,水}=\frac{(w_{湿}-w_{干})}{w_{湿}}\times 100\% \quad（式 1）$$

$$C_{总水}=\sum_{i=1}^{n}C_{i,水}\times C_{i,湿} \quad（式 2）$$

$$C_{i,干}=C_{i,湿}\times\frac{1-C_{i,水}}{1-C_{总水}} \quad（式 3）$$

式中：$w_{湿}$为湿基垃圾重量；$w_{干}$为脱水后垃圾重量；$C_{i,湿}$为各组分湿基含量占比。

垃圾发热值测定方法一般包括化学元素组成估算法和垃圾混合样品的氧弹量热法两种。元素分析估算法对于组成复杂的垃圾组分元素测定较烦琐，而混合样品氧弹量热法受取样代表性影响较大，这两种方法测定出的发热值与实际发热值都有较大差别[12]。

本研究采用成都市节能技术服务中心报道的焚烧垃圾热值综合测定法进行测定和计算[13]。各组分垃圾的干基高位发热值 $H_{i,干}$采用氧弹量热仪(HWR-15D 型，上海市检测技术所）测定，垃圾混合样品的干基高位发热值 $H_{H,干}$、湿基高位发热值 $H_{H,湿}$和湿基低位发热值 $H_{L,湿}$的计算公式如下：

$$H_{H,干}=\sum_{i=1}^{n}H_{i,干}\times C_{i,干} \quad（式 4）$$

$$H_{H,湿}=H_{H,干}\times(1-C_{总水}) \quad（式 5）$$

$$H_{L,湿}=H_{H,湿}-2240\times C_{总水} \quad（式 6）$$

三、调研结果与讨论

（一）调研区域基础数据分析

蓝田调研区域的基本信息及垃圾、秸秆产出量统计数据，见表 2，主要农业固废物（秸秆）及垃圾—秸秆混合燃料的热值分析结果见表 3。

表 2　调研区域垃圾和农业固废物产出量统计

所属镇	名称	人口/人	耕地面积/亩	每月生活垃圾产出量/吨	秸秆产出量/吨	主要农作物
前卫镇	前卫村	1597	2332	91.56	1609.08	玉米
华胥镇	张家斜村	2140	2000	122.70	1380.00	洋芋
	拾旗寨村	1942	1400	111.34	966.00	樱桃、大杏
	宋家村	1989	1358	114.04	937.02	玉米、小麦
	张河湾村	1362	834	78.09	575.46	大樱桃
	新街村	1786	915	102.40	631.35	芹菜、茼蒿、茴香、青花菜、通菜、菊花菜、玉米尖、谷子
	惠家斜村	3128	2032	179.34	1402.08	花椰菜、小胡萝卜、高粱、豌豆、红薯、芦笋、通菜
	孟家岩村	3276	2576	187.83	1777.44	大樱桃、葡萄、华胥大杏
	支家沟村	2500	1849	143.34	1275.81	小麦
蓝关街道	营上村	826	540	47.36	372.60	小麦、大豆、玉米

表 3　垃圾—秸秆混合燃料的热值和氯析出量实验数据

名称	含水率（%）	灰分率（%）	校正热值（J/g）	Cl 析出量（mgHCl/g）	单位热值 Cl 析出量（mgHCl/kJ）
生活垃圾	38.6	13.03	5806.9	4.29	0.74
玉米秸秆	6.70	16.32	14566.5	7.71	0.43
小麦秸秆	5.46	11.36	16616.8	9.54	0.59
垃圾 90%—秸秆 10%	35.96	17.89	7845.3	5.28	0.67

从表中数据可知，蓝田调研区域的生活垃圾含水率虽然低于西安市城区水平，但仍然高达 38.6%，全组分热值仅不到 6000J/g，对于焚烧厂工艺属于低热值燃料，势必耗费额外的辅助燃料来处理垃圾，并且由于混合大量塑料制品使得垃圾中 Cl 释放系数达到 0.74，烟气对焚烧炉和大气环境影响均很大。而掺杂 10% 秸秆后的混合燃料热值提升至 7845.3J/g，高于工艺要求的 7000 J/g 标准，且 Cl 释放系数降低至 0.67。说明采用农业固废物混合垃圾焚烧的模式，可以很好地解决乡镇垃圾高含水率低热值的问题，也为垃圾分类后大量不易回收利用

的橡、塑、织物、木竹、纸等高热值废弃物找到了资源利用的途径。

（二）生活垃圾组分特征

采样点垃圾的平均组成成分和干基高位发热值测定结果，列于表 4。将表 1 中数据代入公式 1—6 可计算得到：混合垃圾样品的总含水率 $C_{总水}$=24.0%，干基高位发热值 $H_{H,干}$=11366.4J/g，湿基高位发热值 $H_{H,湿}$=8638.5J/g，湿基低位发热值 $H_{L,湿}$=8100.9J/g，发热值均高于西安市生活垃圾热值的平均水平（<7000J/g），这与可燃垃圾中水分含量相对低的同类垃圾其燃烧热值相应较高的研究结果相符合。由于学生生活区采取集中食宿管理，食堂餐厨垃圾独立收集处置不进入生活垃圾收集环节，有机物（湿基 20.3%）中主要是绿化修剪和路面清扫的植物残体。另外，含有少量从垃圾箱收集的弃置食物，因而垃圾总含水率（24.0%）较低。由于学生食堂使用能源均以电和天然气为主，冬季由市政集中供暖，所以垃圾中含有的煤渣等无机物排放极少，而少量碎玻璃（湿基 7.4%）和灰土等无机物（湿基 19.2%）主要来自设施维修和清扫保洁的废弃物。因此，校园生活垃圾的含水率、容重和有机物干基含量均低于西安市平均水平。垃圾组分中可回收物含量较高（64.5%），但是直接回收经济价值较低，主要包括各类废弃的生活用品和食品包装袋等，而一些回收价值高的物质（如废旧报刊、饮料瓶、大块金属及较完整的生活用品和包装材料等），已在收集贮存和收运过程中被各种渠道的回收人员（拾荒者、环卫工人等）分捡和回收，故进入转运站的垃圾的可直接利用性较低。鉴于校园生活垃圾的低含水率、低生物降解性和高发热值，将其用于堆肥处理的效率不高，因此，可归类为焚烧型垃圾，采用焚烧发电等处理方式较为适宜。

表 4　垃圾物理组成和干基高位发热值

指标	$C_{i,湿}$（%）	$C_{i,水}$（%）	$C_{i,干}$（%）	$^{a}H_{i,干}$（J/g）
塑橡类	14.4	15.8	3.2	2423.7
纸类	21.3	32.7	11.5	2131.0
织物类	9.2	12.2	10.1	900.5
木竹类	2.4	11.8	1.7	320.5
玻璃	7.4	1.7	7.7	na[b]
金属	5.9	10.0	5.5	na[b]

续表

指标	$C_{i,湿}$（%）	$C_{i,水}$（%）	$C_{i,干}$（%）	$^{a}H_{i,干}$（J/g）
有机物	20.3	45.3	1.8	966.4
无机物	19.2	26.0	15.6	na[b]

[a] 以氧弹法测值作为干基高位发热值；[b] 无测定数据。

（三）不同垃圾处理方法的能值比较

能值分析方法是美国著名生态学家 H. T. Odum 于 20 世纪 80 年代创立的以能量为核心的系统分析方法，是评估系统可持续发展能力的有力工具。能值分析是以能值为基准，把不同种类、不同质量、不可比较的能量转换成统一标准来进行比较。能值分析常用太阳能值 solar energy 来衡量某一能量的能值大小，任何流动的或贮存状态的能量所包含的太阳能的量，即为该能量的太阳能值。能值分析方法目前已被引入城市生活垃圾及建筑垃圾的回收处理方案比选，通过计算将生活垃圾在城市生态系统内不同类型的能量、物质资源、劳力服务，以及费用等统一转化为太阳能值焦耳（sej），从而对垃圾处理方案进行比较分析和转化效率评价提供科学依据。

针对焚烧型垃圾的高热值特点，选择技术较为成熟的直燃焚烧发电和生物质混烧发电这两种系统作为推荐的垃圾减量化处理模式，并以目前采用的卫生填埋—沼气发电处理系统作为对照，采用能值分析法对三种处理方法的系统能值投入产出情况进行对比，以评价垃圾归类分流处置方式的效率。图 6 为依据

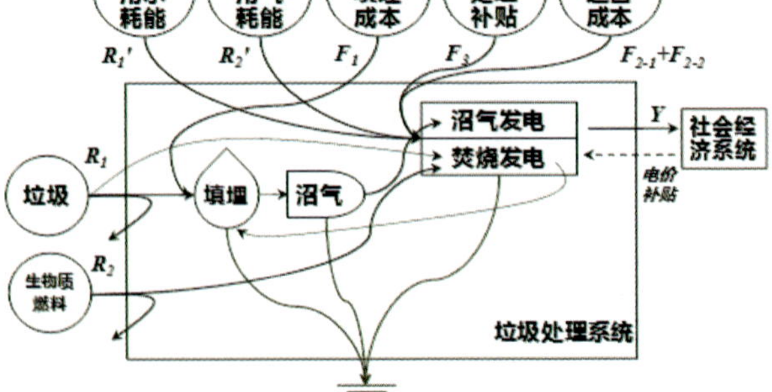

图 6　三种垃圾处理方法的能值系统图

垃圾处理系统的边界内容绘制的能值系统图。图中，可再生资源投入（垃圾和生物质燃料）的转换能值输入表示为R，生产消耗的可再生资源的转换能值输入表示为R′，各类资本金投入的转换能值输入表示为F（其中电价补贴计入F_3），三种处理系统产出的电力的转换能值表示为Y。

卫生填埋—沼气发电处理方法按西安市市容环卫局管理的卫生填埋场沼气回收及发电项目参数进行折算（装机容量12 MW），垃圾产沼气率按$6.42m^3/t$计（利用率81%），沼气的热值为$35874kJ/m^3$，发电效率为30%，每吨垃圾发电量为43.69kWh/t；按需冷却水量$3.45\times10^4kg/t$计耗能$9.42\times10^8J/t$；发电耗气量按0.5kg/MJ计，按需冷却气量$3.56\times10^5kg/t$计耗能$2.85\times10^6J/t$，燃烧空气用量可忽略不计；垃圾收运和卫生填埋处理成本按44.34$/t计，项目总投资1.5亿元，按目前实际可运行27年折算工程投资为$8.96\times10^5\$/a$，发电运行成本按0.16$/kWh计，美元汇率按6.2∶1计。

焚烧发电处理方法以600t/d生活垃圾焚烧发电厂项目参数进行折算（装机容量12MW），发电效率按20%计，每吨湿基低位发热值为$H_{L,湿}$=8100.9J/g的垃圾发电量为450.05kWh/t，输出电量按90%计，按实际垃圾量计满负荷运行时间为5400h；按需冷却水量$1.98\times10^5kg/t$计耗能$4.97\times10^9J/t$，发电耗气量按0.5kg/MJ计，按需冷却气量$1.13\times10^6kg/t$计耗能$9.01\times10^6J/t$，燃烧空气用量可忽略不计；按运行25年计工程投资成本为$1.62\times10^6\$/a$，发电运行成本按0.11$/kWh计，美元汇率按6.2∶1计。

生物质燃料—垃圾混烧发电项目参照文献参数进行折算（装机容量2×12 MW），生物质燃料以添加10%玉米秸秆计，需生物质燃料$8.83\times10^3t/a$；秸秆热值按15700J/g计，燃料和垃圾混合后估算热值为8860.8J/g，发电效率按20%计，每吨垃圾混合物发电量为492.27kWh/t，输出电量按90%计，按实际垃圾量计满负荷运行时间为7900h；按需冷却水量$1.98\times10^5kg/t$计耗能$4.97\times10^9J/t$；发电耗气量按0.5kg/MJ计，按需冷却气量$1.13\times10^6kg/t$计耗能$9.01\times10^6J/t$，燃烧空气用量可忽略不计；按运行25年计工程投资成本为$1.60\times10^6\$/a$，发电运行成本按0.10$/kWh计，美元汇率按6.2∶1计。

各个过程的能值转换率按文献选取，分别计算出卫生填埋—沼气发电处理法、焚烧发电处理法和生物质燃料—垃圾混烧处理法相应的太阳能值（见表5—7）。

表 5　生活垃圾卫生填埋—沼气发电系统能值分析

项目	物质 / 能量 / 货币流	能值转换率（sej/unit）	太阳能值（sej/a）
输入：生活垃圾 R_1	8.83×10^7 kg/a	3.34×10^{11}	2.95×10^{19}
输入：冷却用水耗能 R_1'	8.32×10^{13}J/a	6.07×10^4	5.05×10^{18}
输入：冷却用气耗能 R_2'	2.52×10^{11}J/a	1.50×10^3	3.77×10^{14}
输入：收运卫生填埋成本 F_1	3.92×10^6\$/a	4.0×10^{12}	1.57×10^{19}
输入：工程投资 $F_{2\text{-}1}$	8.96×10^5\$/a	4.0×10^{12}	3.58×10^{18}
输入：运营成本 $F_{2\text{-}2}$	6.17×10^5\$/a	4.0×10^{12}	2.47×10^{18}
输入：垃圾处理补贴 F_3[a]	-9.97×10^5\$/a	4.0×10^{12}	-3.99×10^{18}
输入：减排温室气体	-2.29×10^5\$/a	4.0×10^{12}	-9.16×10^{17}
输出：电力产出 Y	1.39×10^{13}J/a	1.59×10^5	2.21×10^{18}

[a] 按政府补贴 70 元 /t 计，获得收益的能值为负值。

表 6　生活垃圾焚烧发电系统能值分析

项目	物质 / 能量 / 货币流	能值转换率（sej/unit）	太阳能值（sej/a）
输入：生活垃圾 R_1	8.83×10^7kg/a	3.34×10^{11}	2.95×10^{19}
输入：冷却用水耗能 R_1'	4.39×10^{14}J/a	6.07×10^4	2.67×10^{19}
输入：冷却用气耗能 R_2'	7.96×10^{11}J/a	1.50×10^3	1.19×10^{15}
输入：工程投资 $F_{2\text{-}1}$	1.62×10^6\$/a	4.0×10^{12}	6.46×10^{18}
输入：运营成本 $F_{2\text{-}2}$[a]	4.37×10^6\$/a	4.0×10^{12}	1.75×10^{19}
输入：垃圾处理补贴 F_3[b]	-9.97×10^5\$/a	4.0×10^{12}	-3.99×10^{18}
输入：减排温室气体	-2.88×10^5\$/a	4.0×10^{12}	-1.15×10^{18}
输出：电力产出 Y	2.44×10^{14}J/a	1.59×10^5	1.34×10^{19}

[a] 含收运费和飞灰卫生填埋费；[b] 按政府补贴 70 元 /t 计，获得收益的能值为负值。

表 7　生物质燃料—垃圾混烧发电系统能值分析

项目	物质 / 能量 / 货币流	能值转换率（sej/unit）	太阳能值（sej/a）
输入：生活垃圾 R_1	8.83×10^7kg/a	3.34×10^{11}	2.95×10^{19}
输入：生物质燃料 R_2	8.83×10^6kg/a	4.24×10^{11}	3.74×10^{18}

续表

项目	物质 / 能量 / 货币流	能值转换率（sej/unit）	太阳能值（sej/a）
输入：冷却用水耗能 R_1'	4.83×10^{14}J/a	6.07×10^{4}	2.93×10^{19}
输入：冷却用气耗能 R_2'	8.75×10^{11}J/a	1.50×10^{3}	1.31×10^{15}
输入：工程投资 $F_{2\text{-}1}$	1.60×10^{6}\$/a	4.0×10^{12}	6.40×10^{18}
输入：运营成本 $F_{2\text{-}2}$[a]	4.78×10^{6}\$/a	4.0×10^{12}	1.91×10^{19}
输入：再生能源补贴 F_3[b]	-1.93×10^{6}\$/a	4.0×10^{12}	-7.71×10^{18}
输入：减排温室气体	-3.31×10^{5}\$/a	4.0×10^{12}	-1.32×10^{18}
输出：电力产出 Y	2.94×10^{14}J/a	1.59×10^{5}	2.05×10^{19}

[a] 含收运费和飞灰卫生填埋费；[b] 按政府补贴 0.25 元 /kWh 计，获得收益的能值为负值。

（四）不同垃圾处理方式的能值评价

根据能值分析表及能值系统图的数据，分别计算反映高校生活垃圾采用卫生填埋—沼气发电、焚烧发电和生物质燃料—垃圾混烧等三种处理方式时系统的各项基本能值指标，如表 8 所示。由表中数据可以看出：

（1）三种方法的 η_{EYR} 值与燃煤发电系统（η_{EYR} 值一般在 3—8 之间）相比并没有太大的优势，这主要因为这三类生物质发电的单位电量成本比燃煤发电成本大很多，使得投入的货币能值较大所致。其中卫生填埋—沼气发电的 η_{EYR} 值最小，仅有直接焚烧法和混烧法的 8%—14%。虽然焚烧法和垃圾混烧法在水、气能耗方面高于卫生填埋法 3—5 倍，但是，其电力产出能力比后者高出近十倍，另外利用秸秆等生物质燃料的焚烧发电系统可以在现行政策下获得额外的电价补贴，因此利用垃圾直接焚烧或混烧热量的发电系统具有更高的盈利潜力和市场竞争力。

（2）三种处理方法的 η_{ELR} 值均小于 1，相比燃煤发电和燃油发电类高环境负荷系统来说，属于低环境负荷系统。外界大量的货币能值输入，以及使用过多的不可再生资源，都是引起环境系统恶化的主要原因。在三种垃圾处理过程中均极少直接消耗不可再生能源，但是其中卫生填埋—沼气发电法占用较大量的土地资源，因而其产生的环境压力较大，η_{ELR} 值也最高。而采用焚烧法对垃圾进行减量化处理，虽然投资和补贴能值输入较大，但是可以大幅减小垃圾卫生填埋对土地环境功能退化的压力，因此 η_{ELR} 值相对较低。

（3）直接焚烧和混烧发电系统的 η_{EIR} 值相对较高，主要是因为焚烧设备的前期投入和运行成本较高所致，其中生物质燃料—垃圾混烧法由于使用了秸秆这种廉价的可再生能源作为辅助燃料并获得了额外的电价补贴，因而相对于直接焚烧法降低了 η_{EIR} 值。

（4）三种方法的 η_{RIR} 值接近，而生物质燃料—垃圾混烧法的 η_{RIR} 值相对略高，主要是因为额外利用了秸秆类可再生资源，相对提高了自然资源的持续利用性。

（5）三种方法的 η_{ESI} 值相差悬殊。直接焚烧法和生物质燃料—垃圾混烧法发电系统的 η_{ESI} 值远远超过卫生填埋—沼气发电系统，显示出更好的可持续发展性。但并非 η_{ESI} 值越高就越好。$\eta_{ESI}>10$ 是不发达的经济系统的特征，当 η_{ESI} 值在 5-10 之间时，表明该系统富有活力和发展潜力，可在较长时间内持续发展。垃圾卫生填埋—沼气发电处理法的 η_{ESI} 值较低，表明依赖占用土地填埋处理垃圾的方式是难以长期持续的，而两种焚烧法的经济效益 / 环境负荷比值比较合理，因此可以作为重点发展的垃圾处理方法。直接焚烧法的 η_{ESI} 值相对生物质燃料—垃圾混烧法要低一倍，主要是焚烧设备的投资较大，对自然资源利用率较低造成的，这需要进一步研发成本低、焚烧效率高的设备和处理工艺，以及开发更多种廉价、热值高的辅助燃料，从而进一步提高垃圾焚烧处理系统在提高经济效益和降低环境负荷的潜力。

表 8　不同处理方式的能值评价指标

处理方式	η_{EYR}		η_{ELR}		η_{EIR}		η_{RIR}		η_{ESI}	
	I	II	I	II	I	II	I	II	I	II
卫生填埋—沼气发电	0.12	0.13	0.52	0.49	0.78	0.74	0.66	0.67	0.24	0.27
直燃焚烧发电	0.67	0.71	0.36	0.34	1.59	1.55	0.74	0.75	1.89	2.12
生物质—垃圾混烧发电	1.15	1.24	0.28	0.26	1.42	1.38	0.78	0.79	4.05	4.72

I 未考虑温室气体减排；II 考虑温室气体减排；$\eta_{EYR}=Y/\Sigma F_k$；$\eta_{ELR}=(\Sigma N_j+\Sigma F_k)/(\Sigma R_i+\Sigma R'_i)$；$\eta_{EIR}=(\Sigma R'_i+\Sigma F_k)/(\Sigma N_j+\Sigma R_i)$；$\eta_{RIR}=(\Sigma R_i+\Sigma R'_i)/(\Sigma R_i+\Sigma R'_i+\Sigma N_j+\Sigma F_k)$；$\eta_{ESI}=\eta EYR/\eta ELR$

四、固体废物收运路线设计与城乡统筹方案优化

（一）有别于一体化等级管理体系的就近处理原则

英国一体化等级管理体系的一个重要原则是就近处理原则，要求废弃物尽

可能在离生产场所近的地点进行处置，从而减少废弃物运输过程中的污染和跨地区污染问题。落实就近处理原则，一方面，可促使规划部门和企业考虑本区域以及企业内部废弃物处理的需求和设施；另一方面，可提高当地居民对就近处理废弃物的认识以及环保意识。

我国目前的处置场所和设施一般由省市级主管部门统一规划建设，同时我国目前在生活垃圾的收运处置系统存在处置量调运分配靠行政安排而非通过合理的数学模型分析安排，从而导致运能浪费、经济性差的现状。因此，有别于英国的一体化管理体系中的就近处理原则，提出适合我国城市现状的就近处理原则。其主要目标是通过 TransCAD 建立数学模型，对各产生区域的不同分类的生活垃圾，制订合理的调运分配方案，运往不同的处置场所，从而使运能需求最小，实现经济性最佳，同时增加了安全性。

（二）垃圾运转线路规划技术概述

垃圾收运过程属于典型逆向物流配送问题（反 VRP 问题），但仍可以用车辆路径问题（VRP 问题）模型来描述。本研究中，垃圾收运问题可描述为：有多个垃圾收集点，每个收集点有一个非负且固定的垃圾量和服务时间，多个垃圾中转站，用 m 辆容量为 Q 的车辆从垃圾中转站出发，在收完垃圾后仍需回到中转站，运输费用与运量和距离成正比。要求在每条线路不超过车辆载重的条件下，使运距最短或者运费最少。内容包括行车路线的设计和出行时间表的安排。

在 TransCAD 中可采用 Vehicle Routing 模型运算，就可以得到多配送中心带时间窗的 VRP 解决方案（VRP with Time Window）。此前需准备带有实际数据的路网地理信息文件（包含路段等级、道路车速、路段长度等），垃圾中转站和垃圾收集点的数据（垃圾中转站的位置、名称、服务时间，垃圾收集点的名称、位置、垃圾量等），配送车辆的数据（数目，装载量、运费等）。准备好上述数据后便可以通过 Routing/logistics 中 Vehicle Routing 选项创建线路矩阵，然后 TransCAD 会生成物流配送报告（ltinerary Report），规划出垃圾转运路线和中转站的选址。

VRP 问题就是要确定最多 m 条配送路径，以满足下列条件：

（1）每条路径都是从物流中心出发，回到物流中心；

（2）每个客户只能服务一次，且只能由一辆车服务；

（3）每个客户接货时间有约束；

（4）每条路径的总需求量不超过；

（5）总成本最低。

为了便于建立模型，给出以下假设和说明：

（1）垃圾收集点都是生活区，人口数越大则产生的垃圾量也越多；

（2）单位运输费用已知，运输费用与运量和距离成正比；

（3）每个垃圾收集点的垃圾只能运往一个垃圾中转站；

（4）不考虑不确定因素，每个垃圾产生点所产生的垃圾量是固定的；

（5）每个客户都有一个非负的需求量 Q 和服务时间 t；

（6）每条路径都是从中转站出发，回到中转站；

（7）每个生活区只能服务一次，且只能由一辆车服务；

（8）每条路径的总需求量不超过容量为 w 的车队；

（9）最终要求距离最短，即总成本最低。

VRP 问题的基本模型为：

（1）M 个配送中心，各自拥有容量为 Q 的车 K_m（m=1，2，…，M），负责对 N 个客户进行货物分送工作；

（2）客户 i 的货物需求量为 q_i（i=1，2，…，N），$q_i \leq Q$，客户 i 和 j 之间的运输费用为 d_{ij}（i，j=1，2，…，N），每个客户可以由任意一个车场的车辆服务，但只能由一辆车服务一次，每辆车完成任务后必须返回原配送中心。

要求一合适的车辆分配方案，使各个配送中心的车辆能够满足所有客户的要求，并使车辆的总运输成本最低。

设客户的编码为 i=1，2，…，N，车辆编码为 N+1，N+2，…，N+M，定义变量 x_{ij}^{mk} 为：

$$x_{ij}^{mk}=\begin{cases}1，配送中心m的车辆k从客户i行驶到客户j \\ 0，否则\end{cases} \quad (1)$$

则多配送中心车辆路径问题的数学模型为：

$$\min Z=\sum_{j=1}^{M+N}\sum_{m=1}^{M+N}\sum_{k=1}^{K_m} d_{ij}\, x_{ij}^{mk} \quad (2)$$

s. t. $\sum_{j=1}^{N} \quad \sum_{k=1}^{K_m} x_{ij}^{mk} \le K_m(i,m \subseteq \{N+1,N+2,\ldots,N+M\})$ （3）

$\sum_{j=1}^{n} x_{ij}^{mk} = \sum_{j=1}^{n} X_i \le 1(i,m \subseteq \{N+1,N+2,\ldots,N+M\},k \subseteq \{1,2,\ldots,K_m\})$ （4）

$\sum_{j=1}^{N+M} \quad \sum_{m=1}^{M} \quad \sum_{k=1}^{K_m} x_{ij}^{mk} = 1(i \subseteq \{1,2,\ldots,K_m\})$ （5）

$\sum_{j=1}^{N+M} \quad \sum_{m=1}^{M} \quad \sum_{k=1}^{K_m} x_{ij}^{mk} = 1(j \subseteq \{1,2,\ldots,K_m\})$ （6）

$\sum_{i=1}^{N} \quad \sum_{j=1}^{N+M} q_{ij} x_{ij}^{mk} \le Q(m \subseteq \{N+1,N+2,\ldots,N+M\})$ （7）

$\sum_{j=N+1}^{N+M} x_{ij}^{mk} \sum_{j=N+1}^{N+M} x_{ji}^{mk} = 0(i,m \subseteq \{N+1,N+2,\ldots,N+M\})$ （8）

$x_{ij}^{mk} \subseteq \{0,1\}$ （9）

以上公式的含义分别为：式（1）是对变量的约束；式（2）表示目标函数，即最短路径长度；式（3）表示各配送中心派出的车辆数目不超过该配送中心所拥有的车辆数；式（4）保证车辆都是从各自的配送中心出发，并返回原配送中心；式（5）、（6）保证每个用户只能被 1 辆车服务 1 次；式（7）定义了车辆的容量；式（8）表示车辆不能从 1 个配送中心到另 1 个配送中心；式（9）表示车辆 k 的路线必须是通的。

（三）垃圾中转站选址和站点分配规划

通过对西安市城区 42 个高热值垃圾（主要针对其他垃圾分类）产出点，结合蓝田县 6 个镇级垃圾点，依据各站点地理坐标进行聚类分析后共得到 8 个中转站坐标，站点聚类结果及中转站选址坐标，见表 9。由于这些中转站选址是理论性计算所得，其中出现在南郊三环以外有两个站点独立存在，城北区四个站点相邻但分配了两个中转站，这从优化角度看经济性不高。因此，统筹考虑垃圾量后重新划分归入四个区域，分别为蓝田县调研区、西安市城北区、西安市城南区和西安市城东区，各自区域均分配到一个中转站。

表 9 中转站选址结果（聚类分析法，n=48）

聚类分区	东经	北纬	垃圾量（t/a）	东经（中转站）	北纬（中转站）
蓝田县	109.169067	34.226725	122.70	109.190575	34.222768
	109.190811	34.225642	187.83		
	109.200958	34.215561	78.09		
	109.201464	34.223144	111.34		
	109.331678	34.115225	47.36		
	109.222347	34.127328	91.56		
长安—鄠邑临界区	108.773115	34.039382	11729.78	108.773115	34.039382
曲江—蓝田临界区	109.013653	34.032179	8060	109.013653	34.032179
城北 1 区	108.864983	34.374636	7014.68	108.888544	34.375523
	108.912105	34.376409	9300		
城北 2 区	108.991960	34.385793	13255.6	108.992434	34.386406
	109.001523	34.389368	5885.66		
	108.983819	34.384058	9300		
城东区	108.993827	34.253708	21700	109.00647	34.250932
	109.007711	34.229192	4960		
	109.027045	34.252275	6820		
	109.003474	34.227185	17980		
	109.002780	34.259757	3720		
	109.002582	34.271243	6820		
	109.007870	34.263166	5927.2		
城南 1 区	108.922900	34.159336	7440	108.904537	34.091305
	108.882053	34.151688	7440		
	108.904997	34.090214	2170		
	108.907459	34.160628	7476.58		
	108.940695	34.122137	9920		
	108.881388	34.143263	14877.52		
	108.942744	34.160419	5306.58		
	108.927091	34.182946	13640		
	108.904537	34.091305	9300		
	108.938851	34.141941	17360		

续表

聚类分区	东经	北纬	垃圾量（t/a）	东经（中转站）	北纬（中转站）
城南2区	108.947509	34.223454	1364	108.922688	34.249903
	108.947323	34.224230	9300		
	108.952763	34.213834	1860		
	108.968090	34.236840	10540		
	108.957006	34.209715	5279.92		
	108.922688	34.249903	4648.14		
	108.924729	34.238220	6200		
	108.934224	34.253588	6820		
	108.899661	34.245323	7440		
	108.956355	34.221193	4551.42		
	108.960981	34.215991	1240		
	108.922688	34.249903	518.32		
	108.922688	34.249903	4805		
	108.937284	34.243174	2480		
	108.968176	34.239638	6200		
	108.910833	34.219491	8522.52		
	108.939939	34.244450	4633.88		
	108.937022	34.224043	4340		
西安蓝田垃圾焚烧厂	109.192497	34.134722	/	109.192497	34.134722

将上述四个区域的垃圾量和中转坐标输入TransCAD软件计算，得到四组优化路径，其中：

路径1：蓝田县垃圾收集系统共一个中转站三个垃圾点，经路线模拟后得到一条路线，总路程为13.5个单位，总共用时47min，垃圾总运输量为1.0t。

路径2：城北区垃圾收集系统共一个中转站四个垃圾点，经路径模拟后得到两条路线。包括：

（1）路线一总路程为46.9个单位，总耗时为7h31min，垃圾收集总量为60.4t。

（2）路线二总路程为7.8个单位，总耗时为5h47min，垃圾收集总量为56.2t。

路径3：城东区垃圾收集系统共有两个中转站二十二个垃圾点，经路径模拟共生成六条收集路线。包括：

（1）路线一总路程为 9.5 个单位，总耗时为 19min，垃圾收集总量为 93.5t。

（2）路线二总路程为 9.5 个单位，总耗时为 18min，垃圾收集总量为 84.9t。

（3）路线三总路程为 6.0 个单位，总耗时为 12min，垃圾收集总量为 79.1t。

（4）路线四总路程为 6.5 个单位，总耗时为 13min，垃圾收集总量为 91.8t。

（5）路线五总路程为 5.5 个单位，总耗时为 10min，垃圾收集总量为 61.0t。

（6）路线六总路程为 6.0 个单位，总耗时为 12min，垃圾收集总量为 57.4t。

路径 4：城南区垃圾收集系统共有两个中转站六个垃圾点，经路径模拟后得出四条路线。包括：

（1）路线一总路程为 3.5 个单位，总耗时为 6h7min，垃圾收集总量为 64.3t。

（2）路线二总路程为 3.0 个单位，总耗时为 7h33min，垃圾收集总量为 74.4t。

（3）路线三总路程为 6.0 个单位，总耗时为 3h23min，垃圾收集总量为 34.4t。

（4）路线四总路程为 3.5 个单位，总耗时为 3h41min，垃圾收集总量为 36.7t。

（四）转运规划路线分析结果

（1）5 条路径的垃圾转运行程规划，见表 10。路径优化计算后的规划路线图分别见图 7—图 10。

表 10 优化后的垃圾转运行程规划

路径名	节点代码	转运站容量 t	到发时段	转运距离 km	垃圾收集量 t/d
路径 1	52	1.5	5：51am	—	—
	54		6：00am—6：07am	4.5	0.2
	55		6：09am—6：17am	4.0	0.3
	53		6：27am—6：37am	5.0	0.5
	52		6：38am	13.5	—
路径 2-1	32	75	5：26am	—	—
	17		6：00am—9：22am	16.9	34.4
	4		9：38am—12：13pm	7.8	26.0
	32		12：57pm	22.1	
路径 2-2	32	75	5：57am	—	—
	33		6：00am—9：22am	1.2	34.4
	31		9：29am—11：38am	3.5	21.8
	32		11：44am	3.0	—

续表

路径名	节点代码	转运站容量 t	到发时段	转运距离 km	垃圾收集量 t/d
路径 3-1	803	100	5：55am	—	—
	783		6：00am—6：00am	2.5	31.6
	780		6：05am—6：05am	2.5	27.5
	781		6：08am—6：08am	1.5	17.2
	786		6：10am—6：10am	1.0	17.2
	803		6：14am	2.0	—
路径 3-2	803	100	5：56am	—	—
	805		6：00am—6：00am	2.0	23.0
	785		6：02am—6：02am	1.0	9.2
	806		6：04am—6：04am	1.0	25.3
	795		6：10am—6：10am	3.0	23.0
	811		6：12am—6：12am	1.0	4.6
	803		6：15am	1.5	—
路径 3-3	803	100	5：58am	—	—
	813		6：00am—6：00am	1.0	1.9
	807		6：01am—6：01am	0.5	16.9
	814		6：03am—6：03am	1.0	19.5
	812		6：05am—6：05am	1.0	6.9
	787		6：07am—6：07am	1.0	16.1
	788		6：08am—6：08am	0.5	17.8
	803		6：10am	1.0	—
路径 3-4	778	100	5：55am	—	—
	800		6：00am—6：00am	2.5	25.3
	810		6：04am—6：04am	2.0	66.6
	778		6：08am	2.0	—
路径 3-5	778	100	5：55am	—	—
	797		6：00am—6：00am	2.5	25.3
	809		6：02am—6：02am	1.0	22.0
	799		6：04am—6：04am	1.0	13.8
	778		6：06am	1.0	—

续表

路径名	节点代码	转运站容量 t	到发时段	转运距离 km	垃圾收集量 t/d
路径 3-6	778	100	5：55am	—	—
	808		6：00am—6：00am	2.5	18.4
	815		6：04am—6：04am	2.0	39.0
	778		6：07am	1.5	—
路径 4-1	766	80	5：00am	—	—
	760		5：03am—11：04am	1.5	64.3
	766		11：07am	2.0	—
路径 4-2	766	80	5：58am	—	—
	757		6：00am—8：43am	1.0	27.6
	758		8：44am—11：32am	0.5	27.5
	759		11：33am—1：29pm	0.5	19.3
	766		1：31pm	1.0	—
路径 4-3	765	50	5：54am	—	—
	767		6：00am—9：12am	3.0	34.4
	765		9：18am	3.0	—
路径 4-4	765	50	5：56am	—	—
	761		6：00am—9：34am	2.0	36.7
	765		9：37am	1.5	—

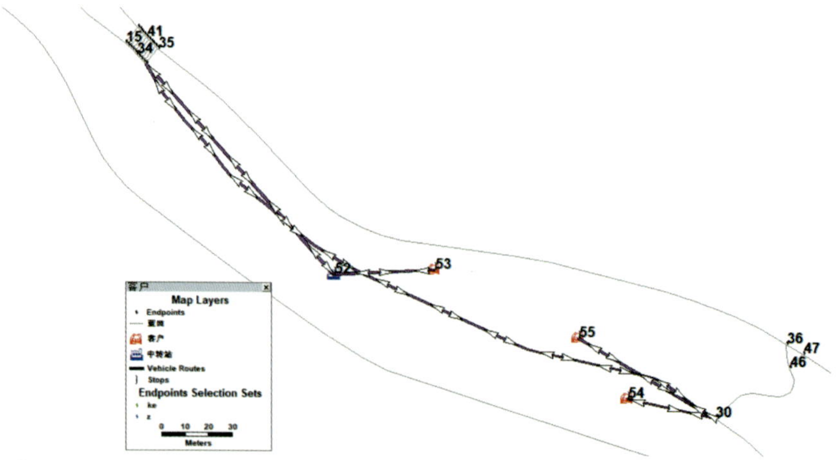

图 7　蓝田县一个中转站和三个垃圾点的优化路径

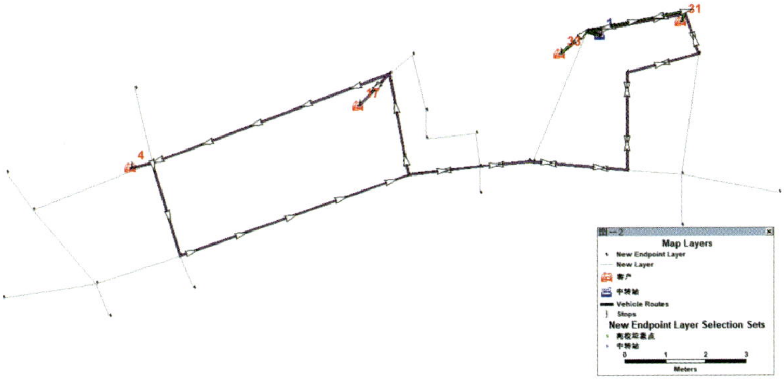

图 8　城北区一个中转站和四个垃圾点的优化路径

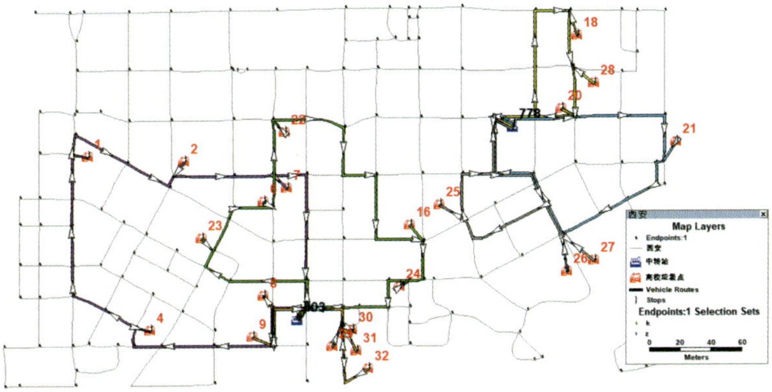

图 9　城东区两个中转站和二十二个垃圾点的优化路径

图 10　城南区两个中转站和六个垃圾点的优化路径

五、结论与建议

（一）调研结论

本次调研不仅从垃圾末端处理进行考虑，更将循环经济目标贯彻于整个研究过程中，强调垃圾管理的全过程与垃圾处理的系统化，从而为解决垃圾处理中的被动管理及低效处理提供了一种思路。获得的主要结论如下：

（1）蓝田县生活垃圾成分含水率较高，主要是成分中厨余类有机物占比达到 38%，灰分率超过 14%，热值低于焚烧厂入炉 7000J/g 要求，且组分中大量其他垃圾不易直接利用，而采用填埋方式的厌氧分解过程有可能产生大量温室气体污染。通过样品分析和混合燃料测试发现，采用掺杂秸秆的方式可以提高热值至入炉要求以上，且灰分率、氯释放系数等指标均有明显改善。本调查结果为蓝田县生活垃圾—农业固废物混合收运焚烧处理模式提供了数据支持。

（2）西安市区—蓝田县高热值垃圾分类收运优化计算结果表明，通过坐标聚类方法可以获得西安市区 42 个高热值垃圾点和蓝田县 10 个垃圾点共需要设置 7 个垃圾中转站，通过 TransCAD 模拟计算可将中转站归类为蓝田县、西安市城北区、城东区和城南区 4 个规划区域，可以确保垃圾有效运往蓝田垃圾焚烧厂，并且按优化的垃圾—秸秆燃料配比提供优质的可再生燃料，从而实现城市分类垃圾和农业固废物的统筹资源化利用。

（二）在城乡生活垃圾统筹处理的改善建议

（1）城乡垃圾处理，必须规划先行[14]。应在城市总体规划和环境保护规划指导下，制订与垃圾处理相关的专业规划，以市域环境卫生控制性规划为切入点，全面进行城镇垃圾处理统筹，突破行政区域的制约，全市建设若干个具有经济规模、便于统一管理和有效控制污染的联合处理基地。围绕这些处理基地建立“预处理和收集—中处理（中转）—终处理”的生活垃圾梯次处理模式，依据服务人口数量、垃圾和农业固废物排放量、垃圾理化性质等参数的持续监测数据，对垃圾分类收集站点分布、分类运输路线优化和联合处理设施规模等进行统筹规划和布局。遵循实现建设成本最低、整体收运及处理效率最高、环境影响最小、整体规划社会满意度最高的目标，通过生活垃圾消纳能力和处理设施处理能力两项关键量化指标，对统筹系统运行情况进行精准监控，切实保障垃圾处理减量化、资源化、无害化的目标落实。

（2）建立政府—市场—社区组织三方协同共治机制。各行政区政府在自愿、平等、互利的基础上将市场经济引入城市垃圾管理体系，同时在城乡统筹垃圾综合治理的政府和市场作用的基础上，充分发挥社区组织对生态环境的第三方监督作用，确立社区居民的主体地位，实现居民规划参与权、整治决策权、经费知情权、自我管理权，明确授予社区组织对生态环境的监管职权，弥补因环保机构与环保人员的缺失导致对城乡生态环境监管的不足；建立城市垃圾经营许可证制度，鼓励各类企业参与市政废弃物管理，负责清扫、收集、运输、处理和处置废物，使政府彻底脱离垃圾经营活动，同时依托环境卫生部门和环境保护部门，对垃圾收运处理进行全过程环境保护监督，从而创造一个垃圾处理与资源化利用的良性市场竞争机制。

（3）加大设施投入、提升居民环境共治意识。在乡镇固体废弃物的处理过程中，逐步实行分级处理的管理模式。在收集环节实现生活垃圾收集的分类化、容器化、密闭化和机械化；在运输环节进行合理的选址和路线规划，提高对垃圾的收运效率；在处理环节加快生活垃圾资源化处理项目工程建设和垃圾填埋场工程建设，特别是对不可回收的高热值废弃物进行分类收集和预处理，并纳入城市综合焚烧处理厂的原料输入体系，以城乡一体化方式降低垃圾处理的成本，减少对环境的污染和破坏;将垃圾分类处理管理与宣传效果监察工作常态化，依据定期更新的调研结果对居民进行针对性强的宣传引导，要让居民清楚垃圾的危害性和资源价值性，健全激励制度，鼓励参与众筹，利用小额资金或实物进行奖补，鼓励居民主动开展分类减量，从源头上减少垃圾量，有效提升居民参与垃圾处理的意愿度。

| 参考文献 |

[1] 欧阳培．让“放错地方的资源”大循环—城市生活垃圾回收利用与处理新思路．再生资源研究，2005（5）：24—25.

[2] 中华人民共和国住房和城乡建设部．中国城乡建设统计年鉴（2010）．北京：中国计划出版社，2011.

[3] 孙陪峰，李晓东，池涌．城市生活垃圾热值预测的研究．能源工程，2006（5）：39—42.

[4] 王晋，李定龙，张凤娥．江苏省城市生活垃圾特性分析．环境科学与管理，2005，30（6）：42—44.

[5] 卢英方，孙向军．中国城市生活垃圾分类收集对策探讨．环境卫生工程，2002，10（1）：15—17.

[6] 董淑英．社区生活垃圾回收利用的探索．江苏环境科学，2006，19（4）：62—64.

[7] 王晨颖．垃圾混燃发电过程污染物排放优化控制研究 [D]. 河北保定：华北电力大学硕士学位论文，2012.

[8] 田颖，马泽宇，徐期勇，等．生物质—垃圾混合燃烧特性及其环境分析 [J]. 中国农学通报，2013，29（35）：193—198.

[9]CJJ/T 102—2004《城市生活垃圾分类及其评价标准》[S]. 北京：中国标准出版社，2004.

[10]CJ/T 313—2009 生活垃圾采样和物理分析方法 [S]. 北京：中国标准出版社，2009.

[11] 赵爱华，张益，李国建．城市垃圾处理工程 [M]. 科学出版社，2006.

[12] 马铮铮．沈阳市生活垃圾调查及处置方式研究 [J]. 环境卫生工程，2010，18(2)：13-15.

[13] 古吉群．垃圾发热值的实用测定方法 [J]. 节能与环保，2006（12）：54.

[14] 魏佳容．城乡一体化导向的生活垃圾统筹治理研究 [J]. 中国人口·资源与环境，2015，25（4）：171—175.

[15] 李旭晖．城市生活垃圾梯次处理模式及其规划布局方法研究 [D]. 武汉理工大学，2013.

乡村振兴背景下陕北地区乡村聚居空间集聚重构研究[(1)]

○张晓荣[(2)]

内容提要：新时期乡村振兴发展战略亟待乡村发展策略与乡村规划的转变与适应。本研究以生态脆弱、社会经济落后、乡村生产生活方式与既有乡村聚居空间格局严重失配的陕北乡村地区为研究对象，遵循农业生产方式决定乡村聚居空间模式的客观规律，基于该地区乡村的发展现状、趋势与问题研究，分析乡村聚居空间集聚重构的主要动因，从农业生产方式转型视角提出陕北乡村聚居空间的集聚重构策略，并以米脂县杜家石沟镇为例进行验证，旨在为该地区乡村居住生活空间集聚提供有效引导，最终促进该地区乡村人居环境可持续发展，推进地区新型城镇化进程。

一、陕北乡村聚居发展特征与问题

陕北位于黄土高原中部，其密集交错的黄土沟壑及其水系生成了独特的乡村聚居系统，并体现出特有的农耕、社会和经济特征。本文将从陕北地区退耕还林后乡村自然生态环境的改善、现代农业产业发展态势、乡村社会经济的变异、乡村聚落的空间分布与演变特征等方面的现实及趋势进行分析，并对该地区乡村聚居发展的突出问题进行总结，为后续研究奠定基础。

（一）村庄分布及其演变的整体特征

1. 村庄分布的基本特征

（1）规模小、分布散

(1) 本研究报告为西安建筑科技大学 2019 年度新型城镇化专项研究基金项目研究成果。

(2) 作者：张晓荣，西安建筑科技大学建筑学院讲师。

由于千沟万壑的地形和较差的自然地理条件，陕北可耕土地的数量和质量决定传统农业生产无法承载过高的人口密度，乡村聚落呈现明显的小而散的分布特点，聚落规模及密度均明显低于东中部地区及条件较好的平原地区（表 1）。

表 1　关中平原区与陕北黄土高原区乡村聚落分布状况对比

地区	自然村密度（个 /km^2）	自然村平均人口规模（人 / 个）	自然村的主要分布形态
关中平原区	0.80	300—400	团聚状
陕北黄土高原区	0.20	100—200	集中与散居并存，以小型团聚状为主

（2）向路、向水分布

特殊地形限制下，陕北传统村落一般考虑趋向水源、向阳、向路选址，首选地表水及地下水都比较丰富的河川道，或各级主、支沟、河流交汇处，沟谷连接处及支沟源头处[1]。由于研究区过大、村庄数量多且规模小，在研究全域内无法直观展示村庄分布特性，本文以子洲县、志丹县为例进行分析。对高德地图内的

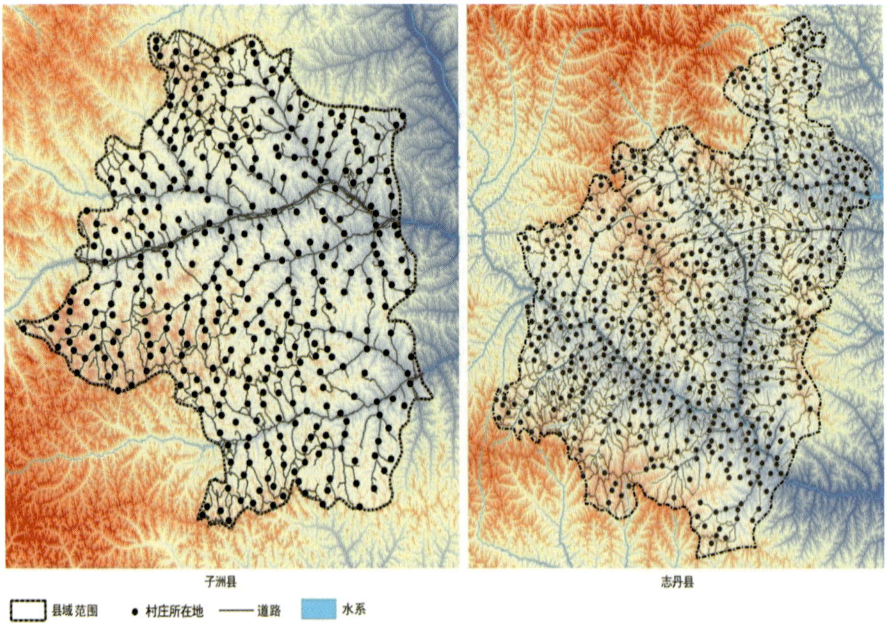

图 1　子洲县、米脂县村庄分布图

村庄 POI[1] 数据、道路数据进行提取，并结合实际调研进行校对，借助 GIS 进行村庄分布可视化输出，可看出两个县域内村庄明显的向路、向水分布特征（图 1）。

2. 村庄分布的低密度化特征

随着城镇化推进背景下乡村常住人口的减少，以及迁村并点与移民搬迁政策的逐步实施，陕北地区村庄分布密度呈下降趋势，针对该地区 2005、2010、2015 年陕西省 POI 村庄数据进行提取，借助 GIS 的 Kernel 密度估算（KDE）方法对该地区村庄分布密度进行量化分析，可以看出该地区村庄分布的低密度化趋势（表 2）。

表 2　2005、2010、2015 年陕北地区村庄数量与分布密度对比一览表

	2005 年	2010 年	2015 年
村庄总量（个）	28805	22752	22766
村庄分布密度（个 /km^2）	0.60	0.47	0.48

资料来源：作者自绘

3. 村庄分布的集聚化特征

陕北地区村庄在空间分布上呈现出较强的道路指向性。与 2005 年相比，2015 年陕北地区道路网密度明显增大，村庄空间分布也呈现出明显的趋向于道路网高密度区的趋势（表 3）。

表 3　2005、2015 年不同等级道路缓冲区村庄分布密度、数量及数量占比一览表

项目	乡村聚落分布密度（单位）		乡村聚落数量（单位）		乡村聚落数量占比（%）	
年份 / 距离	2005 年	2015 年	2005 年	2015 年	2005 年	2015 年
高等级道路 <1000m 低等级道路 <500m	0.85	0.67	6053	5222	21.01%	22.94%
高等级道路 1000—2000m 低等级道路 500—1000m	0.53	0.39	3437	2737	11.93%	12.02%
高等级道路 2000—3000m 低等级道路 1000—2000m	0.54	0.41	5137	4046	17.83%	17.77%
高等级道路 >3000m 低等级道路 >2000m	0.57	0.46	14178	10761	49.22%	47.27%

(1)POI 是“Point of Interest”的缩写，可翻译为“兴趣点”，在地理信息系统中，POI 数据是真实地理实体的点状空间大数据，POI 是有分类的，它可以是房子、商铺或设施等，该数据覆盖范围广、更新快、分类详细且实效性强，目前已在城市人口密度、城市空间结构、城市用地混合度研究中进行应用。

续表

项目	乡村聚落分布密度（单位）		乡村聚落数量（单位）		乡村聚落数量占比（%）	
距离 \ 年份	2005 年	2015 年	2005 年	2015 年	2005 年	2015 年
合计	—	—	28805	22766	100%	100%

资料来源：作者自绘

城镇的引力与辐射作用对于该地区村庄发展影响较大，随着与城镇距离的增加，村庄分布密度降低幅度较为明显。对比 2005、2015 年的相关数据（表 4），可以一定程度上看出村庄趋向于城镇的空间演变特征。

表 4　2005、2015 年与城镇不同距离缓冲区村庄分布密度、数量及数量占比一览表

项目	乡村聚落分布密度（单位）		乡村聚落数量（单位）		乡村聚落数量占比（%）	
距离 \ 年份	2005 年	2015 年	2005 年	2015 年	2005 年	2015 年
<1000m	0.95	0.56	893	571	3.10%	2.51%
1000~3000m	0.62	0.50	4568	3844	15.86%	16.88%
3000~5000m	0.58	0.48	7172	6099	24.90%	26.80%
5000~7000m	0.55	0.44	6826	5539	23.70%	24.33%
>7000m	0.62	0.49	9346	6713	32.45%	29.49%
合计	—	—	28805	22766	100%	100%

资料来源：作者自绘

陕北地区内村庄空间分布的低密度化，以及趋向于道路网高密度区、城镇集聚的整体特征，不仅印证了乡村人口减少、居住空间消解的大趋势，也证实了新时期乡村居民对交通线路、公共设施与非农就业的明显指向性，乡村空间集聚研究应充分考虑这些居民诉求。

（二）退耕还林后乡村聚居发展的新变化与趋势

陕北是我国“两屏三带”生态安全战略格局中的重要组成部分，从国家生态安全战略需求出发，其生态主体功能是防治水土流失和维护生态安全[(1)]，推行退耕还林是地区国民经济发展要务。自 1999 年退耕还林工程实施以来，延安、

(1) 根据《陕西省主体功能区规划》相关章节整理。

榆林两市林地面积大幅增加，近 20 年来共计退耕还林 109.91 万 hm^2，造林育林 101.44 万 hm^2（表 5）。

表 5　陕北延安、榆林两市退耕还林、造林育林总量一览表

	退耕还林、造林育林总量（万 hm^2）		
	1999—2009 年	2010—2017 年	合计
延安市	59.29	50.62	109.91
榆林市	53.66	47.78	101.44
陕北地区	112.95	98.40	211.35

资料来源：延安市、榆林市政府网

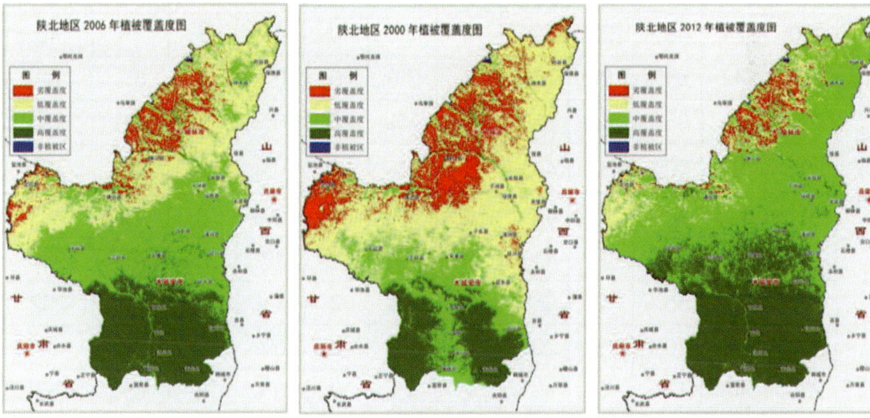

图 2　2000、2006、2012 年陕北地区植被覆盖率变化图（图片来源：地理国情监测云平台）

林草地面积的明显增长使陕北地区自然生态环境显著改善，根据国家测绘地理信息局 2000—2012 年针对陕北地区植被覆盖的卫星影像监测数据显示，该地区植被覆盖度由 31% 提升至 53%（图 2），高覆盖度植被面积所占比例明显增加，由 33% 提升至 83%，耕地、荒漠与裸露地面积呈减少趋势，园林地、草地面积持续增加[2]。与此同时，植被覆盖率的快速增长，还实现了抑制地区水土流失状况、改善气候条件、促进生物多样性恢复与保护等多项生态效益。

退耕还林生态安全工程不仅切实改善了陕北地区的生态环境质量，还改变了地区农用地利用结构与农业产业结构，加速了农村剩余劳动力的转移，推进了地区从传统粮食种植业向现代农林牧业的转型。

1. 农业产业结构变化

退耕还林工程实施之初，陕北榆林、延安两市农业以种植业、畜牧业尤以粮食种植为主导。2004 年，榆林市种植业、畜牧业产值分别占农业总产值的 53.15% 和 41.64%，延安市分别占 69.97% 和 18.75%，榆林、延安两市粮食作物产量占种植业总产量的比例分别为 83.43% 和 66.03%（表 6）。

表 6　2003—2017 年榆林、延安市农林牧渔业产值统计

地区	年份	种植业		畜牧业		林业		渔业		农林牧服务业		总产值（亿元）
		产值（亿元）	比例（%）	产值（亿元）	比例（%）	产值（亿元）	比例（%）	产值（亿元）	比例（%）	产值（亿元）	比例（%）	
	2003	—	—	—	—	—	—	0	1%	—	—	34
榆林市	2005	24	48%	22	45%	—	—	0	1%	—	—	49
	2007	42	51%	33	40%	2	2%	0	0%	5	6%	82
	2009	66	55%	46	38%	2	2%	0	0%	5	4%	120
	2011	93	50%	82	44%	4	2%	1	0%	7	4%	187
	2013	125	54%	92	40%	6	3%	1	0%	8	4%	233
	2015	129	51%	102	41%	9	4%	2	1%	9	4%	250
	2017	162	55%	105	36%	12	4%	2	1%	11	4%	292
延安市	2003	26	70%	8	20%	3	9%	0	0%	0	0%	37
	2005	43	76%	9	15%	2	4%	0	0%	3	5%	57
	2007	54	76%	11	16%	2	3%	0	0%	4	5%	70
	2009	73	76%	17	17%	3	3%	0	0%	3	4%	96
	2011	118	78%	26	17%	4	3%	0	0%	3	2%	152
	2013	146	78%	30	16%	7	4%	0	0%	4	2%	188
	2015	154	78%	30	15%	8	4%	1	0%	5	3%	198
	2017	170	79%	31	14%	8	4%	1	0%	6	3%	214

资料来源：榆林、延安市统计年鉴

退耕还林工程实施至今，由于封山禁牧政策的实施，陕北榆林、延安两市畜牧业产值比例均有所下降，农业中种植业的主导地位更为明显，种植业内部林果、蔬菜种植面积与产量所占比例明显提升。2005—2017 年，两市种植业产值所占比例分别提升 7%、5%，种植业产值比例提升主要源于种植业内水果、大棚蔬菜种植面积与产量的大幅增长。榆林市水果、蔬菜产量占种植业总产量的

比例由2005年的9.35%和21.74%上升至2017年的29.95%和25.19%，粮食作物产量所占比例由68.91%下降至44.87%；延安市水果、蔬菜产量占种植业总产量的比例由44.88%和22.16%上升至60.03%和25.72%，粮食作物产量所占比例由32.95%下降至14.25%（表7）。

表7 2001—2017年榆林、延安市主要作物产量及所占比例统计表

榆林市								延安市							
年份	粮食		水果		蔬菜		总产量（万吨）	年份	粮食		水果		蔬菜		总产量（万吨）
	产量（万吨）	比例（%）	产量（万吨）	比例（%）	产量（万吨）	比例（%）			产量（万吨）	比例（%）	产量（万吨）	比例（%）	产量（万吨）	比例（%）	
2001	—	—	—	—	—	—	—	2001	57	47%	50	42%	14	12%	121
2003	—	—	—	—	—	—	—	2003	57	40%	60	42%	27	19%	143
2005	106	69%	14	9%	34	22%	154	2005	74	33%	101	45%	50	22%	226
2007	133	68%	19	10%	43	22%	195	2007	76	28%	143	52%	55	20%	275
2009	153	58%	63	24%	47	18%	263	2009	77	22%	207	58%	71	20%	355
2011	142	—	—	—	56	—	—	2011	68	16%	257	61%	93	22%	418
2013	155	54%	62	21%	71	25%	287	2013	74	17%	254	58%	106	24%	434
2014	158	55%	61	21%	71	24%	289	2014	79	—	—	—	113	—	—
2015	143	—	—	—	80	—	—	2015	72	—	—	—	121	—	—
2017	166	45%	111	30%	93	25%	370	2017	77	—	—	—	138	—	—

资料来源：榆林、延安市统计年鉴

2. 农业劳动力就业与农业收入结构变化

耕地对农民的限制影响力持续减弱，农民从事经济活动的时空范围扩大了，外出务工、种植大棚蔬菜和瓜果等经济作物的农户比例越来越大，农民从业方式渐趋多元化，农业产业结构与农户收入结构都产生了较大改变，人均耕地面积虽大幅度减少，但乡村居民收入却保持着稳步的增长。例如，延安市乡村居民人均收入由2000年的1444元提升为2017年的11525元，年均增幅41.7%，榆林市乡村居民人均收入由2000年的1062元提升为2017年的11534元，年均增幅50.1%。

农户调查显示，退耕后剩余劳动力外出务工、从事经济林果菜种植、畜牧

养殖与农产品加工等，是退耕还林后农户增收的主要原因。退耕前农户以粮食种植业和畜牧业为家庭主要收入来源，退耕后打工收入成为农户家庭收入的主要来源，农业生产收入中林果菜等特色种植业收入所占比例与贡献率大幅上升，粮食种植业却大幅下降。根据杜英在安塞县北部、中部和南部进行的农户调查数据，退耕前粮食种植业为家庭生产收入的主要来源，占比高达 31.59%，退耕后所占比例降至 9.58%，在变化收入中的贡献率为 -36.04%；退耕后林果菜业成为家庭农业生产收入的主要来源，占比由 8.9% 提升至 11.67%，在变化收入中的贡献率为 17.43%，成为农业生产中贡献率最高的产业（表 8），其次为牧业和副业。由此，退耕还林后农林牧综合生产趋势已较为明显，林果菜等特色农产品成为农业生产经营增收的关键。

表 8　安塞县退耕农户退耕前后各项收入变化情况

		粮食种植业	林果菜等特色种植业	牧业	副业	打工	退耕补助	合计
退耕前	人均收入（元）	387	109	243	127	359	0	1225
	所占比例（%）	31.59	8.90	19.84	10.37	29.31	0	100
退耕后	人均收入（元）	174	212	189	186	870	185	1816
	所占比例（%）	9.58	11.67	10.41	10.24	47.91	10.19	100
退耕前后收入变化（元）		-213	103	-54	59	511	185	591
在变化收入中的贡献率（%）		-36.04	17.43	-9.14	9.98	86.46	31.30	—

资料来源：参考文献[3]

3. 现代农林牧业综合发展趋势

陕北地区耕地分布零散、土壤肥力较差、基本农田比例低，不具备陕西省粮食主产区发展条件（图 3）。然而，这里光热资源丰富、雨热同季、黄土覆盖层厚，适宜杂粮杂豆、林果、羊子等特色农林牧业发展，是我国谷子、糜子、玉米、薯类、高粱、苹果、红枣、黄芪等农作物的最适生长区之一。

表 9　陕北地区各区县特色农产品统计表

区县	名优特色农产品	区县	名优特色农产品
横山县	横山羊肉、大明绿豆已列为国家地理标志保护产品	佳县	被誉为“全国绿色、有机双认证红枣生产基地”，佳县红枣已列为国家地理标志保护产品

续表

区县	名优特色农产品	区县	名优特色农产品
定边县	全国四大荞麦产区之一，定边马铃薯、荞麦、羊肉已列为国家地理标志保护产品	子洲县	子洲黄芪、黄豆已列为国家地理标志保护产品，子洲黄芪成为“陕西十大秦药”之首，是国家六大中药材基地中完全符合出口标准的产品
府谷	府谷县被认证为“中国黄米之乡”	安塞区	安塞小米已列为国家地理标志保护产品
靖边县	靖边荞麦、小米、马铃薯已列为国家地理标志保护产品	子长县	被誉为全国首家“中国洋芋之乡”
米脂县	被誉为“中国绿色生态小米之乡”，米脂小米已列为国家地理标志保护产品	甘泉县	甘泉红小豆已列为国家地理标志保护产品

资料来源：作者自绘

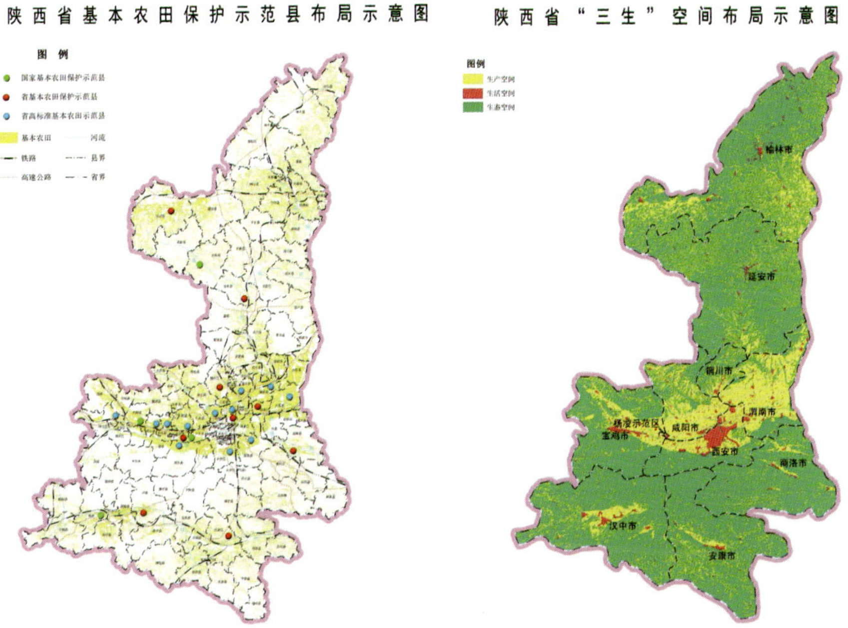

图3　陕西省“十三五”基本农田示范县与“三生”空间布局示意图

根据退耕还林带来的农业产业结构调整，陕北乡村正在由传统的以粮食（玉米、薯类）生产为主、突出经济效益的结构向以特色农产品（杂粮、黄芪、蔬菜）、经济林果种植（苹果、红枣）和草畜业（牧草、羊子）为主导的现代农林牧有机结合、强调生态经济效益并重的结构转变。从国家生态安全战略需求出发，立足于地区特色农业资源禀赋，陕北现代乡村主导功能只能以生态安全、水土流失防治为前提[(1)]，结合治沟造地、新建淤地坝新建与加固、节水灌溉等手段，利用与现代农林牧业生产和经营方式相适应的高标准农地，继续发挥特色农林牧产品供给与旅游休闲功能，积极发展现代农林牧业及乡村旅游业。

4.“小型机械 + 人工”的农机化生产趋势

陕北地区农业现代化趋势明显，小型拖拉机、收割机、农用运输车、农业水泵等现代农机设备，化肥、农药、机械等现代工业生产资料的使用已很常见，秸秆还田、化肥深施、地膜覆盖等土壤改良技术，雨水集流水窖建设及现代灌溉技术逐步推广，种粮大户、家庭农场、农民合作社、农业公司等新型经营主体也不断涌现。

然而，破碎的地貌却极大地限制了该地区的农业现代化进程。由于坡耕地比例大、地块小且分散、机耕道路少且等级低等劣势条件，陕北延安、榆林两市农机化水平虽逐年提升但整体仍偏低（表 10、11），大中型机械设备不尽适用，适宜于“小型机械化 + 人工”的农机化生产方式，小型农机设备使用量远大于大中型设备（如表 12）。

表 10 2015 年陕西省陕北、关中两大区域农机化综合水平对比

	关中	陕北
2015 年农机化综合水平	80%	58%

数据来源：《陕西省“十三五”农业机械化发展规划（2016-2020 年）》

表 11 2012—2015 年延安、榆林两市农业机械总动力情况一览表（单位：亿瓦特）

	2012	2013	2014	2015
延安市	181.34	196.08	215.05	223.6
榆林市	288.51	311.64	350.81	364.87

资源来源：陕西省农业厅

注：榆林市北部农牧交错区[(2)]地形平坦，故榆林市农业机械动力总量明显高于延安市

(1) 根据《陕西省“十三五”土地资源保护与开发利用规划》，陕北地区“十三五”“三生”空间调控目标为，生产空间占比为 24.93%，生活空间占比为 2.18%，生态空间占比为 72.89%。

(2) 榆林市农牧交错带位于陕西省北部毛乌素沙地与黄土丘陵沟壑区的过渡地带，具体包括榆阳、神木、府谷、横山、靖边、定边、佳县 7 县区 174 个乡镇。

表 12 2012—2016 年延安、榆林两市农业机械化详情一览表

市域	年份	大中型拖拉机(台)	小型拖拉机(台)	大中型拖拉机配套农具(部)	小型拖拉机配套农具(部)
延安市	2016	7037	49194	10294	10294
	2015	6475	47912	9716	58058
	2014	5892	44907	8350	54546
	2013	5042	40426	7206	51013
	2012	4426	36736	6668	47438
榆林市	2016	25620	19737	21164	21164
	2015	22348	19992	18901	25469
	2014	19048	20363	14909	24865
	2013	13659	22552	9436	26750
	2012	12809	21394	8348	24347

资源来源：陕西省农业厅

注：榆林市北部农牧交错区地形平坦，榆林市大中型农机化设备使用量明显高于延安市

（三）乡村聚居发展面临的主要问题

1. 生产生活空间错位

农业经济依赖的土地资源分布，以及农业生产半径主要决定的乡村“职住地”空间距离，从根本上决定着乡村聚居的生活空间分布。在传统农业时期，陕北地区土地资源的非集中性、人力和畜力生产工具下的较小耕作半径，再加上起伏地貌对“职住地”空间距离的限制，共同决定了该地区村庄空间分布的分散性。

然而，该地区“传统农业转向现代农林牧业”的趋势将从根本上改变这一切，现代农林牧业生产采用的小型化的农机车、拖拉机、电动机、收割机和脱粒机等机械设备，将带来农业生产半径的倍增。其中，农机车时速（20—25km/h）是步行速度（4—5km/h）的 4 倍，意味着相同出行时间内出行距离增至 4 倍；与此同时，小型农机设备应用可极大缩短农民的田间作业时间、降低田间作业强度，也将一定程度上延长农业生产出行时间，增大农业生产半径。

现代农林牧业生产半径（即乡村“职住地”空间距离）倍增后，农地与村庄之间的空间距离不再受限于传统农业生产工具较小的耕作半径，生产半径增

大，意味着耕作地与居住地之间的距离增大，村庄之间的距离也可随之增大，村庄数量和布点密度将大幅缩减，现有分散式小村落空间格局无法支撑以上变化，农业生产空间和生活空间必然出现错位，二者的重新匹配迫切需要乡村空间系统的结构性调整。

2. 宅院空间空废严重

中华人民共和国成立至今，陕北乡村人口总量增长了 2.66 倍，人口增长必然带来宅院空间和村庄建设用地的增大，再加上小家庭化及当地普遍存在的“一户多宅”现象，居住空间增大的幅度会远高于人口增长。然而城镇化背景下，20 世纪 90 年代后该地区乡村人口开始外流，常住人口持续减少，但 90 年代后甚至到 2000 年以后，该地区乡村特别是河谷川道区乡村仍有新的宅基地申请和宅院新建，宅院空废问题较为严重。

以米脂县孟岔村为例。该村位于无定河与杜家石沟河交叉河谷地带，距米脂县城 4 公里，村民非农兼业条件较好，户籍人口 962 人中，90% 左右的村民以打短工的方式常住于农村，但由于“一宅多户”现象的普遍存在，村庄宅院空废率仍大致在 30% ～ 40%。孟岔村仅为陕北乡村宅院空废现象的一个缩影。城镇化进程中，伴随着乡村人口大量外流，宅院空间的消解与收缩本应是顺势而为的，但与人口衰减不对称的是，村庄建设用地却在持续增长，其中还包括一些刚建成就空废的“新农村”。城镇化背景下乡村人口减少已成定局，再加上地区现代农业转型对于乡村生活空间结构性调整的需求，科学合理地预测未来乡村地区人口规模，并对现有村庄生活空间实施有效集聚，已经成为所在区域乡村规划当前和未来所面临的关键问题之一。

3. 留守人口与现代农业劳动力需求不匹配

1999 年以来退耕还林实效政策的放量落实，陕北乡村传统农业的要素与功能结构发生质变，由传统梯田小农生产方式向现代农林牧业生产方式转型。陕北传统农业生产劳动对象主要包括小麦、玉米等粮食种植，而现代农林牧业生产劳动对象主要包括特色种植业、经济林果业、养殖业及其相关附属产业。与传统粮食生产相比，现代农林牧业的生产劳动对象发生质变，小型农机设备的使用导致单位农业资源用工需求量大幅减少，但对劳动力素质要求却大幅提升，但优势人口大量外流引发乡村剩余人口老弱化，人口年龄结构与知识结构无法匹配现代农林牧业的劳动力人口需求，严重阻碍着地区农业现代化进程。

农村地区 70 岁以上的老人已经基本失去劳动能力，目前 50—65 岁的留守农民是乡村务农者的主体，老人农业问题已成现实，若不能通过农业振兴吸引高素质农民的回流与驻留，乡村振兴只会是一纸空谈。

4. 乡村公共服务水平难以提升

陕北乡村常住人口日益减少但留守人群公共服务需求却在提升，公共设施供给量（数量、质量）与人口规模及分布之间存在结构性矛盾，导致“供非所求、需不能供”的尴尬，村民最关注的教育、医疗、养老等公共设施服务水平，均难以提升。

一方面，大量外流人口对乡村公共设施需求并不高，若按照户籍人口配置公共设施，公共设施闲置就成为必然。另一方面，剩余老弱病残化常住人口对医疗、养老、初级教育设施需求度较高，但常住人口数量逐年减少且极其散布，即便不考虑设施配置的经济因素，在每个行政村都布置相应公共设施，仍存在因服务半径过大而导致居民使用不便等问题，故只能通过乡村聚居生活空间系统与人口分布的结构性调整得以改善。

二、陕北地区乡村聚居空间集聚重构的动因分析

农业是乡村振兴的根本动力，农业生产方式对乡村聚居空间演变发挥着最为直接和重要的作用，基于农业生产方式主导影响因素的阶段转变与各阶段基本特征，分析农业生产方式与乡村聚居空间关系的演变特征，揭示陕北地区乡村聚居空间重构的根本动因。

（一）农业生产方式转变的阶段划分

农业生产方式转变源于城乡关系演变。不同城乡关系下农业劳动力从业结构与从业地点等均发生改变，从而引发生产方式的转变。

本文以城乡关系的转变为背景，从不同时期城乡要素流动、农业劳动力就业与居住空间等方面的变化出发，将建国后逐步实现现代化的乡村地域划分为“务农→外出兼业→就（近）地兼业→现代化”四个发展阶段，分别对应“传统农业主导生产方式→‘外地务工 + 务农’生产方式→多业融合主导生产方式→

现代农林牧业主导生产方式”的阶段性转变，各阶段农业生产方式与相应乡村聚居空间的关系由基本匹配逐渐走向失配并最终亟待重构，具体见表13。

表 13 乡村生产方式转变的阶段划分与特征总结

阶段划分	务农阶段	外出兼业阶段	就（近）地兼业阶段	转型阶段
主导生产方式	传统农业主导生产方式	“外地务工＋务农”主导生产方式	多业融合主导生产方式	现代农林牧业主导生产方式
从业地	乡村	省内大中城市甚至省外＋乡村	城镇区及近郊＋乡村	城镇区及近郊＋乡村
居住地	乡村	省内大中城市甚至省外＋乡村	城镇区及近郊＋乡村	城镇区及近郊＋乡村
从业者归家频次	归家频次高	外出劳力生产生活的“两栖”特征明显，归家频次降低	就近务工人员可以居住在近郊城镇或乡村，归家频次上升	归家频次高
生产半径内涵	传统手工、畜力工具下的耕作半径	异地工商业生产半径＋耕作半径（增大）	就（近）地工商业生产半径＋耕作半径（再增大）	耕作半径（再增大）
农业生产方式与相应乡村聚居空间的匹配关系	基本匹配，较为稳定	匹配关系被打破，失衡日显	失衡加剧	亟待重构
阶段属性	稳定期	动态过渡期	动态过渡期	稳定期

资料来源：作者自绘

作为交通不便、经济落后，区域城镇化水平偏低的西部欠发达地区代表，陕北黄土沟壑区目前处于外出兼业阶段，未来还将经历就（近）地兼业阶段，最终实现现代化转型。

（二）现代农林牧业主导生产方式的基本特征

外出兼业阶段属城乡互动背景下的动态过渡期，以乡村劳动力向长距离城镇的不断转移为主要特征，乡村以“外出打工＋务农”为主的多元复合生产方式与现有乡村聚居空间开始“失配”并日趋严重。

与外出兼业阶段相似，就（近）地兼业阶段同属动态过渡期，以农业劳动力由外地城镇向本地城镇的逐渐回流为主要特征，该阶段以“多业融合”为主导的复合生产方式与乡村聚居空间的失配仍在加剧。一方面，农业劳动力向周边城镇的迁移进一步要求乡村居民点的集聚重构。另一方面，农林牧业生产半径进一步扩大，乡村公共服务设施质量要求继续提升，乡村居民点集聚整合的需求更为凸显。

远期现代化阶段，陕北现代乡村将以现代农林牧业生产方式为主导，以生态安全为前提，继续保证小杂粮、林果、草畜等特色农产品的供给，并发挥重要的旅游休闲功能。届时，当地农户将以保持家庭“工农”分工为前提，基于“现代农林牧业＋现代农林牧业衍生产业”或“现代农林牧业＋近郊城镇非农产业”实现安居乐业。其中，现代农林牧业衍生产业指以农林牧业为核心衍生出的服务性行业，包括现代农林牧业的二、三产业（农技服务、农产品加工与商贸物流等）、乡村旅游服务业等。现代农林牧业主导生产方式下，农业劳动力将以合理尺度下的短距离城乡通勤流动为主要方式，根据保证现代农业生产绩效的农业生产组织方式与生产空间尺度，选择在乡村或近郊城镇定居或工作（图 4），届时乡村聚居空间势必随之重构。

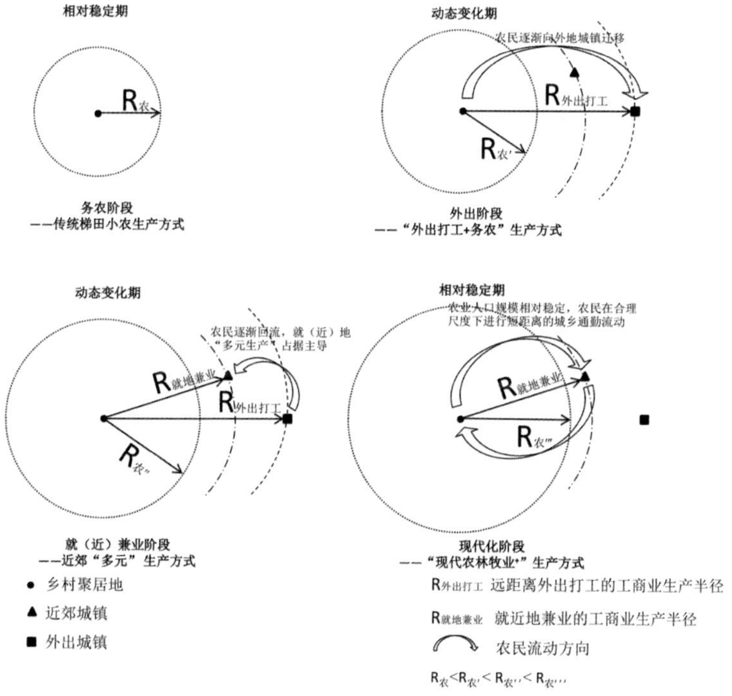

图 4　陕北乡村农业生产方式转变阶段及主导生产方式示意图

（三）现代农林牧业生产方式下乡村聚居空间亟待集聚重构

现状乡村聚居空间系统从行政管理角度划分为“行政村—自然村”两级空间单元，近 20 余年村庄规划普遍划分“中心村—基层村”两级，但规划调整后的村庄仍规模小、数量大、分布散，与转型后的现代农林牧业生产方式无法适配。在城镇化与生产生活现代化共同驱动下，既有两级空间单元系统势必简化，理想状态下镇以下仅需设置一级乡村住区与乡村基层空间单元，并以其为基本构成细胞组构整个乡村聚居空间。然而，与现代农林牧业生产方式匹配的现代乡村基层空间单元的空间尺度、功能与空间构成发生结构性，势必带来现代乡村聚居空间集聚重构，以形成新的稳定的匹配关系。

1. 乡村基层空间单元的的空间尺度改变

现代农林牧业生产半径成倍增大，在现代农林牧业生产半径支撑下，现代乡村农业生产的尺度与辐射范围和乡村基层空间单元的规模尺度均大幅增大，

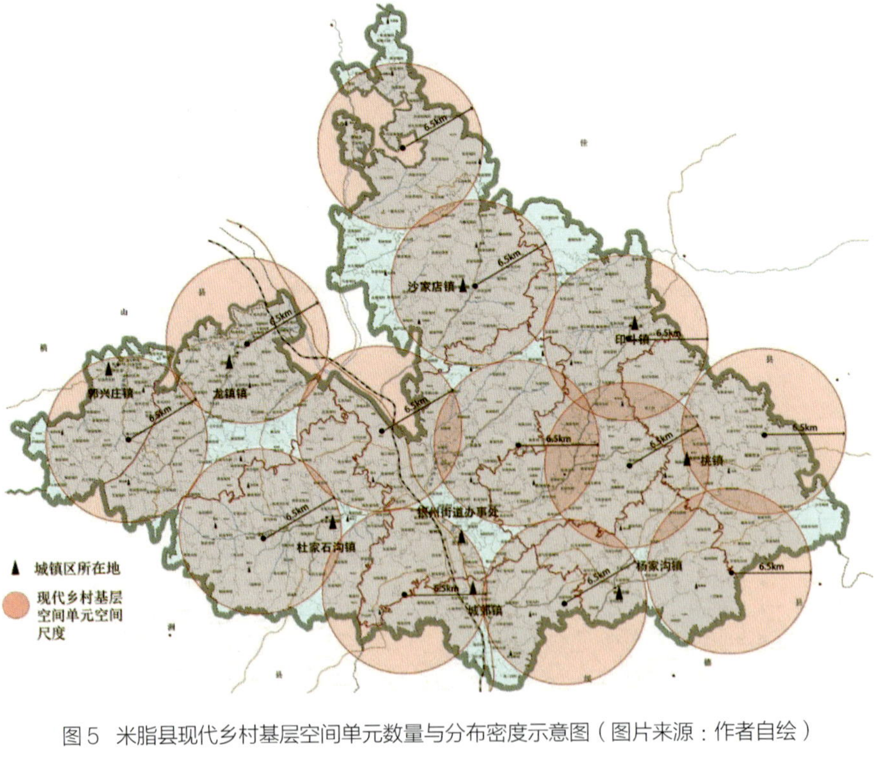

图 5　米脂县现代乡村基层空间单元数量与分布密度示意图（图片来源：作者自绘）

村庄数量、村庄分布密度则明显变小。

以米脂县为例进行论证，借助GIS缓冲区分析[1]，以该县最新版土地利用总体规划所确定的基本农田和行政村分布为数据基础，选择以部分发展基础较好的镇区所在地村或行政村为中心地，农机车半小时出行实际距离10km（农机车车速取值20km/h），即直线距离6.4km[2]为半径生成缓冲区，中心地选择应首先考虑让缓冲区覆盖县域内的所有基本农田，同时让各个缓冲区的相互覆盖率最小。分析结果显示，现代农林牧生产半径增大带来的乡村基层空间单元空间规模增大（图5），使新的乡村基层空间单元数量与分布密度大幅变小，为大部分村庄的自然消解和乡村人口空间集聚创造了前提，这样的结构性调整亟待现有村庄系统重构，而非目前正在实施的迁村并点、移民搬迁等简单化调整。

2. 乡村基层空间单元的功能与空间构成改变

陕北现状村落以居住、农业生产功能为主，公共服务功能不健全，但现代乡村基层空间单元必须保证最基本但又相对完整的社会、经济功能。具体而言，就是要通过现代农林牧业保证当地农民与城镇居民相对平衡的收入水平，还要切实提升乡村公共服务水平与基础设施配置水平，以吸引新型职业农民的回流和其在乡村的实质性驻留，切实推动乡村现代化转型。

现代乡村基层空间单元的功能改变必然带来空间构成的改变。

第一，为保证最基本的社会功能，乡村基层空间单元内的乡村住区应新增（或提升）初级教育、医疗、养老、文体等基本公共设施，配置道路、给水、排水、环卫，环保及通信等基础设施，以满足现代乡村家庭居住与公共生活需求。

第二，为保证最基本的农业经济功能，乡村基层空间单元应新增现代农业生产基础服务点。现代农业生产依赖于多样化的生产服务功能，为保证生产绩效，原合并设置的生产、生活服务功能应实施空间分离，特别是农机具储藏、农机维修、农产品初加工（包括农产品储藏、烘干、清洗分级、包装等）、农资配送及农技推广等基础性服务功能，应尽量靠近农地布设，单个现代农业生产基础服务点辐射一定规模范围的农地，乡村住区、现代农业基础服务点、农业生产

(1) 在县域层面的生产、生活空间相关关系的分析中，对空间精度要求不高，因此本文采用缓冲区分析法。

(2) 参考梁国华对于陕西省不同平均坡度下山地地形起伏修正系数的测算结果，陕北平均坡度取值20%，地形起伏修正系数取值1.57，即实际出行距离为10km时，其水平直线距离约为6.4km。

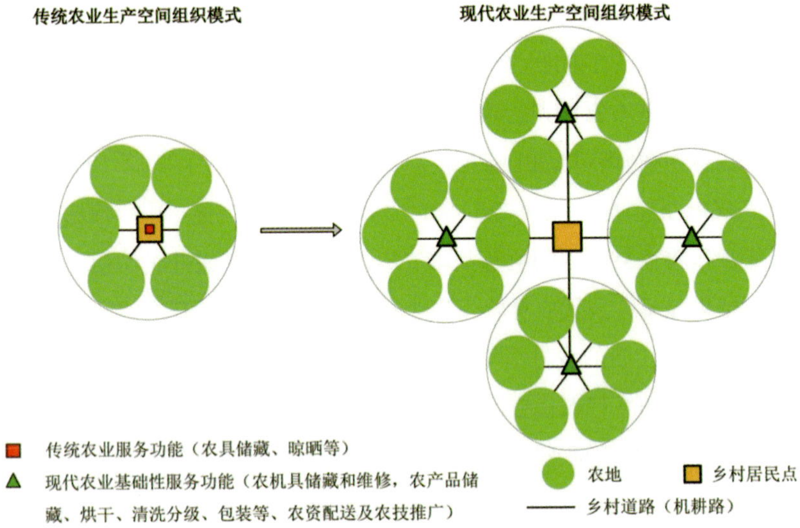

图6　农业生产空间组织模式转型示意图（图片来源：作者自绘）

用地之间通过乡村道路与机耕路实现联系，农民可驾驶农机车（或电动车）到达生产服务点，装卸好农机具后，再由生产服务点驾驶农机车，到达各个农业生产用地开展生产活动（图6）。

三、陕北乡村聚居空间的集聚重构策略

陕北黄土丘陵沟壑区乡村聚居空间必然集聚重构，本文主要面向可预见的远期乡村现代化发展阶段，研究匹配现代农林牧业生产方式的“乡村基本聚居单元”，并以其为基本细胞实现陕北乡村聚居空间集聚重构，为乡村发展未来相当一段动态过渡期提供规划指导。

（一）构建“生态—生产—生活”功能协同的乡村基本聚居单元

区别于以往“行政村—自然村”或“中心村—基层村”的乡村聚居空间组织方式，面向未来陕北黄土丘陵沟壑区乡村现代化发展阶段，遵循农业生产方式决定乡村聚居空间模式的客观规律，针对现代农林牧业主导生产方式，对于劳动力规模、结构，以及职住空间关系等方面的新诉求，提出与之匹配的“乡村基本聚居单元”。

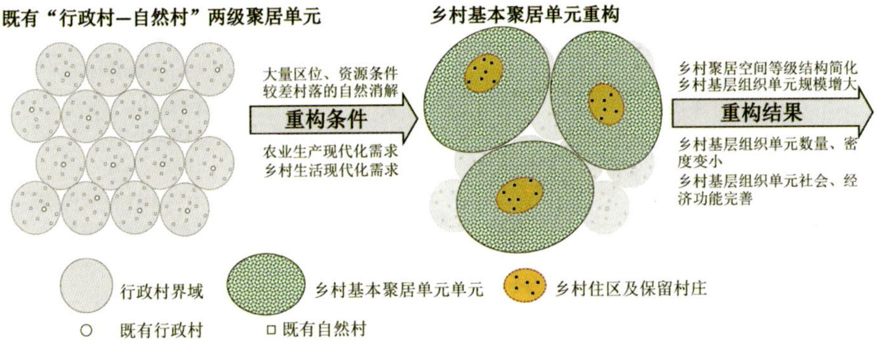

图7　乡村基本聚居单元重构条件与结果解析（图片来源：作者自绘）

乡村基本聚居单元拥有基本完整的生态、生产与生活功能，以及实现相应功能的空间构成。在功能上，它涵盖基本农业生产、居住生活与服务、生态维护等功能；在空间上，它是生产空间（农地、林地空间等）、生活空间（居住生活空间、公共服务空间等），以及自然生态空间密切关联的集合；在规模上，现代农、林、牧业生产力辐射半径与生产空间尺度决定其生产空间规模，生产空间内的产业资源承载力决定其人口规模。

乡村基本聚居单元的生态、生产和生活空间的内部结构关系如下：

第一，居住生活空间应分布于乡村基本聚居单元的近似中部位置，居住生活空间外围主要分布农林牧业生产用地与现代农业生产基础服务点，以最大限度地减少人居建设对于生态环境的干扰，同时实现最佳的农业生产绩效与公共服务绩效。

第二，居住生活空间内包含多个村庄，公共服务设施配置于中心村庄内，中心村庄是自然生态、资源、人口与产业基础、交通区位、空间与建设用地等综合条件较好的现状村庄，因综合条件好被保留为远期聚居地，居住生活空间内的其他村庄均应分布于公共设施的有效服务半径内。

第三，为了保证农业生产绩效，农林牧业生产用地与乡村住区内村庄的距离应控制在现代农业生产半径内。

第四，现代农林牧业生产基础服务点与村庄实现了空间分离。生产服务点一般布设于农林牧业生产用地中道路可达性较好的区域，既便于实现基础服务点、居住地与生产地间的便捷联系，也便于农产品的向外输送。

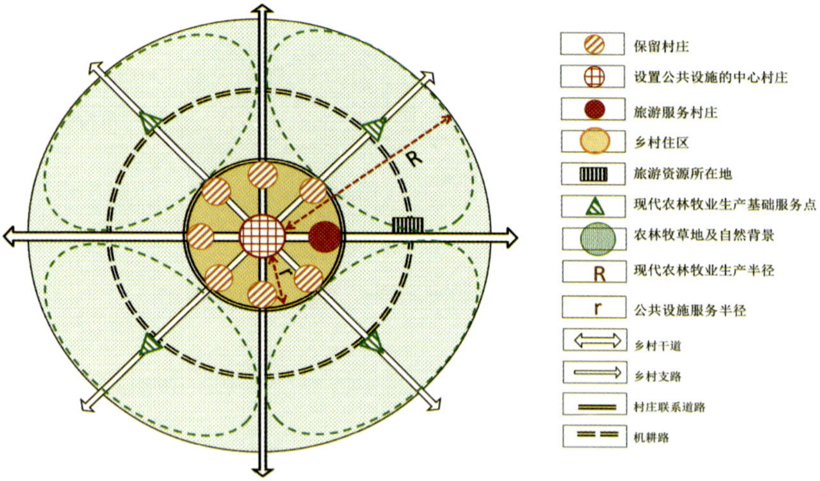

图8　乡村基本聚居单元的功能结构示意（图片来源：作者自绘）

（二）构建现代乡村的新型“业—居”平衡

乡村振兴与乡村现代化以农业强、农村美、农民富为最终目标，该目标的实现以城乡居民收入水平与公共服务相对均等化为前提，并从根本上依赖于乡村的“业—居”平衡，乡村“业—居”平衡的基本内涵主要包含以下两部分内容：

第一，产业资源承载力与人口规模的平衡。具体指在一定的地域范围内，以保证现代农民收入基准为前提，乡村居住人口规模与该地域内相应产业资源（农业资源、旅游资源等）的人口承载量大致平衡。

第二，就业地与居住地的空间平衡。依托于乡村道路交通条件的持续改善，现代乡村的工作、生活出行可以实现机动化或电动化。由此，在一定地域范围内，为保证生产效率，劳动力工作出行时空距离应控制在适宜范围内。为保证生活质量，就学、就医、养老、文体活动等生活出行时空距离也应控制在适宜范围内。

“业—居”平衡，实质上是地区“人—地”平衡关系的落实，乡村人地系统以人口、资源、环境和发展为核心内容，资源、环境承载力是一定的，保证可持续发展的核心就是遵循“人—地”平衡机制。作为陕北现代乡村聚居空间的基本细胞，乡村基本聚居单元“业—居”平衡的具体要求为：第一，单元人口规模控制在产业资源承载力范围内。第二，单元内生产地与居住地的距离控制在农林业生产半径内，居住地与公共设施所在地的距离控制在公共设施服务半径内。

（三）“配置 + 共享”公共服务设施，组织现代乡村聚居生活系统

乡村基本聚居单元内的公共设施将采用“配置 + 共享”的方式。乡村基本聚居单元应配置基本公共服务设施和基础设施，对于人口门槛较高的公共服务设施（如小学），采用多个乡村基本聚居单元共享、或多个乡村基本聚居单元与镇区共享的方式进行配置。一方面，保证了公共设施配置的人口门槛；另一方面，也一定程度上扩大了公共服务覆盖面，旨在保证该地区乡村在过渡期和稳定阶段拥有与城镇相对均等的公共服务水平。

具体来说，根据《乡村公共服务设施规划标准》（CECS 354：2013）的相关规定，参考特大型村（>3000 人）和大型村（1001—3000 人）的公共设施配置要求，确定乡村基本聚居单元的基本公共服务设施。特大型村和大型村均要求设置幼儿园、卫生服务站、阅览室、文化活动站、健身场地、养老服务站和村委会等基本公共设施，差异主要体现在村教育设施配置上，特大型村要求应设小学，但大型村并无此要求（表 14）。

表 14

小型乡驻地（<5000 人）和特大型村（>3000 人）公共服务设施配置项目及面积指标

项目 设施	特大型村（>3000 人）	大型村（1001—3000 人）
村管理设施	村委会、经济服务站	村委会
村教育设施	小学、幼儿园、托儿所	幼儿园、托儿所
村医疗保健设施	卫生所、计生服务站	卫生所、计生服务站
村文体科技设施	文化活动室、阅览室、健身场地	文化活动室、阅览室、健身场地
村社会福利设施	养老服务站	养老服务站
村商业设施	根据实际情况确定	根据实际情况确定

资源来源：根据《乡村公共服务设施规划标准》（CECS 354：2013）整理

充分考虑地域环境条件约束导致的乡村基本聚居单元规模限制，确定乡村基本聚居单元应配置幼儿园、卫生服务站、阅览室、文化活动站、健身场地、养老服务站和村委会等基本公共服务设施，小学为选设公共服务设施，是否配置应结合乡村基本聚居单元人口规模灵活确定。

（四）完善政策激励机制，支撑乡村聚居生活系统重构

乡村人口的迁移与集聚应是当地居民的自主行为，而非政府“迁”字指令下的被动行为，该过程具有长期、动态性特征，其顺利实施需要“自上而下”的村民“自主选择”与“自上而下”的政府“村庄撤并”配套政策的有机结合。

首先，在配套设施建设方面，针对不同发展前景的村落，配套设施建设标准应是差异化的，不能搞简单的“一刀切”或“均质化”，公共服务设施、道路设施与基础设施建设应给予重点发展村落足够的倾斜，而一般村落仅保证生活底线，通过配套设施的完善刺激居民向重点发展村落的主动搬迁。

其次，宅院和土地管理等其他政策也应与之相配合。如在宅基地建设用地指标的审批方面，对于重点发展村落可适当放宽，而对于实施撤并的村落则进行限制，旨在为重点发展村落创造集聚条件，同时限制其他村落的发展条件。

同时，还应建立针对性的空废宅院与空废土地再利用奖励机制。对于重点发展村落而言，主要是建立其空废宅院或土地的再利用扶持政策或货币补偿政策；对于缺乏发展潜力的村落，主要是研究其宅院生活系统向农林牧业生产系统转型的经济调控政策和扶持政策，积极促进窑居空废宅院所在地的土地转型，以实现社会、经济和环境效益的综合最大化。

四、乡村聚居空间集聚重构案例——以米脂县杜家石沟镇为例

杜家石沟镇位于米脂县城西 12.5 公里处（图 9），属典型的黄土丘陵山区镇，镇域内林草资源丰富，林草覆盖率可达 45.73%，流域面积为 152 平方公里，退耕还林累计面积 3.7 万亩，经济林 2.6 万亩。

（一）社会经济现状

全镇辖 42 个行政村 118 个自然村（图 10），5120 户 17915 人。该镇盛产小米、绿豆、洋芋等农副产品，以小杂粮、玉米种植，羊子（白绒羊、绵羊）、笼养鸡、生猪等畜牧养殖为主[(1)]，苹果种植处于培育阶段，拥有号称“黄土高原小

(1)2015 年羊存栏 11763 只，家禽存栏 4.5 万只，生猪存栏 1512 头。

山峡”的柳家洼峡谷旅游风景区、貂蝉洞和杜氏精英纪念馆，生态旅游产业具有一定发展潜力，但旅游项目开发尚处于起步阶段。全镇种、养、经、劳务产业结构为 13∶30∶25∶32，主要收入来源为外出务工，其次为小杂粮和畜牧养殖，2015 年底全镇人均纯收入 9646 元。

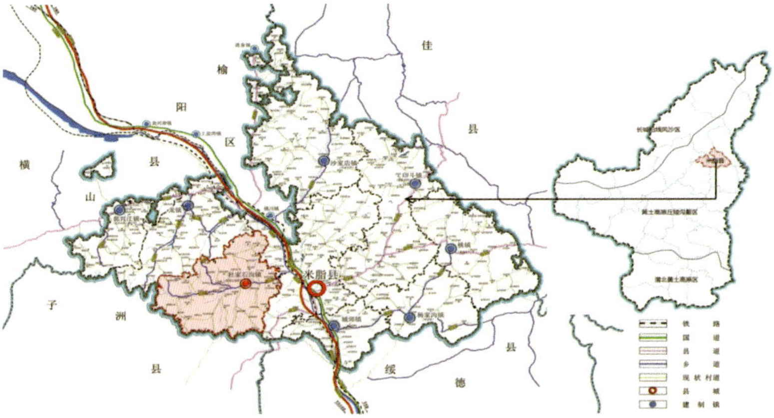

图 9　杜家石沟镇地理位置

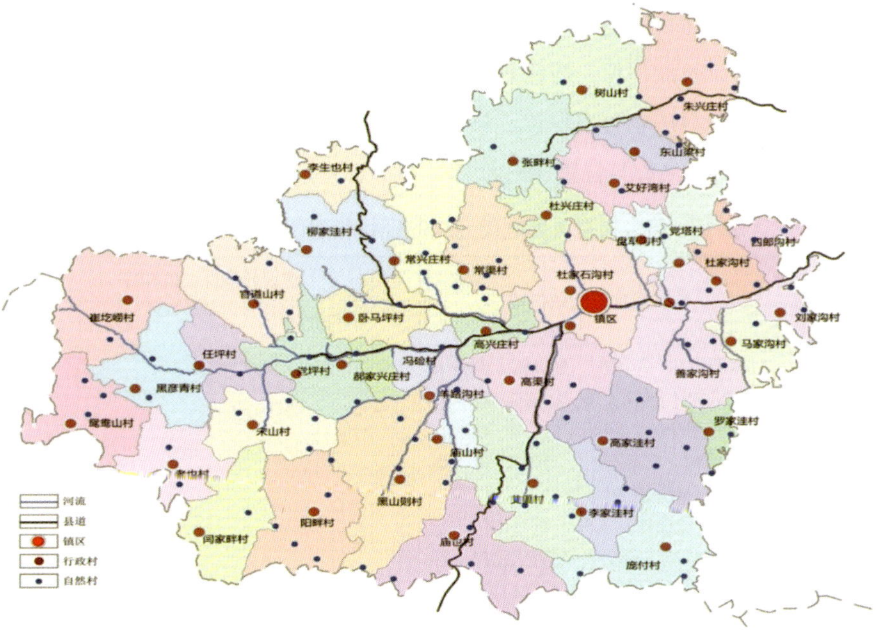

图 10　杜家石沟镇行政区划图（图片来源：作者自绘）

（二）相关产业发展规划

结合当地农业资源条件，借助米脂县被确定了“陕西省优质苹果基地县”的契机，该镇确立了“生态立镇，果业兴镇，旅游强镇”的产业发展战略。一方面，积极推进“果业主导”的现代生态农业发展道路，促进农林牧业综合发展。另一方面，围绕柳家洼休闲度假游、貂蝉洞历史文化观光游和杜氏精英纪念馆教育基地游大力发展生态文旅项目，逐步完善旅游服务配套工程。(1)

（三）乡村聚居空间集聚重构方案

根据杜家石沟镇的产业发展现状与未来预判，预测农机车支撑下其现代农业生产半径将提升至8—10km（半小时农业生产出行时间，农机车车速取值10km/时），倍增后的现代农业生产半径支撑下，该镇将由镇区近郊乡村基本聚居单元（后文简称“镇区单元”）与三个远郊乡村基本聚居单元组构而成，各乡村基本聚居单元将分别以石沟村（镇区所在地）、黑彦青村、西艾渠村和树山村为中心形成，各单元内的中心村庄均为自然生态、资源、人口与产业基础、交通区位、空间与建设用地等综合条件较好的现状村庄，未来将增设基本公共服务设施，并建议长期保留。与此同时，与中心村庄距离控制在公共设施合理服务半径内的其他村庄也可以保留，与中心村庄距离较远的其他村庄建议逐步撤并。建议保留村庄名称与位置详见表15、图11。

表15 各乡村基本聚居单元内的现状和建议保留村庄一览

单元名称	现状包含的行政村域	建议长期保留的村庄	
		行政村	自然村
镇区单元	杜家石沟村、常渠村、高渠村（部分）、善家沟村（部分）、马家沟村、刘家沟村、杜家沟村、四郎沟村、常兴庄村、卧马坪村、柳家洼村、李生也村、高兴庄村、杜兴庄村（部分）、盘草沟村（部分）、党塔村（部分）、管道山村（部分）、党坪村（部分）、郝家兴庄村（部分）、冯硷村（部分）、羊路沟村（部分）	石沟村、高兴庄村、冯硷村、常兴庄村、高渠村、羊路沟村、善家沟村、马家沟村、杜兴庄村	卧羊寺、猫卧岗、兰家峁、花石崖、善家坪、

(1) 根据《杜家石沟镇十九次党代会会议报告》《杜家石沟镇第十八届第一次代表大会报告》整理。

续表

单元名称	现状包含的行政村域	建议长期保留的村庄	
		行政村	自然村
黑彦青单元	崔屹崂村、鸳鸯山村、黑彦青村、老也村、闫家畔村、任坪村、管道山村（部分）、宋山村（部分）、党坪村（部分）、郝家兴庄村（部分）、阳畔村（部分）	鸳鸯山村、黑彦青村、任家坪村、党坪村、郝家兴庄、	雨山屹、井沟、马家湾、邢家峁、瓦窑峁村、老塌村
西艾渠单元	黑山则村、庙山村、艾渠村、庙也村、高家洼村、李家洼村、庞付村、罗家洼村、高渠村（部分）、善家沟村（部分）、阳畔村（部分）、宋山村（部分）、郝家兴庄村（部分）、冯硷村（部分）、羊路沟村（部分）	庙也村、艾渠村、李家洼	上王家沟、下王家沟、兴窑湾、兴安庄、桃圪塔
树山单元	树山村、朱兴庄村、东山梁村、艾好湾村、张畔村、杜兴庄村（部分）、、杜兴庄村（部分）、盘草沟村（部分）、党塔村（部分）	树山村、朱兴庄村	塌子湾、马兴庄、前阳洼、上渠、月山渠

资料来源：作者自绘

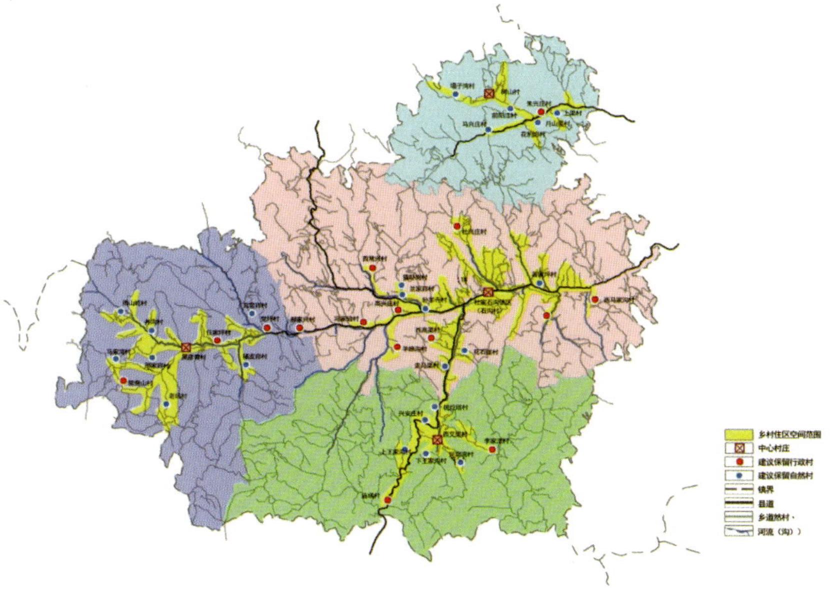

图 11　杜家石沟镇各乡村基本聚居单元建议保留村庄分布

结合镇域内的现状小学、幼儿园、图书室、文体广场等公共设施分布，以在个乡村基本聚居单元内的中心村庄［石沟村（镇区）、黑彦青村、艾渠村和树山村］新建公共设施为大原则，确定在西艾渠单元（艾渠村）新建一所非完全小学；在西艾渠单元（艾渠村）、黑彦青单元（黑彦青村）、树山单元（树山村）分别新建一所幼儿园；在西艾渠单元（艾渠村）、黑彦青单元（黑彦青村）、树山单元（树山村）分别新建一个养老医疗站；在西艾渠单元（艾渠村）、树山单元（树山村）新建文体设施。

|参考文献|

[1] 秦燕，董娟．清末民初陕北黄土高原上的村庄与自然环境[J]．甘肃社会科学，2008,（5）：210—213．

[2] 徐瑶．首批地理国情监测成果公布[N]．中国测绘报，2015-12-06．

[3] 杜英．黄土丘陵区退耕还林生态系统耦合效应研究——以安塞县为例[D]．西安：西北农林科技大学，2008：18．

05

典型案例研究

Typical Case Study

05

典型案例研究

Typical Case Study

篇首语

在新型城镇化建设进程中，陕西各地结合区域定位、资源禀赋、产业基础，锐意改革，积极作为，为寻找符合自身特色的城镇化道路进行了有益探索，形成了诸多可推广可借鉴的宝贵经验。

本篇章具体包含三个专题，分别是国家级新区低碳规划策略与导控指标体系研究——以西咸新区为例、陕南山区生态城镇化路径研究——以安康紫阳县为例、时间银行视角下农村互助养老管理机制研究——以陕西咸阳市泾阳县为例。

分别围绕西咸新区低碳发展、安康紫阳县生态城镇化路径，以及咸阳泾阳县互助养老管理机制等，开展深入研究，分析典型做法，总结宝贵经验，为其他区域开展相关工作提供有益借鉴。

国家级新区低碳规划策略研究——以西咸新区为例(1)

○杨 辉(2)

内容提要：低碳发展已成为城市规划和建设领域的重要议题，以西咸新区为代表的国家级城市新区，在我国社会经济发展中承担着重要的历史使命，在低碳城市发展建设中承担着重要的引领作用，是新型城镇化战略落实的重要支撑。本文在对城市空间规划角度的国内外低碳城市相关研究进行梳理的基础上，以西咸新区为研究对象，对其建设现状特征与问题进行分析，并从土地利用、道路交通、公共服务设施、绿地系统等方面提出低碳规划策略，以期为西咸新区的绿色低碳发展提供有益的规划参考借鉴。

面对全球范围的气候变化与环境恶化，发展低碳城市已成为大势所趋。相较于西方发达国家，中国的低碳城市研究明显滞后于社会经济发展，城市规划向经济、技术、社会、生态、管理等领域进行知识拓展的过程中，自身理论与方法发展相对乏力。城市新区在我国社会经济发展中承担着重要的历史使命，以规划为引领，推动城市新区绿色低碳发展是对新型城镇化战略的重要落实途径。西咸新区处在关中—天水经济区的核心区域，是大西安都市圈的重要组成部分，作为第二批国家新型城镇化综合试点地区，是陕西省新型城镇化过程中创新引领发展的重要阵地。

本课题以西咸新区为研究对象，在梳理国内外相关研究、西咸新区建设现状的基础上，从土地使用、道路交通、公共服务设施、绿地系统等方面提出低碳规划策略，为西咸新区的绿色低碳发展提供规划借鉴，提升西咸新区城市发展质量，推动我省新型城镇化战略的有效落实。

(1) 本研究报告为西安建筑科技大学 2019 年度新型城镇化专项研究基金项目研究成果。

(2) 作者：杨辉，西安建筑科技大学建筑学院副教授。

一、国内外低碳城市规划相关研究梳理

本项目对以城市空间为出发点或作用于城市空间的、以发展低碳城市为目标的国际相关研究进行梳理，并归纳为以下几个主要方面：城市空间结构控制、城市土地使用落实、低碳城市规划与建设评价。

（一）城市空间结构控制

在城市发展过程中，空间结构始终是基本核心问题之一，自然也是低碳城市规划研究不可回避的。相关研究大体可归纳为两方面：①关于怎样的空间结构更有利于减少城市交通量，进而降低交通碳排放。讨论的焦点在于单中心和多中心的空间结构，哪一种更具交通优势。支持单中心结构的论点为，集中的就业和分散的人口空间布局，有利于降低交通成本、提高公交出行比例、减少小汽车使用等[1]。提倡多中心结构的学者则认为，结合郊区化发展，将人口分散到多个次中心，在次区域范围内实现职住平衡，可降低总的交通量[2]。同时，也有研究指出，随着次中心数量、规模和密度的增加，人均通勤量会增加，且其公交出行比例降低、私人汽车出行比例升高。由世界银行发布的世界发展报告提出，单中心城市结构较适宜 500 万人口以下的城市，当城市规模超过 500 万人时，则采用多中心结构。②从促进能源的集中供给、高效利用和能源技术的因地制宜角度出发，探讨适宜的空间布局结构。如英国政府提出了从城镇中心直至农村地区的圈层式的空间结构应对，具体为城镇中心—边缘中心—内城区—工业区—郊区县市—大型的新城市伸展区和聚落区—农村地区，并对每个圈层提出了相应的低碳导向的开发与控制建议[3]。

（二）城市土地使用落实

低碳导向的城市空间发展策略和城市空间结构最终要靠土地使用进行深化落实。城市土地使用与碳排放关系的研究主要集中在两个方面。一方面，是土地使用强度与碳排放的关系研究，其中土地使用强度多以人口密度表达。H. C. Ward(2015)运用涡度技术对伦敦进行了碳通量统计，并与多个国家的城市进行了数据比对，试图探索碳排放与人口密度之间的关系规律[4]。研究结果表明，样本城市人口密

度和碳通量具有高度正相关性，即城市人口密度越大，碳通量则越大。但若要清晰解释城市土地使用与碳排放的关系，并达到指导规划的程度，还有待于更多影响因素的引入，如城市规模、人均消费水平、城市空间结构、碳汇空间、相关政策等。另一方面，为土地的具体开发模式和使用方式的低碳促进研究。由 Peter Calthorpe（1992 年）提出的 TOD（transit-oriented development，公共交通导向开发）模式，当属该方面的典型研究成果且为业界所熟识。经过多年的理论与实践发展，TOD 已从一种规划概念发展成为特型的“城市空间单元”，且这一单元在城市不同区域的规划中各有侧重。Seungil Lee 以韩国的首尔市为对象，对不同的 TOD 站点区进行客流量和土地使用之间关联的对比研究发现，在城市商务区和边缘区土地使用密度是客流量的主要影响因素，而在次中心区域土地使用多样性的影响作用更大[5]。David S. Vale 建立“节点—位置（node-place）”模型，对里斯本城市多个站点区域的发展情况进行比较研究，并提出 TOD 的类型化研究应从土地使用、交通和适宜步行三个方面开展[6]。在具体的土地使用方式上，纽约城市总体规划（2008—2030）从住房和开敞空间两方面为我们提供了借鉴。住房规划中，首先，执行公共导向型地区的重新区划，对城中老旧住房、闲置和污染的滨水区、废弃的工业建筑进行重新区划，用于住房及商业开发，并向交通便利地区引导增长。其次，在公共用地上建造新住房，以纽约市现有的市政用地为契机，通过罗列一个“合用土地”清单来衡量其潜能，将合用土地的可能性达到最大化。再次，开发有针对性的经济适用房，以吸引更多的人在城区居住和保证人群的多样性。在开敞空间的规划上，则主要从三方面着手，包括使现有场地被更多的人使用、延长现有场地使用时间、重新设计公共领域等[7]。

（三）低碳城市规划与建设评价

减少碳排放有着明确的量化需求，相应的低碳城市也应有其评价体系。目前，低碳城市的规划与建设的评价，主要依托绿色建筑和绿色住区的评价体系。前者如英国 BREEAM、美国 LEED、加拿大 GBC、日本 Case Bee，后者如美国 LEED-ND。其中，英国 BREEAM（Building Research Establishment Environmental Assessment Method）是世界上第一个也是全球最广泛使用的绿色建筑评估方法。该评估体系采取“因地制宜、平衡效益”的核心理念，是兼具“国际化”和“本地化”特色的绿色建筑评估体系。美国 LEED（Leadership in Energy and Environmental Design），是目前在世界各国的各类建筑环保评估、绿色建筑评估，以及建筑可持续性评估标准中，被认为是最完善、最有影响力的评估标准。绿色住区评价体系 LEED-ND 属于 LEED 的子体系。

除以上三个方面之外，国内外在循环经济产业、绿色交通体系、新能源开发利用和绿色建筑技术等规划相关领域进行了大量探索，为低碳城市规划的研究与发展提供了技术交叉和支撑[8]。

二、西咸新区规划与建设现状分析

（一）数据来源

本次对西咸新区规划和现状建设情况分析的数据来源主要为《西咸新区城市总体规划（2016—2030）》、《陕西省统计年鉴 2018》、Landsat8 遥感影像、高德地图，并在此基础上对网络数据进行修正，不可避免地存在一定程度的误差，但作为整体建设特征的分析，仍具有充分的参考价值。

（二）西咸新区总体规划概况

西咸新区总体规划依据《中华人民共和国城乡规划法》《城市规划编制办法》《陕西省城乡规划条例》等国家、省、市相关法律法规和标准规范编制。目标是，将西咸新区打造成为现代化大西安新中心、西部大开发的新引擎、丝绸之路经济带重要支点、国家创新城市发展方式试验区。

西咸新区总体规划范围西起西咸北环线及涝河入渭口，东至包茂高速，北至西咸北环线，南至京昆高速，规划区范围 882 平方公里，城乡总建设用地 360 平方公里。其中城市建设用地 272 平方公里。规划期限为 2016 年—2030 年。其中，近期 2016—2020 年；远期 2021—2030 年。

1. 发展规模

2020 年，人口容量为 156 万人；2030 年，人口容量为 272 万人。2020 年城市建设用地 179 平方公里；2030 年城市建设用地 272 平方公里。

在空间规划上，基于基本农田控制线、生态红线和城市开发边界，划定西咸新区农业、生态及城镇三大空间。其中，城镇建设空间总计 344 平方公里，生态空间总计 285 平方公里，农业空间总计 253 平方公里。

2. 规划结构与布局

西咸新区总体规划沿承关中核心区空间发展结构，以“大开大合”的空间发展模式，构建西咸新区“一河两带、一心三轴、五大组团”的空间结构。

“一河”是指以渭河为纽带，着力构建横贯东西的大西安生态长廊。

“两带”是指沿五陵塬遗址，构建渭北帝陵风光带；沿周、秦、汉都城遗址，构建周秦汉古都文化带。

“一心”是指现代化大西安新中心新轴线。

“三轴”分别为城市发展轴，文化传承轴以及丝路经济轴。其中，城市发展轴为南北纵贯沣东新城、秦汉新城、空港新城的大西安城市发展主轴线。文化传承轴对接西安城市中轴线，向北延伸带动泾河新城大西安北部中心建设，聚集文化旅游及现代服务产业。丝路经济轴对接红光大道西安东西向轴线，串接西安市主城中心与大西安新中心核心区，聚集丝路国际交流，教育科创，商贸金融产业。

“五组团”是指空港新城、沣东新城、秦汉新城、沣西新城和泾渭新城。

3. 绿色生态系统规划

引水入城，形成“九河十湖、蓝脉绿网”的城市水系结构。

构建绿地系统时形成“田园衬底，三河二带，多点分布，绿色溶解”的绿地生态系统，构建“两带五园多点”的绿地公园体系，提高绿地公园的人均面积与服务水平，实现“300 米见绿，500 米见园”。

构建了完整的新区城市公园体系，包括区域中央公园、综合性公园、专类公园、湿地公园和社区公园等，共建设 18 个综合性公园、3 个专类公园、4 个湿地公园、9 个遗址公园与若干社区公园。

4. 综合交通

航空港：积极拓展国际国内航线，打造西安咸阳国际机场为国际重要航空枢纽、我国中西部核心航空枢纽、关中—天水经济区现代综合交通枢纽。

铁路：规划新建高速铁路 3 条，包括西兰客专、西成客专和西银客专。规划新建城际线路 3 条，保留新区内现有 3 条干线铁路和 1 条支线铁路。新建阿房宫站为高铁站和六大城际站，保留新区内现有 2 条货运铁路，另新建 2 条货运专线。

新建空港铁路物流基地作为货运枢纽辅助站，改建原有三桥站、黄家寨站、长陵站、肖家村站、泾河站、永乐站六个车站为铁路货运站，作为专业物流中心。

公路：构建以 8 条高速、3 条国道和 2 条省道为交通主动脉“832”对外公路网络，规划新增高速公路出入口 4 处。远期，随着对西咸快速干道和老包茂高速进行市政化改造，逐步撤销现有高速公路出入口 4 处。

（三）西咸新区现状建设特征与问题

1. 建成区概况

西咸新区位于关中平原中部，西安、咸阳两市建成区之间，东临高陵县和未央区，北接三原、泾阳县，西邻户县和兴平市，规划人口 2020 年 156 万人，规划城市建设用地面积 272 平方公里，由五大新城构成，分别为泾河新城、空港新

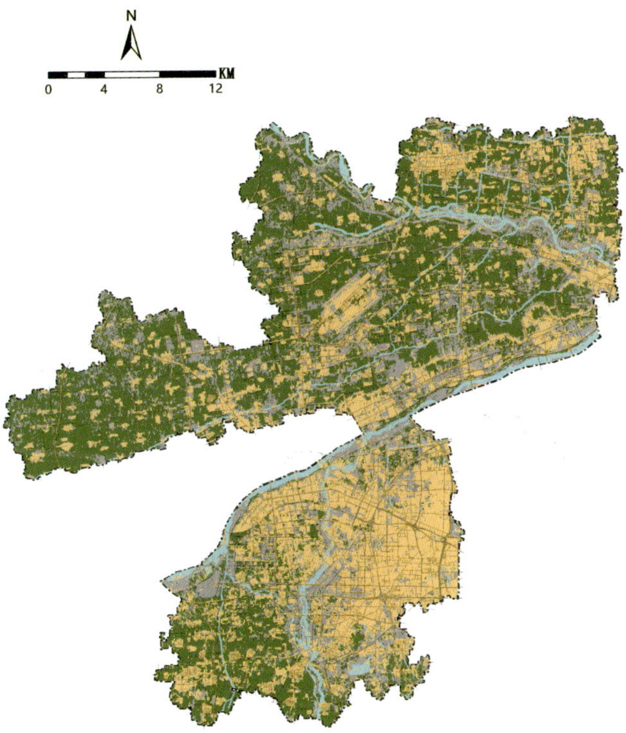

图 1　西咸新区建设现状遥感卫星图片识别图

城、秦汉新城、沣东西城和沣西新城。自 2011 年开工建设至今，新区常住人口达 98.78 万人，现状城乡建设用地面积约 283 平方公里（图 1），建成度较高的为沣东和沣西两大组团，沣东新城建成区以工业及物流仓储功能为主，沣西新城建成区以居住和行政办公为主要功能。由于沣东新城和沣西新城建成比例相对较高，因此，本研究将以沣东、沣西两大组团为代表对西咸新区建设现状进行分析。

2. 道路交通系统现状分析

西咸新区建成区外围道路和主干路充分结合河流走向和地形条件，呈现较为自由流畅的形态，城市支路基本采用方格网布局，保证了土地使用效率，但城市支路尚未形成体系，尽端路较多（图 2）。

（1）路网密度及间距

路网密度较低。沣东新城现状建成长度约为 390 公里，整体路网密度约为 3.28 公里 / 平方公里；沣西新城现状建成长度约为 114 公里，整体路网密度约为 3.16 公里 / 平方公里。总体而言，大程度上由于西咸新区尚处于建设之中，组团路

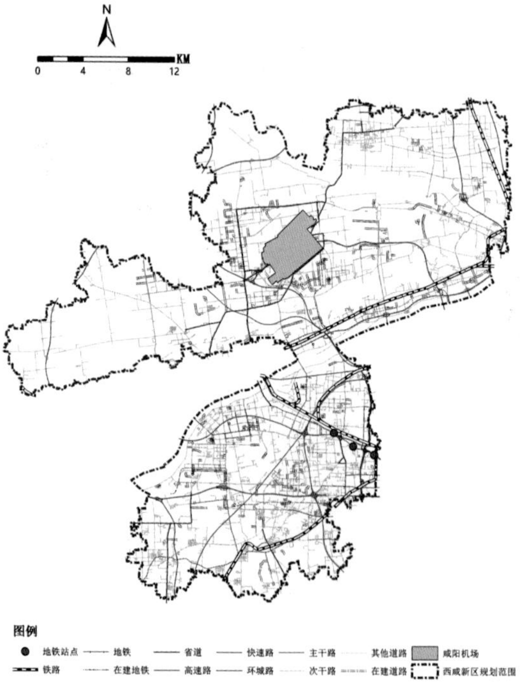

图 2　西咸新区道路系统现状图

网密度与西安中心城区相比和规划相比较低（表 1、2、3；图 3）。

表 1 沣东、沣西新城现状道路建成长度统计表

组团	沣东新城	沣西新城
建成长度（km）	390	114
路网密度（km/km²）	3.28	3.16

表 2 路网密度比较分析

路网密度 km/km²	沣东新城	沣西新城	西安市中心城区	住标	交标
	3.28	3.16	5.49	8	8

注:“住标”为《城市居住区规划设计标准》GB50180–2018;“交标”为《城市综合交通体系规划标准》GBT51328–2018

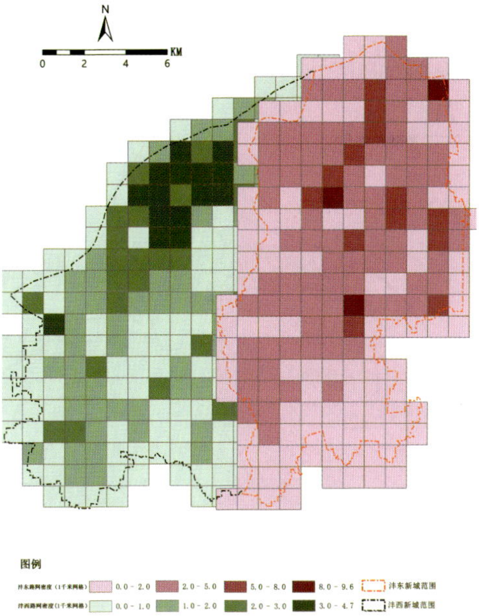

图 3 沣东、沣西新城道路网密度分析（1000 米网格）

表 3 现状沣东、沣西新城内道路网密度分析（1000 米网格）

路网密度（km/km²）	≤ 2.0	2.0–5.0	5.0–8.0	> 8.0
沣东新城	51.27%	40.39%	7.39%	0.50%
路网密度（km/km²）	≤ 1.0	1.0–2.0	2.0–3.0	> 3.0
沣西新城	52.41%	26.20%	13.37%	8.02%

基于网格法，得到的沣东新城现状路网密度约有 99.05% 在 $8km/km^2$ 以下，而建设成熟的路网密度达到规划要求 $8km/km^2$ 的，仅约占 0.5%；而沣西新城路网格路网密度全部都在 $3km/km^2$ 以下，远未能达到规划要求。从空间上来看，沣东新城以中部产业及居住片区最高，沣西新城以北部沿渭河的居住片区最高，均为新城内部最优先建设发展的区域，但路网密度仍旧偏低，在未来的建设中，应适当提高道路网密度，以保证道路通达。

（2）公共交通

沣东、沣西新城现状公交站点分别为 599 个和 241 个，以服务半径 500m 计算，其能覆盖的集中连片建成区的覆盖率分别约为 20% 和 50%，均远低于公交都市城市发展战略的“要求公交站点覆盖率 90%”；现状公交线路分别为 35 条和 14 条，以服务半径为 300m 计算的覆盖率，分别约为 38% 和 41%（表 4；图 4、5）。

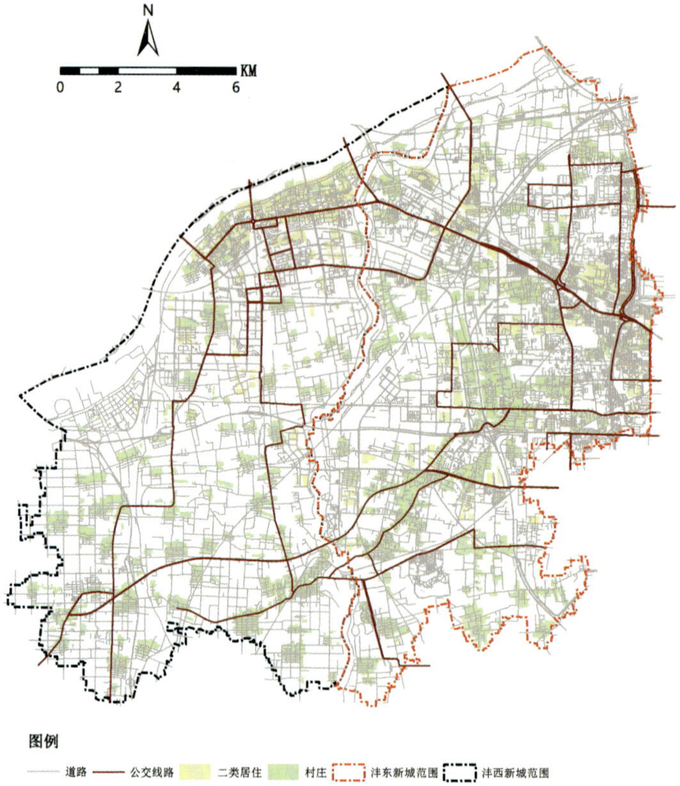

图 4　沣东、沣西新城公交线路分布图

从布局来看，公交设施如公交站点和公交线路等建设不足，未能辐射覆盖的空白区域较大，形态上均明显依托目前建设发展的重点区域线性布设，整体还未能形成有序的公交网络。

表 4　现状公共交通系统分析

	公交站点（个）	公交线路（条）	公交线路覆盖率（300m）	公交站点覆盖率（500m）
沣东新城	599	35	38%	20%
沣西新城	241	14	41%	50%

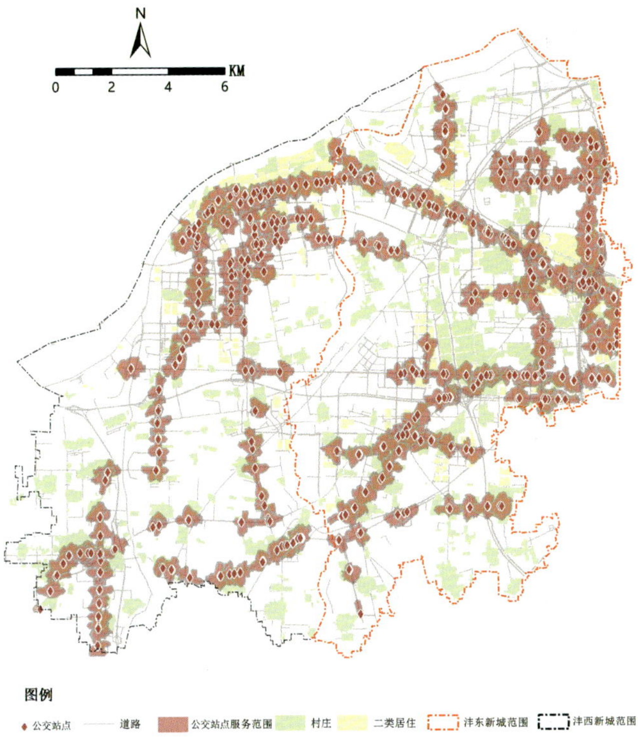

图 5　沣东、沣西新城公交站点服务覆盖分析图（500m 范围）

3. 居住系统现状分析

沣东、沣西新城的现状居住用地（含连片建成区内的村庄用地）合计约3690ha。其中，沣东新城居住用地主要与各类产业就近布局，相对分散，未能形成有足够规模的居住片区；沣西新城居住用地主要在组团北部渭河沿岸呈带形分布，相对集中，达到了 15 分钟生活圈及以上的规模，但由于其带状的分布形态，很大程度上影响了公共服务设施的使用效率。总体上居住区及其配套设施的层级构成尚不明确，系统性不强（图 6）。

4. 公共服务设施现状分析

建成区内的公共管理与公共服务设施建设，以结合住房的社区级公共服务设施的配建为主。在建设类型方面，以行政办公、教育设施、医疗卫生设施、文化设施等为主。参考《城市居住区规划设计标准》GB50180-2018 中关于公共服务设施的配置，本次分析以日常使用频率最高的幼儿园、小学、中学作为主要对象。

沣东、沣西新城建成区内幼儿园 150 个，基于获取到的 POI 数据通过建立 5min 出行圈得到幼儿园住区覆盖率为 3.97%；建成区内小学 54 个，基于获取到

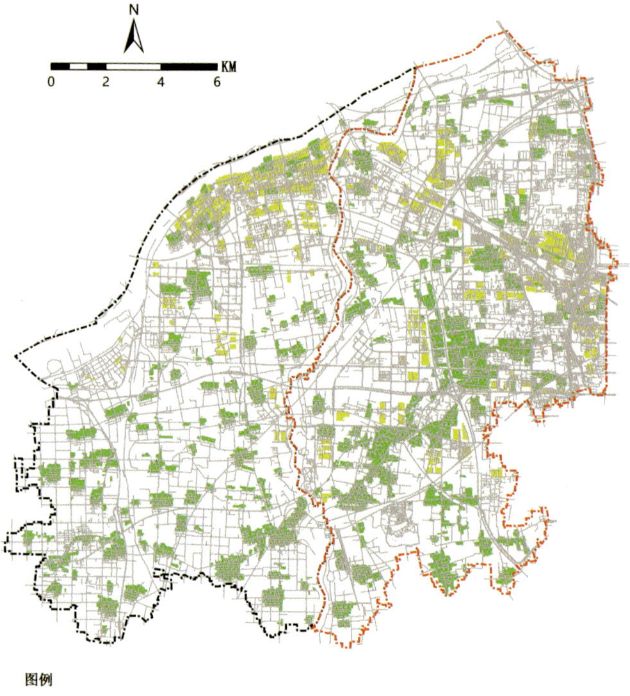

图 6　沣东、沣西新城居住用地现状分布图

的 POI 数据通过建立 10min 出行圈得到小学住区覆盖率为 10.05%；建成区内中学 8 个，基于获取到的 POI 数据通过建立 15min 出行圈得到中学住区覆盖率为 2.49%（表 5；图 7、8、9）。

表 5　幼、小、中服务覆盖分析

服务设施	时间成本（步行）	服务区面积 ha	覆盖率	覆盖住区面积 ha	住区覆盖率
幼儿园	5 分钟	115.4	3.75%	60.62	3.97%
小学	10 分钟	390.83	12.71%	153.42	10.05%
中学	15 分钟	86.77	2.82%	37.96	2.49%

整体而言，居住用地建设相对分散、集约度不高，有较多待填充发展区域，使得教育设施的服务覆盖效率较低。

5. 公共绿地建设现状分析

西咸新区现状公共绿地用地合计约 132 公顷，占现状建设用地的 1.01%（西

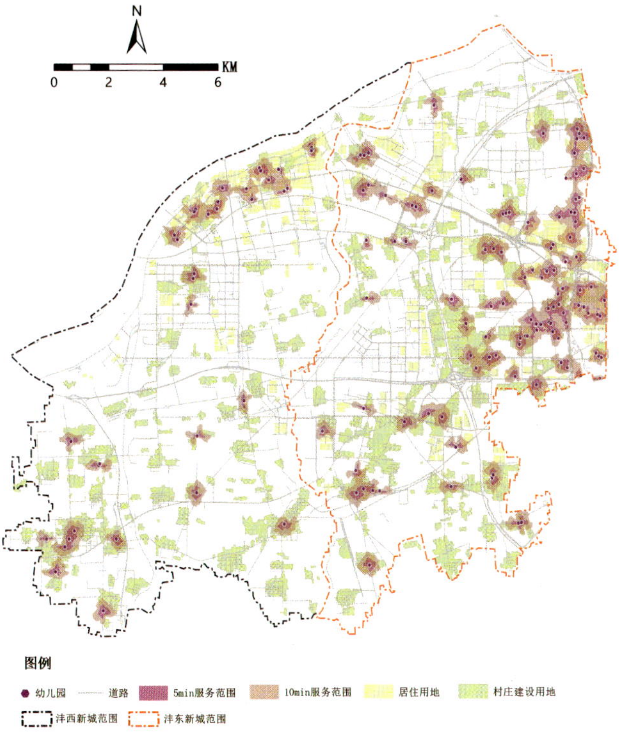

图 7　沣东、沣西新城幼儿园服务覆盖分析图

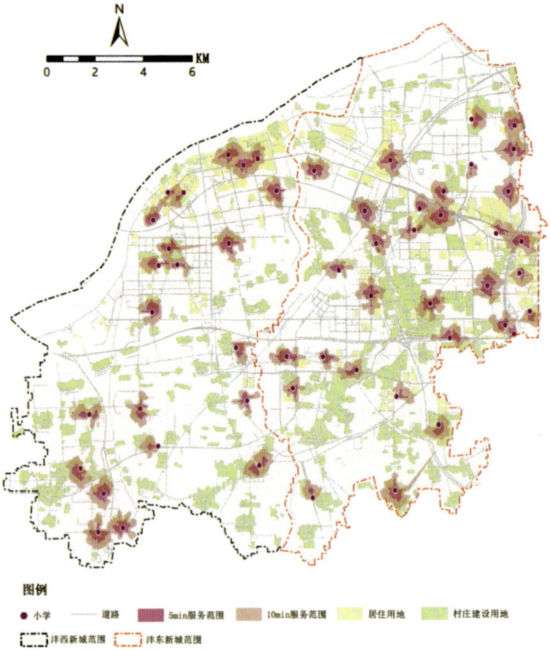

图 8　沣东、沣西新城幼小学服务覆盖分析图

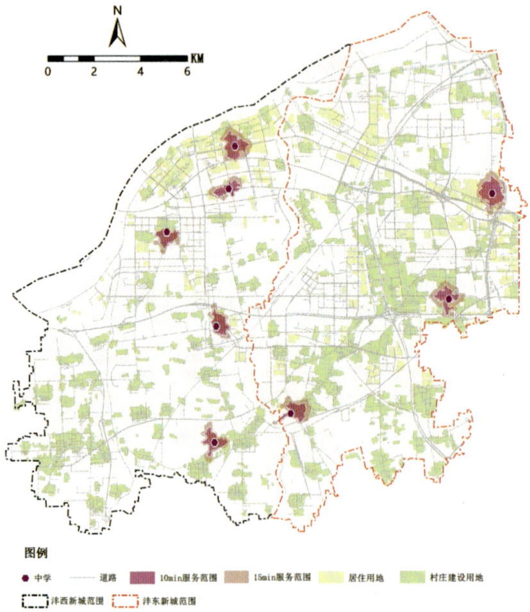

图 9　沣东、沣西新城中学服务覆盖分析图

咸五组团连片建成区内的建设用地面积）；规模相对较大、能够达到城市综合公园级别的主要有5处，分别为空港花园公共绿地、保税区公共绿地、沣西新城中心绿廊一期景观工程、沣西新城环形公园一期和二期工程、崇文塔公园为大型公园绿地，规模基本在15ha以上，其余均为道路两侧街旁绿地、防护绿地、小型绿地及小型广场。

对沣西新城及沣东新城的公共绿地建设现状分别从公共绿地规模、公共绿地占建设用地比例及五分钟见园比三方面进行具体分析（表6；图10、11、12）。

表6　西咸新区各组团公共绿地建设现状分析表

五大组团	公共绿地规模	公共绿地占建设用地比例	五分钟见园比
沣东新城	133ha	4.69%	0.31%
沣西新城	160ha	19.28%	15.55%

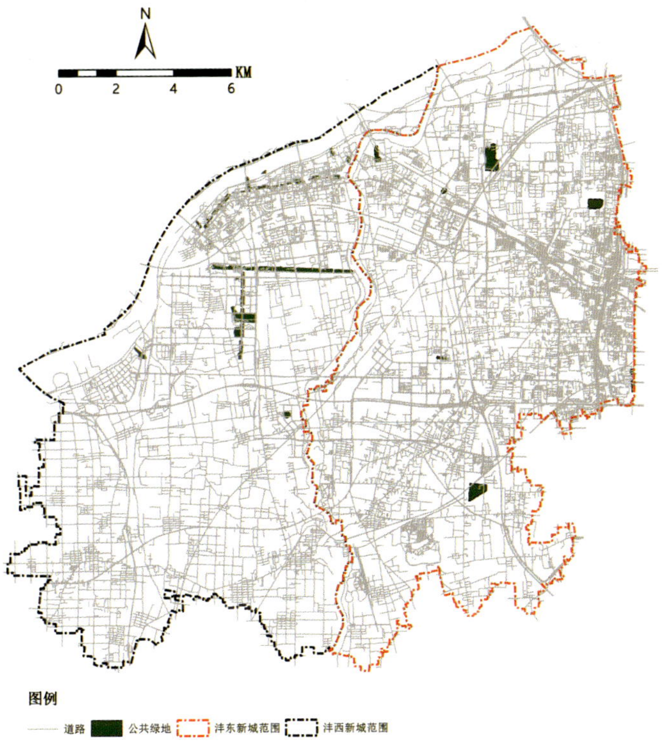

图10　沣东、沣西新城公共绿地分布图

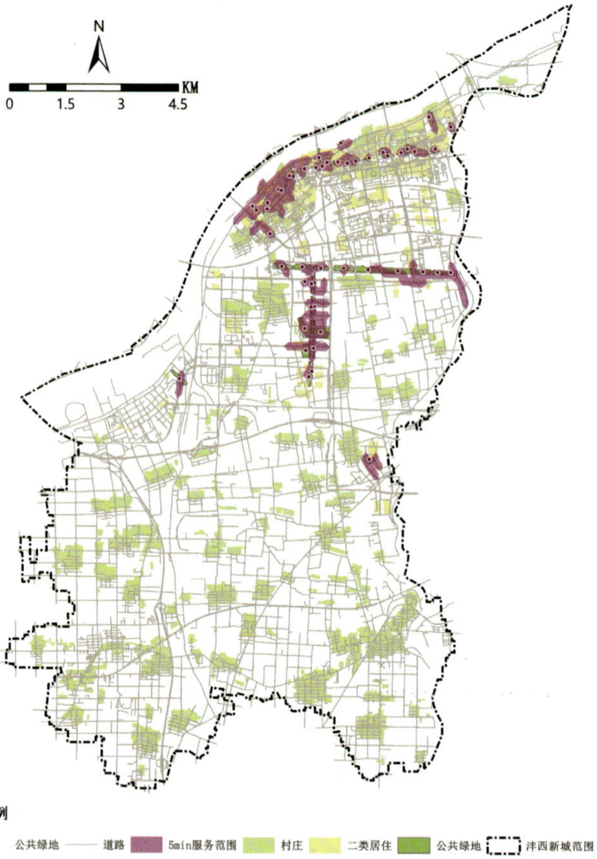

图 11　沣西新城五分钟见园比分析图

沣东、沣西新城的绿地系统整体规模较小，占城市建设用地比例不超过20%，各绿地分布零散，且相互间联系性较弱，未形成完整成熟的绿地系统网络。沣东新城中成规模的块状绿地基本均匀分布在组团内，但数量较少，五分钟见园比例低，使得绿地资源利用效率下降，且这些绿地皆独立布置，并无绿廊连接形成体系；沣西新城虽已建成两个规模较大的城市带状绿地，但都位于组团北部，使得沣西新城公共绿地分布呈现布局不均衡的现状。

6. 总结

通过以上分析可知，目前西咸新区的建设存在的主要问题包括：道路网密度较低，公共服务设施服务覆盖率和均衡性不高，居住用地分布零散，在很大

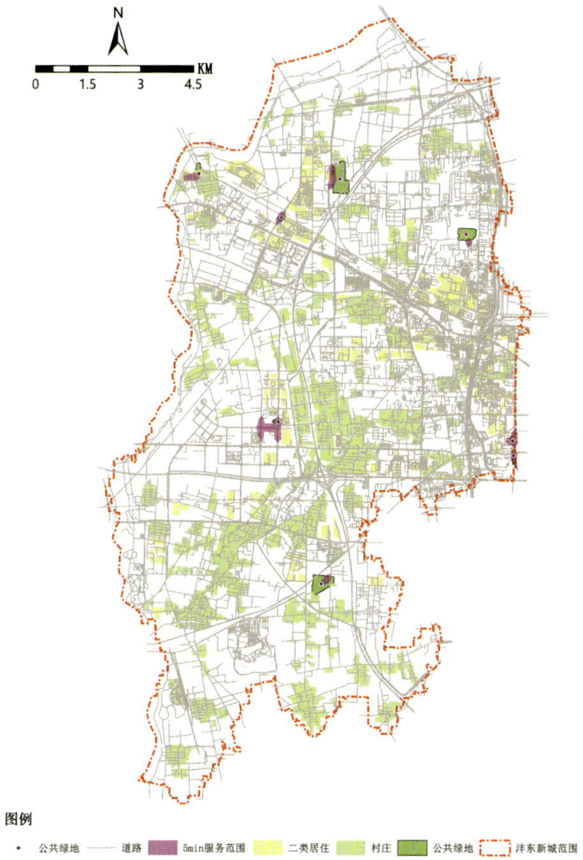

图 12 沣东新城五分钟见园比分析图

程度上是由于西咸新区正处在建设初期，城市建设紧凑度不高。同时，也因为西咸新区总体规划的编制完成于城市道路和居住区等新的规范标准颁布之前，遵循原有的规划范式和控制指标，故本研究尝试在现状分析基础上，依据新的规范标准和发展趋势，从低碳视角对西咸新区的规划提出优化策略。

三、西咸新区低碳规划策略

（一）基于生活圈理念的居住区结构优化

现有总体规划基本是依据原有的《城市居住区规划设计规范》GB50180-93

对居住用地进行规划布局，为适应街区制和社区生活圈的新的规划理念，应参考《城市居住区规划设计标准》（GB50180-2018），对原有结构进行优化调整。

对于已建成的区域的接续建设中，尽量以向新标准提出的“15 分钟生活圈—10 分钟生活圈—5 分钟生活圈—居住街坊”居住层级结构靠近，并利用已建区域内尚未开发的用地，适度增加公共服务设施和公共绿地，以尽量达到新标准所设定的较高的配套设施水平。对于待开发区域，综合考量人口密度、路网密度等因素进行居住生活圈划定，形成层级分明、系统完整、配套完善的居住生活系统，力求将所有的日常生活出行控制在步行可达的范围内，减少机动车出行比例。

（二）土地利用优化策略

城市土地的紧凑集约开发建设是城市低碳发展的有效途径，具体从调适土地开发强度区划和加强土地混合利用两方面提出优化策略。

1. 调适土地开发强度区划

土地开发强度区划是指为了进行更合理高效的开发建设，根据区域生态环境特征、区位特征、用地功能和交通可达性的不同，对城市新区进行不同程度开发强度区域的划分。土地开发强度区划直接决定了人口密度的空间分布，进而影响着城市公共资源的数量、规模、位置及其使用过程中的效率。一般而言，城市的形态紧凑度越高，意味着其运行效率也越高，相对更加降低资源、能源消耗。因此，城市空间生长与拓展自然而然地呈现出典型的趋圆性和圈层式特征，且愈靠近圆心，开发强度越高。因此对于西咸新区而言，应以城市级的公共中心为核心，遵循圈层规律，实行梯度开发。在居住用地的开发强度指标确定过程中，借助 GIS 平台进行多因子评价，并综合考虑人均住宅面积水平、土地成本、住宅价格等因素，以加强指标的科学性和可操作性。

综合西咸新区的自然条件和总体规划，根据城市的空间结构和未来的发展方向，在新区核心区、各组团分中心、轨道交通站点及其周边区域，应进行开发强度下限和上限的双控，以保证不同级别的中心区域具有足够的密度和活力，将公共服务设施的服务范围和效率发挥到最大化，以达到通过最少的出行满足最大的需求，减少城市交通带来的能源消耗。

2. 加强土地混合利用

土地混合利用是指在一个地块内有两种或两种以上的功能建筑，能够给予土地开发一定程度的弹性控制，更好地适应土地开发的不确定性和市场需求的动态性。其主要体现形式是居住、商业、办公等功能在同一地块或统一建筑内的融合，有利于减少通勤交通、休闲交通、购物交通的出行距离。

（1）在新区组团（新城）层面，围绕 TOD 轨道交通站点开发，建设高密度的多功能混合区域，实现一定比例的职住平衡和就近服务。将就业岗位相对集中地安排在公共交通设施沿线，利用地面公共交通承担近距离通勤交通，利用轨道交通承担中远距离通勤交通，减少因钟摆交通带来的土地占用和能源消耗；创建小型分散的就业中心来鼓励双向通勤，均衡区域内的交通流分布，减少私人小汽车出行。

（2）在社区范围内，根据步行的有效出行距离构建生活圈，将日常生活所需要的教育、购物、休闲、文化娱乐等功能集中布置于各级生活圈的中心，并混合于一个或多个地块内，以便人们步行容易到达，实现一次出行满足多种需求的目标，促进人们采取步行交通出行，增加慢行交通和公共交通的出行率。

（三）道路交通优化策略

1. 路网密度优化策略

针对西咸新区目前道路网密度较低的问题，应对原有规划进行道路系统优化，城市道路的功能、布局应与两侧城市的用地特征、城市用地开发状况相协调。不同级别的城市道路应分别选取不同的道路网密度，城市干线道路间距不宜超过 1.5km，路网密度尽量控制在 1.5—1.9km/km^2 之间；居住区的道路间距尽量控制在 300m 以内，路网密度不宜小于 8km/km^2；中心区道路间距尽量控制在 100-200m 之间，路网密度尽量控制在 10—20km/km^2 之间；工业区、物流园区道路间距不宜大于 600m，路网密度尽量控制在 4km/km^2 以上。

2. 慢行系统优化策略

总体上要在工作、学习、娱乐、购物等活动混合平衡、各功能空间有机联系的基础上，从动机上减少居民的长距离出行；交通方式上实现以步行为主，在步行范围内满足居民的日常活动需求，减少社区居民的机动化出行，降低出行能耗和碳排放。

（1）差异化划定慢行区类型。根据城市土地利用特点和慢行出行特征，可将慢行区域划分为优先区、重点区、步行街区和休闲区四类。[9] 其中，优先区指如居住社区、绿地广场、公园等市民活动聚集区，和中小学、幼儿园周边等日常生活必达区域，从需求上重点考虑规划建设和管理的应对；将慢行交通需求大的区域划定为慢行重点区，具体包括大型公共建筑，核心商业商务区以及大型公共交通枢纽周边区域等，须保障安全、高效、舒适通行。步行街区指须步行通过的区域，通常可分为绿道和城市休闲街区两类，旨在为提升居民生活质量的基础上，将生态环保、节能低碳与具有健身锻炼功能的步道与自行车道网络融为一体，提高市民幸福感与城市活力。

（2）针对性改善慢行空间设施。结合非机动车的功能定位，梳理完善非机动车道布局，实现安全便捷、通行连续、环境舒适的非机动车道设计，减少机动车干扰，避免因路权不明导致的“抢道”行为；针对以上划定的四类区域，针对性对进行精细化的设计和建设，如休闲设施、路牌标志等，优先提升设施品质；梳理和优化行人过街设施，尤其是车站等交通枢纽和学校、医院、商业中心等人群活动密集的区域，增加非机动停车设施，布设慢行换乘和租赁设施，构建便捷、全覆盖的慢行设施系统[10]。

（3）指标化控制慢行空间设计。一般而言，慢行系统的优化应当以可以引导便捷可达、绿色舒适的非机动出行方式的使用为终极目标。可达性路径边界不绕路，是实现步行空间高可达性的关键指标，通过引入如PRD、步行用地指标、通道密度等参数进行控制，强化步行可达性及步行连贯性。

3. 公交系统优化策略

公交优先是发展低碳城市交通的一项重要措施，作为更节能的机动化出行的主导方式，与步行和自行车交通共同分担、衔接换乘。因此，落实“公交优先”“慢行优先”的发展策略并协调之间的关系，才能更有效的使其发挥效用。

（1）由传统的以优先满足机动化需求的交通规划思路转向以公交可达性为主要目标的公交导向型城市交通规划，确立公交在城市各交通方式中的主导地位。

（2）协同考虑城市公交体系与土地利用，充分考虑交通容量与土地开发强度匹配关系。突出枢纽的便捷换乘功能，提高公共交通利用率，增加公共交通枢纽的可达性。提高公共交通与土地利用的有效混合程度，增加公共交通出行量占比。提高公交设施的覆盖率，实现居民到达枢纽的高可达性水平。

（3）协调公交网络与道路网络，促使公共交通的发生。公交网络布设与道路网布局形态相协调，公交线路层次与道路功能等级相协调，常规公交线网密度与道路网密度相协调，公交线路与站点布设与道路横断面布置相协调，提升公交线网密度与站点覆盖率。

（四）公共服务设施布局优化策略

以步行、自行车交通等绿色交通出行方式为基础的公服务设施布局是低碳城市规划的重要环节。在公共服务设施布点规划时，应考虑到居民与不同服务设施的心理出行距离及联系的可能性，以已形成的、认同度高的、相对集中的服务设施区域为基础，延展布置各种等级规模的公共服务设施[11]。同时，城市公共服务设施配置也应因地制宜，处理好公益性公共服务设施相对集中与均衡分布的关系，体现公平性。

1. 基于慢行交通的服务半径选择

服务半径和个体出行能力是影响公共服务设施布局的重要因素。在一般条件下，个体出行能力主要体现在交通工具上，采用小汽车出行的个体出行能力要远远高于采用步行或自行车交通出行的个体。低碳出行即以慢行和公交作为主要出行方式，并将其作为不同层级的公服设施服务半径的划分依据。

2. 兼顾标准与针对性的设施配置

根据《城市居住区规划设计标准》GB50180-2018 对原有规划的优化形成 15 分钟、10 分钟、5 分钟三级生活圈，并根据标准中的相应规定重新审视各类服务设施的配置标准，并在实际建设中考虑不同社区的特征和差异。例如老龄化人口比重较大的街区，应配置充裕的老年服务设施;而以中青年居民为主的街区，则要配建足够规模的教育设施，如幼儿园和中小学。

（五）绿地系统优化策略

城市绿地的主要功能在于改善城市生态，保护自然环境和为居民提供游憩场所，是改善城市人居环境的主要实施空间。面对我国快速城镇化的发展背景，城市绿地系统布局的核心目标是合理引导自然空间利用，构建功能完善、结构完整的城市绿色基础设施，最终实现城市绿色资源的优化配置和城市绿地的功能最大化，构建环境开放与承载协调的新型城市发展模式[12]。

1. 严控绿色生态本底

保护自然生态斑块完整性。西咸新区中的林地、水系、湿地等大型自然斑块，不仅是自然生态遗迹地和生态物种的生存载体，也是改善城市生态环境和城市气候的重要载体和最基本保障。因此，要保护原有自然生态系统原貌性、完整性，应保护大型自然斑块空间的完整性，针对水体、林地等生态敏感区域，提出更为严格的规划保护要求[5]。此外，控制这些生态空间周边一定范围内的开发强度，严格限制其内部的人类活动，实现人类活动与自然生态的良性互动，并充分发挥自然生态斑块的碳汇功能。

2. 完善多级绿色网络

针对目前西咸新区整体绿地建设水平偏低、层级不完善的问题，主要从以下两个方面进行完善：

（1）逐步建设城市综合公园、社区公园、街旁绿地，以及专类公园等不同类型的公园，并对接《城市居住区规划设计标准》（GB50180-2018），落位到各级生活圈的公共绿地，以优化完善绿地系统布局，提高绿地公园的人均面积与服务水平，实现城市居民“步行 5 分钟见园”的基本目标，提高人们户外活动和步行出行的频率，减少不必要的机动车出行，降低交通碳排放。

（2）保障绿地系统完整性和连续性。通过绿化廊道、道路绿化等带状绿化将点状的城市公共绿地和面状的自然生态斑块联系起来，充分发挥西咸新区已有的生态本底优势，形成绿色网络贯穿的城市优质环境品质，为居民营造舒适的出行环境与景观环境。

四、西咸新区低碳发展的体制机制

（一）建立新区低碳发展的考核机制

由西咸新区主要管理部门负责建立新区低碳发展综合考核机制。一是定期对新区的低碳发展相关规划落实情况进行跟踪监测和公示。二是将主要的低碳发展评价指标纳入相关部门工作考核内容，对能源资源消耗、经济产业发展、城市环境改善等工作绩效进行综合考量，以更好地发现问题、补足短板。

（二）建立低碳发展的激励体制机制

配套低碳城市发展相关政策，形成低碳城市建设激励体制机制。一是对应用新理念、新技术的低碳城市建设项目予以资金和政策支持，并对规划建设到验收运行的全过程进行监管。二是政府和企业之间密切合作，共同推进低碳城市建设，对节能减排绩效好的企业可实施税收减免等奖励政策，力求实现经济发展与城市建设的共进共赢。三是对各类建筑能耗进行调研评估，进而实行能源消耗的阶梯收费制度，倡导全社会范围的节能减排。

（三）充分发挥低碳示范引领作用

在西咸新区总体规划的框架下，于城区范围内选取典型区域，将相关低碳新技术贯穿于“规划设计—建筑设计—施工建设—运行使用”的全过程，实现城市人居环境的改善和人均碳排放量减少的双重目标，逐步建设形成多个示范点，并根据其建设成效进行评级和政策奖励，充分发挥示范引领作用，推动整个新区乃至我省城市新区的低碳发展。

（四）完善公众监督机制

充分利用现代信息手段，逐步由公众参与走向公众监督。利用西咸新区官方网站和社交软件等多种形式提高公众监督的广度和深度，从环境保护和城市交通等方面对城市建设过程出现的各种问题形成及时的反馈与处理，将公众作为政府监督工作的延伸力量，达到事半功倍的效果。

（五）完善新区综合智慧管理平台

在西咸新区现有数字化管理平台基础上，逐步整合工业、交通、电力、燃气、供水等多部门的动态监测数据，同时融合城市空间建设数据、卫星遥感数据、互联网数据等多元多态数据，对城市运行进行实时监测和管理的动态调适，促进城市各类资源和设施的高效利用，并以“城市大脑”建设为目标，逐步实现新区管理的智能化、自动化和高效率。

| 参考文献 |

[1]Bertaud Alain. The Spatial Organization of Cities : Deliberate Outcome or Unforeseen Consequence. Washington DC : World Development Report , World Bank, 2004.

[2]Peter Gordon, Harry W. Richardson. Are Compact Cities a Desirable Planning Goal. Journal of the American Planning Association, 1997（1）: 95—106.

[3]顾朝林 . 气候变化与低碳城市规划（2 版）. 南京 : 东南大学出版社，2013.

[4]H.C. Ward, S. Kotthaus. et al. Effects of urban density on carbon dioxide exchanges : Observations of dense urban, suburban and woodland areas of southern England. Environmental Pollution, 2015 : 186-200.

[5]Seungil Lee , Changhyo Yi , Soung-Pyo Hong. Urban structural hierarchy and the relationship between the ridership of the Seoul Metropolitan Subway and the land-use pattern of the station areas.CITIES, 2013（8）: 69—77.

[6]David S. Vale. Transit-oriented development, integration of land use and transport, and pedestrian accessibility : Combining node-place model with pedestrian shed ratio to evaluate and classify station areas in Lisbon. Journal of Transport Geography, 2015（4）: 70—80.

[7]PlaNYC, A Greener, Greater New York. NYC Mayor's Office, 2008.

[8]杨辉，张晓荣 . 空间视角下低碳城市规划的国际经验借鉴与思考 [J]. 华中建筑，2016，34（06）: 36—40.

[9]王梅，林航飞 . 慢行交通，“慢”出都市出行高品质 [J]. 交通与港航，2015，2（01）: 26-37.

[10]陈小鸿，叶建红 . 绿色导向，慢行优先——上海 2040 总体规划的交通发展价值观 [J]. 上海城市规划，2017（04）: 18—25.

[11]罗毅，李子波 .LEED-ND 引导下的绿色社区规划设计策略初探 [J]. 中外建筑，2013（07）: 96—98.

[12]张云路，关海莉，李雄 . 从园林城市到生态园林城市的城市绿地系统规划响应 [J]. 中国园林，2017，33（02）: 71—77.

陕南山区生态城镇化路径研究
——以安康紫阳县为例 (1)

○陈　姣 (2)

内容提要：本研究对紫阳县城镇化水平、人口分布、基础设施建设情况进行调查分析，针对紫阳县城镇化进程中所存在的区域发展不协调、土地城镇化快于人口城镇化、产业集群程度较低等问题，在如何建立健全体制机制、强化城镇体系网络、提升区域对人才吸引力等方面，提出适合当地发展的新型生态城镇化路径。

一、研究背景

《国家新型城镇化规划（2014—2020 年）》明确指出："我国城镇化是在人口多、资源相对短缺、生态环境比较脆弱、城乡区域发展不平衡的背景下推进"的。坚持中国特色新型城镇化道路，有助于缩小地区之间、城乡之间的差距。我国国土面积中，山地面积占到陆地总面积的 55.2% [1]。山地丘陵地区城镇可建设面积受限、基础设施发展较差、产业发展落后，且大多处于重要的生态功能区。山地丘陵地区城镇化进程的推进，要保证城镇面貌、区域生态环境保护、居民福祉等要素的整体提升。

陕南地处秦巴生物多样性生态功能区，紧临中国南北分界线南界（秦岭—淮河线），是南水北调中线工程的水源地。陕南区域可持续发展面临的主要问题有地质灾害频发、耕地资源短缺、经济发展较慢等问题。区域降水时空分布不均，尤以夏季因降水过程集中而引发的暴雨、洪涝灾害 [2]。区域拥有大量基因物种，饲用、药用植物资源丰富，对人类生存与发展有重要的价值。但是，

(1) 本研究报告为西安建筑科技大学 2019 年度新型城镇化专项研究基金项目研究成果。

(2) 作者：陈姣，西安建筑科技大学建筑学院讲师。

随着当地人口增加、农村面源污染、工业进程和旅游开发等人类活动的持续干扰等影响[3]，当前面临生物多样性减少、地质灾害频发与水源地水质下降等生态问题。生态优先、绿色发展的城镇化发展思路对于沿线城镇生态保护与经济发展具有重要的指导意义。作为南水北调中线工程水源地，汉江中上游是我国重要的绿色生态屏障，水源地生态环境质量直接关系华北地区用水安全[4]。维护生态平衡，防治水质污染和水资源枯竭，保证饮用水安全，加强水源地及沿线生态环境保护，是陕南推进新型城镇化工作的重中之重。

陕南大部分地区处于中高山地区，经济发展普遍落后，财政支出远高于收入。人口主要分布在汉水谷地。江汉平原是我国主要商品粮基地之一，以一年稻、麦两熟为主，兼有棉花、油菜、玉米、花生、芝麻和豆类种植，以及经济林木漆树、油茶、油桐、油橄揽、桑、柑橘和茶[5]。汉中盆地和秦巴山地均被划入国家五大农业发展区之中，分别重点建设优质水稻生产基地、“双低”油菜产业基地、畜产品产业基地、中药材产业基地、林特产品产业基地和优质茶叶产业基地[6]。产业结构不合理成为当地经济社会可持续发展的瓶颈。例如，安康的茶叶、生漆、板栗等特色传统产业，在生产与销售外贸环节未能形成产业链，出现“大林业、小产业、低效益”的发展局面。大部分农业产业发展存在精加工少，产业链条短、市场占有率低等问题。推进特色农产品产业化的同时，对现有产业结构进行调整，实施产业生态化战略、推进产业生态化转型显得尤为重要。培植绿色环保型生态产业，实施产业循环化发展战略，提升资源利用水平，依托当地自然资源，推动现有绿色产业规模化发展。

《陕西省十三五规划纲要》提出，要推进陕南绿色循环发展。构建绿色循环产业体系，打造秦巴山水休闲度假胜地，构建生态型产业发展新体系。推进陕南城镇化高质量发展，促进沿汉江城镇带协同发展，有利于国家重要生态安全屏障建设，有利于秦巴山区脱贫攻坚，有利于支撑全省枢纽经济、门户经济和流动经济发展。正确处理自然资源、生态环境、经济社会所面临的问题，明晰区域持续性现状与潜力，可以为区域城镇化发展提供理论支撑和决策依据。

紫阳县位于陕南几何中心地带，环境优美，硒资源富集，文化底蕴深厚。紫阳县面临优质生态环境和水源地保护与经济发展矛盾日益突出、产业同质化竞争激烈，产业竞争力有待提升，可建设用地受限等共性问题。同时，还面临富硒产业起步早、但上下游产业链发展较弱、品牌影响力较差等特性问题。在紫阳县开展生态城镇化路径选择研究，进而探索陕南区域重点生态功能区产业转型、生态保护、城镇建设与乡村振兴等相互促进、协调发展的可能模式，紫阳县具有典型代表性。

二、研究区域概况

1. 气候特点

紫阳县属亚热带湿润季风气候区，年平均气温 15.1℃，无霜期为 268 天，年降水总量 1066 毫米，最多年降水量 1682.8 毫米，降水多集中在 6—9 月，夏季多发洪涝。最低海拔 277 米，最高海拔 2522 米。汉江自西北至东南横贯全境，任河由西南向西北注入汉水，河流将全县分割为东南部大巴山区、西南部米仓山区、北部凤凰山区，加上蒿坪河川道，从而形成了紫阳“三山两水一川”的地貌特点[6]。

2. 地理区位优势明显

紫阳县地处关中平原城市群、成渝城市群、长江中游城市群的几何中心地带，

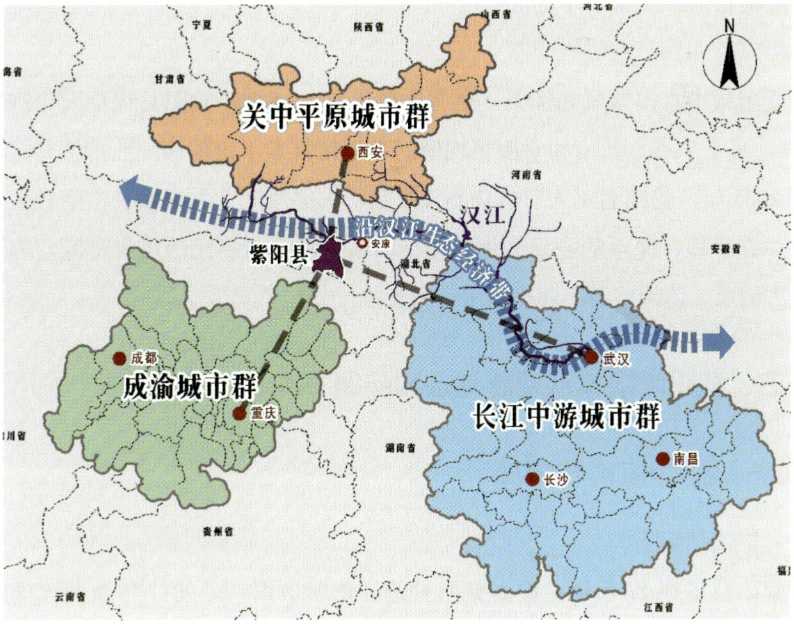

图 1　紫阳县地理区位示意图

是沿汉江生态城镇带重要节点城镇，也是安康市通往成渝城市群的门户（图 1）。襄渝铁路南北向穿境而过，在紫阳县设有客运站和货运站。包茂高速南北向穿境而过，在紫阳县设有四个出入口。即将建成通车的 541 国道为紫阳经济和全域旅游发展创造更加便利的交通条件。

“一带一路”倡议和长江经济带、汉江生态经济带建设的大力推进，国家积极推进区域协调发展重大举措出台及西渝高铁、西十高铁等重大通道建设，国家大力实施创新驱动发展战略、军民融合发展战略及全省获批全域旅游示范省，“南水北调”中线工程、主体功能区、“脱贫攻坚”、川陕革命老区建设等，都给紫阳发展带来了重大战略机遇。

3. 特有资源丰富

紫阳境内河流密布，水资源丰富。紫阳县被农业部列为全国优质名茶示范区。紫阳县土壤硒元素含量保持在 0.2mg/kg—27.0mg/kg 范围，紫阳茶叶、农作物、农副产品、饮用水都富含硒元素。紫阳富硒茶得到国家地理标志产品认证。紫阳县境内板石资源丰富，板石屋顶民居是紫阳独特的建筑风貌。紫阳茶文化历史悠久，自唐代始就有贡茶生产，紫阳民歌是国家级非物质文化遗产保护项目，紫阳是道教南派发源地并因此得名[6]。

4. 发展康养产业优势明显

紫阳县山水田园风光优美，空气质量优良。2017 年紫阳县优良天比例高达 95.6%，高于全省、陕南和安康平均值。老龄化背景下大健康产业持续升温，预计到 2025 年，我国老年人口将达到 4.8 亿，大健康产业发展增长空间较大。良好的生态环境、深厚的多元文化、优良的富硒食品、多元的风景资源，为紫阳发展大健康、休闲旅游产业提供了有力支撑。

三、紫阳城镇体系现状特征和问题

（一）城镇人口结构分析

1. 城镇等级结构

紫阳县下辖 17 个镇。根据紫阳县统计年鉴数据[7]，2017 年城关镇的城镇人口为 32839 人，其余城镇的城镇人口均不到 1 万人，12 个镇的城镇人口少于

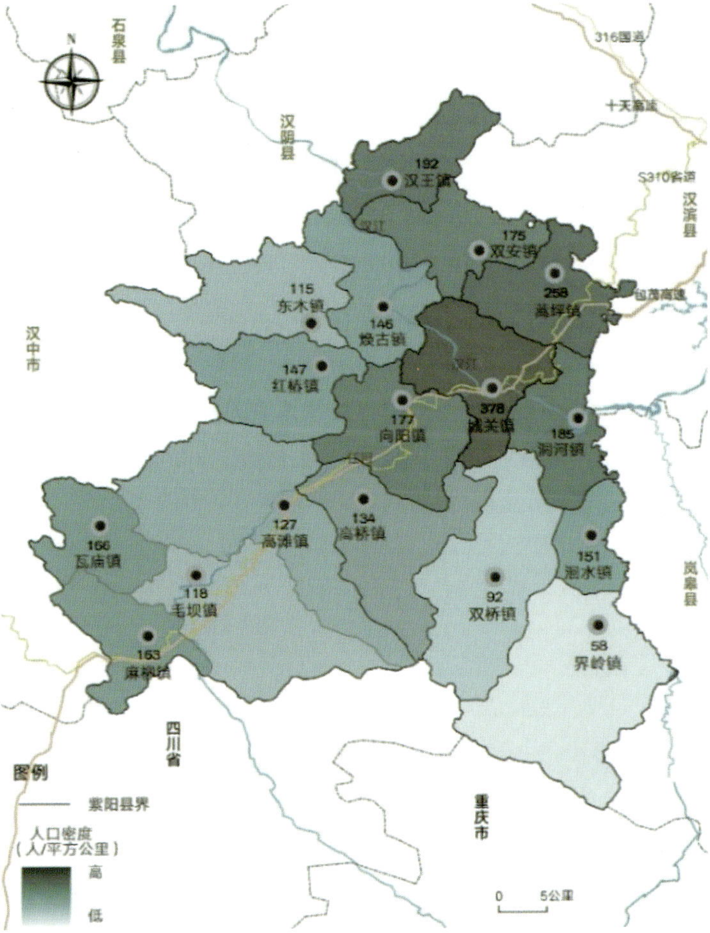

图 2　紫阳县人口密度分布图

5000 人。紫阳县城关镇人口密度最高，沿汉江干流城镇人口密度较高，双桥镇、界岭镇人口密度最低，每平方千米不足百人（图 2）。

2.Zipf 维数

通过位序—规模分维值测度紫阳县城县域等级结构整体特征。按照所有城镇的城镇人口规模由大到小排序，得到城镇位序：1，2，3，…，n。通过 SPSS 软件计算城镇位序、人口规模的对数，绘制城镇体系位序—规模双对数坐标图（图 3）。对城镇体系位序—规模进行一元线性回归，得到城镇体系的 Zipf 维数和对数一元线性方程。

nP_r=10.026-0.837Inr，Zipf 维数是 0.837，R^2 为 0.923。

Zipf 维数接近 1，说明最大城镇与最小城镇的城镇人口数目近似于整个城镇体系的城镇数目，城镇体系系统状态较好。

2015 年，陕西省全省行政区调整，撤销紫阳县联合镇、绕溪镇、广城镇、斑桃镇。根据 2013 年紫阳县统计年鉴[8]，紫阳县下辖 21 个镇。其中，广城镇当年城镇人口为零。将 2012 年与 2017 年紫阳县位序—规模对数坐标图进行对比（图 4），紫阳县各城镇的城镇人口在五年中持续增加。从 Zipf 维数来看，撤乡并镇实施后，城镇分布更为集中，规模更趋合理。从回归曲线的斜率来看，呈现上下分离的两根斜线，说明紫阳县城镇体系的发育阶段尚处于初期，以自身的原始扩张为主，城镇之间的竞争机制尚未形成，关联影响非常弱。

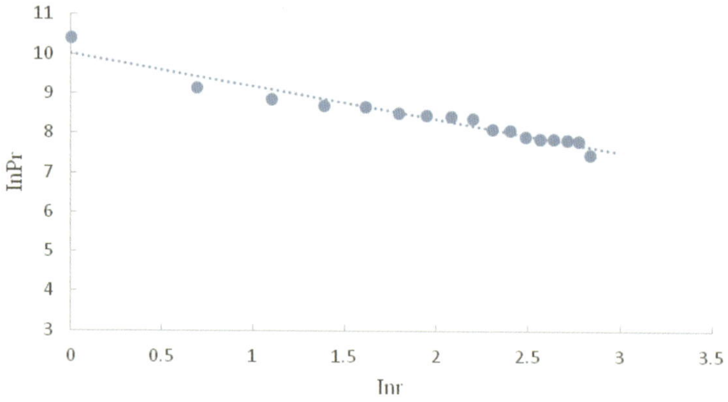

图 3　紫阳县位序—规模双对数坐标图

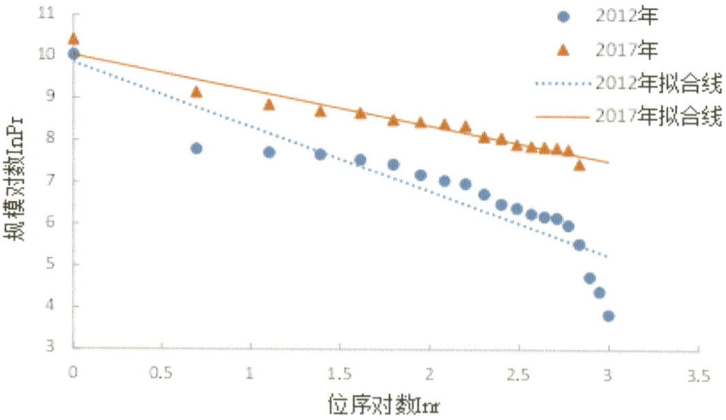

图 4　紫阳县位序—规模双对数坐标 2012 年、2017 年对比

（二）城镇空间结构分析

1. 空间均衡性

以城关镇为中心城镇，计算城镇体系的空间聚集维数。紫阳县共 17 个镇，利用百度地图测算各镇到城关镇中心城区距离（表 1），将点（r，Nr）绘制成为 Inr-InNr 坐标图（图 5）。

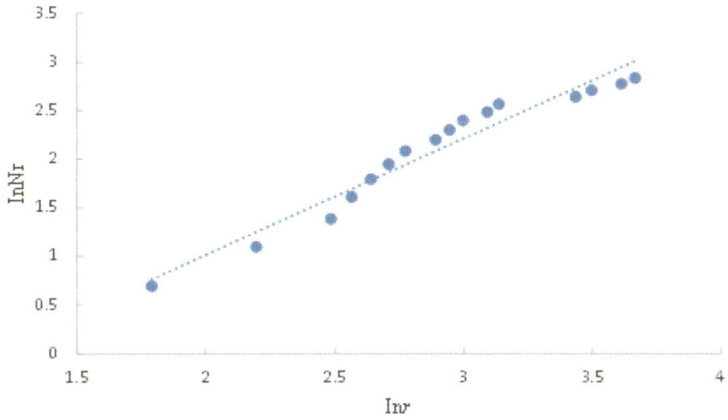

图 5　紫阳县城镇半径—数量双对数坐标图

表 1　紫阳县以城关镇为中心位置的镇直线距离

	以城关镇为中心	
	城镇	距离 /km
1	向阳镇	6
2	洞河镇	9
3	蒿坪镇	12
4	焕古镇	13
5	双安镇	14
6	红椿镇	15
7	高桥镇	16
8	东木镇	18
9	双桥镇	19
10	洄水镇	20
11	高滩镇	22

续表

	以城关镇为中心	
	城镇	距离 /km
12	汉王镇	23
13	界岭镇	31
14	毛坝镇	33
15	瓦庙镇	37
16	麻柳镇	39

数据来源：利用百度地图测量整理，2019 年 11 月

通过线性回归，求得以城关镇为中心，紫阳县的聚集维数 D=1.198，R2=0.947。说明紫阳县分布的向心性较弱。如图 6 所示，紫阳县 10 个镇分布于距离城关镇直线距离 20 公里的半径中，6 个镇距离城关镇直线距离超过 20 公里。

借助百度地图，测量 17 个镇之间的直线距离，建立基于直线距离里程的矩阵，总点数为 N2=289（表 2）。

表 2 2017 年紫阳县 17 个乡镇之间直线距离里程（km）

紫阳县 17 个乡镇之间直线距离里程（km）																	
	城关镇	蒿坪镇	汉王镇	焕古镇	向阳镇	洞河镇	洄水镇	双桥镇	高桥镇	红椿镇	高滩镇	毛坝镇	瓦庙镇	麻柳镇	双安镇	界岭镇	东木镇
城关镇	0																
蒿坪镇	12	0															
汉王镇	23	21	0														
焕古镇	13	17	13	0													
向阳镇	6	18	24	11	0												
洞河镇	9	13	30	21	14	0											
洄水镇	20	26	68	32	21	13	0										
双桥镇	19	28	40	29	17	16	10	0									
高桥镇	16	28	30	20	11	20	22	14	0								
红椿镇	15	24	20	9	11	25	32	27	14	0							
高滩镇	22	34	34	23	17	29	30	22	8	15	0						
毛坝镇	33	45	46	34	27	38	37	28	18	25	11	0					
瓦庙镇	37	50	44	34	32	45	45	36	24	26	16	10	0				

续表

紫阳县 17 个乡镇之间直线距离里程（km）																	
	城关镇	蒿坪镇	汉王镇	焕古镇	向阳镇	洞河镇	洄水镇	双桥镇	高桥镇	红椿镇	高滩镇	毛坝镇	瓦庙镇	麻柳镇	双安镇	界岭镇	东木镇
麻柳镇	39	51	52	40	34	44	42	32	24	32	17	6	9	0			
双安镇	14	10	10	10	17	21	33	33	27	19	33	43	44	50	0		
界岭镇	31	34	48	38	27	21	7	10	24	37	31	36	46	39	40	0	
东木镇	18	24	17	8	14	27	36	31	20	5	19	28	28	35	18	18	0

数据来源：利用百度地图测量整理，2019 年 11 月

制作双对数坐标图，计算基于直线距离的城镇体系空间分布均衡维数 D，选择码尺 r=5，10，15，20，25，…，70（步长 5km），相应的 C（r）=19，47，79…，289，得到点列（r，C（r））。通过点列进行回归运算 Dt=1.049，R^2=0.941。

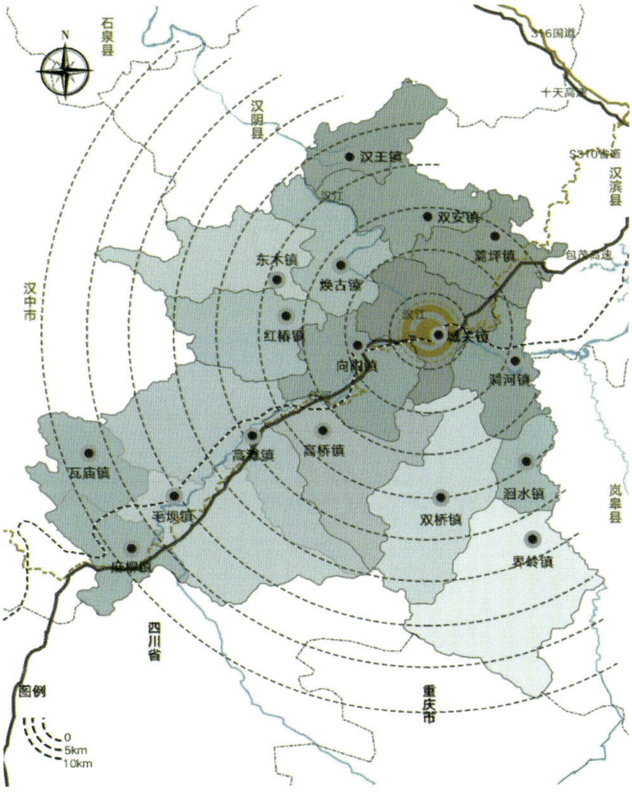

图 6　紫阳县以城关镇为中心的城镇向心性

2. 空间关联性

以城关镇为中心城镇，计算城镇体系的空间聚集维数。紫阳县共 17 个镇，利用百度地图测算各镇到城关镇中心城区交通距离矩阵（表 3），将点（r，Nr）绘制成为 Inr-InNr 坐标图（图 7）。得到聚集维数 D=1.068，R^2=0.974。

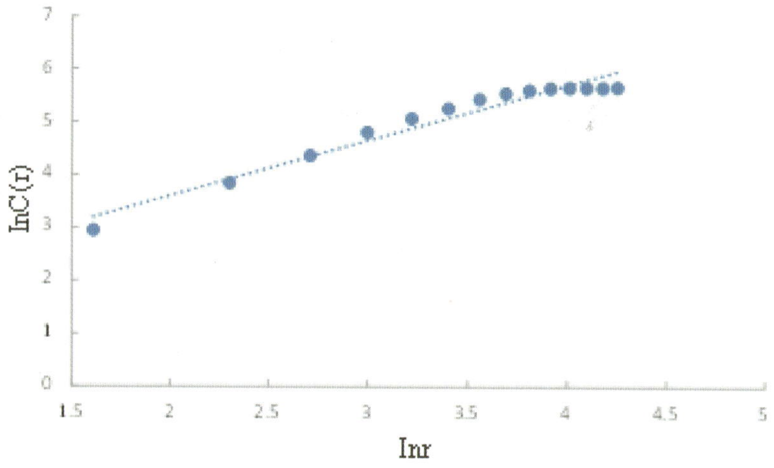

图 7　紫阳县基于直线距离码尺—空间关联累积双对数坐标图

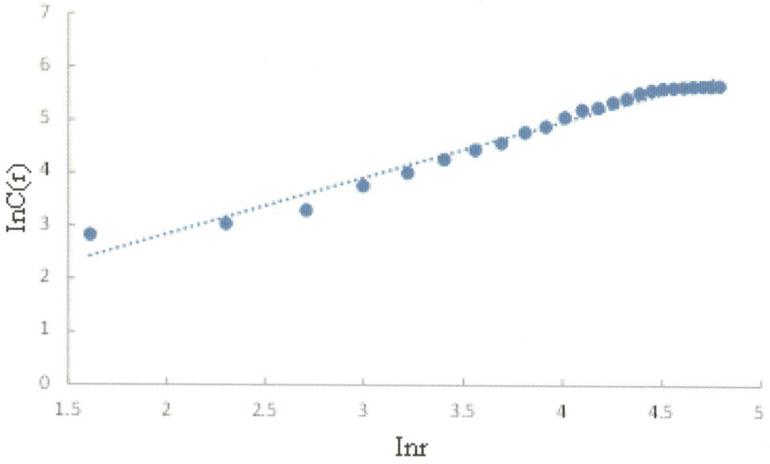

图 8　紫阳县基于交通距离码尺—空间关联累积双对数坐标图

表 3 2017 年紫阳县 17 个乡镇之间交通距离里程（km）

紫阳县 17 个乡镇之间交通距离里程（km）																	
	城关镇	蒿坪镇	汉王镇	焕古镇	向阳镇	洞河镇	洄水镇	双桥镇	高桥镇	红椿镇	高滩镇	毛坝镇	瓦庙镇	麻柳镇	双安镇	界岭镇	东木镇
城关镇	0																
蒿坪镇	24	0															
汉王镇	58	35	0														
焕古镇	20	40	76	0													
向阳镇	9	25	60	27	0												
洞河镇	27	33	68	47	36	0											
洄水镇	38	60	95	58	46	20	0										
双桥镇	52	66	102	70	45	35	33	0									
高桥镇	25	40	75	43	19	52	60	27	0								
红椿镇	25	42	77	43	26	52	63	71	45	0							
高滩镇	28	43	78	46	25	55	76	43	17	48	0						
毛坝镇	40	54	90	57	42	66	76	55	24	59	13	0					
瓦庙镇	55	70	105	73	58	82	92	70	44	74	28	16	0				
麻柳镇	52	74	110	77	55	79	96	68	49	79	26	13	26	0			
双安镇	40	18	18	58	43	51	77	84	58	60	61	72	87	85	0		
界岭镇	52	85	120	72	63	34	15	18	45	77	61	73	88	86	100	0	
东木镇	32	50	84	50	33	60	70	78	52	7	55	66	81	79	66	84	0

数据来源：利用百度地图测量整理，2019 年 11 月

表 4 紫阳县乡镇交通网络的关联数目

基于直线距离		基于交通距离	
码尺 /km	累计城镇个数	码尺 /km	累计城镇个数
5	19	5	17
10	47	10	21
15	79	15	27
20	123	20	43
25	159	25	55
30	193	30	71

续表

基于直线距离		基于交通距离	
码尺 /km	累计城镇个数	码尺 /km	累计城镇个数
35	231	35	85
40	257	40	97
45	273	45	119
50	283	50	133
55	287	55	159
60	287	60	183
65	287	65	191
70	289	70	211
75	0	75	227
80	0	80	251
85	0	85	265
90	0	90	273
95	0	95	277
100	0	100	281
105	0	105	285
110	0	110	287
115	0	115	287
120	0	120	289

紫阳县交通网络发育度 p=1.068/1.049=1.018，数值较高，说明紫阳县 17 个乡镇之间公路交通通达能力较强（图 9）。

（三）经济产业现状分析

2017 年，紫阳县人均 GDP 低于全省、陕南与安康，只达到全省平均值的 55%（图 10）。第一、二产业占比高于全省平均水平，第三产业占比低于全省、陕南和安康（图 11）。紫阳县现有企业规模小、数量少，新型农业经营主体培育缓慢，全链条增值的现代农业产业体系尚未形成，综合竞争力不强。资源优势转化慢，高端化功能性产品偏少，龙头企业的带动作用不足。服务业增加值占比较小，产业发展层次整体偏低。旅游、大健康产业，没有实现特色发展，与周边县、市同质化现象严重。

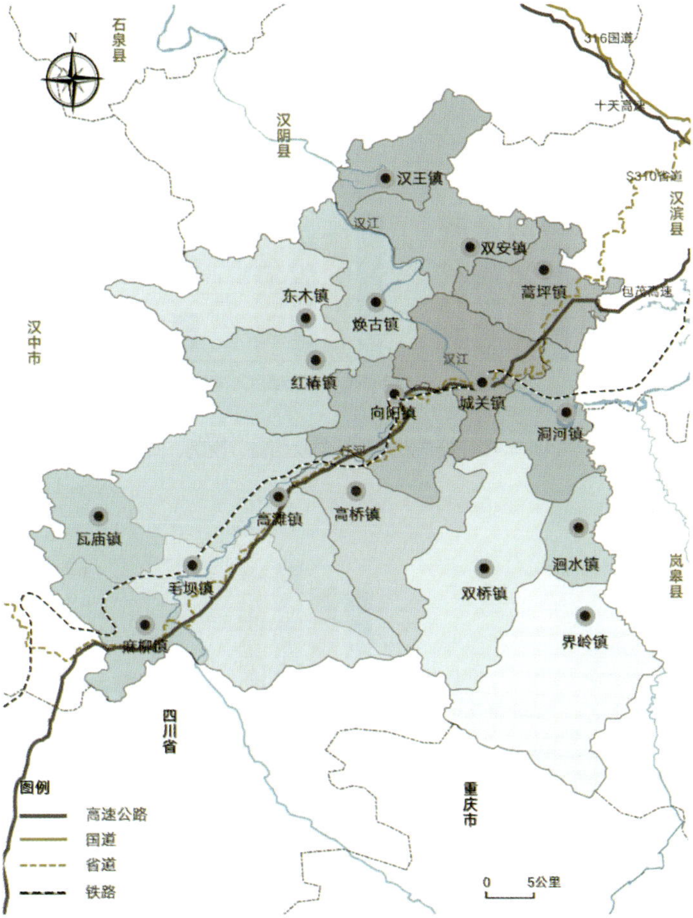

图 9　紫阳县主要交通空间关联

紫阳县推行“主导产业 + 龙头企业 + 合作社 + 贫困户”的产业精准扶贫模式。按照“一镇一业一龙头、一村一品一主体、一户一技一项目”的思路，大力培育以茶叶为主的“硒 +X”产业体系和以“十百千万”为主要模式的经营体系。富硒茶产业是紫阳县重点支柱产业，成为脱贫攻坚“助推器”[9]。但是，富硒茶产业没有做大做强，产业链条短，高附加值产品少。茶园管理粗放，营销渠道单一，对“紫阳富硒茶”品牌培育、维护和宣传不足。

2013 年，安康市打破行政壁垒，规划发展“飞地经济”，紫阳县因空间发展受限被确定为“飞出地”。2014 年，紫阳县被列为飞地经济发展先行县，恒紫循

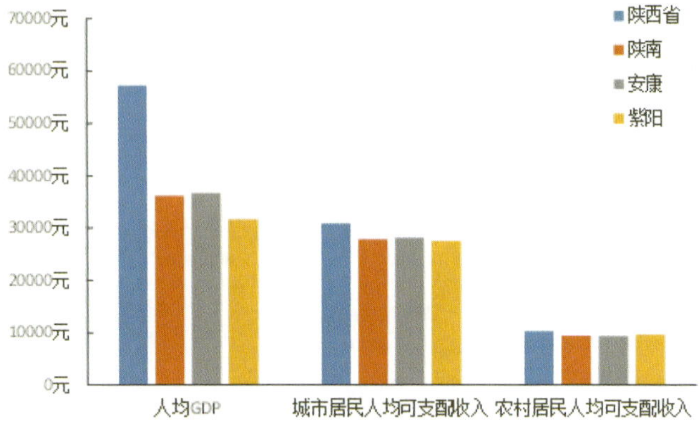

图 10　2017 年紫阳 经济发展数据与陕西省、陕南、安康数据对比

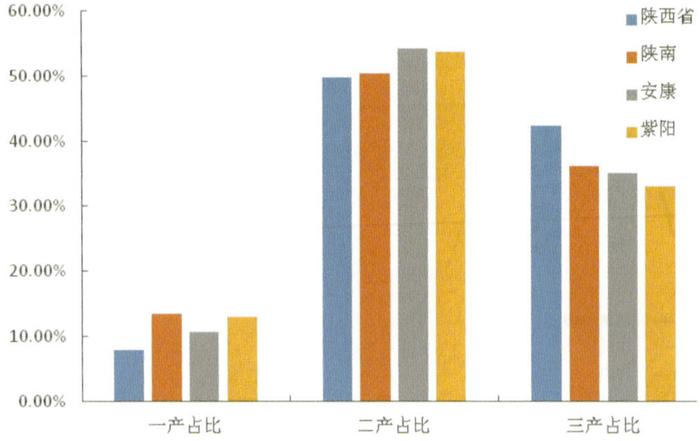

图 11　2017 年紫阳一二三产占比与陕西省、陕南、安康数据对比

环产业园被省政府确定为“全省重点建设县域工业集中区”[10]。恒紫园区规划了新型建材、中医药制剂、电子加工等几大片区。2018 年，苏陕协作项目，投资 5 亿元的中药材深加工项目落户园区[11]。“飞地经济”“苏陕扶贫协作和经济协作”，都给紫阳县经济发展带来了巨大的推动效应，如何在此基础上大力发展富硒产业、文化旅游产业、健康养老产业，是紫阳经济产业发展的关键。

（四）人口就业情况分析

紫阳县是劳务输出大省，每年有将近 8 万人外出打工。紫阳技能脱贫模式入选全国人社领域精准扶贫典型案例，“紫阳修脚师”荣获国家和省级知名劳务品牌[12]。大量农村劳动力外流给紫阳县带来了数量可观的劳务经济收入，缩小了城乡居民收入差距。2005 年以来，农村居民收入逐年增加，城乡居民收入差距逐渐缩小（图 12）。

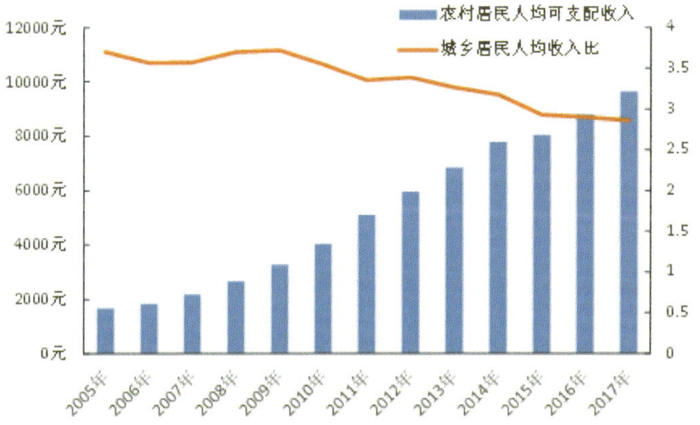

图 12　紫阳县 2005—2017 年农村居民可支配收入与城乡居民收入比

当前，紫阳本地存在季节性的“用工荒”。每年茶叶采摘季节，需要从周边区域高薪雇用采茶人员。大量劳动力外出务工也对本地企业规模拓展、外来企业入住本地造成阻碍。本地资源经济与劳务经济发展脱节，是当前紫阳面临的主要问题。扶贫搬迁过程中，农村到小城镇、县城的搬迁模式，使得传统务农人员搬迁后存在一定程度的就业脱节现象。

紫阳县只有一所职业高中，在职业技能人才培养，特别是富硒产品加工、茶学、茶艺等与县城优势产业配套的专业培训力量薄弱。紫阳大力发展扶贫工厂，以服饰加工、毛绒玩具加工为主，在提升就业率、解决贫困人口脱贫方面成效显著。但是，两头在外的加工模式受市场影响较大，如何发挥社区工厂对当地就业的带动作用，也是值得关注的问题之一。

（五）公共设施现状分析

乡镇基础设施缺乏统一规划、建设水平总体偏低。特别是新建集中安置点的农贸市场、停车场、垃圾处理等公共服务设施配套尚未完善。老城区公共敞开空间不足，城、绿分离，绿地空间分配不合理且人均绿地面积低于国家标准。义务教育办学条件有待进一步提升，农村教师与医疗卫生人才缺乏，高学历和高级职称人数较少。全镇文化体育设施配套相对落后，无法满足居民需求。

交通设施方面存在道路窄、乱停车、机非混行、管理混乱，整体出行环境差等问题。城市交通与过境交通混行，特别是高滩镇，310 国道穿过集镇人流密集区，存在较大的交通安全隐患。以 2017 每万人人均公路里程与万人拥有卫生技术人员为例，紫阳县高于全省平均水平，但低于陕南和安康平均水平。每万人固定资产投资总额，紫阳只占全省平均值的 57%（图 13）。2017 年，紫阳县城镇化率为 41.4%，低于全省、陕南和安康城镇化率水平[13-14]。

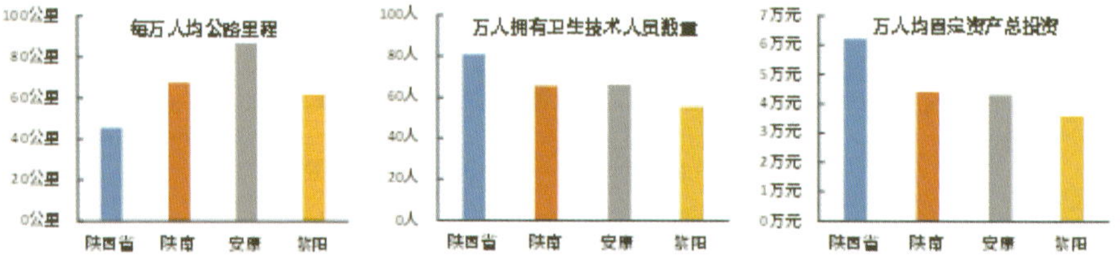

图 13　2017 年紫阳县与全省、陕南、安康固定资产数据对比

四、生态城镇化路径选择

生态城镇化是追求社会、经济和生态的协调可持续发展的新型城镇化。探究城镇发展的生态城镇化路径，就是解决快速城镇化进程带来的生态承载力与城镇化可持续发展之间的矛盾。生态城镇化建设要统筹考虑经济发展、城镇建设和人民福祉。紫阳县地处南水北调的重要水源地，探究紫阳县生态城镇化的路径模式，推进紫阳县城镇化高质量发展，将为陕南生态城镇化研究提供范本。

（一）应对收缩型城市的人口路径建设

紫阳县常住人口少于户籍人口，是比较典型的收缩型城市。2015 年陕西省实施撤乡并镇后，紫阳县人口较少的四个镇被撤销。伴随紫阳县生态移民和扶贫移民搬迁工程，紫阳县将有更多的农村人口向城镇聚集。合理地预测紫阳县各镇人口密度与年龄结构变化，合理规划集镇位置，并配置教育、医疗基础设施，可以减少人口密度下降导致的公共交通效率低下的问题，防止区域住房、基础设施和社会设施因为城镇化进程推进出现供应和需求不平衡的现象。同时，能减少未来对基础设施维护的财政预算压力。

“技能脱贫”模式的成功，说明紫阳在“培训一输出就业”的有序输出环节打造劳务特色品牌大获成功。在此基础上，在引导回流返乡创业环节打造紫阳模式 2.0 版本，有助于紫阳实现劳务经济资本化，助力当地产业发展。解决移民搬迁过程中“跨梯次迁移”，就需要提升农民就业能力并加以引导，将现有享有扶贫政策补贴的集镇社区工厂与劳务资本回流结合，建立可持续的社区工厂模式（图 14）。

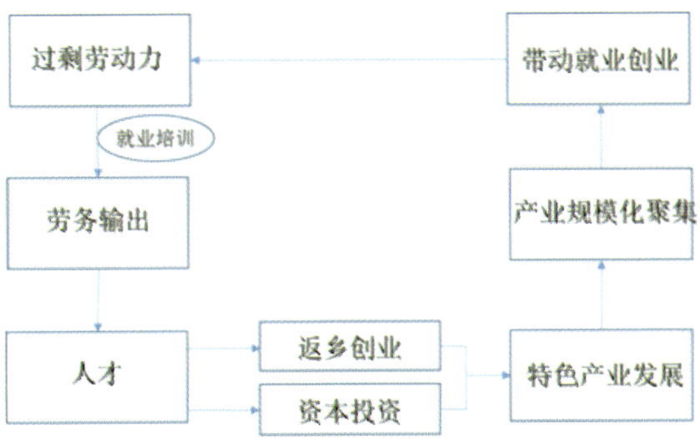

图 14　紫阳通过劳务经济带动本地发展模式图

围绕紫阳县硒茶主导产业，加强专业性人才培养。加强政府在产学研合作中的推动作用，鼓励高等院校、科研所与企业联合建立产业技术联盟，共同建设研发机构。给予企业政策优惠，支持企业引进紧缺型产业人才，提高人才引进力度。尝试薪酬待遇、收益分配形式的多元化市场机制，施行人才激励策略。全方位加强紫阳县对创新、创业人才的吸引力，打造活力县城。

（二）协调区域发展的城镇空间路径建设

紫阳县尚处于城镇化初期向中期过渡的阶段，各城镇处于城镇人口增加阶段，城镇之间的关联较弱。采取联动发展的城镇化空间模式，形成城镇组群，有助于打破乡镇之间的行政边界，提高城镇化进程。

加强县城老城区改造，提升综合功能。积极推进县城新区的开发建设，打造汉江沿岸山水人文特色县城。推进城镇产业发展、人口集聚和功能完善，促进资源优化配置和节约集约利用，建设宜居宜业的生态型小城市。优化城区空间布局，增强对周边城市的产业承接能力，引进科技研发、金融商贸、休闲旅游等高端产业，构建具有现代气息的旅游型产业体系。加强政府引导，市场引领，鼓励在外创业成功人士返乡创业，积极引导劳动力返乡就业，创造大众创业、万众创新的良好氛围。

加快县城副中心建设，提升产业聚集。打造综合实力突出、布局合理、规模适度、功能健全的县域副中心。蒿坪镇以硒谷生态工业园为重点，加强富硒食饮品加工、综合服务、茶园生态产业、茶矿泉水等天然资源加工等产业片区建设，强化居住商贸功能，建设以硒资源开发为特色，集生产、流通、科研、居住、休闲于一体的工业型城镇。向阳镇依托铁路二级货运站，大力发展仓储物流产业，强化服务设施配套；利用五省会馆、富硒茶观光园，着力提升观光旅游服务功能，加快建设文旅结合的发展模式，进一步融入汉江滨水景观带，打造现代物流、生态旅游为主的服务型城镇。

优化三级城镇体系建设，打造特色城镇。优化空间布局，着力构建“县城—县城副中心—一般镇”三级城镇体系。全面增强县域综合服务能力，促进县域人口和产业集聚。县城副中心以蒿坪镇和向阳镇组团为重点，建设成为道路完善、产业突出、服务齐全、辐射较强的小城镇。打造具有地域特色的城镇，成为带动乡村振兴的重要载体。加快高桥、双安和焕古等重点镇建设，按照城乡政策一致、规划建设一体、公共服务均等的原则，加大政策扶持力度，合理确定产业发展方向和建设布局，打造区域性旅游小镇、商贸小镇和物流小镇，使其成为吸纳人口和经济的重要增长点。结合扶贫攻坚和移民搬迁工程，引导山区人口有序向重点镇和中心村转移，建好一般镇和新型农村中心社区，实现城乡互动发展。

（三）凸显生态文明的的生态路径建设

按主体功能定位实施分类指导。县域空间划分为重点开发区、农产品主产区、重点生态功能区、禁止开发区四类。重点开发区积极推进新型工业化、城镇化，合理确定城镇建设和产业发展空间，加快产城融合步伐，大力发展绿色循环经济，提高集聚产业和人口的能力。农产品主产区着力保护耕地，稳定粮食生产，加快发展特色现代农业，促进种植业、养殖业规模化、绿色化、基地化，鼓励开展土地复垦整治，调整优化农村居住空间，引导人口适度集中。重点生态功能区以生态修复、保护环境、提供生态产品为首要任务，严格落实管控要求，发展绿色产业，引导超载人口逐步有序转移，强化水污染防治和流域综合治理，保护自然生态系统与重要物种栖息地，构建生态安全屏障。禁止开发区要实施最严格的生态保护管控，严禁不符合主体功能定位的各类开发活动，加大生态保护补偿支持力度

提升绿色基础生态空间。将生态效益融入绿地建设中，重视山地和汉江对气候和生态的影响，保护汉江的生态环境，筑牢汉江重要生态屏障。加强公路、铁路沿线与城市建设空间的防护绿地建设。优化城市绿色空间，凸显山清水秀景观风貌，提升绿地系统规划的质量和水平，创建美好人居环境，推动主城区园林绿化高质量发展。以道路绿廊、城区绿地、乡村绿网、河流水系廊道为骨架，打造多层级、多功能、互联互通的城乡生态绿地系统。充分发挥绿色空间的生态、景观、游憩和服务功能，打造绿色防护保障空间。

提升环境治理水平。打造优良大气环境质量，开展细颗粒物、臭氧等多污染物协同控制和共同减排。提高县城和集镇污水处理率、生活垃圾无害化处理率。加快沿汉江重点镇污水、垃圾处理和配套管网工程建设，全面增强现有污水处理设施治污能力。严守土壤环境安全底线，沿汉江干流及主要支流的企业用地作为重点防控区域，对土壤高风险行业企业、垃圾填埋场、渣场、尾矿库等场地实施重点监管。推行农村生活垃圾“户收集、村转运、镇处理”模式。推进测土配方施肥政策，推广生态种植技术，促进养殖废弃物资源化利用，推行生态洁水渔业。

（四）坚持绿色发展的全域景观提升路径

城镇化建设的过程中，民生改善、城镇建设、经济发展、生态保护、都是城市核心竞争力提升的重要组成，景观建设对以上几方面均具有重要的促进作用。美观实用又富有城市特色的景观建设，由单纯的城市绿化转化为与城市发展定位相契合，与整体规划相衔接，会通自然山水与城镇绿化、人文景观、公

共空间的综合景观系统。

通过构建城镇组团、乡村聚落、田园网络（水网、茶网、田网）发展的生态空间形态，构建县中心城区、沿汉江干流镇为主要载体的江产城融合发展新模式。完善城镇总体规划，合理确定产业、居住、公共服务和生态用地，实现居住、就业、基本公共服务均衡布局，实现城镇建设和产业发展、汉江廊道在空间上的融合。以汉江优质生态环境为“本底”，推进城镇公共服务和商业服务设施建设，培育壮大新产业、新业态、新模式，推动各类服务业的管理水平和服务能力显著提升，培育发展中小微企业，形成以绿色产业带动生态城镇发展、生态城镇发展促进绿色产业的互动机制。

城镇景观风貌建设。加强县城、县城副中心、沿江城镇及历史文化风貌特色城镇区域的城镇景观设计，塑造具有文化地域性的城镇特色风貌。提升老城区人居环境，以休闲旅游商业为目标打造魅力老城街区。依托老城多元文化基因，延续传承文化记忆，建设成为联系南北山水与新城建设的枢纽区域，形成一江两岸、显山亲水透绿的空间格局。增加地标设计，提升城镇绿色公共空间，增加城镇景观风貌的丰富度。

乡野景观风貌建设。全面保护乡野农业景观，保护依水而建、傍山而居的传统村落风貌，保护传统板石房屋，体现传统文脉和自然野趣。提升汉王、双安、蒿坪、洞河富硒茶园风貌，建设沿汉江标志景观节点，强化沿江建筑界面美化；充分保护焕古、向阳硒茶、特色民居资源，形成硒茶风貌特色；加强瓦庙、麻柳高山茶园、高山草甸景观风貌，加强开阔舒朗景观体验；突出大巴山山地特色景观建设，提升双桥、界岭、洄水乡镇山地景观特色。提升营梁村、东红村、焕古村等传统村落环境品质。培育在历史文化和风貌格局方面有特色小镇和村落，在文化传承保护、建设美丽乡村过程中推陈出新。

蓝绿网络建设。加强汉江干流、河及支流两岸的生态廊道建设。全面净化河流水质，优化河流堤岸，形成连续贯通的公共岸线和功能复合的滨水活动空间。重点管控主要景观与沿岸开发边界尺度，彰显滨水地域特征。加强 541 国道、铁路、高速公路沿线的景观绿道建设以及景观界面控制，改善快速交通的视觉感和体验。突出河流交汇处、公共活动中心、视线廊道焦点、人流聚集区等区域空间景观设计，打造蓝绿交织景观骨架。

五、政策建议

（一）从粗放型城镇化走向品质型城镇化

截至2020年底，紫阳县脱贫攻坚相关基础设施建设将全部完成，未来紫阳县推进城镇化持续健康发展，需要从城镇规模扩张转变为着重城镇品质提升，优化内部空间结构。做大做强县城，突出城市特色和传承传统文化的同时，抓好老城改造与新区建设。增加公共服务功能，完善基础设施建设，提升县城对本地人口的吸引力和承载力。建成县城、重点镇、一般镇协调发展的城镇格局。

（二）从“扶贫攻坚”走向“乡村振兴”

推进美丽乡村建设，全面提升农村人居环境。按照乡村振兴路径分为旅游观光、茶叶种植、富硒农业、生态改善四类村庄。以增加农民收入为目标，培育硒茶特色产业。积极发展乡村旅游和观光农业，推动123产融合发展。当前紫阳只有向阳镇营梁村入选中国传统村落。需要充分发掘和保护具有特色的传统村落，培育和发展文化观光型、农业体验型、商业休闲型村落，打造一批全省乃至全国具有影响力的传统特色名村。

（三）统筹产业发展，突破县域产业不均衡发展

聚焦富硒茶产业发展需求，加大产业链延长所需要的关键技术和创新产品的推广，形成具有核心竞争力的县域主导产业。推动主导产业嵌入安康市、陕南、以至大西安都市圈、沿汉江城镇带相关产业价值链。政府层面支持高校与科研院所最新科技成果技术咨询，技术服务等落地实施，让更多的技术人才服务本地。建设大中小企业共存的产业生态系统推动优势产业附加值提升与产业链创新，搭建面向农村的产业孵化平台。

（四）彰显地域特色，注重文化传承

紫阳文化内涵丰富，茶文化、民歌文化、汉水文化独具特色。紫阳文化传承应以茶文化为基点，以提升内涵为导向，探索“茶歌紫阳，山水画廊”的特

色城镇化之路。保护建筑蕴含的历史记忆，延续城市历史脉络和记忆，建设文化底蕴深厚，人文特色鲜明的小城镇。加强紫阳民歌等非物质文化遗产的保护，建设非物质文化遗产展保护及传承场所。

（五）保护特色城市风貌，打造城市亮点

解决城镇环境品质较低，空间秩序混乱，天际线杂乱等问题。通过老城区的基础设施改善，充分利用小面积开阔地建设城镇绿地。在新建设的街区及公共空间融入历史文化特色。营造传统文化公共空间。建设历史文化、茶文化名镇名村。继承和创新板石等传统建筑材料在通风遮阳等方面的应用，建设彰显紫阳茶文化元素的新建筑，打造成为紫阳城市亮点。

|参考文献|

[1] 钟祥浩，刘淑珍．中国山地分类研究 [J]. 山地学报，2014（2）：129—140.

[2] 王鹏涛，张立伟，李英杰，等．汉江上游生态系统服务权衡与协同关系时空特征 [J]. 地理学报，2017（11）：146—160.

[3] 王纪伟．基于 In-VEST 模型汉江上游生态系统服务功能及其动态评价研究 [D] 西北大学，2014.

[4] 包洪福．南水北调中线工程对丹江口库区生物多样性的影响分析 [D]. 东北林业大学，201.

[5] 沈泽昊，张全发，岳超，等．南水北调中线水源区土地利用 / 土地覆被的空间格局 [J]. 地理学报，2006，61（6）：633—644.

[6] 走进紫阳 [EB/OL].（2019-2-24）[2019-10-30]http：//www.zyx.gov.cn/content/detail/5c7287434d4a13c419000000.html.

[7] 紫阳县档案史志局．紫阳年鉴 2018 [M]. 方志出版社，2018.

[8] 紫阳县档案史志局．紫阳年鉴 2013 [M]. 安康市汉滨区文华印务公司承印 2013.

[9] 紫阳在京分享产业扶贫经验 [EB/OL].（2019-8-7）[2019-10-30]http：//ak.ishaanxi.com/2019/0807/1000751.shtml.

[10] 紫阳“飞地经济”打开发展“心结”[EB/OL].（2015-11-6）[2019-10-30]http：//www.zyx.gov.cn/content/detail/563c07e74d4a135409000000.html.

[11] 苏陕协作再结硕果 6.5 亿元项目落户紫阳 [EB/OL].（2018-4-20）[2019-10-30]

http：//www.shaanxi.gov.cn/sxxw/xwtt/df/108901.htm.

[12] 紫阳县修脚产业发展座谈会召开 [EB/OL].（2019-2-3）[2019-10-30]http：//www.zyx.gov.cn/content/detail/5c56529b4d4a130c12000003.html.

[13] 陕西省统计局 . 陕西省区域统计年鉴（2018）[M]. 中国统计出版社，2018.

[14] 安康市统计年鉴 . 2018 安康市统计年鉴 [M]. 中国统计出版社，2018.

时间银行视角下农村互助养老管理机制研究——以陕西省咸阳市泾阳县为例[1]

○李从容　张　洁[2]

内容摘要：农村互助养老作为传统家庭养老的有效补充，是破解目前农村养老服务困境的有效之举，如何进一步规范和优化这种模式，使其长期稳定运行，成为政府和社会普遍关注的问题。本研究引入时间银行视角，通过对农村老年协会互助养老情况的实地调研，发现目前农村互助养老存在服务主体不足、服务内容不能满足老人需求、服务时间存储量化不清、服务缺乏信息平台支撑，以及服务监督机制缺乏顶层设计等问题。本文立足实际，借鉴国内外时间银行互助养老发展经验，从服务时间供给、服务时间存储、服务时间支取、服务监督四个要素构建时间银行互助养老管理机制；提出发展时间银行互助养老，应坚持“政府主导、社会参与”，保障互助服务法制化、逐步实现互助服务智慧化、提升互助服务专业化等对策建议。

“时间银行”这一概念最早于20世纪80年代由美国学者埃德加·卡恩提出，卡恩设想可以通过劳动交换服务，“以一小时对他人服务在未来换取一小时被他人服务”，将“时间”作为货币的替代。被美国、英国、德国、日本等国在志愿服务、互助养老等方面广泛运用，并取得了良好的社会效应。但因其存在法律制度尚不完善、参与主体相对单一、信息化智能化水平滞后、养老服务人员专业化水平偏低等问题，未能实现广泛应用。在我国，“时间银行”是一种互助养老新模式，指志愿者为高龄老年人提供养老服务后，公益时间被存入“银行”，未来可以为自己或父母兑换相同时长的养老服务。我国已在上海、太原、广州、北京、杭州、哈尔滨、南京、重庆等地的城区相继开展时间银行互助养老模式试点。其

(1) 本研究报告为西安建筑科技大学2019年度新型城镇化专项研究基金项目研究成果。

(2) 作者：李从容，西安建筑科技大学公共管理学院教授；张洁，西安建筑科技大学公共管理学院硕士研究生。

不仅是对现有养老体系的有益补充，并逐渐与新技术发展相结合，成为积极应对人口老龄化、构建社会信用体系的一种新模式。本研究从“时间银行”的视角，对我国农村互助养老模式的转型升级进行探索研究。

一、研究背景和意义

（一）研究背景

我国老龄化日益严峻。国家统计局公布数据显示，截至 2018 年年底，我国 60 周岁及以上人口达 24949 万人，占总人口的 17.9%。其中，65 周岁及以上人口 16658 万人，占总人口的 11.9%。2010 年，第六次人口普查数据显示，农村老龄化率 14.98%，比城镇高出 3.51 个百分点，相对城镇，农村的养老问题更为突出。2016 年，第二轮家庭追踪调查结果显示，农村空巢家庭占所有老年人家庭的比例高达 37.4%。也有学者研究表明，2035 年，农村 60 岁及以上人口比例将达到 37.2%，比城市 60 岁及以上人口比例高 12.8%。

面对中国农村老年人的照护困境，基于老年人互信互惠和政府引导为主的互助养老，成为实现基层农村养老服务自我管理和自我服务的重要手段。但如何确保其可持续发展是当前面临的主要问题。2019 年 4 月 16 号，国务院办公厅印发《关于推进养老服务发展意见》指出，要大力发展政府扶得起、农民用得上、服务可持续的农村幸福院等互助养老设施，打造“三社联动”机制，以社区为平台、养老服务类社会组织为载体、社会工作者为支撑，大力支持志愿互助养老服务，积极探索“时间银行”等做法，将“时间银行”引入农村互助养老模式，对发动全社会力量参与养老助老服务，使农村互助养老得到长效运行，有着重要意义。

（二）研究意义

1. 时间银行互助养老的研究有利于完善农村传统养老服务体系

伴随中国城镇化与城乡一体化发展进程，农村人地流动速度不断加快，传统生产生活方式以及孝道文化受到冲击，削弱了以往以配偶和子女为主的家庭养老方式。中国目前绝大多数农村在人口和经济环境方面存在许多问题。比如，经济发展相对落后、“空心化”严重和专业护理人员缺失，这就决定了农村难以复制或发展像城市一样规范化、市场化和资本化运作的社会养老服务体系。而基于农村的血缘、地缘、亲缘关系构建起来的互助网络，通过社会互助补充家庭互助，以社会照顾补充家庭照顾，是与中国农村实际情况相适应的社会养老服务方式。

2. 时间银行互助养老的研究有利于整合农村养老服务社会资源

家庭小型化、空巢化、人口流动化使家庭照护的人力资源趋于衰竭，家庭照顾服务的可得性、可及性都面临挑战。伴随着人口老龄化进程推进，我国用于养老照料服务的家庭资源和社会资源都变得相对短缺。中国经济快速发展、医疗水平不断提高，人均寿命延长，老年人退休时身体较健康具有继续工作的能力，时间银行互助养老服务将低龄健康老人吸引到志愿者队伍，将低龄健康老年人由社会负担转化为社会财富，使其成为重要的养老人力资源，老年人在互助活动中发挥余热，丰富自身生活，获得满足感和成就感，增进精神健康。政府发挥主导作用、非营利组织、企业以及年轻人积极参与，使各类社会资源得到有效整合。

3. 时间银行互助养老的研究有利于更好地实现代际交换

年轻人拥有生产物品、提供劳务的能力，年老时丧失生产物品、提供劳务的能力。代际之间之所以存在代际交换，是因为不同年龄的人在经济、社会活动中占有的资源不同，对社会产品和劳务服务的需求也不同。这样，在代与代之间就产生了交换的必要性。而时间银行的出现打开了代际交换的钥匙，人们通过时间银行作为媒介，年轻时把提供劳务的能力通过时间银行存储起来，年老时通过时间银行转化为年老时也能获得所需的劳务服务，促进社会养老的代际交换。

二、时间银行互助养老管理机制发展必要性与要素分析

（一）时间银行在互助养老发展中的必要性

1. 低龄健康老年人口规模较大

中国低龄老年人数量大，60—69 岁低龄老年人有 1.4 亿，2030 年将达到 2.1

亿[1]，这部分老年人拥有丰富的经验和技能优势。《中国城乡老年人生活状况调查报告（2018）》显示，2015 年我国低龄（60—69 岁）、中龄（70—79 岁）和高龄（80 岁及以上）老年人口的结构占比分别为 56.5%、29.7% 和 13.7%。虽然我国老龄化程度较高，但从年龄结构上来看，低龄老年人口占比超过一半。国家卫健委数据显示，截止 2018 年年底，我国人均预期寿命为 77.0 岁。人均预期寿命延长，不仅意味着个体被疾病困扰的时间减少，同时也意味着更多的人口健康红利。

2. 老年人社会参与意愿强烈

研究表明，我国老年人参与社会活动意愿强烈。第四次中国城乡老年人生活状况抽样调查数据显示，2015 年我国经常参加公益活动的老年人口占比达到 45.6%，经常帮助邻里的老年人口占比达到 34.2%，经常参与维护社区卫生环境的老年人口占比达到 20.7%，经常协助调解邻里纠纷、关心教育下一代、维护社区社会治安、参加文化科技活动的老年人口占比分别为 7%、13.1%、8.6% 和 2.3%，有 72.9% 的老年人愿意参与对社区困难老年人的帮助活动。

3. 区块链技术和移动互联网技术发展迅速

时间银行的运转离不开互联网信息技术的支撑，我国近年来在区块链、大数据、云平台和移动互联网等方面的创新成果，为时间货币的发行、交易和转移，数据的可追踪和防篡改，服务需求的发布，服务者与被服务者的快速有效匹配，服务质量的追踪与控制，各公益平台之间的对接，以及服务大数据分析等提供了技术支撑。习近平总书记在中央政治局十八次集体学习时也指出，要积极推动区块链技术在养老等领域的应用，为人民群众提供更加智能、便捷、优质的公共服务。

（二）管理机制构成要素

时间银行互助养老管理机制分为服务时间供给、服务时间存储、服务时间支取、服务监督四个方面。

(1) 全国老龄办常务副主任王建军在“中国老年大学协会成立 30 周年纪念大会”的讲话。

1. 服务时间供给

（1）供给主体

时间银行互助养老的核心，在于实现老年人群中“青老”与“老老”的有效对接。青老即低龄老年人是时间银行互助养老体系的核心供给群体，低龄老年人根据自己的健康状况、家庭居住地和个人意愿选择便利、可信度高的参与地点，并通过与专业人士、青年志愿者配合为高龄老人即“老老”服务。这些低龄健康老人在互助服务中发挥余热、丰富自身生活，获得满足感和成就感，增进精神健康，也为自己的将来储蓄时间货币，积累养老资本。但低龄老年人由于自身的身体条件限制，并不能完全胜任医疗卫生专业性照护服务，所以青年志愿者和专业人士也是时间银行互助养老时间供给的重要组成部分。

（2）供给服务内容

老年人的养老服务需求具有很强的异质性，主要有日常照料需求、医疗保健需求、精神慰藉需求和社会参与需求。在老人养老服务需求的基础上，时间银行互助养老提供的服务主要包括生活照料、医疗护理、精神关爱、家政服务、即时代办、维修服务和老少互助等方面。（见表 1）

表 1　时间银行互助养老服务内容

服务板块	服务项目
生活照料	协助更衣、协助床上移动、温水擦浴、面部清洁和梳头、床上洗头、理发、协助进食/水、指/趾甲护理、足部清理
医疗护理	生命体征监测、喂药、中医推拿、压疮预防及护理、口腔护理、协助翻身及有效咳痰、失禁护理、安全护理
精神关爱	陪伴聊天、文娱活动、养生讲座、法律咨询
家政服务	整理床铺、家务料理
即时代办	上门送餐、网上代购、代缴、陪同拿药、接送孩子
维修服务	家电、线路、家具、非机动车
老少互助	儿童教育、老年教育、社区公共服务、居家养老服务中心管理

2. 服务时间存储

时间银行互助养老是志愿者通过为他人提供服务来为自己存储时间，当自己需要帮助时，再从银行提取时间货币以获取他人服务，其实质是通过时间银行这个中介，将服务时间用时间货币来量化，实现服务交换的延期支付。服务时间的存储主要通过个人时间账户的建立而实现，采用时间货币理论，对时间账户的利息进行结算，同时通过先实现乡级、镇级统筹，来对时间账户的计时和使用进行实时结算存取。但是由于存在服务量化不清，忽略不同类型服务的劳动强度和技术含量差异，所以在存储时需要根据提供服务的强度、质量采取不同服务时数的计量。例如，对于劳动强度小的，陪老人聊天、读报纸 1h 可以折合成 1 时间货币。例如，帮助做饭、搬运重物 1h 可以获得 1.3 个时间货币，从而避免逆向选择，提高志愿者互助的积极性。

3. 服务时间的支取

时间银行互助养老的支取环节，主要包括服务时间的通存通兑和继承与转让。存入的时间一般只能用于兑换服务时间，初期受益对象为年满 60 周岁及以上的老人，老年志愿者个人账户的时间可以自己使用或配偶使用；中青年个人账户的时间货币可捐至平台或直系长辈（父母、祖父母、外祖父母、养父母），时间使用时，应通过一定方式进行需求服务发布，由志愿者或志愿团队认领并接受服务后，确认无误，管理人员将时间从账户中扣除，所有存入或支取的时间必须留有存根，以备查验。但也存在缺乏顶层设计、统筹层次低和服务时间难以通存通兑的问题，在时间银行系统建立之后，应打破各地区时间银行自成体系、互相独立的局面，形成时间货币的统一计量标准及存取换算统一标准，使服务供给者可以在积累的志愿服务时数内得到他人无偿服务。在一个区域内，这个区域可以是全国范围内也可以是一个省或市，实现“通存通兑”。在继承与转让方面，服务供给者的继承人可以依法继承时间银行中的时间，服务供给者也可以将存储于时间银行内的时间合法转让给他人。

4. 服务监督

时间银行互助养老的监督离不开内部监督与外部监督，缺乏政策的规范与引导是时间银行难以持续发展的根本原因。在内部监督方面，第三方组织对相关站点负责人或机构负责人进行统一培训，对志愿者的注册及时间进行严格认定（确保时间记录的真实、准确、公平公正）。已享受政府购买服务或政策性补贴的机构和个人，以及其他存在收费服务的行为，其服务时间不得计入时间银行。在外部监督方面，政府针对时间银行互助养老中可能存在的运营风险、责权风险、账户风险等问题，采取相应的保障和监督措施，民众和新闻媒体也参与监督。

三、时间银行视角下农村互助养老发展现状及存在问题分析

陕西省农村互助养老主要由基层老年协会主导开展。本研究选取咸阳市泾阳县王桥镇东街村、社树村，桥底镇沟尔上村、刘孟村，安吴镇中山村五个村庄进行了实地调研。这五个村分别于1991—2013年间设立了老年协会，多年来积极开展老年人民主自治，促进了良好的社会秩序形成。2017年，该地区农村互助养老服务模式入选国家发展改革委社会发展司、民政部社会福利和慈善事业促进司和全国老龄办政策研究部联合发行的《养老服务业发展典型案例》，经过多年的发展，该地区开展时间银行互助养老的土壤也逐渐浓厚。

基于此，本研究选择这个五个村开展典型性研究，将从时间银行视角，对该地区互助养老发展现状及问题进行分析。

（一）农村互助养老供需情况问卷调查

1. 调查设计

调查重点了解互助养老供给和互助养老需求情况。问卷具体包括基本信息、老年协会互助养老状况、互助养老需求状况、互助养老供给状况等。问卷结构如表2所示。

表2 问卷结构表

一级指标	二级指标
基本信息	性别、年龄、健康状况、月收入情况
老年协会互助养老状况	成立时间、工作人员信息、养老志愿者信息
	老年人希望增加的活动、老年协会产生的影响
互助养老需求状况	医疗卫生服务需求、精神文化需求、日间照料需求
互助养老供给状况	提供服务类型、参与频次、对时间银行要素的认识

2. 实施过程

2019 年 8 月，课题组对泾阳县的五个村进行实地调研，考察了村中的基础设施建设，与村民进行交流，听取了村中老年协会工作人员关于老年协会的介绍，和老年协会的志愿者们对日常的服务内容和遇到的现实问题进行了交流，走访了 30 多户被帮扶对象的家中，了解其对老年协会的满意度和建议，以及当前在养老方面的需求。发放问卷共计 180 份，剔除不符合标准的问卷，最终得到有效样本 175 份。调研所得到的有效样本中，在性别上，女性占 60%，男性占 40%，女性样本稍多于男性，这与农村留守妇女数量多，以及女性余寿较长的现实基本吻合。在年龄上，70—79 岁村民占 34.3%，表明村中老年人占比较高。在健康状况上，身体健康较差的村民占 38.2%，村中老年人健康状况不容乐观。在收入上，村中老年人的月收入集中在 300 元—500 元之间，老年人收入水平过低。样本基本信息，如表 3 所示。

表 3　样本基本信息统计

		频数	百分比			频数	百分比
性别	男	70	40%	健康状况	良好	50	28.5%
	女	105	60%		一般	58	33.1%
月收入	100 元及以下	2	0.1%		较差	67	38.2%
	101—300 元	30	17.1%	年龄	30—39	26	14.2%
	301—500 元	34	19.4%		40—49	20	11.4%
	501—700 元	33	18.8%		50—59	27	15.4%
	701—900 元	25	14.3%		60—69	26	14.2%
	1001—2000 元	35	2%		70—79	60	34.3%
	2001—3000 元	15	0.8%		80—89	16	0.91%
	3000 元以上	1	0.1%				

3. 调查结果

（1）老年协会互助养老服务状况

老年协会互助养老服务状况主要包括老年协会的参与和村民对老年协会开展互助养老满意度两个方面。

调查显示，泾阳县东街村于 1991 年就已经成立老年协会，五个村老年协会的工作人员数量为5—7人，男性多于女性，年龄在60—69岁之间的为16人，70—79之间的为12人，见表4所示。

表4 各村老年协会信息

村名	老协信息								
	成立时间	工作人员数量	男	女	60岁以下	60—69岁	70—79岁	80岁及以上	是否注册
东街村	1991.03	7	6	1	0	5	2	0	是
社树村	2000.07	7	5	2	0	4	3	0	是
中山村	2006.09	5	5	0	0	3	2	0	是
沟而上村	2005.03	5	4	1	0	3	1	0	是
刘孟村	2013.07	5	4	1	0	1	4	0	否

在养老服务志愿者方面，从表5可以看出，5个村共计50名养老服务志愿者，其中女性占72%，男性占18%，50岁以下为8人，50—50岁为6人，60—69岁为21人，70—79岁为15人，养老服务志愿者中女性人数明显高于男性，年龄集中在60—69的低龄老年人群。

表5 老年协会养老服务志愿者信息

村名	养老服务志愿者						
	总人数	男	女	50岁以下	50—59岁	60—69岁	70—79岁
东街村	10	4	6	0	0	6	4
社树村	10	1	9	2	4	3	1
中山村	10	6	4	0	1	5	4
沟而上村	10	3	7	0	0	4	6
刘孟村	10	0	10	6	1	3	0
合计	50	14	36	8	6	21	15

图1显示，60岁以上的老年人希望老年协会增加活动的类型。从中看出，23.1%的老年人选择需要增加老年人权益维护活动和困难老人帮扶活动开展频次，21.5%的老年人选择增加学习/娱乐活动的开展频次，18.6%的老年人选择增加老少共融亲情活动频次。在调研中，笔者了解到，目前农村老年人对自我权益已经有所认识，但对于如何维护缺少相关政策法规的了解。

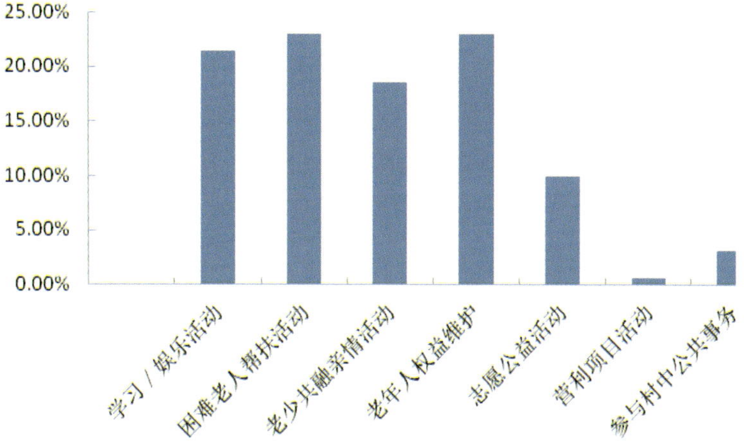

图 1　增加活动的类型

图 3 显示了老年协会对村中老年人产生的影响。结果显示，42.4% 的老年人认为精神得到慰藉，38.9% 的年人认为满足了日常生活需求，18.7% 的老年人认为提高了未来老年生活的安全感。大部分老年人认为精神得到慰藉的原因可能与农村老年协会经常组织老年人开展书法、绘画、唱戏等文体活动有关。

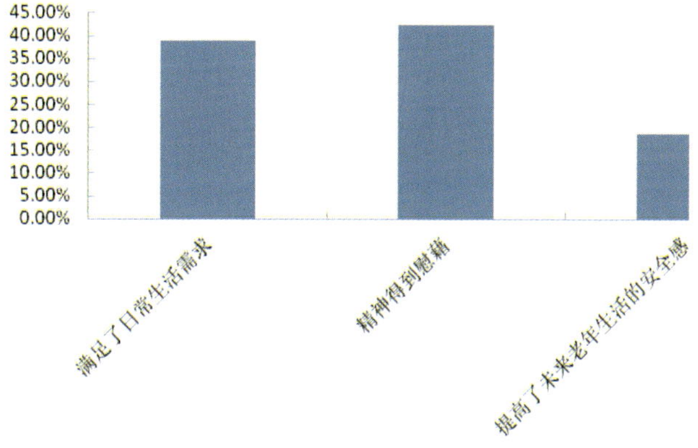

图 2　老年协会对老人的影响

（2）农村互助养老服务需求状况

农村互助养老服务需求状况主要包括，老年人医疗卫生需求、精神文化需求、照料服务需求三个方面。

图 3 显示，老年人在医疗卫生方面的需求。可以看出，21.1% 的老年人有上

门做康复护理服务的需求，20.7% 的老年人有定期体检的需求，18.9% 的老年人有购买药品的需求，8.1% 的老年人有开展健康知识讲座的需求。老年对于康复护理服务需求高，这可能与大部分老年人患有慢性病有关。

图 4 显示了老年人的精神文化需求。可以看出，27.6% 的老年人需要心理咨询 / 聊天解闷，23.4% 的老年人需要朋友交流，20.9% 的老年人需要活动场所。在精神文化需求方面，老年人对心理咨询 / 聊天解闷需求大，这可能与农村地区空巢化严重有关。

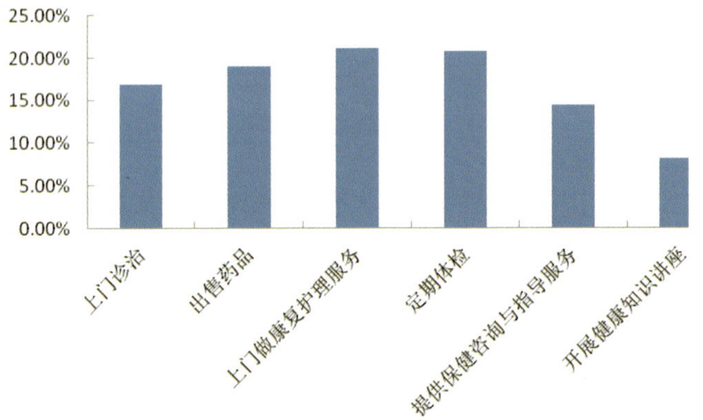

图 3　医疗卫生需求

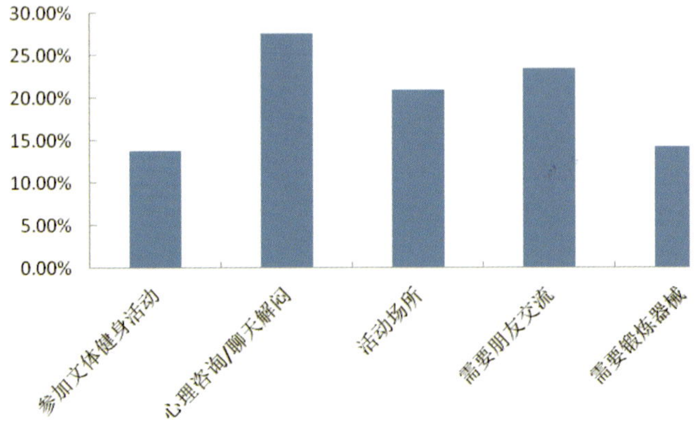

图 4　精神文化需求

图 5 显示了老年人的照料服务需求。可以看出，22.1% 的老年人有健康服务教育的需求，19.8% 的老年人需要帮忙“跑腿”，18.5% 的老年人有上门做家务的

需求。老年人对健康教育服务需求高，这可能与越来越多的老年人认识到疾病预防的重要性有关。

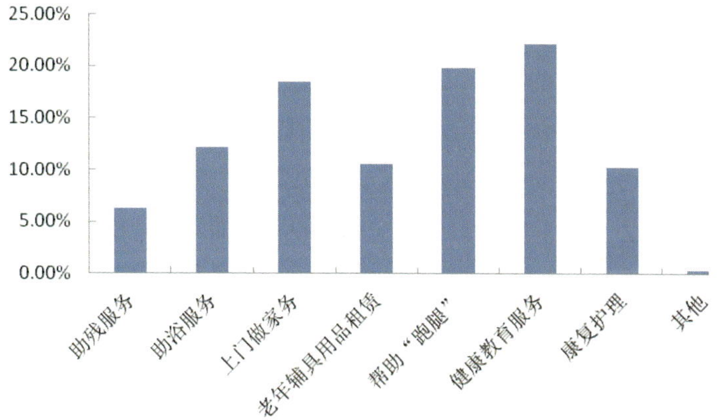

图 5　照料服务需求

（3）农村互助养老服务供给状况

农村互助养老服务供给状况，主要包括村民愿意提供的服务类型、提供服务的频次，以及对时间银行要素的认识三个方面。

图 6 显示了各年龄阶段的村民愿意提供的服务类型。可以看出，有 22.2% 的村民愿意提供日间照料服务，17.1% 的村民愿意提助残服务，15.6% 的村民愿意提供“跑腿”服务，14.1% 的村民愿意提供送餐服务，11.7% 的村民愿意提供

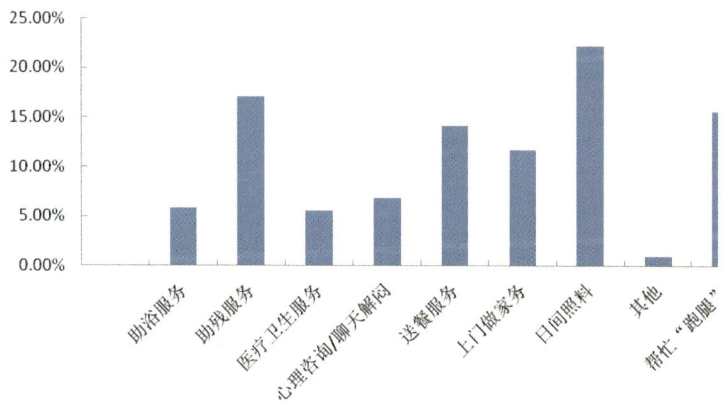

图 6　服务类型

上门做家务服务，6.8% 的村民愿意提供心理咨询 / 聊天解闷服务，只有 5.6% 的村民愿意提供医疗卫生服务。大部分村民可以提供日间照料等服务，但由于缺乏医疗专业知识，无法提供医疗卫生服务。

图 7 显示，各年龄阶段村民愿意提供服务的频次。结果表明，一半的村民愿意提供每月 1—3 次的服务，38.7% 的村民愿意提供每季度 1—3 次的服务，10% 的村民愿意提供每年 1—3 次的服务。这可能与村民需要花费更多的时间，在家庭内部照顾更老的父母或者在家庭内部养育第三代有关。

图 8 显示，各年龄阶段村民愿意将存储的时间兑换的服务类型。结果表

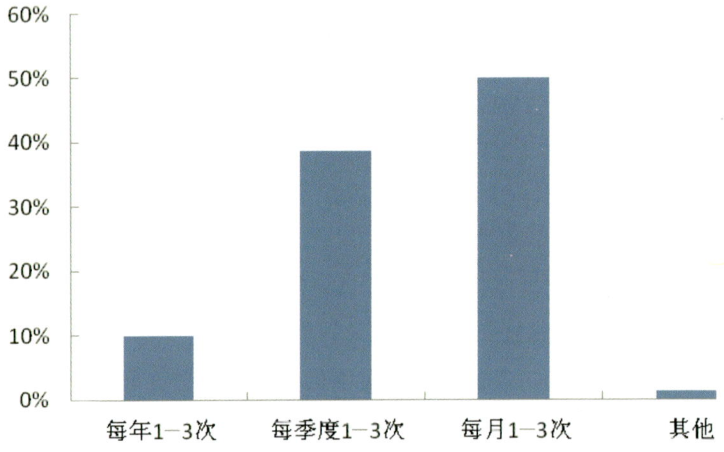

图 7　服务频次

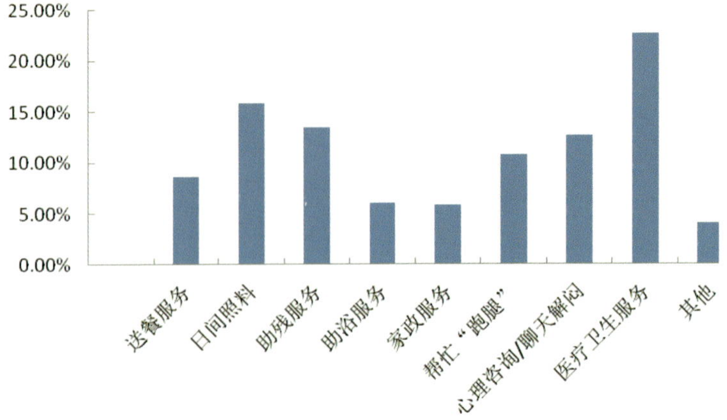

图 8　兑换类型

明，22.7%的村民选择兑换医疗卫生服务，15.9%的村民愿意兑换日间照料服务，13.5%的村民愿意兑换助残服务，12.7%的村民愿意兑换心理咨询/聊天解闷服务，5.8%的村民愿意兑换家政服务。大部分村民选择兑换医疗卫生服务，可见人们认为在老年阶段医疗卫生服务越来越重要。

（二）农村互助养老发展中存在的问题分析

1. 服务主体有待进一步开发

根据各村村委会统计资料，5个村60岁以上常住老年人口2072名。其中60—69岁低龄老年人有1147名，占老年人口约为55.3%，但大部分人不愿参加老年协会，原因主要为“没有时间，需要照顾家中的大小事务”，尤其是照顾留守儿童。

2. 提供的服务不能满足老人的需求

各年龄段人群在互助养老中可以提供的服务主要为日间照料、帮忙跑腿，以及助残服务等，而当前老年人希望得到的服务主要有专业的医疗服务，以及心理咨询服务。通过访谈得知，各年龄阶段供给者不能提供医疗服务和精神慰藉服务的主要原因是，没有相关方面的专业知识，担心不能保证服务质量。通过数据分析还发现，各年龄段人群在未来愿意兑换的服务中，医疗卫生相关服务需求最高，可以看出人们对于老年阶段的医疗卫生保障非常重视。

3. 服务时间存储量化不清，未能考虑不同服务价值差异问题

在调研中发现，由于缺少服务评估的程序和统一的时间货币计量标准，老年协会服务的志愿者多数仅以服务时长和服务内容作为服务记录内容，忽略了不同类型服务的劳动强度和技术含量差异。而现已发展成熟的时间银行，往往针对不同类型的服务有不同的时间计量标准，组织管理者对服务过程和服务结果均有专业服务评估，从而确保了时间积分计量和存取的公平公正。资料显示，虽然近年来出现的互助养者时间银行开始对不同类型服务加以时间权重区分，但总体上仍然缺少对服务质量的评估。

4. 服务缺乏信息平台支撑，时间存储效率低下

农村老年协会的时间记录普遍缺乏信息平台支撑，服务供需对接主要通过线下完成，服务时长和服务内容的记录主要靠手工记录和管理。这不仅难以保障服务供需对接的有效性，而且手工记录的时间出错率和丢失率也较高。目前运行成

熟的时间银行大多通过信息系统进行会员信息管理、时间货币存取和服务交换，并通过互联网平台进行服务需求发布，实现服务供需对接，时间货币存取效率较高。

5. 服务监督缺乏顶层设计

互助养老服务的有偿性决定了它需要权威性的组织机构做后盾，需要法律制度为其发展保驾护航。农村老年协会互助养老目前处于“乡规民约”的自发状态。我国的时间银行互助养老服务起源于民间，是社会组织或者社区居委会在日益严峻的养老压力下，自发探索养老服务新模式的产物，上海、苏州、成都、广州均有实践，多以城市为主，范围仍然较小。这种自下而上的发展模式没有得到政府太多的关注与资金支持。没有法律政策保障，公众对互助养老模式信心不足，积极性不高，政府投入不足，缺乏足够的经费，很多意在惠及老人的设想无法付诸实践。国家对互助养老服务模式的宣传力度不够，社会中缺乏认知环境和舆论氛围，很多老年人不了解互助养老这一概念，也不知道其运营模式和意义价值，认知度不够，信任度及参与度自然不高。

四、国内外时间银行互助养老的发展经验与启示

（一）国外时间银行互助养老发展经验

1. 美国

美国的“时间银行”互助养老模式以医疗照护服务为特色，旨在为社区中弱势群体及贫困老年群体减轻医疗负担。该“时间银行”主要是以低龄退休老人来为年龄较大的独居老人提供服务，通过这种志愿服务使得独居老人在家中得到临时照护。服务时间单次不超过六个小时，服务完后将自己的服务时间存储在该“时间银行”里，存储在“时间银行”的时间，不仅可以自己提取兑换服务，也能用于自己的直系家属。与此同时，所有参加老年志愿服务的人都要接受培训，美国卫生福利部规定其培训时长为六个小时，培训的内容包括老年人生理与心理知识，以及伦理学、急救等知识，目的在于加强老年志愿者服务的专业性。

2. 英国

英国的“时间银行”以供给医疗互助服务为主。英国的 RGTB（Rushey Green Time Bank）是英国第一家提供医疗互助服务的“时间银行”，它通过与当

地的医疗机构合作，形成了一支具有高水平的专业医疗团队。其参与者大多数是常住在本社区的居民，主要以老年人、残障人士为主，RGTB不仅提供专业的医疗互助服务，还会对服务者进行培训，同时也发布前沿的医疗咨询，为服务对象制订科学的疗养方案。当地的医生也会建议患者参加“时间银行”的活动。例如，帮助购物、参加步行活动等，通过RGTB不仅使孤立和沮丧的病人得到缓解与治疗，也使得其中很多老人形成了良好的互助关系。

3. 日本

日本的NALC（Nippon Active Life Chib）是以“时间银行”模式为基础建立的全国性组织。这种“时间银行”的特色在于注重提高老年人生活质量及丰富老年人的生活方式。大部分NALC的参加者是男性退休人员或夫妇。与其他组织不同的是，该组织旨在让更多的男性退休者参与进来，承担起家庭和社区照顾的服务角色。NALC服务者的服务时长是以时间积分的形式记录下来。例如，帮助别人看家可累计一个积分，帮助护理一晚可以累计六个积分等。该“时间银行”规定时间积分有着严格的使用范围，只允许服务者本人及其父母、配偶及未成年的子女使用。此外，NALC会对会员进行专业的培训，并把服务者能提供的服务和服务对象需要的服务列成清单，并进行互助服务的匹配。同时，也会定期举办一些有助于老年人的座谈会或者有关社会保障咨询方面的服务。另外，还成立了一系列的社会福利研究中心，用以满足老年人的养老需求。

（二）国内时间银行互助养老发展经验

1. 上海

在我国首次开展时间银行的是上海虹口区提篮街道晋阳居委会，1998年初实施时，被称为“时间储存式为老服务”。它主要选择在老年人数量较多的社区开展，低龄健康老人为主要的服务者提供者，而高龄、需要照料的老人为主要的服务对象，通过服务者参与互助养老的过程，把服务时间记录在案由专职人员管理起来。参加“时间银行”服务者都会持有时间储蓄卡，储蓄卡上会记录提供服务的具体内容及时间。在1999年，上海市政府提出建立“上海老年生活护理互助会”，并起草了如《上海老年生活护理互助会（试点）章程》等政策。上海的“时间银行”模式为之后全国各地“时间银行”的相继试点提供了经验借鉴。

2. 广州

广州市越秀区的“时间银行”是以劳动保障局为主导，组织爱心服务总队，并同退休职工联合会和省社区文化促进中心三者共同推进运行。该“时间银行”的服务内容包括：老年人日常生活照顾服务、老年人每日就餐服务、身体健康与心理慰藉服务，以及老年人的生活娱乐文化等服务。该“时间银行”的服务者在服务完成后，会将服务的时间记录下来，然后由“时间银行”按照一定的比例（1 爱心工时＝服务时间 / 服务者人数），将服务时间计算成为“爱心工时”存储在服务者的个人账户上。个人存储在“时间银行”的时间，不仅可以在以后给自己兑换享受服务，也可以将“爱心工时”转送给自己的家人亲戚，或者申请需要帮助的困难老人。越秀区“时间银行”的服务主体包括社区低龄老人服务高龄老人、志愿者以及义工，也会给志愿者提供基本的养老服务培训。

3. 南京

南京兆园社区的互助养老“时间银行”，建立时间货币管理体系，包括：时间货币维护与管理部门、时间货币评估与仲裁部门、时间货币协调与发展部门，以及时间货币的信用与交易部门。与其他地区“时间银行”所不同的是，兆园社区的“时间银行”会对会员服务的时长进行统计，从而划分成五个等级的会员荣誉级别，并针对每个荣誉级别给予相应的奖励措施。兆园社区的“时间银行”发展规模较大，其中大多数会员都是退休的老年人、社区的老党员，以及来自大学参加实践服务的志愿者。

（三）启示

1. 政府发挥主导作用

在各国的具体实践中，政府在资金支持、政策制定、组织宣传、知识普及等方面发挥了重要作用，极大推动了时间银行自上而下的发展。在资金支持和政策制定方面，美国和英国政府为时间银行提供主要的资金支持，还制定了时间银行税收减免政策，免除了时间银行的交税义务；在组织宣传和知识普及方面，各国政府在当地进行了很多关于时间银行的知识普及，促进了人们对时间银行概念的理解，为时间银行的发展奠定了浑厚的群众基础。除此之外，政府还鼓励公益组织和慈善组织与时间银行合作，为时间银行的发展开辟了多元化的合作发展机制。

2. 完善的网络系统和明确的运作流程

美国时间银行的工作人员包括行长、专职雇员、服务者与服务对象，采用网络系统对服务过程进行管理及控制。时间银行系统对服务时间和服务项目的记录、服务对象需求与服务之间匹配、时间积分的计入和扣除。英国不仅鼓励年轻人积极参与社区活动，而且把加入时间银行作为培养学生的一门重要课程。日本鼓励不同类型的志愿者或服务组织加入时间银行，通过公平竞争机制，提高志愿培训和志愿服务的质量，从而促进时间银行的良性发展；我国南京市兆园社区对时间货币进行规范化、科学化、标准化管理，带动更多志愿者加入。

3. 注重专业培训

日本时间银行十分重视对志愿者的专业培训，因此设立了很多专业培训机构，并要求志愿者在申请加入时间银行养老服务时必须经过相应资格认证，并且在服务前必须进行相应的专业基础知识培训。这种强制性的培训措施不仅保证了服务的专业性，也从一定程度上避免了意外状况的发生。美国时间银行对银行的会员及雇员进行定期的专业培训，明确服务者与被服务者双方的权利及义务；我国广州市越秀区时间银行对不同类型的志愿者进行培训，保证志愿服务的有效供给。

五、时间银行视角下农村互助养老管理机制构建

（一）管理机制框架构建

通过对农村互助养老现状存在问题的分析，借鉴现有经验将“时间银行”引入农村互助养老管理中，基于有偿激励模式，保证志愿服务本质属性并实现付出与回报的统一，调动志愿者服务积极性，推动农村互助养老的可持续发展。

（二）管理机制运行机理

1. 服务时间的供给

在服务时间供给上，要强调扩大服务供给主体规模，丰富互助养老服务内容。在服务供给主体上，一方面，最大限度地吸引农村中低龄、健康、有余力的老年人加入。另一方面，积极吸纳社会志愿者、企业以及大学生等年轻人加

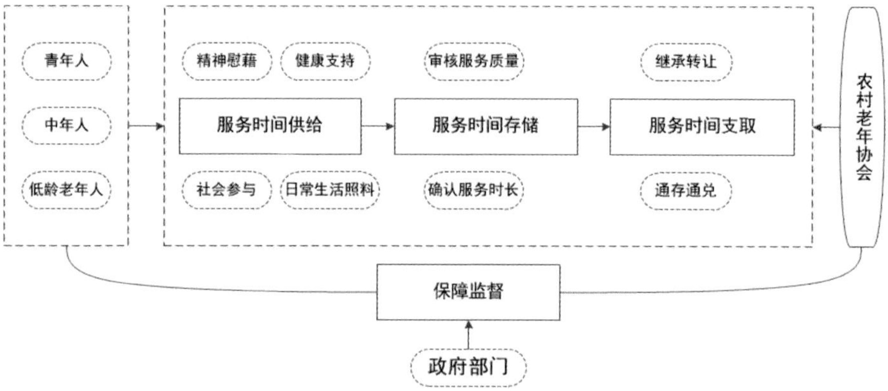

图 9　时间银行农村互助养老管理机制

入，如在校大学生定期为孤寡老人、失独老人、病残老人提供帮助。在服务内容上，根据服务对象的多重需求开展不同层次服务。按照服务技能和专业化程度，可划分为专业护理、日常照料及情感陪伴三类。其中，专业护理一般针对失能失智老人，主要涵盖理疗复健等服务内容，其服务人员需要经过专业培训或是有医疗护理实践经验的人员。日常照料主要针对高龄、空巢或缺乏部分自理能力的老年人，包括助洁、助餐等家政服务内容，其服务人员经过培训具备日常生活照料经验即可胜任。情感陪伴是服务需求中的较高层次，通常是针对独居或有较强抑郁情绪的老年人进行精神疏导，通过聊天、陪同等方式缓解孤独感，此类服务人员需具备较强的人际交往能力与沟通技巧。

2. 服务时间存储

在服务时间储存上，发挥老年协会的基础性作用，以老年协会为依托开展互助服务。老年协会首先对志愿者进行审核，并将其信息导入时间银行系统平台内，在服务时间认定上，被服务对象发布服务需求，志愿者通过网上认领、电话与老年协会时间银行站点确认、上门服务、用户确认、平台回访，然后由负责人最终给予确认单，并将时间计入志愿者账户中。但值得注意的是，时间银行依托老年协会又不局限于老年协会，依托老年协会是便于宣传与管理，利用村民间熟识的特点开展服务，不局限于其是为了更好地连接村子内外资源，扩大志愿者队伍，实现时间银行的可持续发展。同时，理顺老年协会与政府的关系。老年协会在政府部门的引导与支持下履行管理职责，并接受其监督，政府在充分尊重老年协会职能的基础上为其减负，使老年协会成为时间银行的实际管理者，但又不是唯一的责任承担者。

3. 服务时间支取

在服务时间支取上，时间银行存储数据网络化，使参与者异地支取和自由转让成为可能。一直以来各地互助实践都是在社区范围内进行，当参与者迁移或死亡时，以前存储的时间将难以异地支取或继承，这在很大程度上限制了居民的参与积极性。如果各村各区实现大数据信息共享，并将参与者的服务信息计入个人信用系统，便可实现存储服务跨区域通存通兑，也可免除参与者日后迁徙的后顾之忧。如果参与者与他人达成合意，可以将其账户上的存储时间转让他人；如果参与者死亡，其账户上的时间余额可由其继承人继承。除此之外，农村地区大部分老年人还存在衣食住行困难的基本问题，在服务时间支取上，除在未来兑换服务外，也可将部分时间货币即时兑换成食物、生活用品等基本生活物品，激励农村老年人参与时间银行互助养老。

4. 服务保障监督

在保障监督上，通过明确统一的法律法规对时间银行进行监督管理，对其进行引导和规范，使其由村民自发组织，转变为专业合规的社会化组织。另一方面，在法律法规约束下建立健全时间银行发展的内部管理规范。村两委和村民小组与老年协会协同管理时间银行，拨付运行经费，建立时间银行章程，提高时间银行建设水平，健全服务质量评价方法，建立科学的奖惩体系，合理转换服务内容价值差异，完善供需双方匹配系统，提升村民的满意程度。同时，结合数字媒体技术对时间银行加以推广，提高社会力量的认可度和参与度以实现其可持续发展。

六、时间银行视角下农村互助养老管理机制实施的对策建议

本研究构建了时间银行农村互助养老管理机制，对现行农村互助养老管理进行优化，以期缓解现行农村互助养老存在的资金不足、照顾人员短缺等问题，促进更多社会资源的有效利用和合理配置，实现照顾老人的责任社会化。

（一）完善制度规范，保障互助服务法制化发展

时间银行虽然在我国多地养老实践中进行了探索，但多为倡导性组织，公

益性参与，始终无法规模化推行，难以发挥互助养老的作用，究其原因主要为缺乏统一明确的法律法规，相关政策制度不健全，致使管理者及参与者权利义务界定不清，服务运作过程缺乏监督与规制，公众参与度低。要真正实现时间银行互助养老服务，政府应建立和完善相关制度，出台具体的政策和实施方法，使时间银行互助养老服务的发展不断规范和完善，增加社会公信力，让老年人敢于接受并愿意参加，从而保证参与者的权利和义务，消除服务者以及服务对象的疑虑和不信任感。另外，应明确时间银行互助养老服务的政府主管部门，保证各部门的人员配置，提高管理和统筹层次，确保该模式能持续良性地发展。

（二）利用互联网信息技术，逐步实现智慧互助

在互助养老服务中，供需双方的资源和需求均需通过时间银行系统进行记录和匹配，引入数字信息技术，建立志愿服务大数据系统，可以形成智慧联盟，优化供需匹配，提高记录管理效率，以此实现互助服务高效智能化发展。第一，基于互联网 + 区块链技术，确保数据安全可控。基于区块链技术，进行时间货币的发行、交易、转移，确保数据可追踪、防篡改，尤其是在储存时间记录环节上，信息网络技术的应用便于储户随时调阅查看存储信息，包括服务时间、服务类型及获得评价等内容，利于保护储户知情权；第二，数字技术的应用也为管理工作带来便利，免去实践中人工手动记录易遗失、难查询的弊端，尤其适合参与人数众多的大规模互助服务管理工作。此外，信息技术可将参与者的相关信息形成大数据，使各乡村、各城市的互助服务形成网络，有利于互助服务供给侧资源流动，实现互助资源的优化。

（三）整合多方资源，提升互助服务专业化程度

在“时间银行”引入互助养老服务的过程中，政府要起到一定的政策主导作用。但同时，要联合其他社会组织，确保其在该模式运行中的重要地位和功能，而不是仅仅起到补充作用。第一，构建政府－社会组织－社区及个人多元化的参与主体，整合能致力于时间银行互助养老服务事业的社会力量。这不仅能弥补政府在一些问题的政策失灵，也能发挥其他社会组织不可替代的作用。此外，鼓励其他社会力量和组织的参与，也能为该模式的运行增加人员和资金的支持，

为“时间银行”引入互助养老服务提供更多的人力和物力保障；第二，时间银行互助养老，集公众力量参与养老服务，能拓宽养老事业人力资源，但志愿者专业水平相对较低，导致互助服务范围相对狭窄，难以实现多层次发展。加强参与人员的专业素质培训，有利于服务质量的提升，有助于时间银行的可持续发展。专业机构比如社会组织、养老服务机构等定期对时间银行志愿者进行培训，向其讲解基本服务技巧和沟通方式。同时也可以通过时间银行了解需求方的服务类型，有针对性地改善自身产品，当互助服务无法满足老年人多样化专业性需求时，时间银行可向专业养老机构进行转介，既可以实现时间银行与专业机构的“双赢”，也能够促进养老服务供给多样化。

（四）建立时间银行互助养老服务兑换评估机制

时间银行模式将志愿服务与回报相结合，创造了农村互助养老的新模式。也正是因为其回报性，更多志愿者愿意加入其中。时间银行应该将这种有偿性贯彻到底，在服务及兑换过程中始终体现公平公正原则，不同服务类型间等级的划分及兑换标准的确定是必要的。第一，在国家尚未出台时间银行志愿者服务等级划分标准和兑换系数的情况下，先行开展时间银行地区的做法可供借鉴；第二，有关部门应尽快出台《时间银行志愿者服务等级划分评定标准》等文件，为时间银行不同服务类型间的兑换提供操作指南，志愿者完成服务后，将提供的服务及服务时间输入时间银行系统，系统划分服务等级并按照存兑系数计算出存入时间银行的时间货币，服务需求方对服务进行评价，当服务合格时，时间货币即在不同的时间银行账户中增减。

（五）提高公众认知度与参与度

人力资源的注入是时间银行式互助养老服务得以运行和发展的基础，而社会公众的参与度在很大程度上取决于他们的了解程度和信任程度。第一，政府应借助全媒体技术进行推广和宣传，吸引更多人参与到这种新型的养老方式之中，开展应对人口老龄化的国情教育与时间银行教育，从生命周期的角度看待老龄化问题，提升公民应对老龄化的认识程度，引导公民提前开展养老服务时间储蓄。第二，加强主流媒体的宣传力度，提高公众认知度。不论是权威性、政治性还是影响力，主流媒体都占据着强势地位，不仅可以增加公众对互助服务的关注度，还可以提高信赖度。应根据不同的受众，选择差异化的宣传途径，增加宣传频率，对时间银行的含义、优势及运行过程进行普及，强化公众的认知过程，从了解、熟悉再到参与，逐步扩大人员规模。第三，开展对时间银行优秀案例及志愿者的表彰，营造全社会积极参与的时间银行文化，实现共建共享。

| 参考文献 |

[1]Cahn E S.No more throw — away people：The co-productionimperative［M］2nd ed.Washington DC：Essential Books，2004：8—14.

[2] 陈功，黄国桂 . 时间银行的本土化发展、实践与创新——兼论积极应对中国人口老龄化之新思路 [J]. 北京大学学报（哲学社会科学版），2017，54（6）：111—120.

[3] 陈际华，姚云伟 . 时间银行模式在农村互助养老长效运行机制中的探索—以苏北 SN 县为例 [J]. 湖北农业科学，2017（17）：3372—3377.

[4] 丁少群，王信 . 老龄化背景下的农村可持续养老保障制度改革研究 [J]. 中国经济问题，2012（2）：54—62.

[5] 李明，曹海军 . 老龄化背景下国外时间银行的发展及其对我国互助养老的启示 [J]. 国外社会科学，2019，331（1）：13—20.

[6] 刘妮娜 . 互助与合作：中国农村互助型社会养老模式研究 [J]. 人口研究，2017（4）：72—81.

[7] 祁峰，高策 . 发展“时间银行”互助养老服务的难点及着力点 [J]. 天津行政学院学报，2018，20（3）：19—25.

[8] 隋国辉，蔡山彤，黄琳 . 新时间银行互助养老模式研究—基于传统时间银行的改进 [J]. 老龄科学研究，2019（4）：41—50.

[9] 田保宁 . 中国社区时间银行的管理与服务研究 [D]. 山东大学，2018.

[10] 杨帆，曹艳春 . 基于社会交换理论的我国时间银行养老服务模式影响因素分析 [J]. 东北大学学报（社会科学版），2019，21（4）：381-387.

[11] 袁志刚，陈功，高和荣等 . 时间银行：新型互助养老何以可能与何以可为 [J]. 探索与争鸣，2019（8）：4—36+197.

[12] 郑红，李英，李勇 . 时间银行：社会养老代际交换新模式 [J]. 北华大学学报（社会科学版），2018，19（6）：68—75.

[13] 王亚婷，曹梅娟 . 低龄老年人时间银行互助养老模式的参与意愿调查 [J]. 护理

学杂志,2017,32(14):95—97.

[14] 南京市鼓楼区民政局.我区在全省率先推出“鼓楼时间银行”实现养老互助[EB/OL].南京市鼓楼区人民政府,2018.12.25.

[15] 黄海娜.时间银行式互助养老服务模式化发展路径探索[J].新金融,2019(07):58—63.

[16] 汪哲.时间银行应用于社区互助养老的研究——基于积极老龄化的视角[D].首都经济贸易大学,2017.